Geleitwort

Das klassische Begriffspaar „Struktur und Funktion" kennzeichnet die beiden Blickrichtungen der Biologen beim Bemühen um Erkenntnisse, die zum Verstehen des Lebens von Organismen führen. Man ist deskriptiv, wenn Pflanze oder Tier statisch erfaßt werden, und man geht analytisch vor, wenn die Dynamik im Vordergrund steht. Die Wirklichkeit sowohl der Welt der Organismen als auch der des erkennenden Menschen besitzt diese künstliche Polarität nicht. Biogene Strukturen verweisen auf biologische Funktionen und umgekehrt; das gilt sowohl für das DNA-Molekül als auch für die schöne und stattliche Libanon-Zeder. Diese Korrelation ist so klar wie die zwischen der Architektur eines Bauwerks und seiner Funktion, die Bauherr und Architekt ihm verliehen haben. Bereits Gottlieb Haberlandt hatte diesen Sachverhalt vor seinem inneren Auge, als er das vielbeachtete Buch „Physiologische Pflanzenanatomie" (erste Auflage 1884) schrieb; und der Bonner Unterricht in Botanik enthält seit vielen Jahren die Lehrveranstaltung „Funktionelle Pflanzenanatomie". Beiden liegt die Einheit von Struktur und Funktion zugrunde.

Dasselbe gilt auch für das vorliegende Buch „Farbatlas Pflanzenanatomie – Formen, Gewebe, Strukturen", eine Übersetzung von Bryan G. Bowes' „A Colour Atlas of Plant Structure". In fast 400 Bildern gewinnt der Leser exemplarische Eindrücke von Strukturen und Formen der Blütenpflanze. Es handelt sich um elektronen- und lichtmikroskopische sowie makroskopische Aufnahmen, die durch farbige Schemata ergänzt werden. Durch das vorliegende Buch, das mehr hält als sein Titel verspricht, wird anhand der abgebildeten Statik das Interesse für die Dynamik in der Pflanze geweckt. Entwicklungsprozesse, der Ferntransport von Wasser und Assimilaten sowie Symbiosen mit Bakterien und Pilzen sind Beispiele für funktionale Abläufe, die knapp und präzise im Begleittext zu finden sind. Auf diese Weise wird die Pflanze als Ganzheit präsentiert.

Wie bedeutsam und folgenreich – insbesondere für technische Anwendungen – die kreative Erkenntnis biologischer Strukturen sein kann, mag das jüngste und bereits berühmt gewordene Exempel der Bionik zeigen: der „Lotus-Effekt". Wilhelm Barthlott und Mitarbeiter entdeckten, daß die Oberflächen mancher Blätter nicht nur Wasser abstoßen, sondern auch Fremdpartikel wie Schmutz und Pilzsporen (!) durch Regen verlieren. Die Unverschmutzbarkeit entsteht dadurch, daß die Oberflächen nicht glatt, sondern rauh sind (Planta 202, 1997). Rauhigkeit in Nanodimensionen (nicht Glätte!) verursacht Sauberkeit. Dieses Ergebnis aus der Grundlagenforschung wurde rasch industriell umgesetzt (Deutscher Umweltpreis 1999. Rasch Verlag Bramsche).

Der von B. G. Bowes verfaßte englische Text wurde von Dr. Gabriele B. Monshausen, einer erfahrenen Botanikerin, sachkundig ins Deutsche übertragen. Das Buch richtet sich an Studierende, Dozierende und interessierte Laien, die sich nicht – etwa durch moderne Gentechnik – auf Formeln und formelhaftes Denken beschränken (lassen) wollen, sondern den Blick für reale Zusammenhänge bewahren und schärfen möchten. Genetische Abänderungen verursachen nicht nur Änderungen von Funktionen, sondern auch von Strukturen. Zu erkennen, wie Strukturen und Formen zur Gestalt der Pflanze und ihrem Funktionieren beitragen, wird der intellektuelle und ästhetische Gewinn des Lesers sein. Dadurch übertrifft das Buch die üblichen Lehrbücher. In Anbetracht der Tatsache, daß Pflanzen gegen Ende des neuen Jahrhunderts die Basis für die Ernährung von 9 Milliarden Menschen sein werden, sollten wir nicht vergessen, daß zunehmend bessere Kenntnisse über Pflanzen im wahrsten Sinne des Wortes notwendig sind.

Bonn, im Frühjahr 2001

em. o. Prof. Dr. Andreas Sievers
ehem. Direktor des Botanischen Institutes
und Botanischen Gartens der Rheinischen
Friedrich-Wilhelms-Universität Bonn

Widmung

Meinen Eltern, insbesondere meiner Mutter, für ihre stete Ermutigung meiner Studien. Meiner verstorbenen Frau Ruth, für ihre Unterstützung während meiner frühen universitären Laufbahn. Meiner Frau Diane, für ihr herzliches und dennoch kritisches Interesse, ihre enthusiastische Unterstützung und ihre Nachsicht. Und meinen Kindern, Tanya und Adrian, dafür, daß sie all das sind, was sie sind.

Danksagung

Ich möchte mich bei mehreren Personen sehr herzlich für ihre unschätzbare Unterstützung bei der Vorbereitung dieses Atlas bedanken: Mein Dank gilt Frau Jo Nicholson für ihre sachkundige und kunstvolle Anfertigung der zahlreichen Farbschemata; Herrn T. Norman Tait für seinen Rat und seine Hilfe in photographischen Belangen, für die Herstellung elektronenmikroskopischer Bilder und die Leihgabe mehrerer Photographien (in den Bildunterschriften vermerkt); und Frau Pamela McEwan, die mit Geschick und großem Engagement aus meinen ungeschliffenen und manchmal kaum zu entziffernden handschriftlichen Aufzeichnungen ein Manuskript anfertigte. Ich danke außerdem Herrn Dr. James Dickson für die Leihgabe zweier elektronenmikroskopischer Bilder (in den entsprechenden Bildunterschriften angegeben). Dank möchte ich auch all den Technischen Assistenten aussprechen, die im Verlauf der letzten 30 Jahre viele der hier abgebildeten Objekte für mich angefertigt haben. Nicht unerwähnt bleiben soll schließlich die Sammlung des Botanischen Fachbereichs der Universität Glasgow, aus der verschiedene der hier abgebildeten Dias und Objekte stammen.

Vorwort

"Why should they care about the histogenesis of the leaf, or adventitious roots? ... The public wants heart transplants, a cure for AIDS, reversals of senility. It doesn't care a hoot for plant structures, and why should it? Sure it can tolerate the people who study them ... They're relatively inexpensive too. It costs more to keep two convicts in Statesville than one botanist in his chair."

More Die by Heartbreak, Saul Bellow

Auch wenn Bellows Romanfigur Kenneth Trachtenberg das Studium pflanzlicher Strukturen auf recht überzeugende Weise in die Bedeutungslosigkeit verbannt, ist doch allgemein bekannt, daß unser aller Überleben auf der Erde letztendlich von den Grünpflanzen abhängt. Landwirtschaftliche Erfolge bei der Ertragssteigerung und der Züchtung neuer Pflanzensorten unterstreichen die Bedeutung der Pflanzenphysiologie, Biochemie und Molekularbiologie. Für all diese Forschungszweige ist das Studium des inneren Aufbaus und der inneren Strukturen einer Pflanze die Voraussetzung.

Aufgrund des ständig zunehmenden Lehrstoffes der biologischen Lehrveranstaltungen für Studenten jüngerer und fortgeschrittener Semester nimmt die Zeit, die sich ein Student dem Studium der Pflanzenanatomie widmen kann, unvermeidlich ab.

Es fehlt die Zeit, die nötig wäre, um sich intensiv mit den ausgezeichneten und ausführlichen pflanzenanatomischen Lehrbüchern auseinanderzusetzen, und für viele ist der Aufbau der Pflanzen leichter zu begreifen, wenn er in Form von kommentierten Photographien und Zeichnungen dargestellt wird.

Dem entspricht das Konzept des vorliegenden Atlas: Die Kenntnis vom Aufbau des Pflanzenkörpers ist für das Studium der Botanik von grundlegender Bedeutung und dieses Wissen muß auf klare, knappe und präzise Weise vermittelt werden.

Nach einem einführenden Kapitel zur Morphologie der Gefäßpflanzen folgen sieben Kapitel, die jeweils einen wichtigen Aspekt des Pflanzenaufbaus behandeln, und schließlich ein umfassendes Glossar der in diesem Atlas benutzten botanischen Fachbegriffe. Jedes Kapitel beginnt mit einer Beschreibung der wesentlichen Kennzeichen der behandelten pflanzlichen Strukturen; in dieser Beschreibung wird ausführlich auf die zugehörigen Abbildungen verwiesen, die im selben Kapitel oder an anderer Stelle des Buches aufgeführt sind. Jede Abbildung ist mit einer Bildunterschrift versehen, und alle wesentlichen Merkmale der abgebildeten Strukturen sind anschaulich numeriert (nicht beschriftet); anhand der Nummern sind die markierten Strukturen in einem eingerahmten Schlüssel zu identifizieren. Diese Form der Darstellung sowie die zahlreichen Photographien und Zeichnungen werden sich für viele Leser hoffentlich ansprechend und nützlich erweisen.

Der Atlas kann von ganz unterschiedlichen Lesern auf unterschiedliche Weise genutzt werden: Für Studenten ist der Atlas als prägnantes einführendes Lehrbuch oder als Repetitoriumsleitfaden bei der Prüfungsvorbereitung gedacht. Dem Dozenten und dem Forscher an einer akademischen Einrichtung oder in der Industrie mag der Atlas als Informationsquelle zum raschen Nachschlagen dienlich sein. Künstlern und naturgeschichtlich interessierten Laien offenbart sich, ob von außen oder unter dem Mikroskop betrachtet, die vielen Pflanzen innewohnende Schönheit in den Photographien und Zeichnungen, die an den Text eines jeden Kapitels anschließen.

Es war meine vornehmliche Absicht, das heutige Wissen über den Aufbau der Gefäßpflanzen, und besonders der Angiospermen, in einer prägnanten und ausführlich illustrierten Zusammenfassung darzustellen.

Bryan Bowes
Bearsden, Glasgow
September 1995

Abkürzungen

GÄ	Gefrierätzung
ER	Endoplasmatisches Reticulum
G-Os	Fixierung in Glutaraldehyd, gefolgt von Osmiumsäure
Km	Fixierung in Kaliumpermanganat
LM	Lichtmikroskopie
LS	Längsschnitt
µm	Mikrometer; ein Tausendstel eines Millimeters
nm	Nanometer; ein Tausendstel eines Mikrometers
Phasen-LM	Phasenkontrast-Lichtmikroskopie
Polarisations-LM	Polarisationsmikroskopie
QS	Querschnitt
RLS	Radialer Längsschnitt
rER	rough (rauhes) Endoplasmatisches Reticulum
REM	Rasterelektronenmikroskopie
sER	smooth (glattes) Endoplasmatisches Reticulum
TEM	Transmissionselektronenmikroskopie
TLS	Tangentialer Längsschnitt

Inhaltsverzeichnis

Kapitel 1

Einführung

Übersicht über die Landpflanzen

Die Blütenpflanzen (wissenschaftlich *Angiospermae*, **1.1**) stellen den Höhepunkt in der Evolution der Gefäßpflanzen dar. Als vorherrschende Pflanzengruppe des Festlandes besetzen sie die verschiedensten Lebensräume. Bisher sind etwa eine viertel Million Arten bekannt; viele weitere Arten, insbesondere in tropischen Regionen, warten jedoch noch auf ihre wissenschaftliche Beschreibung. Die Angiospermen sind sehr vielfältig in ihrer Gestalt und Größe, die von wenigen Millimetern bei der Wasserpflanze *Lemna* bis zu über 90 Metern bei *Eucalyptus*-Bäumen reichen kann.

Für den Menschen sind Blütenpflanzen als wichtigste pflanzliche Nahrungsquelle und Tierfutter von Bedeutung, sowie als wirtschaftlich wichtiger Lieferant von Hartholz (**1.2**, **1.3**; *Acacia, Carya, Eucalyptus, Fagus, Quercus*), Fasern (*Corchorus, Linum*, **1.4**), Rausch- und Arzneimitteln *(Coffea, Papaver)*. Die meisten Zierpflanzen werden wegen ihrer dekorativen Wirkung kultiviert.

Obwohl die Blütenpflanzen heute an vielen Standorten dominieren, finden sich in unserer Flora noch Überreste von stammesgeschichtlich älteren Gefäßpflanzen. Es gibt etwa 600 verschiedene Gymnospermenarten (Koniferen, darunter verschiedene Weichholzlieferanten; Cycadeen u. a.), die sich durch freiliegende Samen (**1.5**) von den Blütenpflanzen unterscheiden, deren Samen in Früchte eingeschlossen sind (**1.6**). Koniferen dominieren die riesigen borealen Wälder Nordamerikas und des nördlichen Europa und Asien; von den sporentragenden Farnen und ihren Verwandten (**1.7**, **1.8**) gibt es etwa 10 000 Arten.

Neben den etwa 260 000 Gefäßpflanzenarten gehören auch die gefäßlosen, sporentragenden Moose zur Landflora. Die Moose umfassen etwa 20 000 Laubmoosarten (**1.10**), aber deutlich weniger Lebermoose (**1.9**) und Hornmoose. Den kleinen Pflanzen fehlt eine cuticuläre Anlagerung an die Epidermis, und sie sind in der Regel auf feuchte Standorte beschränkt. Hornmoose und Lebermoose sind häufig einfach organisierte, blattlose Thalli (**1.9**), während Laubmoose (und einige Lebermoose) komplexer gebaut sind und blattragende grüne Stämmchen besitzen (**1.10**).

Die Stämmchen vieler Laub- und einiger Lebermoose weisen einen zentralen Gewebestrang auf, der offenbar eine Rolle bei der Leitung von Wasser und gelösten Nährstoffen spielt. Dieser Zentralstrang zeigt jedoch – außer bei wenigen Taxa (z. B. *Polytrichum*) – nicht die strukturelle Komplexität der Xylem- und Phloemgewebe (**1.11**) von Gefäßpflanzen, deren Aufgabe im schnellen Ferntransport von Wasser und gelösten Nährstoffen besteht (**1.12**).

Flechten sind keine echten Pflanzen, sondern symbiotische Verbände aus Pilzen und Algen, die jedoch häufig komplex und pflanzenähnlich gestaltet sind (**1.13**).

Transpiration und Stofftransport bei Gefäßpflanzen

Das Wurzelsystem der Pflanzen absorbiert Wasser und darin gelöste Mineralsalze aus dem Boden. Dieses Wasser bewegt sich durch Wurzelrinde und Endodermis der jungen Wurzel zum zentralen Xylem (**1.14**), dessen tote tracheale Leitelemente starke, verdickte Zellwände besitzen. In den Lumina dieser Leitelemente bewegt sich das Wasser in zusammenhängenden Säulen nach oben in den Sproß (**1.12**).

Die treibende Kraft dieses Transpirationsstroms ist die Verdunstung von Wasser an der Sproßoberfläche, vor allem durch die Stomata der Blattepidermis. Normalerweise sind diese kleinen Poren (**1.15**) am Tag geöffnet und ermöglichen so den Einstrom von Kohlendioxid, der für die Photosynthese in den grünen Blättern essentiell ist. Die dort gebildeten Zucker werden in gelöster Form in den lebenden Siebelementen des Phloems (**1.11**) zum Stengel und zur Wurzel transportiert, wo sie entweder gespeichert (**1.14**) oder metabolisiert werden.

Allgemeine Morphologie der Angiospermen

Der junge Sproß einer typischen dikotylen Blütenpflanze (**1.16**) trägt zahlreiche Laubblätter und in jeder Blattachsel ist normalerweise eine Seitenknospe angelegt. Die Ansatzstelle der Blätter am Sproß ist der Knoten, während das Internodium zwischen zwei aufeinanderfolgenden Blättern liegt. Das Blatt ist meist abgeflacht und besitzt häufig einen Blattstiel (Petiolus, **1.17**). Bei einem horizontalen Blatt weist die adaxiale Fläche (die in der Knospe dem Sproßapex am nächsten lag, **1.18**) nach oben, die abaxiale Fläche bildet die Blattunterseite.

Ein einfaches Blatt kann eingeschnitten oder gelappt sein, ein zusammengesetztes besteht aus mehreren Fiedern (1.19), die jedoch keine Achselknospen tragen. In der Blattspreite findet sich ein Netzwerk von Nerven (1.20), das mit dem Leitsystem des Stengels verbunden ist. Die Achsel-(Seiten-)knospen können im Ruhezustand verbleiben, sie werden sich aber in der Regel zu Seitentrieben oder zu Blüten entwickeln. An der Basis des Hauptsprosses sitzen die Kotyledonen (die ersten Blätter des Embryos), welche die Grenze zum Hypokotyl, der Übergangsregion zwischen Hauptsproß und Wurzel, markieren.

Innerhalb der Angiospermen haben sich zwei Gruppen mit charakteristischen morphologischen, anatomischen und floralen Merkmalen entwickelt (1.21). Die Dikotylen (Kreuzblütler, Begonien, Weiden, Eichen) stellen etwa zwei Drittel der Blütenpflanzenarten, und die meisten zeigen ein gewisses Maß an sekundärem (Holz-)Dickenwachstum (1.2 bis 1.4). Bei den Monokotylen (Gräser, Bananen- und Liliengewächse) weicht das sekundäre Dickenwachstum – wenn es auftritt – von dem der Dikotylen ab; trotzdem können sich in einigen Gattungen stattliche Bäume entwickeln (1.22).

Die Blätter der Dikotylen sind in der Regel gestielt (1.17) und über einen schmalen Blattgrund mit der Sproßachse verbunden. Bei Monokotylen sind die Blätter häufig sitzend (ungestielt) und der Spreitengrund ist stengelumfassend ausgebildet (1.23). Dikotylenblätter variieren in Form und Anordnung der Hauptnerven; die kleinen verbindenden Nerven verlaufen jedoch normalerweise in einem netzartigen Muster (1.20). Bei den Monokotylen ist das Blatt typischerweise langgestreckt (1.22) mit parallel zur Längsachse verlaufenden Hauptnerven, deren sporadische Querverbindungen meistens unverzweigt sind (1.24).

Die Radicula (Keimwurzel) ist bei Dikotylen in der Regel ausdauernd, und in älteren Regionen nimmt ihr Durchmesser durch sekundäres Dickenwachstum zu (1.25). Im Gegensatz dazu verkümmert die Radicula der Monokotylen meist frühzeitig, und aus der Basis des wachsenden Sprosses gehen zahlreiche Adventivwurzeln hervor. Bei einigen größeren Monokotylen werden die schweren, aufrechten Stämme durch sproßbürtige Stelzwurzeln gestützt (1.26).

Anatomie der Angiospermen-Leitgewebe

Die primären Leitsysteme der Mono- und Dikotylen unterscheiden sich meist erheblich voneinander (1.21). In einem monokotylen Stengel liegen zahlreiche Leitbündel über den Querschnitt verstreut, während bei Dikotylen eine kleinere Zahl von Leitbündeln das ausgeprägte Mark in Form eines Zylinders umschließt (1.28). Die Wurzeln der Monokotylen besitzen häufig ein zentrales Mark, an dessen Peripherie zahlreiche, alternierende Xylem- und Phloemstränge auftreten. Bei Dikotylen findet sich dagegen oft ein zentrales Xylem, dessen Arme sternförmig zwischen die Phloemstränge reichen (1.14).

Bei den meisten Dikotylen liegt ein faszikuläres Cambium zwischen dem primären Xylem und Phloem von Stengel und Wurzel (1.25, 1.28, 1.30). Kommt es zu sekundärem Dickenwachstum, so schließen sich die normalerweise getrennt liegenden Cambiumstränge zu einem zusammenhängenden Cambiumring, der nach innen sekundäres Xylem und nach außen sekundäres Phloem abgliedert (1.4, 1.30).

Die allermeisten Monokotylen sind krautige Pflanzen; es gibt jedoch einige Palmen, die sich durch diffuses sekundäres Wachstum zu großen Bäumen entwickeln. Bei anderen Monokotylen (*Dracaena, Cordyline*) produziert ein sekundäres Verdickungsmeristem neue (sekundäre) Leitbündel, wodurch stattliche Bäume entstehen können.

Blüten und Fortpflanzungsorgane der Angiospermen

Bei den Monokotylen sind die Blütenorgane (Kelch-, Kron-, Staub- und Fruchtblätter) üblicherweise 3zählig (1.1, 1.21), während sie bei Dikotylen in der Regel 4- bis 5zählig (1.21), aber auch häufig von großer und unbestimmter Anzahl sind (1.31). Das reife Fruchtblatt (Karpell, weibliches Blütenorgan, 1.31, 1.32) besteht aus mehreren Teilen: der terminalen Narbe (Stigma), welche den Pollen aufnimmt (1.1, 1.31), dem sich anschließenden Griffel (Stylus, 1.1) und dem basalen Fruchtknoten (Ovar, 1.32). Bei den meisten Taxa sind die Fruchtblätter miteinander verwachsen (Coenokarpie, 1.16), statt frei voneinander zu stehen (Apokarpie, 1.31). In einem Fruchtknoten finden sich eine bis viele Samenanlagen (Ovulum) mit jeweils einer Eizelle, die in der Nähe der Mikropyle einer Samenanlage liegt (1.32). Das Pollenkorn keimt auf der Narbe zum Pollenschlauch aus, der durch den Griffel herunterwächst, in die Samenanlage eindringt (1.32) und dort zwei haploide Spermazellkerne entläßt.

Einer dieser Zellkerne befruchtet die Eizelle, aus der sich die diploide Zygote entwickelt, während der andere Zellkern mit den beiden zentral gelegenen Polkernen zum Endospermkern verschmilzt (1.32), aus dem das Nährgewebe des Embryos, das Endosperm, hervorgeht. Während aus der Zygote ein Embryo heranwächst, dehnen sich die ihn umgebenden Gewebe der Samenanlage aus und bilden den reifen Samen. Gleichzeitig wächst auch der Fruchtknoten zu einer reifen Frucht heran. Bei den Dikotylen trägt der Embryo zwei Kotyledonen (1.21, 1.33), bei den Monokotylen nur eine (1.21).

Zu diesem Buch

Dieses Buch befaßt sich mit der Entwicklung und der Gestalt von Gefäßpflanzen, deren Bau vor allem auf anatomischer, histologischer und feinstruktureller Ebene beleuchtet wird. Wie schon zuvor betont, verkörpern die Angiospermen den derzeitigen Höhepunkt der pflanzlichen Evolution. Sie dominieren als größte Pflanzengruppe der Landflora die verschiedensten Lebensräume und stellen, mit Ausnahme der Weichholz liefernden Koniferen, fast alle vom Menschen wirtschaftlich genutzten Pflanzenarten. Es ist demnach nur folgerichtig, daß sich die folgenden Kapitel vor allem der Beschreibung der anatomischen Vielfalt dieser für uns so wichtigen Blütenpflanzen widmen.

Der Atlas ist als in sich geschlossene Reihe genau beschriebener Abbildungen sowie als prägnantes Lehrbuch zu verwenden und wird hoffentlich das Verständnis und die Freude an der Pflanzenanatomie fördern. Das Buch ist gedacht für Biologiestudenten im Grund- und Hauptstudium, die sich das nötige pflanzenanatomische Grundwissen aneignen möchten und für weiterführende Studien in Pflanzenphysiologie, Biochemie, im Gartenbau oder in verwandten Fachrichtungen. Auch für biologische Studien in weiterführenden Schulen kann der Atlas nützlich sein und zugleich, dank seiner zahlreichen, ausführlich kommentierten Abbildungen, ein breites Publikum ansprechen.

In der kurzen Bibliographie sind verschiedene Lehrbücher aufgeführt, welche die hier dargestellten Grundlagen der Pflanzenanatomie ergänzen; das Glossar ermöglicht es dem Leser, die Abbildungen und Legenden zu konsultieren, ohne auf den Text zurückgreifen zu müssen.

1.1 Zwittrige Blüte von *Lilium* 'Destiny' (Lilie). Die Blütenorgane stehen in 3zähligen Wirteln: sechs orange gefleckte gelbe Blütenhüllblätter, sechs Staubblätter mit orangefarbenen Staubbeuteln (1) und eine 3lappige orangefarbene Narbe (2). 3zählige Blütenorgane sind – neben langgestreckten, schmalen Laubblättern – typische Merkmale der Monokotylen (vgl. **1.21A**).

1 Staubbeutel
2 Narbe

1.1

1.2 Gewaltiger Stamm der Dikotylen *Eucalyptus diversicolor* (Karri Baum), der in Südwestaustralien beheimatet ist und eine Höhe von bis zu 87 m mit einem Durchmesser von 4 m erreichen kann. Der Baum findet wegen seines harten Nutzholzes intensive Verwendung in der Bauindustrie.

1.2

1.3

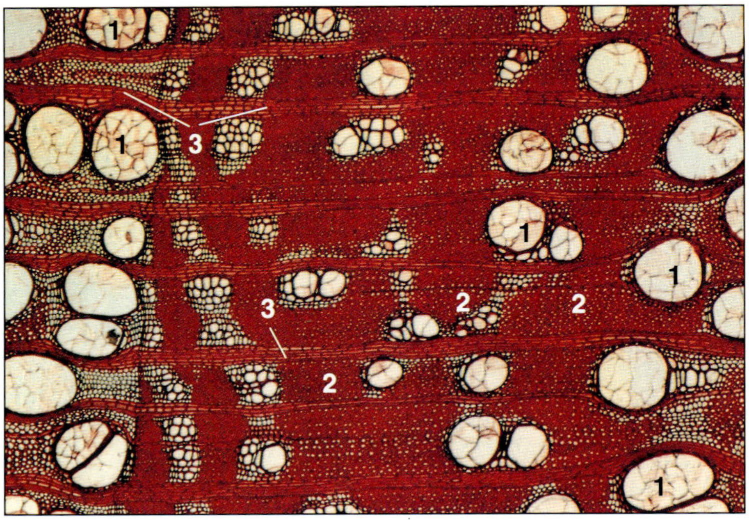

1.3 QS durch das ringporige Holz (sekundäres Xylem) von *Robinia pseudoacacia,* einer Dikotylen. Große Poren (Gefäße) mit dicken Sekundärwänden findet man nur in Holzbereichen, die früh in einer Vegetationsperiode gebildet wurden. Die Lumina der Poren sind durch Thyllen verschlossen (1). Zahlreiche kleine Gefäße liegen gruppenweise im Spätholz, das scharf gegen das Frühholz des folgenden Jahres abgegrenzt ist.

Die Gefäße sind eingebettet in eine Masse von schmalen, sehr dickwandigen Fasern (2). Das axiale (Holz)Parenchym besteht aus dünnwandigen Zellen von geringem Durchmesser, die mit den Gefäßen assoziiert sind. Zahlreiche parenchymatische Holzstrahlen (3), die mehrere Zellschichten breit sind und verdickte Zellwände aufweisen, durchqueren das Holz in radialer Richtung. (LM × 35.)

1 Thyllen
2 Dickwandige Fasern
3 Parenchymatische Holzstrahlen

1.4

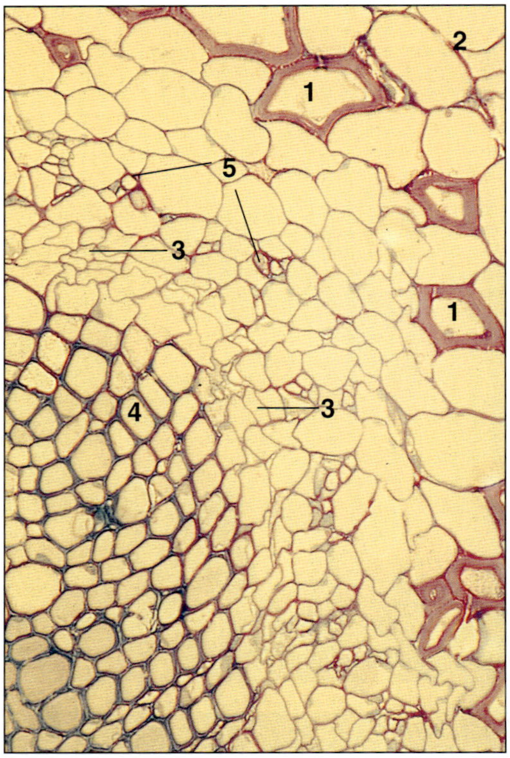

1.4 QS durch den Stengel der Dikotylen *Linum usitatissimum* (Flachs). Zahlreiche große und dickwandige Fasern (1) differenzieren sich in unmittelbarer Nachbarschaft zum dünnwandigen Rindenparenchym (2). Innerhalb des Leitbündelzylinders gliedert der schmale Cambiummantel (3) das sekundäre Xylem (4) ab, während die in Gruppen angeordneten schmalen Elemente (5) die Leitelemente des Phloems darstellen. (G-Os, LM × 280.)

1 Dickwandige Fasern
2 Rindenparenchym
3 Cambiummantel
4 Sekundäres Xylem
5 Leitelemente des Phloems

1.5

1.5 Reifes Exemplar von *Cycas circinalis,* einer Gymnospermen, mit zahlreichen freiliegenden Samen. Im Gegensatz zu den Samen der Angiospermen sind die Samen der Gymnospermen nicht in eine Frucht eingeschlossen (vgl. 1.32). Auffällig sind die sehr großen, zusammengesetzten Laubblätter. *(Copyright von T. Norman Tait.)*

1.6

1.7

1.6 Frucht von *Lycopersicon esculentum* (Tomate). Im QS sind zahlreiche Samen (1) zu erkennen, die mit den zentralwinkelständigen Placenten (2) verbunden sind und eingebettet in saftigem Gewebe liegen, das vom Placentagewebe abstammt. Die vier Fruchtfächer bekunden, daß sich die Frucht aus einem aus vier verwachsenen Fruchtblättern bestehenden Fruchtknoten entwickelt hat. In der Aufsicht sind die Reste des Blütenstiels und die grünen Kelchblätter (3) an seiner Basis zu erkennen. Die fleischige Frucht der Tomate geht aus einem oberständigen Fruchtknoten hervor, der über den Ansatzstellen der Blütenhülle steht.

1 Samen
2 Zentralwinkelständige Placenten
3 Kelchblätter

1.7 Teil eines verwelkten fertilen Blattwedels des subtropischen Baumfarns *Dicksonia antarctica*. Die sehr zahlreichen Sporangien auf der Blattunterseite sind aufgesprungen und haben Milliarden von gelben, gleich großen, haploiden Sporen auf die Oberfläche eines Labortisches ausgestreut.

1.8 LS durch den heterosporen Sporophyllstand von *Selaginella* (einem Moosfarn). Die Sporangien entspringen den Achseln der Sporophylle (1). In den Sporangien teilen sich die Sporenmutterzellen meiotisch: Die Megasporangien enthalten wenige große und dickwandige haploide Megasporen (2), während sich in den Mikrosporangien zahlreiche kleine, dünnwandige Mikrosporen (3) befinden.

Interessant sind die kleinen Ligulae (4) auf der adaxialen Seite der Sporophylle; dieses Merkmal bekundet die Verwandtschaft der rezenten *Selaginella* mit dem fossilen *Lepidodendron,* der dominierenden Baumart der Steinkohlewälder des Karbons. (LM × 35.)

1 Sporophylle
2 Megasporen
3 Mikrosporen
4 Ligulae

1.8

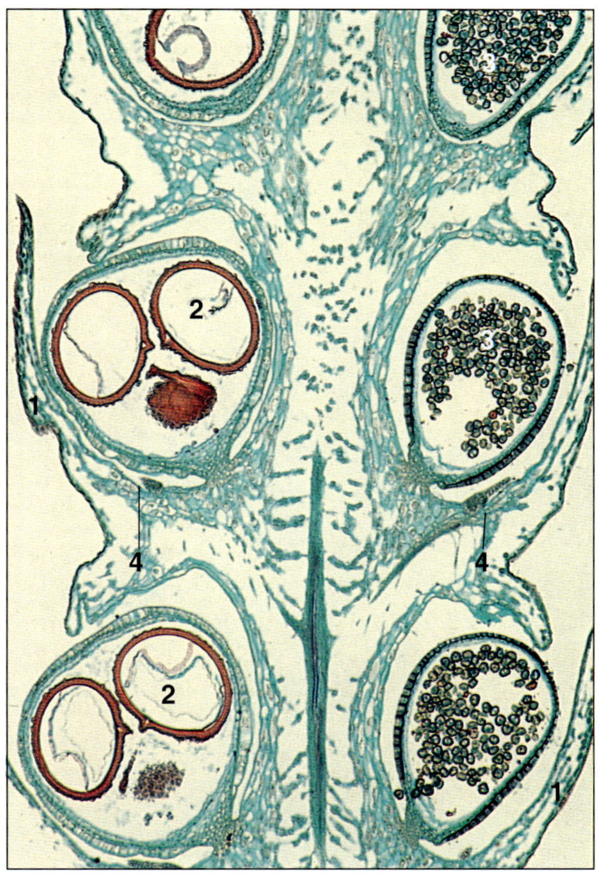

1.9

1.10

1.9 A Dicht gedrängte Gametophyten des Lebermooses *Pellia epiphylla*. Jeder der grünen flächigen und gelappten Thalli trägt männliche und weibliche Geschlechtsorgane. Nach der Befruchtung entwickelt sich der Embryo zum diploiden Sporophyten, der zeitlebens vom Gametophyten abhängig bleibt. Im Bild zu erkennen ist ein einzelner, reifer Sporophyt, der aus Seta (1) und terminaler Kapsel (2) besteht. **B** Aufgesprungene Kapsel mit einigen gelben Sporen.

1 Seta
2 Kapsel

1.10 Dicht gedrängte Gametophyten des Laubmooses *Mnium hornum*. Die unverzweigten, beblätterten Stämmchen bilden in schattigen Wäldern Rasen von bis zu 5 cm Höhe; die hier gezeigten Exemplare wachsen auf einem Stück Baumrinde. Die beblätterten Sprosse tragen entweder männliche oder weibliche Geschlechtsorgane. Die Sporophyten sind – obwohl langlebiger und komplexer gebaut als bei Lebermoosen – auch bei Laubmoosen zeitlebens abhängig von den beblätterten Gametophyten.

1.11

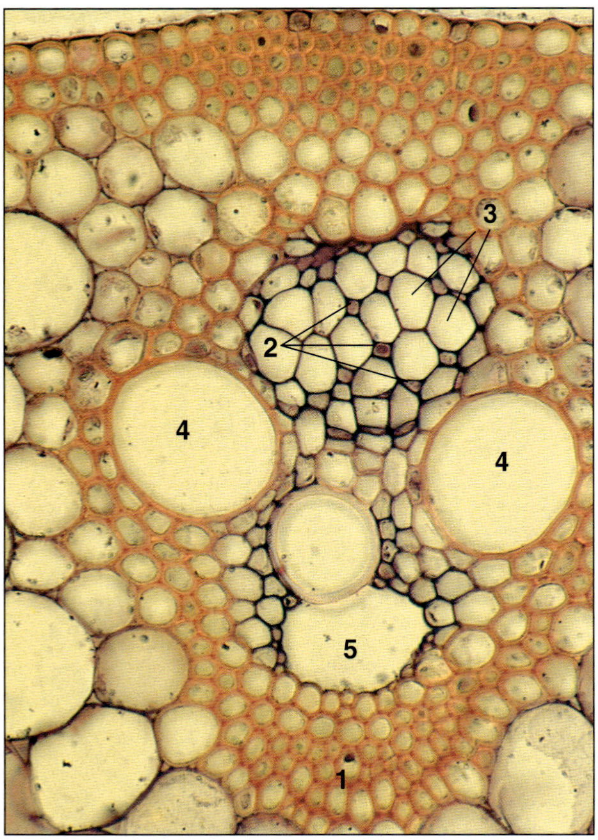

1.11 QS durch den Stengel der Monokotylen *Zea mays* (Mais) mit peripher liegendem Leitbündel. Das Leitbündel ist von vielen kleinen, dickwandigen Sklerenchymfasern (1) umgeben. Im exarchen Phloem heben sich die dunkler gefärbten, kleineren Geleitzellen (2) deutlich von den größeren Siebröhrengliedern (3) ab. Das endarche Xylem besteht aus mehreren weitlumigen Gefäßen (4) mit verdickten Sekundärwänden. Während des internodialen Streckungswachstums hat sich das Protoxylem überdehnt, ist zerrissen und nun durch einen Hohlraum vertreten (5). (LM × 340.)

1 Sklerenchymfasern
2 Geleitzellen des Phloems
3 Siebröhrenglieder
4 Gefäße des Xylems
5 Hohlraum im Xylems

1.12

1.13

1.12 Schaubild einer krautigen Blütenpflanze, das folgende Funktionen darstellt: I. Transport von Wasser im Xylem (blaue Pfeile) von der Wurzel in die Sproßachse und zu den Blättern, den Haupttranspirationsorganen. II. Ferntransport von Zuckern im Phloem (rote Pfeile) von den assimilierenden Laubblättern zu den aktiv wachsenden Organen und zu den Speicherregionen des Sprosses und der Wurzel. III. Verdunstung von Wasserdampf (offene Pfeile) in die Atmosphäre und Diffusion von Kohlendioxid (gestrichelte, offene Pfeile) in das Laubblatt durch die geöffneten Poren der Stomata.

1.13 Bei der flächigen, gelappten Laubflechte *Lobaria pulmonaria* (Lungenflechte) handelt es sich nicht um eine echte Pflanze, sondern um einen Verband mehrerer symbiotischer Partner: Eingebettet in eine Deckschicht aus Pilzhyphen (Ascomycet) liegen photosynthetisch aktive Grünalgenzellen. Die hier gezeigte Flechtenart weist außerdem verstreute Kolonien prokaryontischer Blaualgen auf.

1.14 QS durch die ausgewachsene Primärwurzel der Dikotylen *Ranunculus* (Butterblume). Das Rindenparenchym (1) ist mit rot gefärbten Stärkekörnern vollgepackt und der zentrale Leitzylinder ist von der Endodermis (2) umgeben. Dickwandige, tote Xylemelemente (3) leiten in ihren Lumina Wasser zum oberirdischen Sproß; Phloemstränge (4) liegen zwischen den Strängen des Xylems. (LM × 110.)

1 Rindenparenchym
2 Endodermis
3 Xylemelemente
4 Phloem

1.14

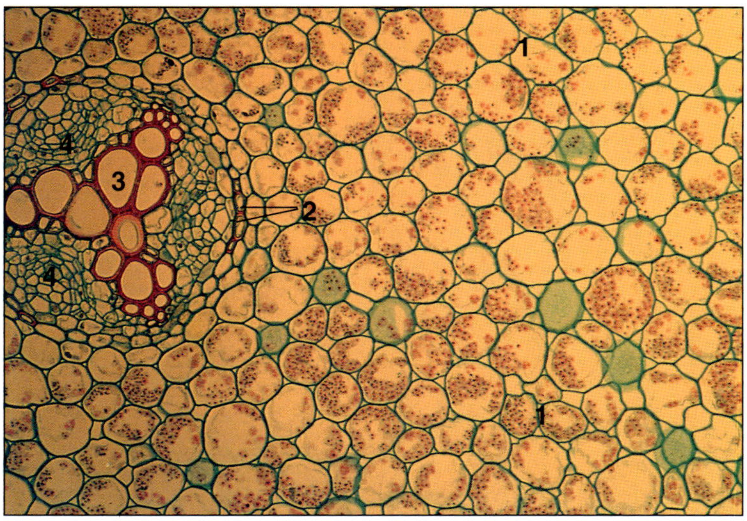

1.15

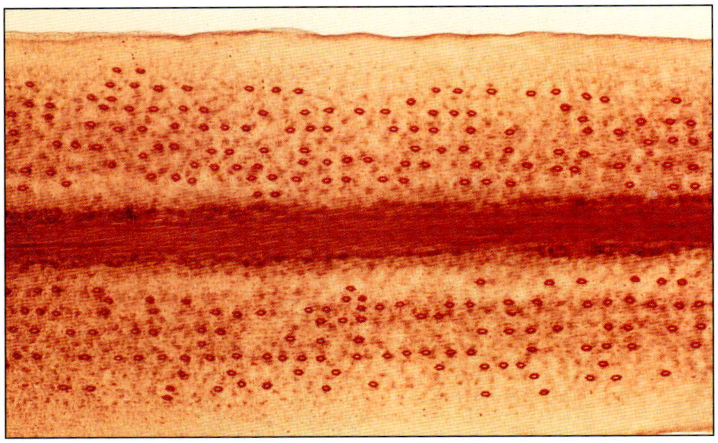

1.15 Aufsicht auf die abaxiale Blattfläche eines aufgehellten Laubblattes der Gymnospermen *Taxus baccata* (Eibe). In der Epidermis der Blattunterseite liegen zahlreiche Stomata parallel zur Längsachse des Blattes orientiert. Auffällig ist außerdem der einzelne, längs verlaufende Nerv, der im Blattinneren sichtbar ist. (LM × 25.)

1.16

1.16 Schematischer Aufbau einer typischen, krautigen Blütenpflanze. Zwei kleine Kotyledonen (1) an der Basis des Stengels sind die ersten Blätter, die sich am Embryo entwickeln; sie lassen erkennen, daß es sich bei dieser Pflanze um eine Dikotyle handelt **(vgl. 1.21B).** Der Sproß trägt eine Gipfelknospe (2) und eine Reihe von Seitenknospen (3) stehen in den Achseln zwischen Stengel und adaxialen Blattflächen (4). Die oberste Seitenknospe hat eine Blüte gebildet, während die übrigen Knospen vegetativ sind.

Die Blätter entspringen den Knoten (5) der Sproßachse; die zwischen den Knoten liegenden Achsenbereiche werden als Internodien (6) bezeichnet. Ein Laubblatt besteht aus einer Blattspreite, die von dem Blattstiel (7) getragen wird. Im Hypokotyl (8) erfolgt der Leitbündelübergang, d. h. der Wechsel von der Leitgewebeanordnung des Sprosses zu der der Wurzel (vgl. **1.21**). Die Pfahlwurzel und die Seitenwurzeln weisen zahlreiche Wurzelhaare (9) auf. Abaxiale Fläche eines Blattes (10).

1	Kotyledonen	6	Internodium
2	Gipfelknospe	7	Blattstiel
3	Seitenknospe	8	Hypokotyl
4	Adaxiale Blattfläche	9	Wurzelhaare
5	Knoten	10	Abaxiale Blattfläche

1.17

1.17 Einfache Laubblätter der Dikotylen *Kalanchoe diagromontianum* und *Begonia metallica.* Beide Blätter bestehen aus Blattspreite (1) und Blattstiel (2). In der Blattspreite von *Kalanchoe* (A) verläuft eine einzelne Mittelrippe, wohingegen das Blatt von *Begonia* (B) durch eine palmate Nervatur gekennzeichnet ist. An den gesägten Blatträndern von *Kalanchoe* haben sich Adventivknospen (3) gebildet, die, wenn sie zu Boden fallen, Wurzeln ausbilden und zu neuen Pflanzen heranwachsen.

1 Blattspreite
2 Blattstiel
3 Adventivknospe

1.18

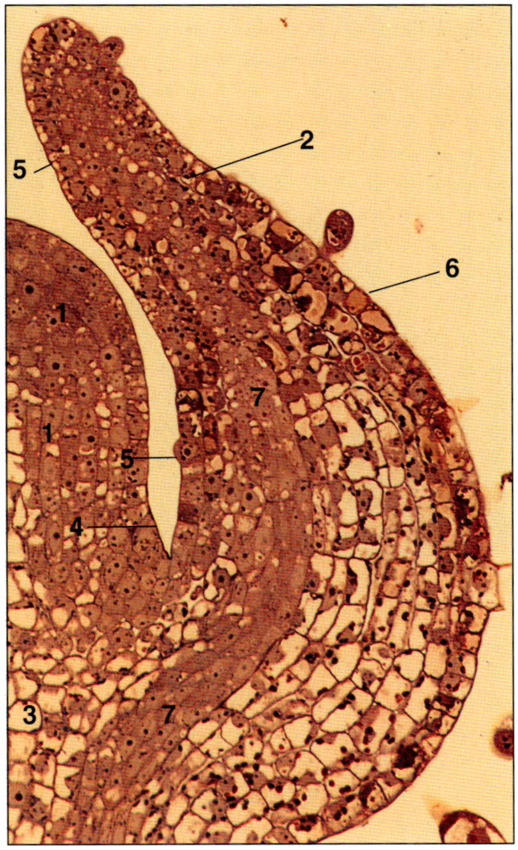

1.18 Medianer LS durch die Sproßspitze der Dikotylen *Glechoma hederacea* (Gundermann). Auffällig sind der halbkugelige Sproßapex (1) und die Blattprimordien (2), die an seiner Basis entstehen. Die innere Zone des Sproßapex ist schwach vakuolisiert; aus ihr geht das Markgewebe (3) des jungen Stengels hervor. Eine axilläre Knospenanlage (4) entwickelt sich an der Basis der adaxialen Blattfläche (5). Die ausgeprägte Vakuolisierung in der abaxialen Blattfläche (6) setzt sich in der Rinde des jungen Stengels fort. Procambium (7). (LM × 325.)

1 Sproßapex
2 Blattprimordium
3 Mark
4 Axilläre Knospenanlage
5 Adaxiale Blattfläche
6 Abaxiale Blattfläche
7 Procambium

1.19

1.19 Zusammengesetztes Laubblatt der Dikotylen *Rosa* (Rose). Die drei Blattfiedern zeigen eine pinnate Nervatur (fiedernervig) und werden von einem Blattstiel getragen, an dessen Basis sich ein Paar grüner Nebenblätter (1) befindet.

1 Nebenblätter

1.20

1.20 Abaxiale Blattfläche der Blattspreite von *Begonia rex,* einer Dikotylen. Die großen Nerven des palmatnervigen Blattes sind über zahlreiche seitliche Verzweigungen miteinander verbunden. Die kleinsten Nerven bilden ein Netzwerk von Polygonen, das kleine, inselartige Bereiche der Blattspreite umschließt.

1.21

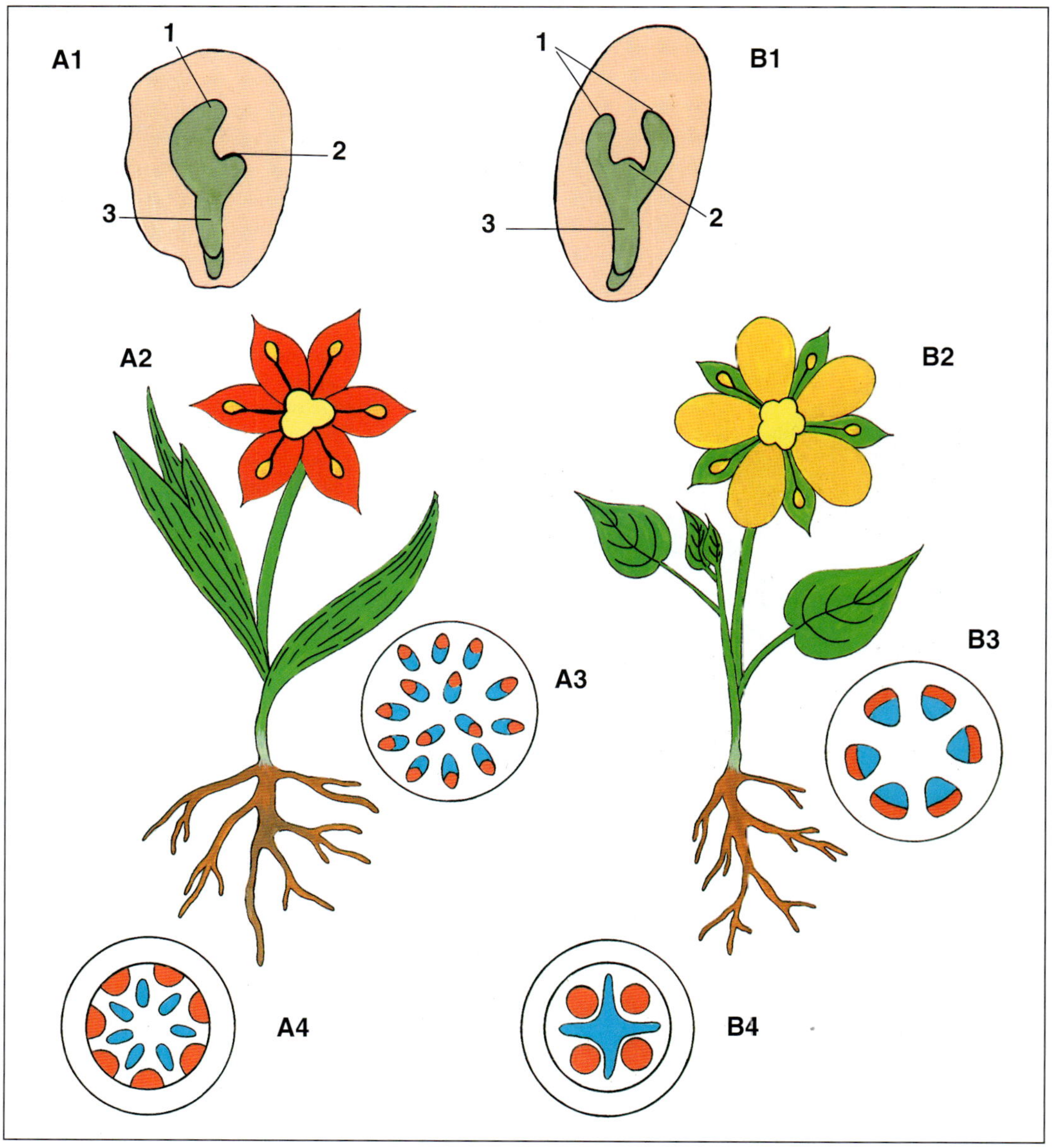

1.22 

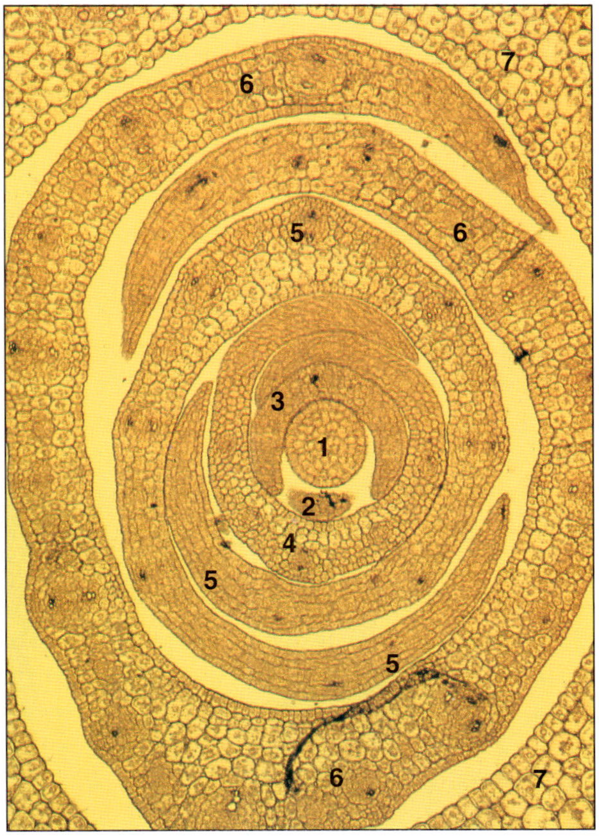 1.23

1.22 Gruppe hochgewachsener *Cordyline australis* Bäume, einer Monokotylen mit anomalem sekundären Dickenwachstum. Bei dieser und einigen anderen baumartigen Monokotylengattungen gliedert ein sekundäres Verdickungsmeristem viele einzelne Leitbündel mit Xylem- und Phloemanteil ab, die zwischen Fasern und parenchymatischen Zellen eingebettet liegen.

1.23 QS durch den Sproßapex eines Keimlings der Monokotylen *Zea mays* (Mais). Der Sproßapex (1) ist von zunehmend älteren Blattprimordien (2–6) umhüllt, die in zwei sich gegenüberstehenden Längszeilen angeordnet sind. Umschlossen sind die Blätter von der Koleoptile (7), einem blattähnlichen, zylindrischen Gebilde, welches die Plumula schützt, bis es von ihr bei der Keimung durchbrochen wird. (LM × 85.)

1 Sproßapex
2–6 Blattprimordien
7 Koleoptile

1.21 (Linke Seite). Unterscheidungsmerkmale der Monokotylen **(A)** und krautigen Dikotylen **(B)**. **A1, B1** LS durch Samen mit einer einzelnen Kotyledone (1) in **A1** bzw. einem Kotyledonenpaar (1) in **B1. A2, B2** Folgende morphologische Unterschiede sind dargestellt: Bei Monokotylen sind die Laubblätter langgestreckt und in der Regel ungestielt und parallelnervig; die Blätter der Dikotylen sind im Verhältnis kürzer und gestielt und zeigen eine verzweigte oder nicht parallele Nervatur. Die Blütenorgane sind bei Monokotylen 3zählig, die der Dikotylen hingegen 5zählig (oder 4zählig oder von unbestimmter Anzahl).

A3, B3, A4, B4 Anordnung der Leitsysteme im Sproß- **(A3, B3)** und Wurzelquerschnitt **(A4, B4)** mit blaugefärbtem Xylem und rotgefärbtem Phloem. Im Stengel der Monokotylen **(A3)** sind zahlreiche Leitbündel mit Innenxylem und Außenphloem über den gesamten Querschnitt verstreut. Bei Dikotylen **(B3)** sind die Leitbündel des Stengels hingegen in der Regel ringförmig angeordnet, und zwischen Phloem und Xylem liegt das faszikuläre Cambium. Die Wurzeln der Monokotylen **(A4)** sind polyarch; zahlreiche, einzelne Phloemstränge alternieren mit Xylemsträngen, und im Zentrum tritt häufig Mark auf. In der Wurzel der Dikotylen **(B4)** liegt im Zentrum statt des Marks häufig ein Xylemkern, aus dem Xylemstränge radial zwischen die Phloemstränge ausstrahlen. Plumula (2), Radicula (3).

1 Kotyledone
2 Plumula
3 Radicula

1.24

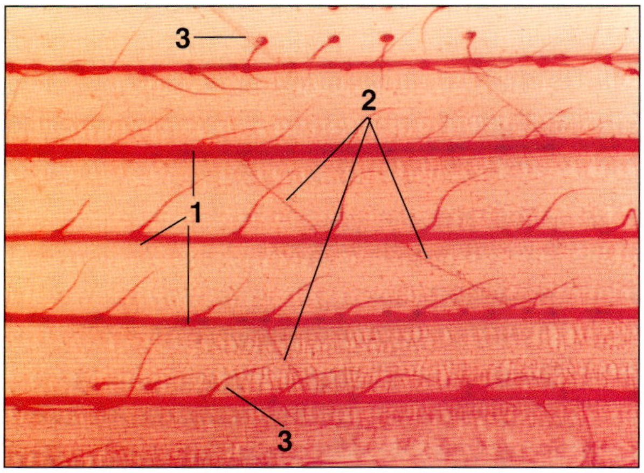

1.24 Aufgehellte Blattspreite des Grases *Bromus* (einer Monokotylen). Die längs verlaufenden Hauptnerven (1) sind in Abständen durch dünne Quernerven (2) miteinander verbunden. Aus der Epidermis über den Hauptnerven gehen zahlreiche Trichome (3) hervor. (LM × 6.)

1	Längs verlaufende Hauptnerven
2	Quernerven
3	Trichome

1.25

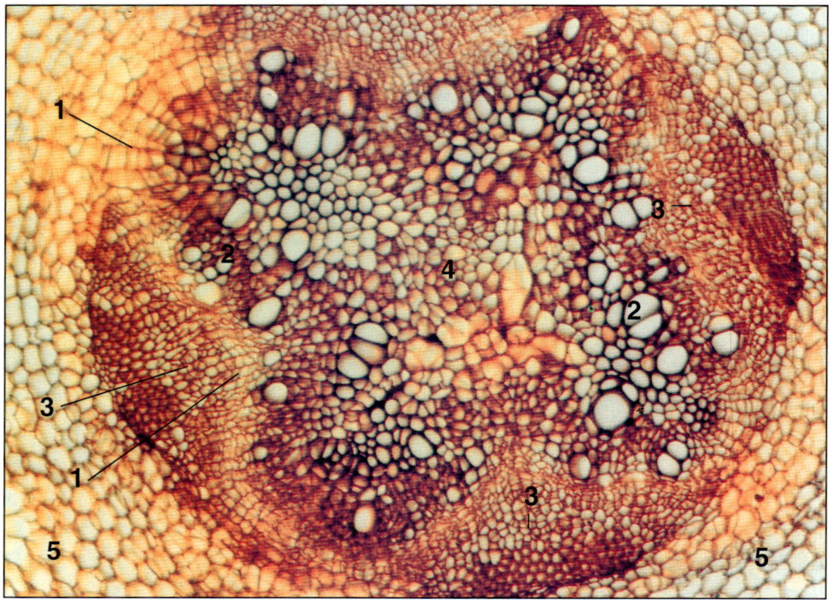

1.25 QS durch eine ältere Wurzel von *Vicia faba* (Saubohne), einer Dikotylen. In dieser Entfernung vom Wurzelapex hat das sekundäre Dickenwachstum begonnen. Das sternförmige Cambium (1) hat bereits reichlich sekundäres Xylem (2) und etwas sekundäres Phloem (3) gebildet. Primäres Xylem (4), Rinde (5). (LM × 80.)

1	Cambium
2	Sekundäres Xylem
3	Sekundäres Phloem
4	Primäres Xylem
5	Rinde

1.26

1.26 Stämme von mehreren Exemplaren der baumförmigen Monokotylen *Pandanus*. Auffällig sind die zahlreichen dicken, sproßbürtigen Stelzwurzeln, die von den Stämmen aus schräg nach außen gerichtet in den Boden wachsen und die Bäume stützen.

1.27 QS durch den Stengel der Monokotylen *Zea mays* (Mais). Zahlreiche kollaterale Leitbündel liegen verstreut im parenchymatischen Grundgewebe. In jedem Leitbündel weist das Phloem (1) nach außen zur Epidermis (2); ein faszikuläres Cambium zwischen Xylem (3) und Phloem fehlt (vgl. 1.11). (LM × 85.)

1 Phloem
2 Epidermis
3 Xylem

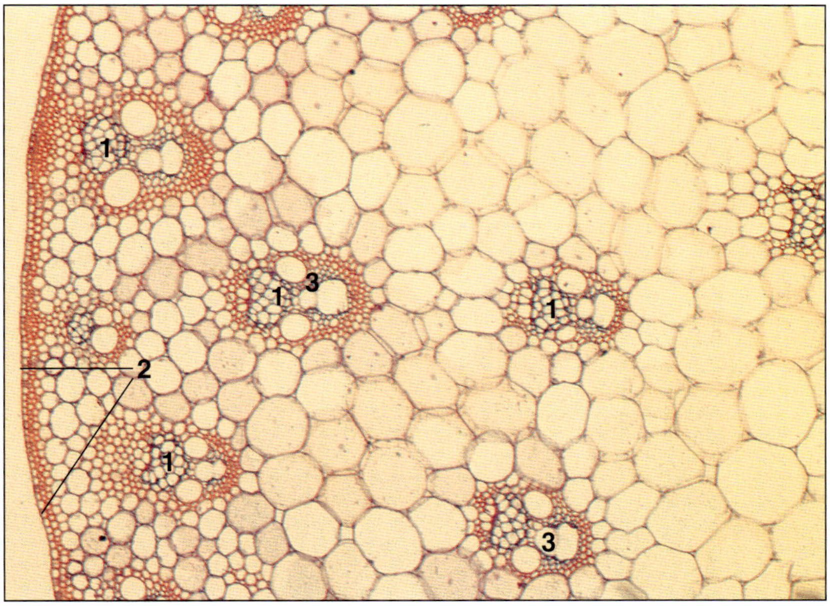

1.27

1.28 QS durch die junge Sproßachse der Dikotylen *Helianthus* (Sonnenblume). Die kollateralen Leitbündel sind in Form eines peripheren Zylinders angeordnet, in dessen Innern ein ausgedehntes Mark (1) liegt und der außen von einer schmalen Rinde (2) umgeben ist. Jedes Leitbündel wird durch eine Kappe aus Phloemfasern (3) nach außen abgegrenzt, und innerhalb eines Bündels trennt ein ausgeprägtes faszikuläres Cambium (4) das Xylem (5) vom Phloem (6). Ein interfaszikuläres Cambium hat sich hingegen noch nicht in dem zwischen den Leitbündeln liegenden Parenchym entwickelt. (LM × 30.)

1 Mark
2 Rinde
3 Phloemfasern
4 Faszikuläres Cambium
5 Xylem
6 Phloem

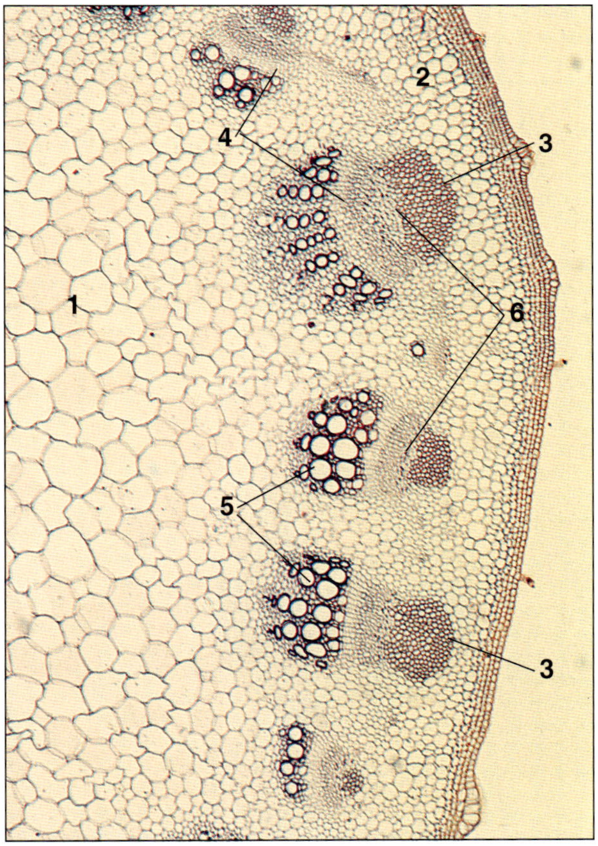

1.28

1.29

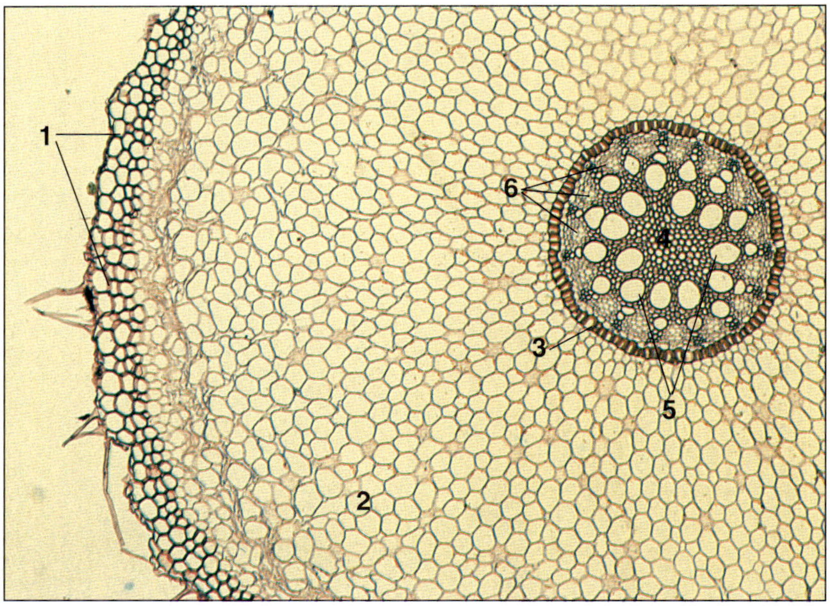

1.29 QS durch eine alte Wurzel der Monokotylen *Iris.* Eine mehrschichtige, verdickte Exodermis (1) umschließt die breite, parenchymatische Rinde (2). Die einschichtige, verstärkte Endodermis (3) schließt den zentralen, polyarchen Leitzylinder ein, dessen verholztes Mark (4) von radial angeordneten, weitlumigen Xylemgefäßen (5) umgeben ist. In der Nähe der Endodermis liegen kleinere Gefäßelemente, die mit Phloemsträngen (6) alternieren. (LM × 30.)

1 Exodermis
2 Parenchymatische Rinde
3 Endodermis
4 Mark
5 Xylemgefäße
6 Phloem

1.30

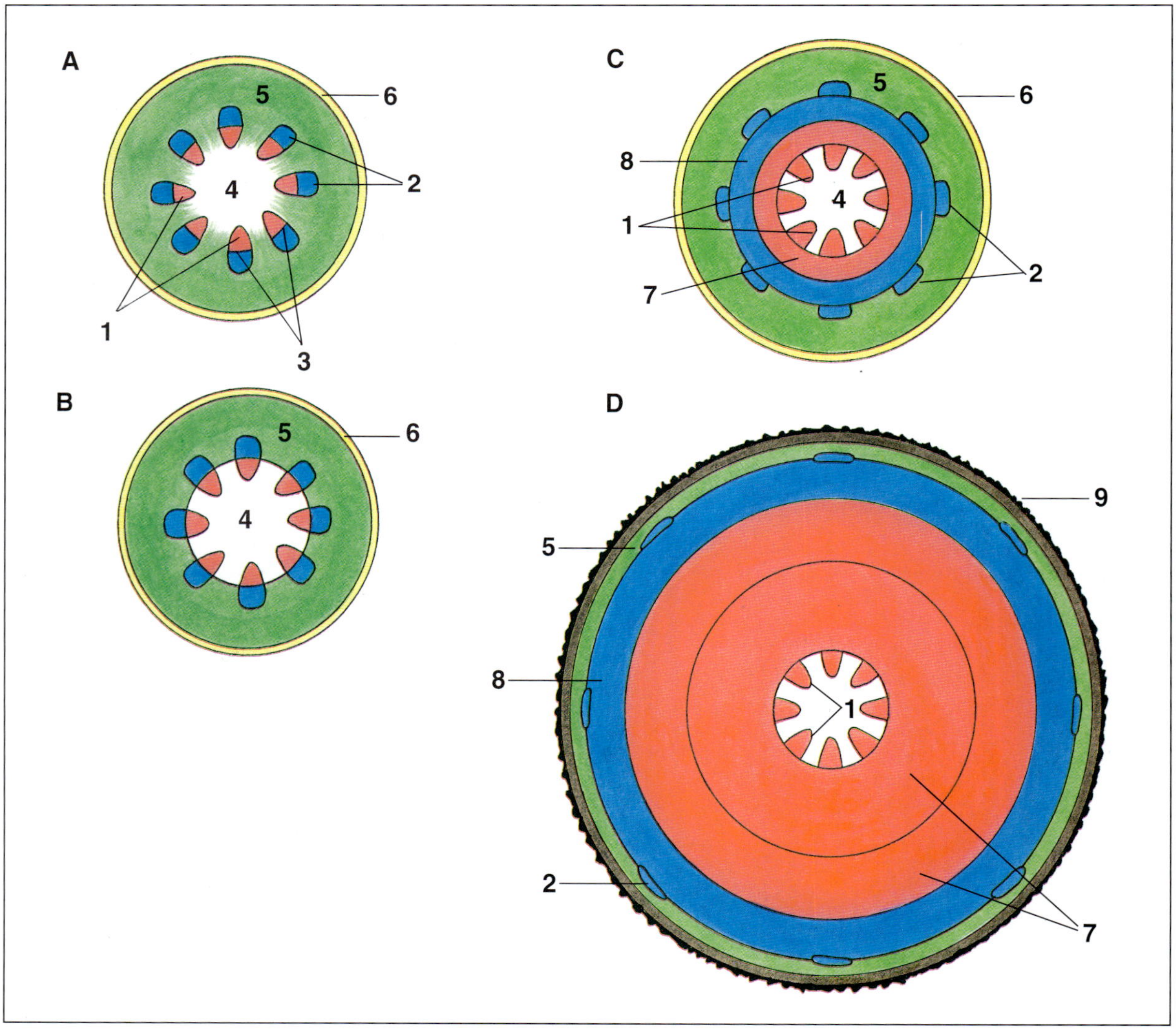

1.31 Innenansicht einer Blüte von *Magnolia* (einer Dikotylen). Einige Elemente der Blütenhülle wurden entfernt, um die verlängerte Blütenachse zu zeigen, an deren Spitze zahlreiche spiralig angeordnete Fruchtblätter (1) und an deren Basis zahlreiche Staubblätter (2) inserieren. Das Narbengewebe der Fruchtblätter befindet sich auf der gebogenen adaxialen Seite der Griffel. Die Staubbeutel machen etwa zwei Drittel der Länge eines jeden Staubblattes aus.

1 Fruchtblätter
2 Staubblätter

1.31

1.30 Schematische Darstellung des sekundären Dickenwachstums eines dikotylen Sprosses im QS. Im jungen Internodium **(A)** sind die Leitbündel ringförmig angeordnet; zwischen dem nach innen gerichteten primären Xylem (1) und dem nach außen weisenden primären Phloem (2) liegt eine dünne Schicht faszikuläres Cambium (3). Die Leitbündel sind voneinander durch parenchymatische Markstrahlen getrennt, die vom Mark (4) bis in die Rinde (5) reichen. Die Epidermis (6) schließt den Stengel nach außen ab.

B Das Cambium hat sich zu einem geschlossenen Hohlzylinder entwickelt, der am Ende der ersten Wachstumsperiode **(C)** nach innen einen zusammenhängenden Ring aus sekundärem Xylem (7) und nach außen eine schmalere Schicht sekundäres Phloem (8) abgegliedert hat. Am Ende der nächsten Wachstumsperiode **(D)** sind im sekundären Xylem zwei Zuwachsringe zu erkennen, während das im ersten Jahr gebildete sekundäre Phloem durch die Erweiterung der Sproßachse desorganisiert wird. Die Epidermis ist durch eine Korkschicht (9) ersetzt worden, die gewöhnlich aus der äußeren Rinde hervorgeht.

1	Primäres Xylem	5	Rinde
2	Primäres Phloem	6	Epidermis
3	Faszikuläres Cambium	7	Sekundäres Xylem
		8	Sekundäres Phloem
4	Mark	9	Kork

1.32

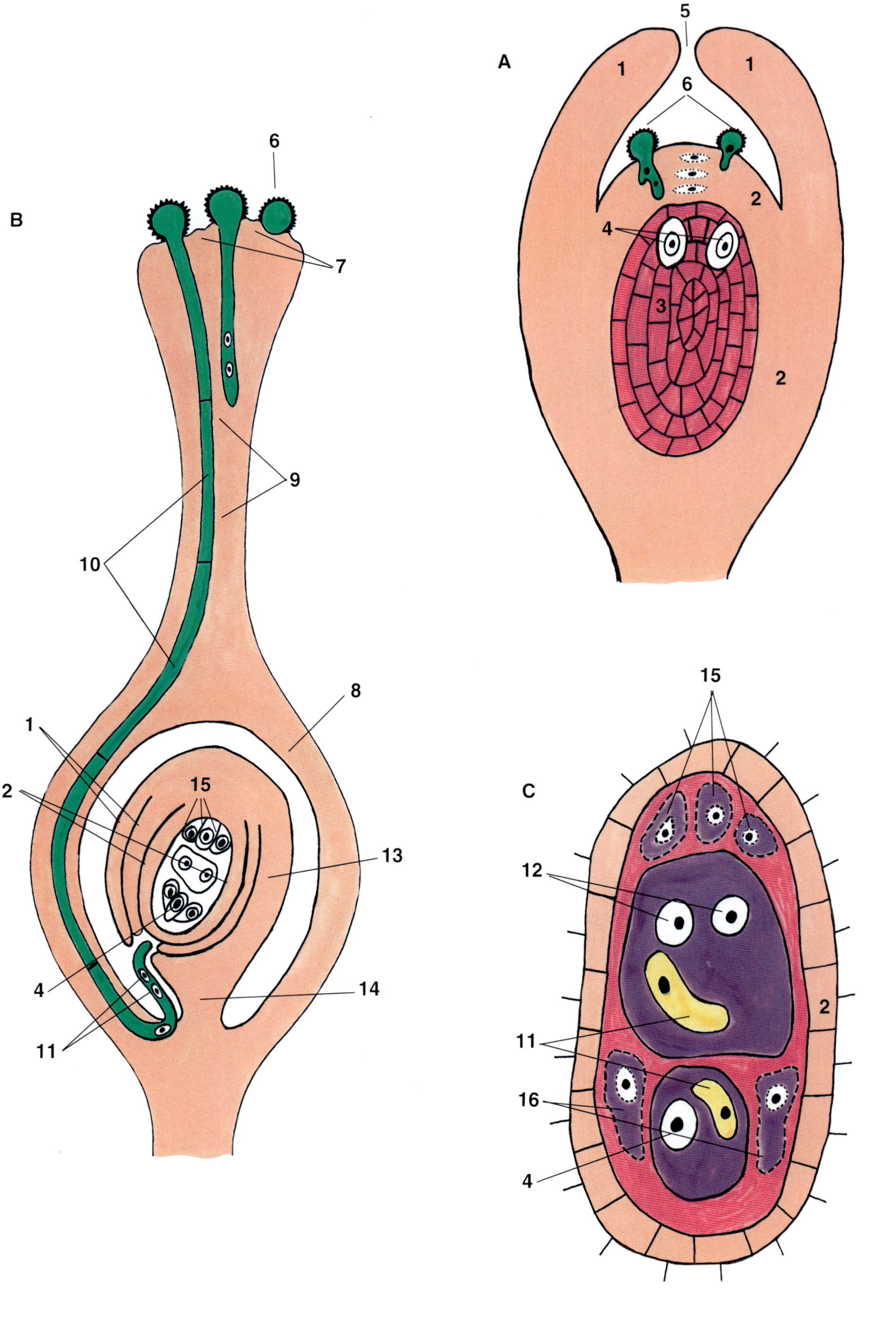

1.32 (Linke Seite) Sexuelle Fortpflanzung bei Samenpflanzen. In der freiliegenden Samenanlage einer Gymnospermen (**A**) umhüllt ein Integument (1) das Megasporangium (2), in dem eine einzelne haploide Megaspore durch Vergrößerung und Teilung zum weiblichen Gametophyten (3) herangewachsen ist, der mehrere Eizellen (4) aufweist. Die Megaspore ist eine von vier aus der Meiose hervorgegangenen Zellen, von denen jedoch drei (punktiert) degenerieren. Mit der äußeren Umgebung der Samenanlage ist das Megasporangium über eine schmale Mikropyle (5) verbunden, die den haploiden Pollenkörnern (6) den Zugang ermöglicht. Die Pollenkörner keimen dann auf der Oberfläche des Megasporangiums. Die befruchtete Eizelle entwickelt sich zu einem diploiden Embryo, der von dem weiblichen Gametophyten ernährt wird.

B In einem Fruchtblatt eingeschlossene Samenanlage einer Angiospermen. Das dargestellte Fruchtblatt besteht aus der empfänglichen Narbe (7), von der hier mehrere Pollenkörner (6) aufgenommen wurden, dem basalen Fruchtknoten (8) und dem zwischen beiden liegenden Griffel (9). Die einzelne Samenanlage innerhalb des Fruchtknotens besteht aus zwei Integumenten (1), die den Nucellus (Megasporangium) umschließen. Dieser enthält einen großen Embryosack, der von der Megaspore abstammt. In dem reifen Embryosack befinden sich gewöhnlich acht haploide Zellkerne, von denen die Eizelle (zwischen den beiden Synergiden) nahe der Mikropyle liegt. Ein langer Pollenschlauch (10, in Abständen durch Kallosepfropfen abgedichtet) ist durch den Griffel gewachsen und zur Mikropyle vorgedrungen; seine Spitze enthält zwei haploide männliche Zellkerne.

C Embryosack einer Angiospermen zum Zeitpunkt der Befruchtung. Zwei männliche Gameten wurden in den Embryosack entleert; einer der männlichen Zellkerne (11) steht kurz davor, mit dem Kern der Eizelle (4) zur diploiden Zygote zu verschmelzen, während der andere sich mit den beiden Polkernen (12) vereinigen wird, was die Bildung eines triploiden Nährgewebes, dem Endosperm, einleitet. Die übrigen Zellkerne des Embryosacks gehen in der Regel zugrunde. Funiculus (13), Placenta (14), Antipoden (15), Synergiden (16).

1	Integument	9	Griffel
2	Megasporangium	10	Pollenschlauch
3	Weiblicher Gametophyt	11	Männliche Zellkerne
4	Eizelle	12	Polkerne
5	Mikropyle	13	Funiculus
6	Pollenkörner	14	Placenta
7	Narbe	15	Antipoden
8	Fruchtknoten	16	Synergiden

1.33 LS durch einen unreifen Samen der Dikotylen *Capsella bursa-pastoris* (Hirtentäschelkraut). Der apikale Pol des eingeschlossenen Embryos weist eine rudimentäre Plumula (1) auf, die zwischen zwei großen Kotyledonen (2) liegt; der basale Pol endet in der Radicula (3). Diese ist mit einem filamentösen Suspensor (4) verbunden, der mit einer großen Basalzelle (5) bei der Mikropyle (6) endet. Der Embryo wird vom Nucellus (7) und den Integumenten (8) umschlossen; innerhalb des Embryosacks entsteht zelluläres Endosperm (9). (LM × 125.)

1	Rudimentäre Plumula
2	Kotyledonen
3	Radicula
4	Filamentöser Suspensor
5	Basalzelle
6	Mikropyle
7	Nucellus
8	Integumente
9	Zelluläres Endosperm

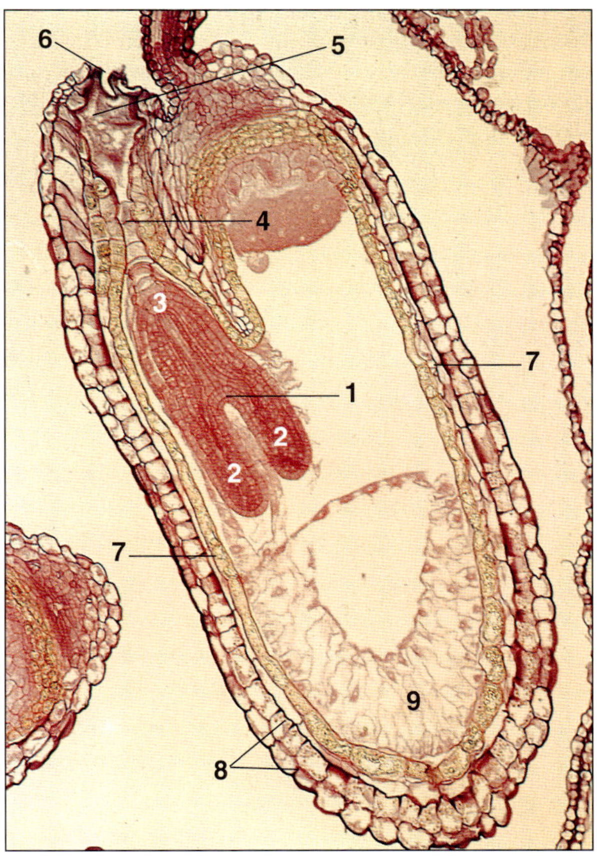

1.33

Kapitel 2

Die Pflanzenzelle

Einführung

Selbst eine kleine grüne Pflanze besteht aus Millionen von Zellen, von denen die meisten ausdifferenziert sind und bei Gefäßpflanzen häufig spezialisierte Funktionen ausüben, wie z. B. den Transport von Wasser und gelösten Nährstoffen im Xylem und Phloem (**1.11**, **1.12**). Alle differenzierten Zellen stammen von teilungsaktiven, meristematischen Zellen ab (**2.1**). Diese plasmareichen Zellen (**2.2**) sind in den apikalen (**1.18**) und lateralen Meristemen lokalisiert (**1.4**, **2.3**) sowie in anderen, kleinflächigen Regionen (z. B. Meristemoide). Obwohl die meisten Zellen einkernig sind, gibt es auch Zelltypen mit mehreren oder vielen Zellkernen (**2.5**), während in Siebelementen (**1.11**) der Zellkern und die meisten anderen Organellen degeneriert sind (**2.6**).

Auch im Verlauf der Differenzierung der meisten Sklerenchym- und Gefäßelemente sterben die Protoplasten ab (**2.7** bis **2.9**), so daß nach Erreichen der Funktionstüchtigkeit nur die dicken Zellwände verbleiben (**1.11**, **2.10**). Die Lumina solcher toten Zellen (**2.11**) konstituieren einen erheblichen Teil des pflanzlichen Apoplasten; Zellwände und Interzellularen machen den Rest aus. Der Symplast wird von den Protoplasten der lebenden Zellen gebildet (**2.11**), welche über Plasmodesmen miteinander verbunden sind (**2.11** bis **2.13**). Pro Zelle gibt es zwischen 1000 und 10 000 solcher protoplasmatischer Verbindungen, die jedoch wahrscheinlich nur für relativ kleine Moleküle (Molekulargewicht < 1000) passierbar sind.

Der Feinbau einer wenig differenzierten Zelle ist in **2.14** schematisch dargestellt. Die äußere Primärwand wird durch die Plasmamembran (Plasmalemma) vom Protoplasten abgegrenzt, der mehrere große Organellen enthält, darunter den Zellkern sowie einige Vakuolen und Chloroplasten. Im Lichtmikroskop (LM) wären nur die Zellwand und diese größeren Organellen sichtbar (**2.1**, **2.15**), im stärker auflösenden Transmissions-Elektronen-Mikroskop (TEM) sind hingegen auch die Mitochondrien, das Endoplasmatische Reticulum, Dictyosomen, Ribosomen, Mikrotubuli und Plasmodesmen zu erkennen (**2.14**). Die meisten dieser Organellen sind von Membranen umschlossen (**2.4**, **2.8**, **2.12** bis **2.14**, **2.16**).

In diesem Kapitel wird nur die Feinstruktur von Pflanzenzellen betrachtet, während die histologische Struktur differenzierter Zellen und Gewebe in Kapitel 3 behandelt wird.

Die Zellmembranen

Die Inhalte verschiedener, durch Membranen voneinander abgegrenzter Kompartimente können sich nicht frei miteinander vermischen, da die Membranen semipermeabel sind. Membranen bestehen aus einer Lipiddoppelschicht (**2.16**), in die Proteine eingestreut liegen, welche molekulare Pumpen, Enzyme und weitere strukturelle Komponenten bilden. Einige der Proteine sind groß und ragen an der Oberfläche der Membran hervor (**2.1** bis **2.18**). Die verschiedenen Organelltypen bleiben in einer Zelle als getrennte Organellen erhalten, da ihre Membranen in der individuellen Zusammensetzung etwas voneinander abweichen.

Das Plasmalemma (**2.12**, **2.13**, **2.16**) und die Membranen der reifen Dictyosomenzisternen und -vesikel (**2.8**, **2.19**) sind in der Regel die dicksten (10 nm) Membranen der Zelle. Im QS (durch chemisch fixiertes Material) sehen die Membranen meist trilaminar aus (**2.19**, **2.20**), während bei gefriergebrochenen Exemplaren im Plasmalemma (**2.17**, **2.18**) und anderen Membranen (**2.21**, **2.22**) zahlreiche Partikel zu erkennen sind, bei denen es sich vermutlich um Proteinkomplexe handelt (**2.16**).

Das an die Zellwand grenzende Plasmalemma weist gelegentlich hexagonal angeordnete Partikel auf, welche möglicherweise die Orte der Cellulosefibrillen-Synthese sind (**2.16**). Ebenso sind bei der Hefe *Saccharomyces* die Chitin-Mikrofibrillen der Wand offenbar mit Partikeln des Plasmalemma verbunden (**2.18**).

Der Zellkern

Das genetische Material einer Zelle befindet sich vor allem im Zellkern (**2.1**, **2.14**, **2.23**), der, solange er sich nicht teilt, von einer Kernhülle umgeben ist, welche aus einer äußeren und einer inneren Membran besteht (**2.2**, **2.14**, **2.22**). Diese Membranen werden durch den etwa 20 nm breiten Perinuclearraum getrennt, stehen aber an den Rändern der zahlreichen Kernporen in offener Verbindung (**2.14**, **2.21**, **2.22**). Die ca. 70 nm weiten Poren sind offenbar durch ein komplexes Netzwerk aus Fibrillen und Partikeln verschlossen. In einer Meristemzelle kann der Kern mehr als die Hälfte des Protoplastenvolumens einnehmen, doch dieses Verhältnis nimmt rapide ab, wenn sich die Zelle vergrößert, wobei sich die einzelnen, kleinen Vakuolen ausdehnen und zu einer großen

Zentralvakuole fusionieren (2.24). Der Zellkern ist gelegentlich stark gelappt (2.15, 2.23) und kann in schmalen, langgestreckten Zellen spindelförmig sein.

Das Chromatin (DNA-Histonen-Komplexe) ist in der Interphase-Zelle einer höheren Pflanze stark aufgelockert, weist aber häufig Regionen mit dunkel gefärbtem Heterochromatin und hellerem Euchromatin auf (2.14, 2.23, 2.24). Im Nucleoplasma befinden sich ein bis mehrere Nucleolen (2.5, 2.25), die manchmal auffällige elektronenlichte Areale zeigen (2.15, 2.25, 2.26) und in denen Präribosomen synthetisiert werden (2.26), welche vermutlich durch die Kernporen in das Cytoplasma wandern. Die Zellkerne der meristematischen Zellen sind meist diploid; der Replikation der DNA in der Interphase muß jedoch nicht zwangsläufig eine Kernteilung folgen und in stoffwechselaktivem Gewebe sind die Zellen häufig polyploid.

Mit Beginn der Mitose (Prophase) kondensieren die Chromosomen und richten sich in der Metaphase (2.27) am Äquator des Spindelapparates aus. Unterdessen ist der Nucleolus verschwunden und die Kernhülle fragmentiert. Die im LM gerade noch sichtbaren Fasern der Mitosespindel (2.28) bestehen aus gebündelten Mikrotubuli, welche an den Polen der Spindel generiert werden. Ein Teil der Mikrotubuli bindet an die Chromosomen, während andere von den beiden Polen ausstrahlen und sich in der Mitte der Spindel überlappen.

In der Metaphase besteht jedes Chromosom aus zwei Chromatiden, die an den Kinetochoren, den Ansatzstellen der Mikrotubuli, verbunden sind (2.27). In der Anaphase trennen sich die Schwesterchromatiden und bewegen sich mit den Mikrotubuli zu den gegenüberliegenden Polen der Spindel (2.29). In der Telophase bildet sich um jeden Kern eine Kernhülle. Das Chromatin lockert sich auf, so daß keine einzelnen Chromosomen mehr erkennbar sind, die Nucleolen erscheinen wieder, und die beiden Tochterkerne werden durch eine Zellplatte (neue Zellwand) voneinander getrennt.

Die Plastiden

In Pflanzen gibt es verschiedene, funktionell unterschiedliche Plastiden (2.30). Mit Ausnahme der sich re-embryonalisierenden Zellen, die sowohl reife als auch unreife Plastiden enthalten (2.15, 2.32), kommt in einzelnen Zellen meist nur ein Plastidentyp vor (2.24). Alle Plastiden besitzen eine doppelte Membranhülle (2.30, 2.33). Die äußere Membran ist zusammenhängend, die innere zeigt gelegentlich Einfaltungen in die Matrix (Stroma). Letztere enthält Ribosomen (70S) und zirkuläre DNA, welche sich beide chemisch von denen des Zellkerns unterscheiden; Stärke und Lipidtropfen (Plastoglobuli; 2.12, 2.30, 2.33) sind ebenfalls häufig vorhanden. Die häufig im Stroma auftretenden internen Membranen können komplexe Strukturen ausbilden (2.30, 2.33). Umwandlungen von einer Plastidenform in eine andere kommen häufig vor (2.30); so können Amyloplasten ergrünen und sich zu Chloroplasten wandeln, die sich durch Teilung vermehren (2.30, 2.35) oder während der Seneszenz zu Chromoplasten (Gerontoplasten) entwickeln (2.36).

Proplastiden

Diese Vorläufer der übrigen Plastiden sind höchstens 1-2 µm lang und von rundlicher oder amöboider Gestalt mit wenigen internen Membranen (2.37). Proplastiden kommen in Meristemzellen vor; im Wurzelapex finden sich bis zu 40 pro Zelle. Proplastiden können sich offenbar durch Teilung vermehren, so daß ihre Gesamtzahl pro Zelle trotz der zahlreichen Zellteilungen in den apikalen Meristemen in etwa stabil bleibt. Während der anschließenden Wachstums- und Differenzierungsphase (1.18) nimmt in den Zellen die Plastidenpopulation normalerweise zu, und es entwickeln sich die für die verschiedenen Gewebe und Organe der erwachsenen Pflanze typischen Plastidentypen (2.30).

Chloroplasten

Reife Chloroplasten sind i. a. oval bis linsenförmig und 5–10 µm lang (2.24, 2.33, 2.35). Im Blattmesophyll finden sich normalerweise bis zu 50 Chloroplasten pro Zelle, in einigen Arten sind sie jedoch noch zahlreicher. Die beiden Membranen der Chloroplastenhülle sind durch einen 10–20 nm breiten Raum voneinander getrennt (2.33) und die innere weist gelegentlich Verbindungen zu den Thylakoidmembranen im Stroma auf. Die Thylakoide sind überwiegend parallel zur Längsachse der Plastide orientiert (2.33, 2.35) und meist zu einem komplexen, dreidimensionalen Photosynthesesystem entwikkelt, das aus Grana und diese verbindenden Stromathylakoiden besteht (2.33, 2.35, 2.38).

Jedes Granum besteht aus 2–100 abgeflachten und gestapelten Membranscheiben und jede Grana-Membran umschließt einen Thylakoidinnenraum (2.33, 2.39). Die Substruktur der Grana-Membranen, in denen Chlorophyllmoleküle als integrale Komponenten auftreten, ist hoch komplex und ihre Funktionsweise in der Lichtreaktion der Photosynthese wird intensiv erforscht. Das häufigste Protein des Stromabereichs ist die Ribulosebisphosphat-Carboxylase.

Im Stroma der Chloroplasten findet sich regelmäßig Stärke (2.24, 2.35), die als temporärer Speicher für überschüssige Kohlenhydrate fungiert. Plastoglobuli (2.33, 2.35), die Pigmente für den Elektronentransport enthalten, treten verbreitet auf und gelegentlich sind Phytoferritin-Kristalle (2.40) zu erkennen. Während der Blattentwicklung vermehren sich die Chloroplasten durch Teilung (2.30, 2.35).

Etioplasten
Bei den meisten, im Licht angezogenen Angiospermen differenzieren sich die Proplastiden der jungen Blätter rasch zu Chloroplasten (2.35). Werden die Pflanzen jedoch im Dunkeln angezogen, so entwickeln sich Etioplasten (2.30, 2.41), welche einen hochgeordneten Prolamellarkörper enthalten, von dem Prothylakoide ausstrahlen. Nach Belichtung entwickelt sich aus dieser Struktur das typische System aus Granastapeln und Stromathylakoiden und Protochlorophyllid wird zu Chlorophyll umgewandelt. Bei manchen Pflanzen (z. B. Gräsern) werden die Blattprimordien fest von älteren Blättern umhüllt (1.23). In solch einer verdunkelten Umgebung differenzieren sich im Mesophyll zunächst Etioplasten; das neue Blatt ergrünt jedoch, sobald es aus seiner Umhüllung herauswächst.

Amyloplasten
In den Zellen der Speicherparenchyme wird Stärke langfristig in Amyloplasten abgelagert (2.31, 2.32), welche nur wenige interne Membranen, aber ein bis zahlreiche Stärkekörner enthalten (2.42). Stärke besteht aus Amylose und Amylopektin und wird in z. T. lichtmikroskopisch sichtbaren Schichten abgelagert (2.32). In der Kartoffelknolle, wo die Amyloplasten eine Größe von 20 µm erreichen, führt die Bildung von mehreren großen Stärkekörnern innerhalb einer Plastide häufig dazu, daß die Membranhülle zerreißt und die Stärkekörner in das Cytoplasma entlassen werden (2.31).

Bei der Stärkemobilisierung in keimenden Kotyledonen von *Phaseolus* (Bohne) wird das Stärkekorn zunächst vom Zentrum ausgehend abgebaut; im Cytoplasma sind dann fragmentierte Körner sichtbar (2.43). In Zellen der Wurzelhaube, der Knotenbereiche und bisweilen anderer Gewebe (2.44) kommen große, sedimentierende Amyloplasten vor, welche offenbar bei der Perzeption der Schwerkraft eine Rolle spielen. Amylochloroplasten (2.4) finden sich häufig in jungen Sprossen und weisen sowohl Thylakoide als auch auffällige Stärkespeicher auf. In den Plastiden von *Helianthus* werden Kohlenhydrate in Form von Inulin gespeichert.

Chromoplasten
Als Chromoplasten werden die gelben, roten und orangefarbenen Plastiden bezeichnet, welche verschiedene Carotinoid-Pigmente akkumulieren (in globulärer oder kristalliner Form). Diese Pigmente färben viele Blüten und Früchte (1.6) und auch die Herbstfärbung sommergrüner Laubbäume (2.45) beruht auf der Akkumulation von Carotinoiden in zahlreichen Chloroplasten-Plastoglobuli (2.36) bei gleichzeitigem Abbau der Thylakoidsysteme. Viele Chromoplasten sind jedoch keine degenerierten Chloroplasten (Gerontoplasten), sondern entwickeln sich direkt aus Proplastiden oder Amyloplasten (2.30, 2.46).

Leukoplasten
In der Epidermis eines grünen Sprosses (2.47) und im Mesophyll panaschierter Blätter treten häufig farblose Leukoplasten auf, die nur wenige interne Membranen und kaum bzw. keine Stärke enthalten.

Die Mitochondrien

Mitochondrien sind die Orte der aeroben Atmung. Gleich den Plastiden, weisen auch diese Organellen nucleoide Regionen mit zirkulärer DNA (2.48) und Ribosomen auf. Mitochondrien sind rund, elliptisch oder von unregelmäßiger Gestalt (2.2, 2.48, 2.49) und gegen das Cytoplasma durch eine doppelte Membranhülle abgegrenzt, deren innere Membran durch Einfaltungen unregelmäßige Tubuli (2.48) oder Cristae (2.49) bildet, welche in das Stroma hineinreichen. Die äußere Membran hat einen hohen Lipidgehalt und die innere enthält die Enzyme der Elektronentransportkette, während sich die Enzyme des Citratzyklus vor allem im Stroma befinden. Obwohl der Schnitt durch eine Zelle i. a. zahlreiche, kleine, ein bis mehrere Mikrometer große Mitochondrien zeigt (2.49), kann es sich bei diesen vermeintlich einzelnen Organellen um Teilstücke von größeren, polymorphen Mitochondrien handeln.

Das Endoplasmatische Reticulum (ER)

Dieses System durchzieht den gesamten Protoplasten (2.42) und hat bei Pflanzen i. a. die Form von Zisternen (Lamellen; 2.48, 2.50). Begrenzt wird das ER durch eine einfache Membran (2.48), welche oft mit der äußeren Kernhülle und offenbar auch mit dem zentralen Strang (Desmotubulus) der Plasmodesmen in offener Verbindung steht (2.13, 2.14). Die äußere Membranfläche des rauhen Endoplasmatischen Reticulums (rER) ist mit 17–20 nm großen Ribosomen besetzt (2.48), die etwas größer als die Ribosomen der Mitochondrien und Chloroplasten sind.

Von den Ribosomen synthetisierte Proteine werden z. T. im Lumen des assoziierten ERs akkumuliert und können innerhalb des ERs an andere Orte in der Zelle transportiert werden. Das glatte (smooth) Endoplasmatische Reticulum (sER) ist nicht mit Ribosomen besetzt. Eine seiner wichtigen Funktionen ist die Lipidsynthese, und in ölhaltigen Samen ist das sER besonders ausgedehnt. Es wird angenommen, daß das ER-System die essentiellen Protein- und Lipidkomponenten für die anderen Membransysteme des Protoplasten liefert.

Der Golgi-Apparat

Der Golgi-Apparat umfaßt die wenigen bis zahlreichen Dictyosomen (Golgi-Körper) einer Zelle (2.8, 2.19, 2.51). Jedes Dictyosom besteht aus einem 1–2 µm breiten Stapel (2.14, 2.52) tellerförmiger, glatter Membranzisternen. Die Randzonen der Dictyosomen sind oft zu einem tubulären Netzwerk ausgebildet (2.51), das viele kleine Vesikel abschnürt. Obwohl die einzelnen Zisternen der Dictyosomen durch etwa 10 nm breite Spalte voneinander getrennt sind, bleiben einzelne Dictyosomen auch nach ihrer Isolierung aus einer Zelle intakt.

In der Längsansicht eines Dictyosoms ist manchmal sein polarer Aufbau zu erkennen (2.52): Auf der Regenerationsseite werden die Zisternen durch Vesikel aufgebaut, welche sich von benachbarten ER-Membranen abschnüren (2.14, 2.52). Die Zisternenmembranen werden zur Sekretionsseite hin zunehmend dicker und die Zisternen nehmen dort häufig eine konkave Gestalt an. An ihren Randzonen werden Vesikel abgeschnürt (2.14, 2.51, 2.52).

Die Vesikel wandern zum Plasmalemma, verschmelzen mit ihm und ergießen ihren Inhalt in den Apoplasten. In den Dictyosomen werden die aus dem rER stammenden Proteine glykosyliert; die Sekretvesikel enthalten Kohlenhydrate und Glykoproteine, welche in der Zellwand-Synthese (2.8), sowie der Schleim- (2.19) oder Nektarsekretion eine Rolle spielen.

Besonders viele Dictyosomen finden sich in Zellen, deren Wände stark verdickt werden oder während der Bildung neuer Wände nach der Zellteilung (2.8, 2.53). Auch in Zellen der Wurzelhaube, wo sich oft ganze Zisternen mit Schleim aufblähen und abschilfern (2.19), und in Drüsenzellen sind Dictyosomen sehr zahlreich. In diesen aktiv sezernierenden Zellen gelangt ein riesiger Überschuß an Membranmaterial (abgegliedert von Dictyosomen) zum Plasmalemma; ein Teil dieses Materials wird offenbar in Form von Coated Vesicles wieder in das Cytoplasma zurückgeführt (2.14).

Die Vakuolen

In einer meristematischen Zelle befinden sich mehrere kleine Vakuolen, von denen jede durch eine Tonoplastenmembran abgegrenzt ist (2.2, 2.4, 2.13). Während des Zellwachstums entwickelt sich durch massive Vergrößerung und Verschmelzung der Vakuolen eine Zentralvakuole, die bis zu 90 % des Volumens einer Parenchymzelle einnimmt (1.18). Das Cytoplasma und die anderen Organellen liegen dann vor allem peripher (2.24, 2.42). Aufgrund ihres hohen Gehalts an unterschiedlichen gelösten Substanzen (i. a. 0,5 M Gesamtkonzentration) ist die Vakuole prall mit Flüssigkeit gefüllt und trägt maßgeblich zum Turgor des gesamten Protoplasten bei.

Die Vakuole enthält außerdem verschiedene hydrolytische Enzyme. Wenn sich der Tonoplast während der Differenzierung zu Sklerenchym- oder trachealen Zellen auflöst, bauen die freigesetzten Enzyme den Protoplasten ab, so daß nur die Zellwände intakt bleiben (1.4, 1.11). Manche Vakuolen enthalten Anthocyane sowie andere Pigmente, und in vielen Samen werden Proteinspeichervakuolen gebildet (2.43, 2.54).

Die Microbodies

Von diesen kleinen, membranbegrenzten Kompartimenten gibt es zwei Typen. Peroxisomen finden sich in unmittelbarer Nähe von Chloroplasten (2.38, 2.39); sie enthalten eine Reihe von Enzymen, welche das in der Photorespiration gebildete Glycolat zu Glyoxylat oxidieren und dieses dann wieder in die Chloroplasten zurückführen. Ferner wird in einem anderen Stoffwechselweg Glyoxylat in Glycin überführt und in die Mitochondrien befördert. Glyoxysomen kommen in fettspeichernden Samen vor und enthalten Enzyme des Fettsäureabbaus, welcher Energie für die Keimung bereitstellt. Das beim Fettsäureabbau anfallende Wasserstoffperoxid wird von Peroxidasen gespalten.

Die Ribosomen

Cytoplasmatische Ribosomen haben einen Durchmesser von 17–20 nm und kommen entweder frei im Cytoplasma vor (cytoplasmatische Grundsubstanz) oder sind an die cytoplasmatische Oberfläche des rERs gebunden (2.48, 2.50, 2.51). Ribosomen bestehen aus zwei Untereinheiten, die sich aus RNA und Proteinen zusammensetzen. Die Synthese der Untereinheiten erfolgt im Nucleolus (2.26), der Zusammenschluß zu einem Ribosom im Cytoplasma. Besonders viele Ribosomen finden sich in Zellen mit hoher Proteinsyntheseaktivität; dort gruppieren sie sich zu Polysomen (2.48). Die cytoplasmatischen Ribosomen (80S) sind etwas größer als die Ribosomen der Plastiden und Mitochondrien (70S) und unterscheiden sich auch biochemisch von diesen.

Mikrotubuli und Mikrofilamente

Mikrotubuli sind röhrenförmige Proteinstrukturen (ca. 25 nm Außen- und 12 nm Innendurchmesser), die eine Länge von mehreren Mikrometern erreichen können (2.55). In einer nicht teilungsaktiven Zelle sind sie meist unmittelbar unter dem Plasmalemma lokalisiert (2.2, 2.55, 2.56); während der Kernteilung ordnen sie sich zu den Fasern der Mitosespindel um (2.28, 2.56). Nach Abschluß der Mitose scheinen die Mikrotubuli Golgi-Vesikel zur Äquatorialebene der Mitosespindel zu leiten, wo die Vesikel zur neuen Zellplatte verschmelzen (2.53, 2.57, 2.58). Es wird vermutet, daß die peripheren Mikrotubuli eine wichtige Rolle bei der Orientierung der Cellulose-Mikrofibrillen spielen, welche in der jungen Wand an der Außenseite des Plasmalemmas gebildet werden; allerdings gibt es für diese Vorstellung noch keinen eindeutigen Beweis.

Eine weitere, kleinere (7 nm Durchmesser) Proteinstruktur, die in Pflanzenzellen auftritt, ist das (Aktin-)Mikrofilament. Mikrofilamente vermitteln die Plasmaströmung in der Grünalge *Nitella;* in den Pollenschläuchen von Blütenpflanzen scheinen sie mit Wandsubstanzen gefüllte Vesikel in die wachsende Zellspitze zu lenken.

Die Zellwand

Pflanzliche Protoplasten sind normalerweise von einer Zellwand umgeben **(2.3, 2.4)**, die der Zelle Festigkeit und Schutz verleiht, jedoch – sofern sie nicht mit lipophilen Materialien imprägniert ist – die Diffusion von Wasser und gelösten Substanzen zum Plasmalemma nicht behindert. Die Wände benachbarter Zellen sind durch eine gemeinsame Mittellamelle zusammengekittet **(2.11, 2.12)**. Zellwanderungen sind deshalb nicht möglich, wenngleich sich Faserzellen und einige andere Zelltypen durch Spitzenwachstum strecken und zwischen benachbarte Zellen zwängen können.

Nach der Zellteilung wachsen die Tochterzellen i. a. durch Vakuolisierung und Dehnung ihrer Primärwände. Im parenchymatischen Gewebe lösen sich die Mittellamellen in Bereichen, wo mehrere Zellen aneinanderstoßen, häufig auf und es entstehen Interzellularen **(2.59)**. Nach dem Ende des Streckungswachstums wird bei einigen Zelltypen eine Sekundärwand aufgelagert (2.7 bis 2.10), welche sich in der Zusammensetzung und der Orientierung ihrer Cellulose-Mikrofibrillen **(2.60)** deutlich von der Primärwand unterscheidet.

Primärwand

Der Mitose folgt normalerweise sofort die Cytokinese, in der beide Tochterzellen durch eine gemeinsame Zellplatte getrennt werden **(2.25)**. Die Zellplatte erscheint zunächst am Äquator der Mitosespindel **(2.56)** und breitet sich dann zentrifugal aus (2.56 bis 2.58, 2.61), bis sie mit der Mutterzellwand fusioniert. Die Zellplatte entsteht durch das Zusammenfließen von Golgi-Vesikeln **(2.53)**, deren Membranen die beiden neuen Plasmalemmae bilden **(2.57, 2.58)**. ER-Stränge durchziehen die Zellplatte und entwickeln sich zu den Zentralsträngen (Desmotubuli) der Plasmodesmen **(2.13, 2.14)**, über welche die Protoplasten benachbarter Zellen verbunden sind. Die unverdickte Zellplatte entspricht der gemeinsamen Mittellamelle der beiden Tochterzellen **(2.57, 2.58)** und besteht größtenteils aus Pektinen. Schließlich wird der Zellplatte auf beiden Seiten eine dünne Primärwand aufgelagert (2.12, 2.25).

Wenn sich eine stark vakuolisierte Zelle teilt, sind die wachsenden Randzonen der Zellplatte durch dichtes Cytoplasma gekennzeichnet (Phragmosom, 2.61), in dem Bündel kurzer Mikrotubuli enthalten sind (2.56 bis 2.58). In einigen Geweben folgt der Mitose nicht sofort die Bildung einer Zellplatte: Bei vielen Arten wird das zunächst coenocytische Endosperm **(2.5)** erst später durch die nachträgliche Bildung von Zellwänden zerteilt (freie Zellbildung). Diese Wände werden in einem häufig unregelmäßigen Muster angelegt, ein Phänomen, das auch in Kallusgeweben zu beobachten ist **(2.26)**. In Transferzellen ragen gewundene Einfaltungen der Primärwand in den Protoplasten hinein **(2.63)**; solche Modifikationen von Parenchymzellen finden sich häufig in der Nachbarschaft von Gefäßelementen.

In dünneren Primärwandbereichen gruppieren sich Plasmodesmen **(2.2)** häufig zu primären Tüpfelfeldern **(2.64)**, in denen sie eine Dichte von bis zu 60 pro Quadratmikrometer Wandfläche erreichen. Werden Sekundärwände aufgelagert, so bleiben diese Bereiche oft ausgespart und es entstehen Tüpfelkanäle, in deren Innerem die unverdickten, an Plasmodesmen reichen Primärwände als Schließhäute fungieren **(2.10, 2.54, 2.65)**. Bei Zellen, deren Wände verholzen, ist die Bewegung von Wasser und Nährstoffen zwischen den Protoplasten auf die unverholzten Tüpfelregionen beschränkt **(2.10)**.

In den trachealen Elementen des Protoxylems **(2.9)** werden den Primärwänden von innen verholzte Sekundärwände in Form einzelner Ringe oder Spiralen aufgelagert; zwischen diesen Verdickungen liegen jedoch große, unverholzte Primärwandbereiche. Diese unverholzten Regionen werden von hydrolytischen, aus den Vakuolen der degenerierenden Protoplasten freigesetzten Enzymen angegriffen, so daß im ausdifferenzierten Element häufig nur noch das übriggebliebene Celluloseskelett (löchrige Wand) die ursprüngliche Position der Primärwand anzeigt **(2.66)**.

Bei den leicht verdickten Wänden der Siebröhren **(2.6)** und den dicken Wänden vieler Speicherparenchymzellen **(2.54)** handelt es sich um Primärwände, die in der Regel unverholzt bleiben. Im Verlauf der Differenzierung der Siebelemente degenerieren ihre Protoplasten **(2.67)** mit Ausnahme des Plasmalemmas sowie modifizierter Plastiden **(2.68, 2.69)**, Mitochondrien, ER und P-Proteinablagerungen **(2.67, 2.68)**. Auch die Querwände der Siebelemente werden umgestaltet: Um die Plasmodesmen herum wird das amorphe Polysaccharid Kallose in die Wand eingelagert **(2.6, 2.67)**, die Desmotubuli der Plasmodesmen verschwinden und die Plasmodesmen werden schließlich zu weiten Poren von 1–15 μm Durchmesser vergrößert, die in einem Schnitt jedoch meist verstopft erscheinen **(2.6, 2.68)**.

Die Primärwand besteht bis zu 80 % des Frischgewichts aus Wasser; bei den anderen Bestandteilen handelt es sich vor allem um Polysaccharide. Die biochemische Analyse zeigt, daß Cellulose 25–30 % des Trockengewichts ausmacht, während Hemicellulosen weitere 15–25 %, Pektinstoffe bis 35 % und Glykoproteine 5–10 % stellen.

Cellulose ist ein Polymer aus Glucose-Einheiten, welche lange, unverzweigte Ketten von bis zu 15 000 Monomeren bilden. Die Moleküle lagern sich durch laterale Wasserstoffbrückenbildung zu Mikrofibrillen zusammen **(2.17, 2.70)**, die mehrere Mikrometer lang und 3,0–8,5 nm dick werden. Mikrofibrillen besitzen eine hohe Zugfestigkeit und verstärken die Zellwände analog den Stahlstäben im Stahlbeton. Die anderen Polysaccharid-Komponenten haben keine Fibrillenstruktur. Es wird angenommen, daß die Hemicellulosen zum einen über Wasserstoffbrücken mit den Mikrofibrillen verbunden sind und zum anderen kovalent an neutrale Pektine binden, die wiederum mit sauren Pektinen verknüpft sind. Diese nicht-celluloseartigen Polysaccharide bilden durch Bindung von Wasser (Hydratation) Gele aus, welche die Plastizität der Wände bedingen.

In der Primärwand können neu gebildete Mikrofibrillen parallel zueinander ausgerichtet werden **(2.17)**; häufig liegen sie aber auch in einer Streutextur vor. Die Matrixsubstanzen der Wand werden im ER und den Dictyosomen synthetisiert und über Golgi-Vesikel zur neu entstehenden Wand transportiert. Cellulose-Mikrofibrillen scheinen hingegen *de novo* am Plasmalemma gebildet zu werden **(2.16)**. Bei Hefen werden die Chitin-Mikrofibrillen der Wand offenbar an Rosetten (Partikelaggregaten) im Plasmalemma erzeugt **(2.18)**.

Ein ähnlicher Mechanismus wurde für die Bildung von Cellulose-Mikrofibrillen bei höheren Pflanzen vorgeschlagen, demzufolge sich Cellulosesynthasen zu rosettenförmigen Enzymkomplexen zusammenlagern **(2.16)**, welche aus dem Protoplasten aktivierte Glucose erhalten. Aus dieser werden an den Rosetten Celluloseketten synthetisiert, die nach außen in die neue Wandschicht abgegeben werden und zu Mikrofibrillen zusammentreten. Allerdings wurden bei vielen, elektronenmikroskopisch untersuchten Pflanzen keine derartigen Rosetten im Plasmalemma beobachtet.

Sekundärwand

Sekundärwände **(2.7, 2.8, 2.60)** sind typischerweise viel schwächer hydratisiert als Primärwände und haben einen, im Verhältnis zum gesamten Polysaccharidgehalt, höheren Anteil an Cellulose. In einer ausdifferenzierten Faserzelle sind die Mikrofibrillen der ältesten (S1) und jüngsten (S3) Sekundärwandschichten mehr oder weniger quer zur Längsachse der Zelle orientiert **(2.60)**, während sie in der dickeren, mittleren Schicht (S2) fast parallel zur Längsachse liegen. Die meisten Fasern sind verholzt. Eine Ausnahme bildet der Flachs (*Linum*, **2.7**), dessen meist unverholzte, vielschichtige Wände im Trockengewicht etwa 90 % Cellulose enthalten.

Reife sklerenchymatische und tracheale Elemente sind normalerweise stark verholzt **(2.9, 2.10, 2.66)**; 15–35 % ihres Trockengewichts besteht aus dem Holzstoff Lignin, einem Riesenmolekül von hohem Molekulargewicht, das verschiedene aromatische Alkohole enthält. Lignin ist chemisch inert und bildet eine widerstandsfähige, wasserdichte Barriere, welche die Cellulose-Mikrofibrillen durchdringt. Die Querverbindungen zwischen Lignin und Cellulose bedingen Stärke und Festigkeit der Zellwände: Isolierte Faserstränge haben eine ähnliche Reißfestigkeit wie ein Stahldraht von gleichem Durchmesser.

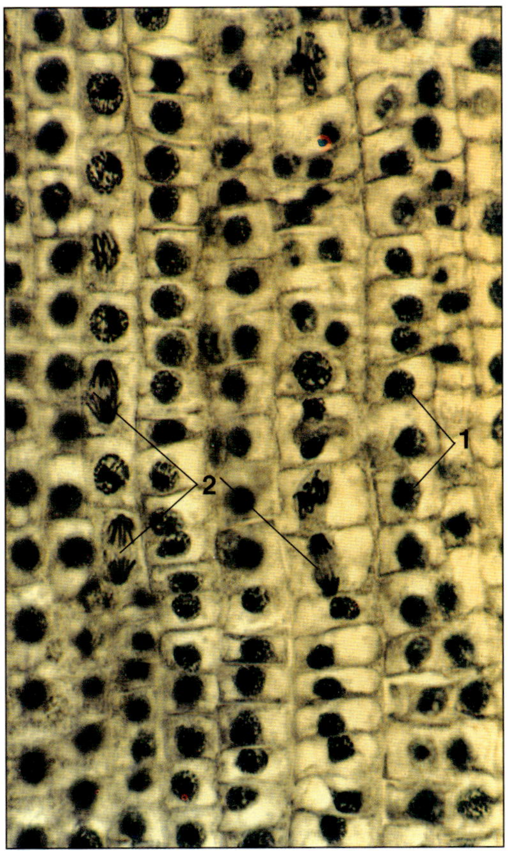

2.1

2.1 LS durch die Wurzel von *Phaseolus vulgaris* (Bohne) gleich hinter dem Wurzelapex. Der Schnitt zeigt die längsverlaufenden Zellreihen künftiger, augenblicklich noch teilungsaktiver Rindenzellen. Auffällig sind die kräftig gefärbten Interphase-Kerne (1), während sich einige der anderen Zellkerne in verschiedenen Stadien der Mitose befinden (2). (LM × 375.)

1 Interphase-Kern
2 Zellkerne in der Mitose

2.2

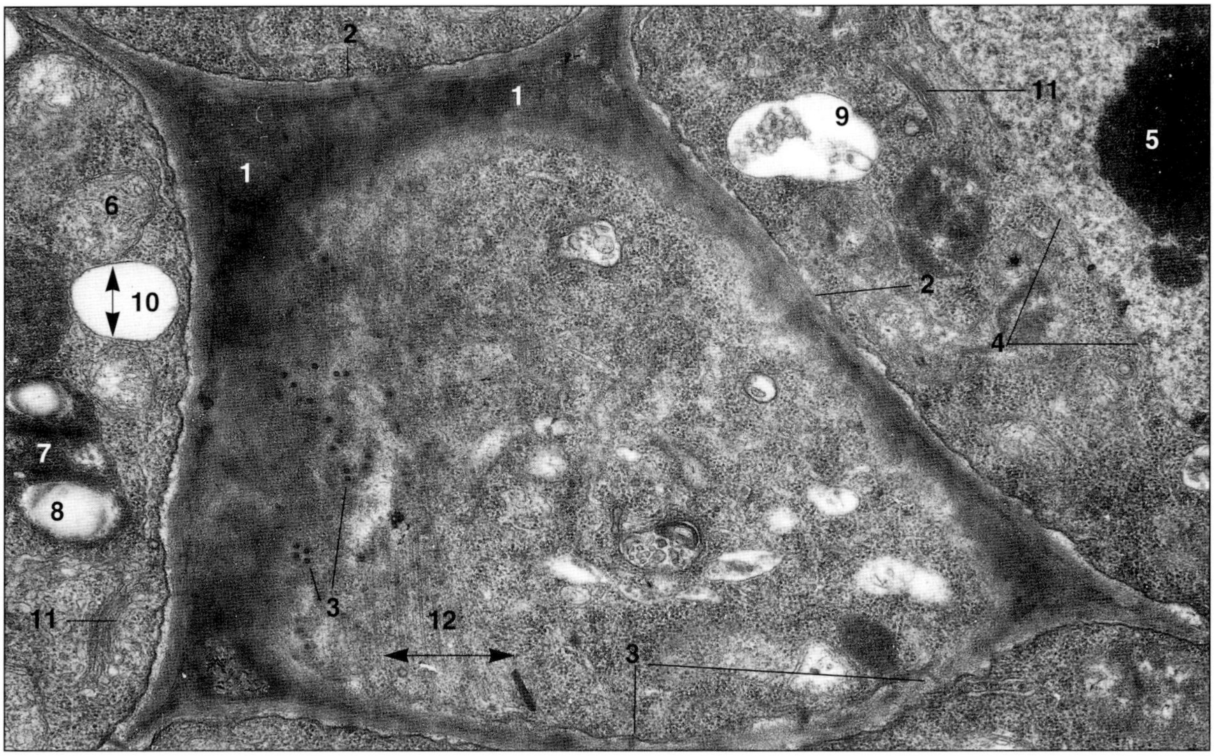

2.2 Meristemzellen aus der Knospe von *Glechoma hederacea* (Gundermann). Der Protoplast ist gegen die externe Zellwand (1) durch das Plasmalemma (2) abgegrenzt. Eine Verbindung zu benachbarten Protoplasten wird durch Plasmodesmen (3) vermittelt, welche die Wand durchziehen. Der Zellkern ist von den beiden Membranen der Kernhülle (4) umgeben und enthält einen elektronendichten Nucleolus (5).

Auch die Mitochondrien (6) und Proplastiden (7) sind von doppelten Membranhüllen umschlossen. In Meristemzellen sind diese beiden Organellen nur schwer zu unterscheiden, ein Kennzeichen von Plastiden ist jedoch vorhandene Stärke (8). Die kleinen Vakuolen (9) werden gegen das dichte Cytoplasma durch eine einfache Tonoplastenmembran (10) abgegrenzt. In der Zelle kommen mehrere Dictyosomen (11) vor; allerdings ist nur wenig Endoplasmatisches Reticulum zu erkennen. Weiterhin sind einige, aus Proteinen bestehende Mikrotubuli (12) vorhanden. (G-Os, TEM × 6000.)

1 Zellwand
2 Plasmalemma
3 Plasmodesmen
4 Kernhülle
5 Nucleolus
6 Mitochondrion
7 Proplastide
8 Stärke
9 Vakuole
10 Tonoplast
11 Dictyosom
12 Mikrotubuli

2.3 QS durch einen Procambiumstrang in der Knospe von *Glechoma hederacea* (Gundermann). Die schmalen Procambiumzellen sind dünnwandig, elektronendicht und enthalten relativ große Zellkerne. Diese meristematischen Zellen unterscheiden sich deutlich sowohl von den dickwandigen, scheinbar leeren Siebröhren (1) des Protophloems als auch von den reifen trachealen Elementen (2) des Protoxylems, welche unregelmäßig verdickte Sekundärwände besitzen. Rinde (3). (G-Os, TEM × 1800.)

1 Siebröhre des Protophloems
2 Tracheales Element des Protoxylems
3 Rinde

2.3

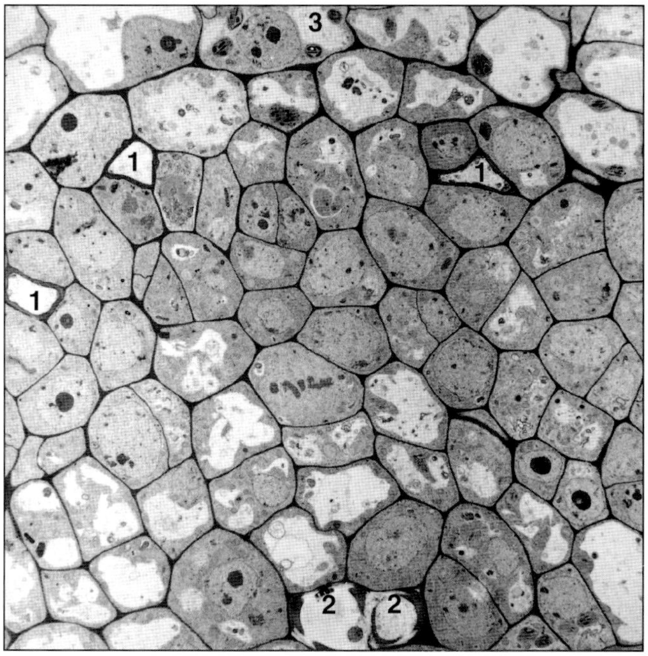

2.4

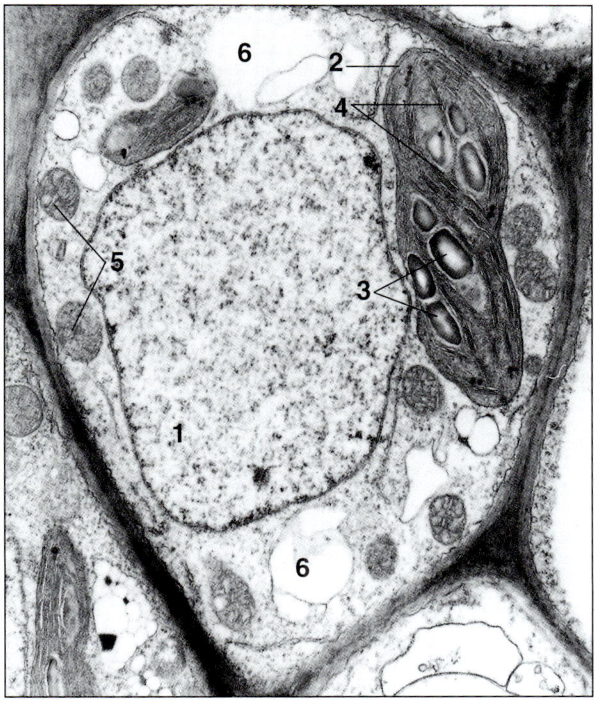

2.4 Leitbündelscheidezelle aus dem Blatt von *Phaseolus vulgaris* (Bohne). Die Zelle enthält einen großen Zellkern (1), einen auffälligen Amylochloroplasten (2) mit zahlreichen Stärkekörnern (3) und einem gut entwickelten Thylakoidsystem (4), Mitochondrien (5) und mehrere kleine Vakuolen (6). (G-Os, TEM × 10 000.)

1	Zellkern	4	Thylakoidsystem
2	Amylochloroplast	5	Mitochondrien
3	Stärkekörner	6	Vakuolen

2.5

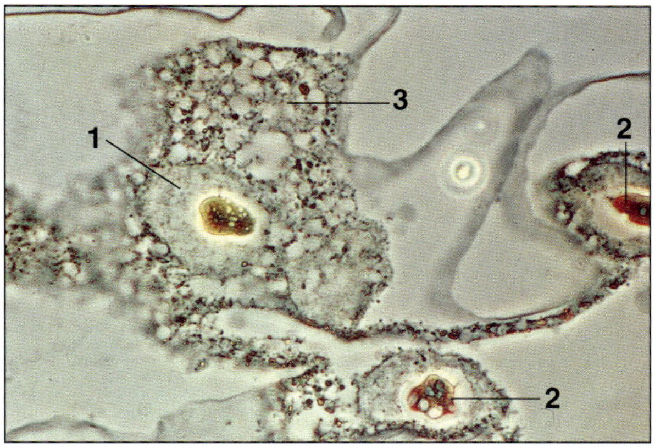

2.5 Coenocytisches Endosperm, das den jungen Embryo von *Phaseolus vulgaris* (Bohne) umgibt. Mehrere Zellkerne (1) mit auffälligen Nucleolen (2) liegen eingebettet in das vesikelreiche Cytoplasma (3); Zellwände sind nicht vorhanden (G-Os, Phasenkontrast LM × 355.)

1	Zellkern
2	Nucleolen
3	Vesikelreiches Cytoplasma

2.6

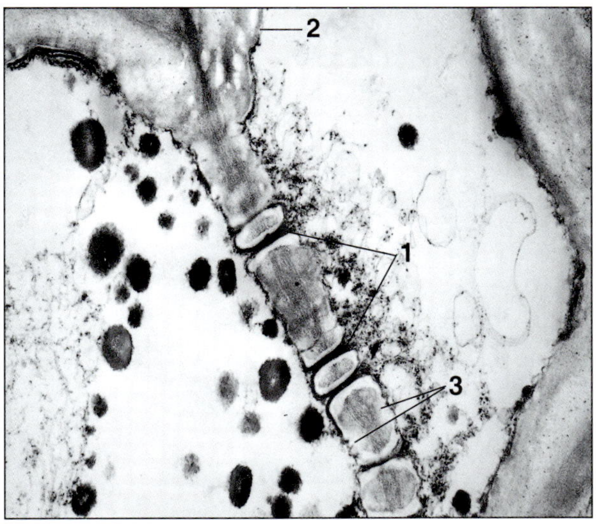

2.6 LS durch eine Siebplatte von *Sorbus aucuparia* (Eberesche), welche schmale Poren (1) aufweist. Obwohl diese scheinbar verstopft sind, wird angenommen, daß sie *in vivo* offen sind. Die Protoplasten der Siebelemente sind kernlos und die anderen Organellen sind degeneriert. Das Plasmalemma (2) ist jedoch intakt. Kallose (3). (G-Os, TEM × 15 000.)

1	Siebpore	3	Kallose
2	Plasmalemma		

2.7

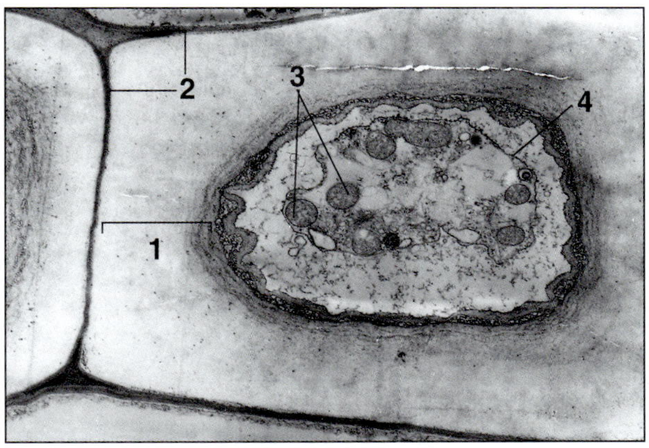

2.7 QS durch eine Phloemfaser aus dem jungen Hypokotyl von *Linum usitatissimum* (Flachs). Diese Region der Faser ist fast ausdifferenziert und weist eine massiv verdickte, aber unverholzte Sekundärwand (1) auf, die der dünnen Primärwand (2) von innen aufgelagert ist. Im degenerierenden Protoplasten sind noch einige Mitochondrien (3) zu erkennen, das Plasmalemma (4) hat sich jedoch schon von der innersten Schicht der Sekundärwand abgelöst. (G-Os, TEM × 1800.)

1	Sekundärwand	3	Mitochondrien
2	Primärwand	4	Plasmalemma

2.8

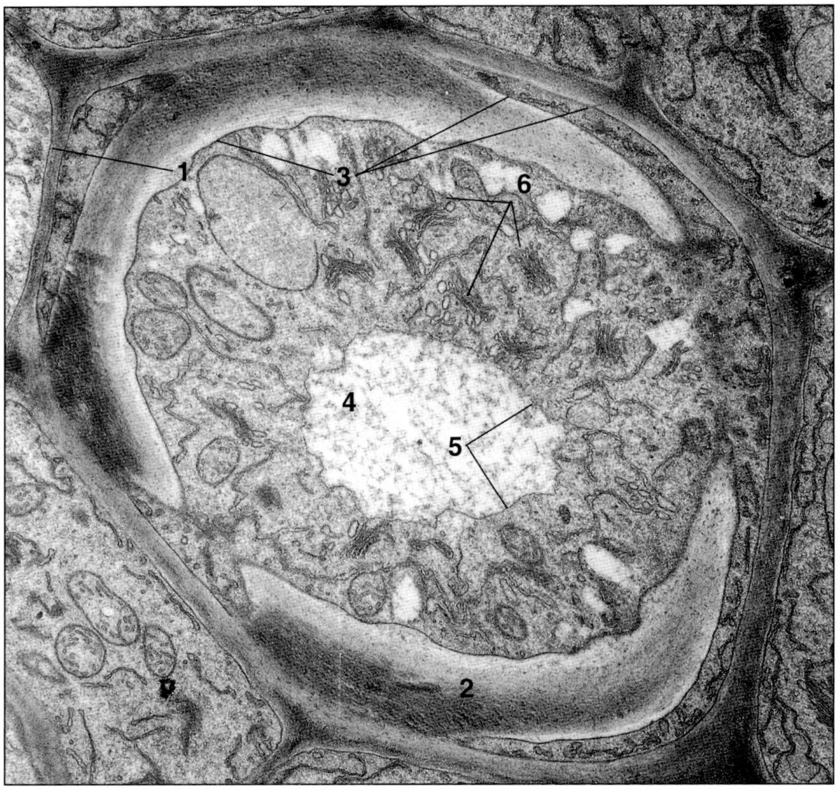

2.8 QS durch ein schraubenförmig verdicktes, sich differenzierendes Protoxylemelement von *Glechoma hederacea* (Gundermann). Die dünne Primärwand (1) und die verdickte, verholzte Sekundärwand (2) werden durch das Plasmalemma (3) vom Protoplasten abgegrenzt. Dieser enthält eine Zentralvakuole (4) mit noch intaktem Tonoplasten (5). Zahlreiche Dictyosomen (6) schnüren Vesikel in das Cytoplasma ab, welche vermutlich nicht-celluloseartige Polysaccharide zur wachsenden Wand transportieren. Zahlreiche ER-Zisternen sind erkennbar; Ribosomen bleiben bei dieser Fixierung jedoch nicht erhalten. (Km, TEM × 9000.)

1 Primärwand
2 Sekundärwand
3 Plasmalemma
4 Zentralvakuole
5 Tonoplast
6 Dictyosomen

2.9

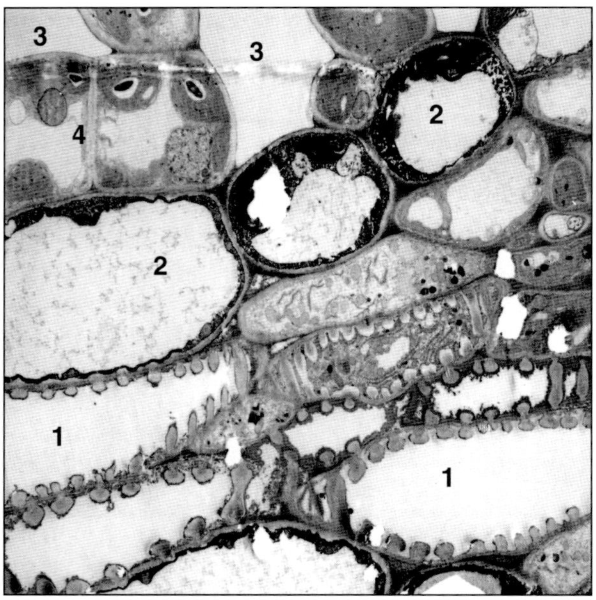

2.10

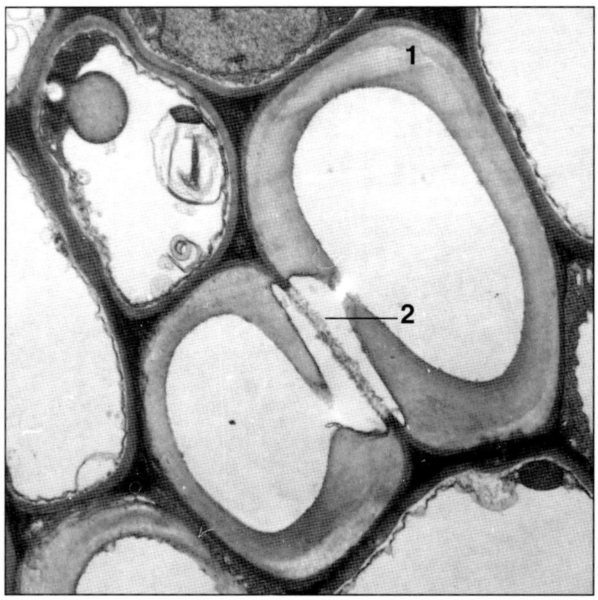

2.9 LS durch den Seitennerv eines Blattes von *Sorbus aucuparia* (Eberesche). Mehrere Ringelemente des Protoxylems (1) sind bereits differenziert und haben keine Protoplasten mehr. Parenchymatische Leitbündelscheidezellen (2) trennen die Xylemelemente von den Interzellularen (3) des umliegenden Mesophyllgewebes (4). (G-Os, TEM × 2000.)

1 Ringelement des Protoxylems
2 Leitbündelscheide
3 Interzellularen
4 Mesophyllgewebe

2.10 QS durch das Xylem in der Mittelrippe eines Blattes von *Sorbus aucuparia* (Eberesche). Die ausdifferenzierten trachealen Elemente haben dicke Sekundärwände (1) und Lumina ohne Protoplasten. Die Schließhaut des auffälligen Hoftüpfels wird von der Primärwand (2) gebildet, welche in dieser Region, in der sie nicht direkt an die Sekundärwand grenzt, weniger dicht ist. (G-Os, TEM × 1800.)

1 Sekundärwand
2 Schließhaut

2.11

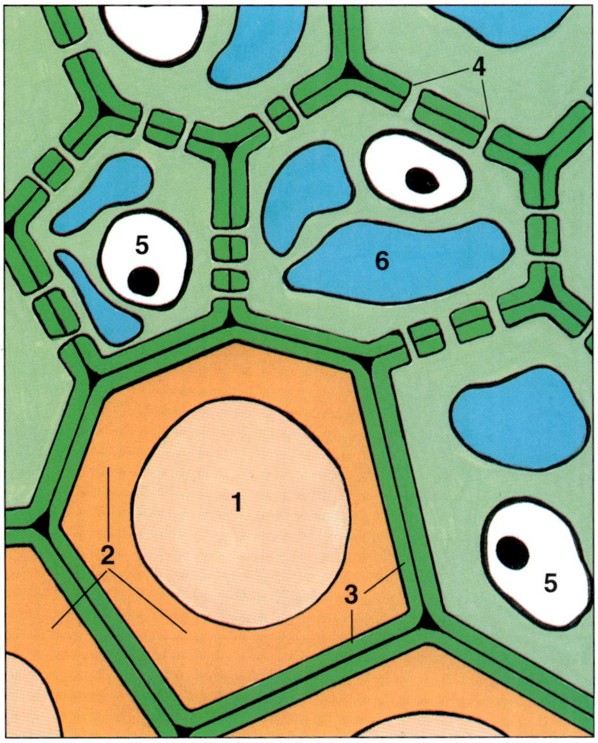

2.12

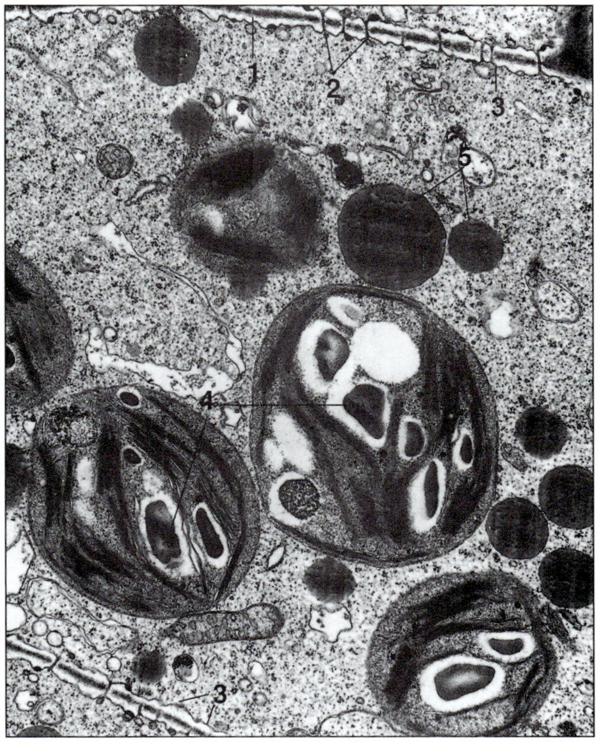

2.11 Schematische Darstellung des Symplasten und Apoplasten. Jede tote Sklerenchymfaser besteht aus einem leeren, zentralen Lumen (1), das von einer dicken Sekundärwand (2) umschlossen wird, welche einer dünnen Primärwand (3) von innen aufgelagert ist. Die lebenden Parenchymzellen sind nur von Primärwänden umgeben (3) und ihre Protoplasten stehen miteinander über zahlreiche Plasmodesmen (4) in Verbindung. Die Gesamtheit aller Protoplasten konstituiert den Symplasten, während Zellwände und tote Zellumen (plus Interzellularen, wenn vorhanden) den Apoplasten bilden. Zellkern (5), Vakuole (6).

1	Zentrales Lumen	4	Plasmodesmen
2	Sekundärwand	5	Zellkern
3	Primärwand	6	Vakuole

2.12 Feinstruktur einer Mesophyllzelle aus einem Blättchen des Laubmooses *Polytrichum commune*. Die Zellen werden von unverdickten Primärwänden umschlossen, welche durch eine elektronendichte Mittellamelle (1) voneinander getrennt sind. Zahlreiche Plasmodesmen (2) durchziehen die Wände, und das Plasmalemma (3) grenzt den Protoplasten gegen die Zellwand ab. Im Cytoplasma sind die großen Chloroplasten (mit Stärkekörnern, 4) und Lipidvesikel (5) besonders auffällig. (G-Os, TEM × 10 500.)

1	Mittellamelle	4	Stärkekörner
2	Plasmodesmen	5	Lipidvesikel
3	Plasmalemma		

2.13 Zellen der Wurzelspitze von *Allium cepa* (Küchenzwiebel). Zahlreiche Plasmodesmen (1) durchqueren die dünne, ungefärbte Primärwand. Die einfachen Membranen von Plasmalemma (2), Tonoplast (3), Endoplasmatischem Reticulum (4) und Dictyosomen (5) zeichnen sich deutlich ab und auch die doppelten Membranhüllen der Mitochondrien (6) und Proplastiden (7) sind zu erkennen. Ribosomen und Mikrotubuli bleiben bei dieser Fixierung jedoch nicht erhalten. (Km, TEM × 20 500.)

1	Plasmodesmen
2	Plasmalemma
3	Tonoplast
4	Endoplasmatisches Reticulum
5	Dictyosomen
6	Mitochondrien
7	Proplastide

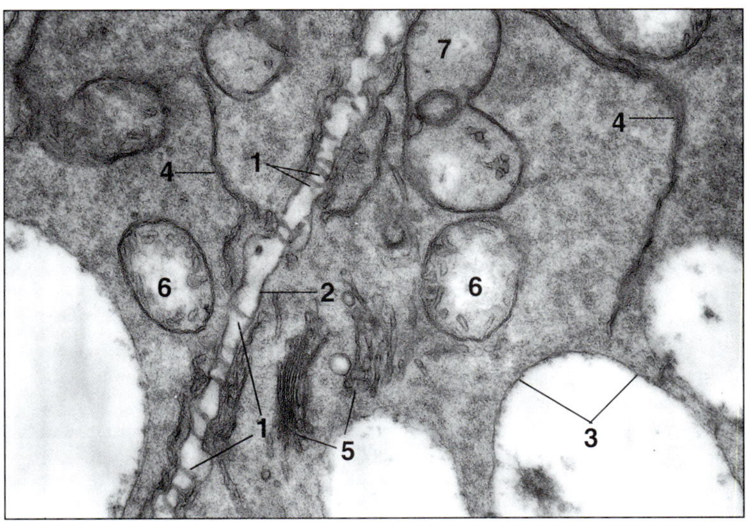

2.13

2.14

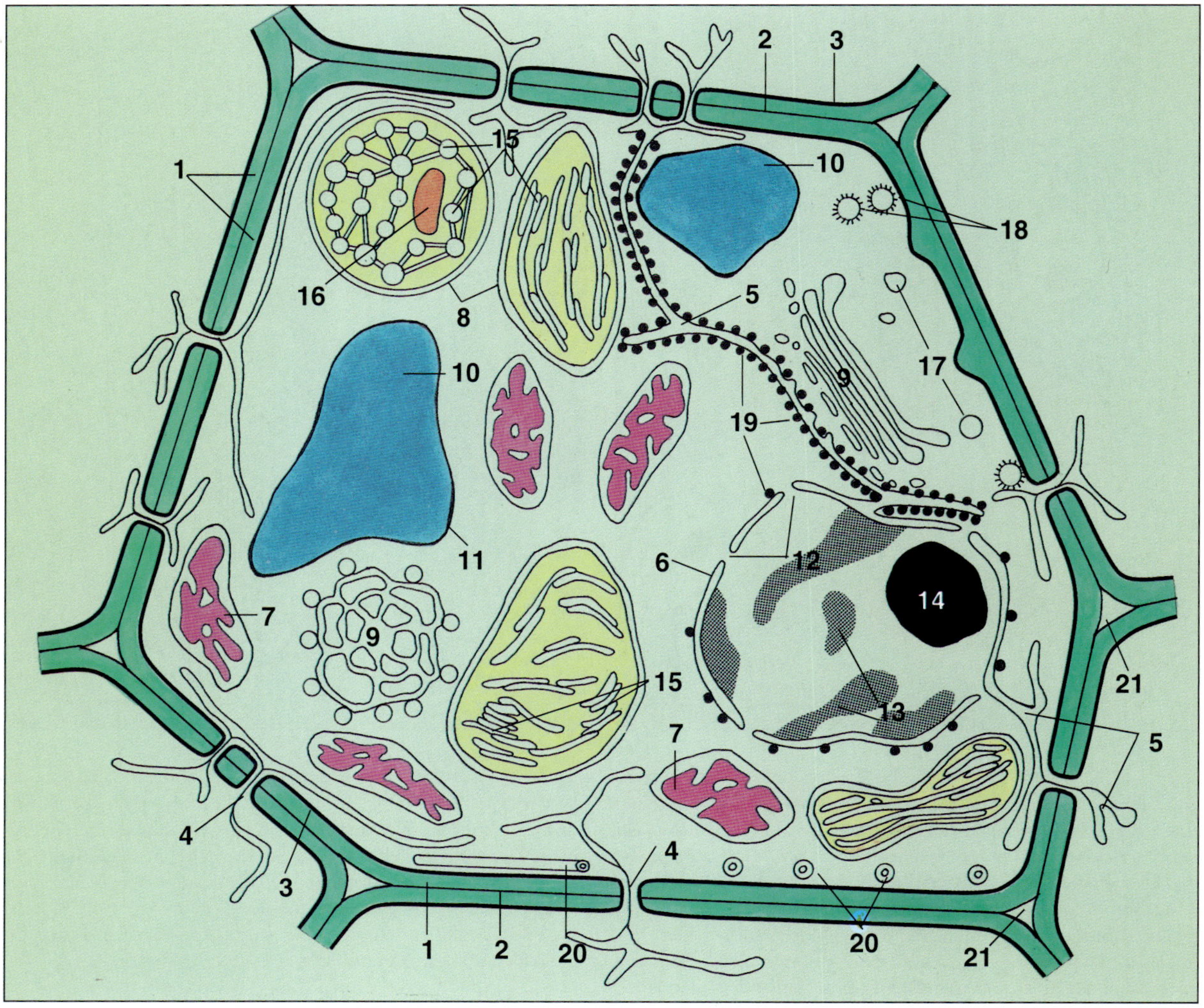

2.14 Schema der Feinstruktur einer relativ undifferenzierten Pflanzenzelle. Der Protoplast ist von einer dünnen Primärwand (1) umgeben, welche an die Mittellamelle (2) grenzt. Das Plasmalemma (3) umschließt den Protoplasten und kleidet auch die Plasmodesmenporen aus. Schmale membranöse Desmotubuli (4) ziehen durch diese Poren und verbinden das ER (5) benachbarter Zellen. Obwohl hier nur teilweise angezeigt, sind die Außenseiten des ERs und die äußere Kernhülle normalerweise von Ribosomen überzogen; die zahlreichen cytoplasmatischen Ribosomen sind in diesem Schema nicht dargestellt.

Der Großteil der Zellorganellen ist membranumgrenzt; eine Doppelmembran umhüllt den Zellkern (6), Mitochondrien (7) und Chloroplasten (8), während die Zisternen des ERs (5) und der Dictyosomen (9) durch eine einfache Membran umschlossen sind. Auch die Vakuole (10) wird durch einen einfachen Tonoplasten (11) umgrenzt. Die Kernhülle steht mit dem ER in offener Verbindung. An den zahlreichen Kernporen (12) treten die äußere und innere Membran der Kernhülle zusammen. Dichtere, DNA-reiche Heterochromatinbereiche (13) finden sich auch im Interphase-Kern, der einen großen Nucleolus enthält (14). Die großen Chloroplasten weisen stark entwickelte, photosynthetisch aktive Granabereiche (15) und Stärke (16) auf. Die inneren Membranen der Mitochondrienhüllen bilden gewundene tubuläre oder gelegentlich plattenförmige Einstülpungen.

Die Dictyosomen (sowohl in Längs- als auch Queransicht dargestellt) sind polar aufgebaut und schnüren an der Sekretseite zahlreiche Vesikel (17) ab, welche durch das Cytoplasma zum Plasmalemma wandern, um mit diesem zu verschmelzen. Überschüssiges Membranmaterial wird vermutlich durch Coated Vesicles (18) zwecks Recycling in den Protoplasten zurückgeführt. Die auffälligsten, nicht-membranumgrenzten Organellen einer Zelle sind die Ribosomen (19) und die Mikrotubuli (20), welche in der Interphase in unmittelbarer Nachbarschaft zum Plasmalemma lokalisiert sind. In den Winkeln der Zellwände entstehen durch Auflösung der Mittellamelle Interzellularen (21).

1	Primärwand
2	Mittellamelle
3	Plasmalemma
4	Desmotubulus
5	Endoplasmatisches Reticulum
6	Zellkern
7	Mitochondrien
8	Chloroplasten
9	Dictyosomen
10	Vakuolen
11	Tonoplast
12	Kernporen
13	Heterochromatin
14	Nucleolus
15	Grana
16	Stärke
17	Golgi-Vesikel
18	Coated Vesicles
19	Ribosomen
20	Mikrotubuli
21	Interzellularen

2.15 Polymorpher Zellkern einer sich re-embryonalisierenden Zelle von *Phaseolus vulgaris* (Bohne). Der Zellkern enthält mehrere, auffällige „Vakuolen“ (1) und ist von einer dichten Anhäufung kleiner Amyloplasten (2) umgeben. (G-Os, LM × 1200.)

1 „Vakuolen“ im Zellkern
2 Amyloplasten

2.15

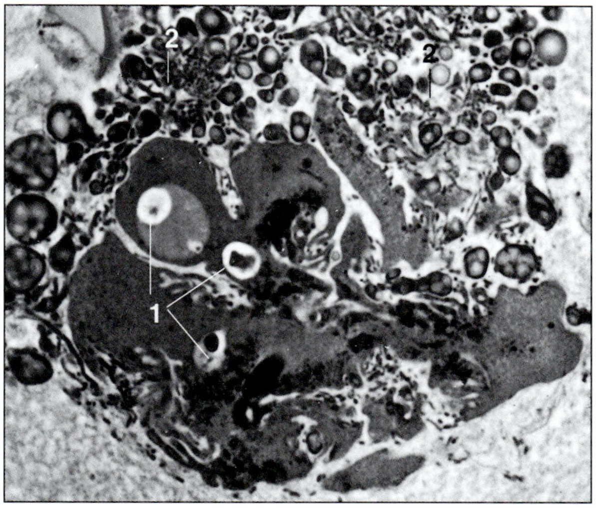

2.16

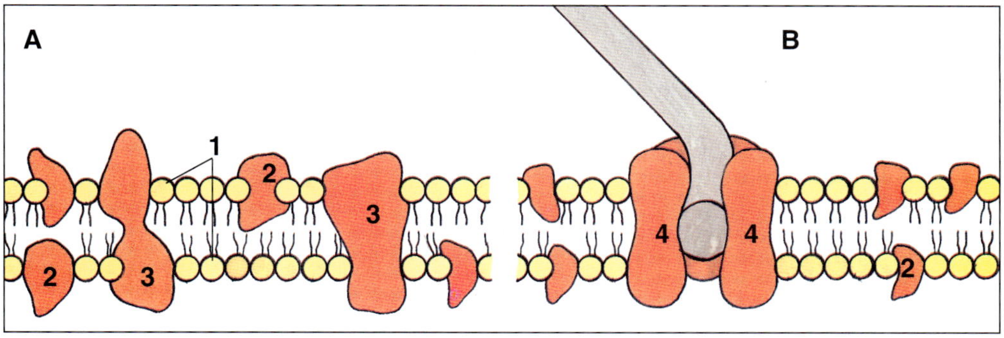

2.16 Modell einer typischen pflanzlichen Membran (**A**) und des Plasmalemmas (**B**). Eine Membran besteht aus einer Doppelschicht aus Phospholipiden, deren hydrophile Köpfe (1) nach außen weisen. In die Lipiddoppelschicht sind Proteine eingefügt, von denen manche auf die Membranoberflächen beschränkt sind (2), während andere (3) durch die Membran hindurchreichen.

Im Plasmalemma (**B**) finden sich rosettenförmige Proteinkomplexe (4, bestehend aus 6 Cellulosesynthase-Molekülen), welche ebenfalls durch die Membran reichen. An diesen Komplexen werden Cellulose-Vorstufen aus dem Cytoplasma entnommen, während Cellulose-Mikrofibrillen an der Außenseite des Plasmalemmas in die Zellwand abgesondert werden.

1 Phospholipidköpfe
2 Periphere Proteine
3 Integrale Proteine
4 Cellulosesynthase-Moleküle

2.17 Grenzfläche zwischen Plasmalemma und Zellwand in der Wurzelspitze von *Lycopersicon esculentum* (Tomate). Das Plasmalemma weist zahlreiche kleine Partikel auf (vermutlich Proteinmoleküle); Rosetten sind jedoch nicht zu erkennen. Ein Großteil des Wassers in der Primärwand ist während der Präparation sublimiert, so daß mehrere Wandschichten mit zahlreichen, vor allem parallel angeordneten Cellulose-Mikrofibrillen erkennbar werden. Das Präparat sollte aus der Richtung der Bedampfung betrachtet werden (dicker Pfeil). (GÄ, TEM × 30 000.)

2.17

2.18

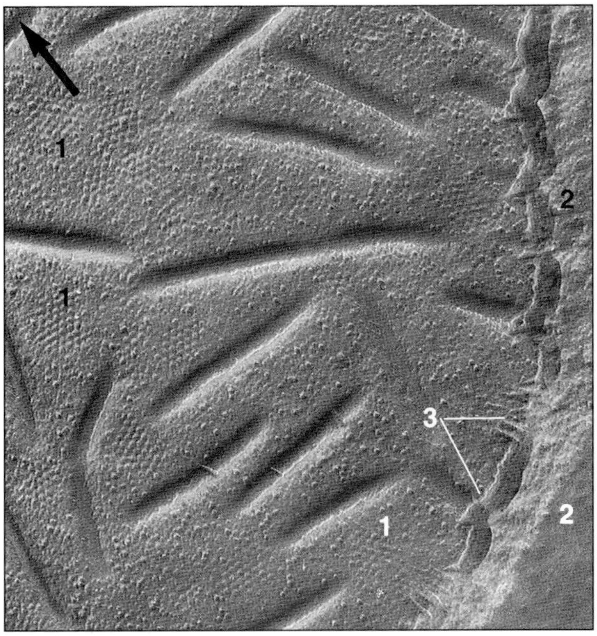

2.19

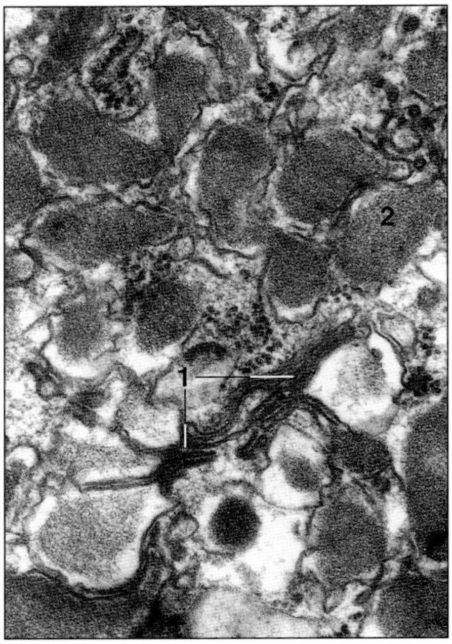

2.18 Plasmalemma von *Saccharomyces* (Hefe). Die Membranoberfläche weist zahlreiche Partikel auf, von denen sich viele eng zu Rosetten (1) gruppieren. Ein Teil der Chitin-Zellwand (2) ist zu erkennen und in einigen Regionen (3) scheinen die Wand-Mikrofibrillen den Partikeln der Rosetten zu entspringen. Im Plasmalemma sind unterschiedlich orientierte Furchen zu sehen: Das Präparat sollte aus der Richtung der Bedampfung betrachtet werden (dicker Pfeil). (GÄ, TEM × 61 000.)

1 Rosetten
2 Chitin-Zellwand
3 Zellwand-Mikrofibrillen

2.19 Detail aus einer Wurzelhaubenzelle von *Zea mays* (Mais), das ein Dictyosom (1) mit hypertrophierten Zisternen zeigt. Die Zisternen sind von einer trilaminaren Membran umgrenzt und enthalten ein feingranuläres, elektronendichtes Material (2, vermutlich Schleim), welches in den Apoplasten abgeschieden wird, nachdem die Zisternen mit dem Plasmalemma fusioniert sind. (G-Os, TEM × 24 000.)

1 Dictyosom
2 Feingranuläres Material

2.20

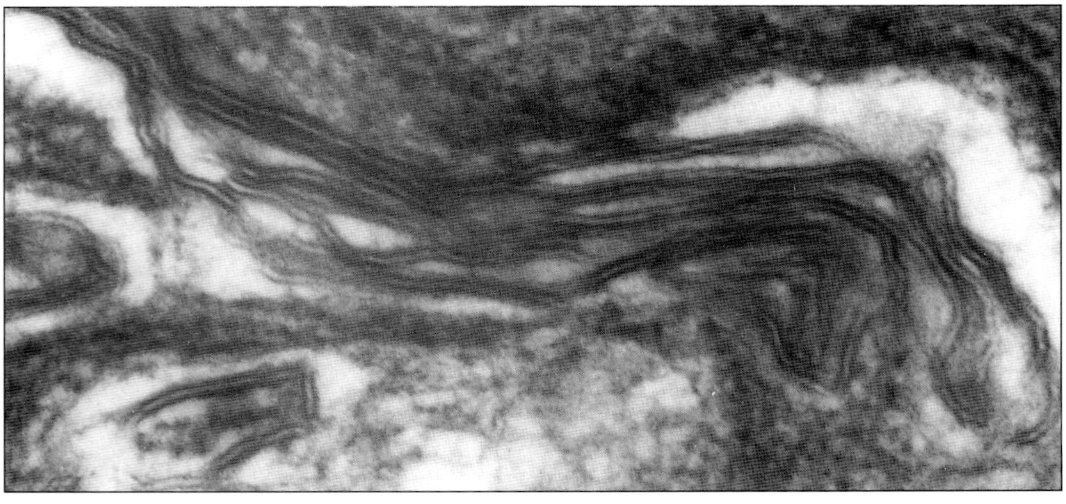

2.20 Mit dem Plasmalemma assoziierter Membrankomplex in *Andrographis paniculata*. Die quergeschnittenen Membranen erscheinen trilaminar: Eine zentrale, durchsichtige Schicht liegt zwischen zwei elektronendichteren, aber schmaleren äußeren Schichten. Die umgebende Matrix entspricht der Zellwand. (G-Os, TEM × 205 000.)

2.21 Zellkern aus der Wurzelspitze von *Lycopersicon esculentum* (Tomate) in Flächenansicht. Zahlreiche Kernporen (1) verbinden das Kernplasma mit dem Cytoplasma. Das Präparat sollte aus der Bedampfungsrichtung betrachtet werden (dicker Pfeil). Endoplasmatisches Reticulum (2), Vakuole (3). (GÄ, TEM × 14 000.)

1 Kernporen
2 Endoplasmatisches Reticulum
3 Vakuole

2.21

2.22 Zellkern aus der Wurzelspitze von *Lycopersicon esculentum* (Tomate) im Detail. Innere (1) und äußere (2) Membran der Kernhülle weisen beide zahlreiche Poren (3) auf; kleinere Partikel (vermutlich Proteine) kommen jedoch in der inneren Membran viel seltener vor. Das Präparat sollte aus der Bedampfungsrichtung betrachtet werden (dicker Pfeil). (GÄ, TEM × 33 500.)

1 Innere Membran der Kernhülle
2 Äußere Membran der Kernhülle
3 Poren

2.22

2.23 Große, polymorphe Zellkerne aus dem Wurzelkallusgewebe von *Pisum sativum* (Erbse). In den Zellkernen sind Bereiche mit elektronendichtem Heterochromatin (1) zu erkennen. Plastiden (2), Zellwand (3). (G-Os, TEM × 3000.)

1 Heterochromatin
2 Plastiden
3 Zellwand

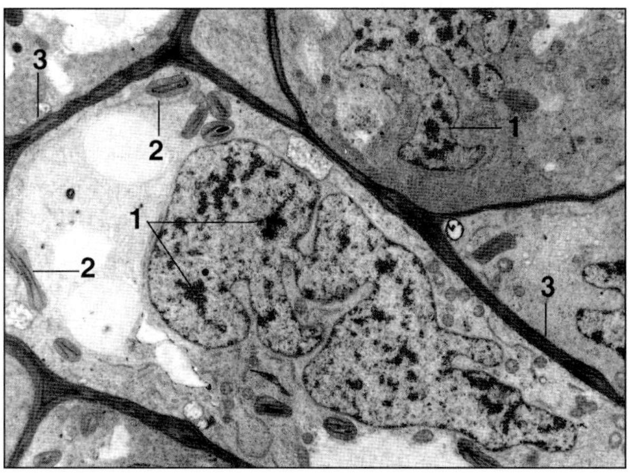

2.23

2.24

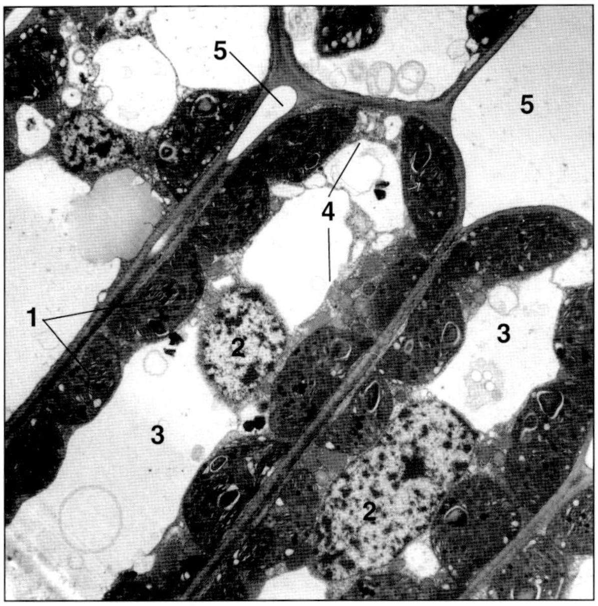

2.25

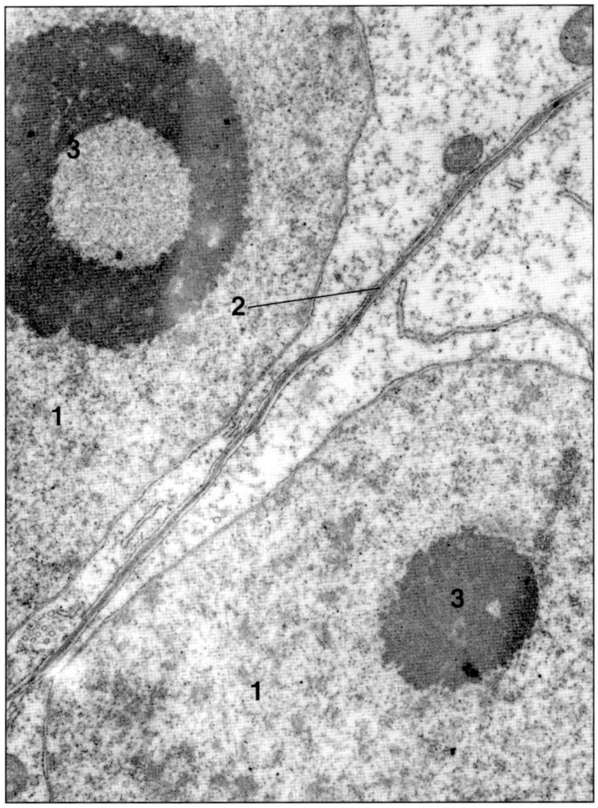

2.24 LS durch das Palisadenparenchym einer Blattspreite von *Sorbus aucuparia* (Eberesche). Jede der dünnwandigen Palisadenzellen weist eine elektronendichte Cytoplasmaschicht mit dicht gedrängten Chloroplasten (1) sowie einen einzelnen Zellkern (2) auf. Die umfangreiche Zentralvakuole (3) ist durch den Tonoplasten (4) gegen das Cytoplasma abgegrenzt. Auffällig sind außerdem das elektronendichte Heterochromatin in den Zellkernen und die großen Interzellularen (5). (G-Os, TEM × 2400.)

1 Chloroplasten
2 Zellkern
3 Zentralvakuole
4 Tonoplast
5 Interzellularen

2.25 Wurzelzellen von *Pisum sativum* (Erbse) unmittelbar nach der Zellteilung. Zwischen den beiden aus der Mitose hervorgegangenen Tochterkernen (1) hat sich eine dünne Zellwand gebildet. Die elektronenlichten Primärwände der beiden Tochterzellen sind durch eine elektronendichte Mittellamelle (2) voneinander getrennt. Nucleolen (3). (G-Os, TEM × 8500.)

1 Zellkerne
2 Mittellamelle
3 Nucleolen

2.26

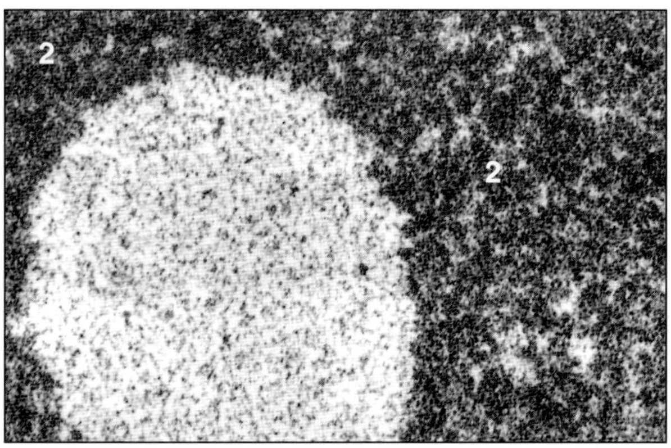

2.26 Nucleolus aus der Wurzel von *Pisum sativum* (Erbse) im Detail. Auffällig ist seine große „Vakuole" (1), deren leeres Erscheinungsbild mit den dicht gedrängten Partikeln (2) des umgebenden Nucleolus kontrastiert. (G-Os, TEM × 28 000.)

1 „Vakuole"
2 Dicht gedrängte Partikel

2.27

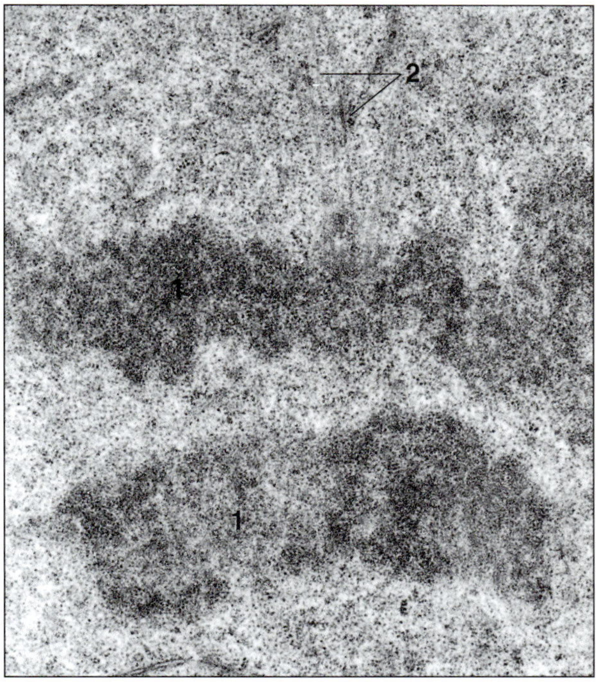

2.27 Detail eines sich teilenden Zellkerns aus der Wurzel von *Pisum sativum* (Erbse). Die Mitosespindel wurde während der Metaphase längs geschnitten; ein Paar elektronendichter Chromosomen (1) ist mit den Kinetochor-Mikrotubuli (2) der Spindel verbunden. (G-Os, TEM × 21 500.)

1 Chromosomen
2 Kinetochor-Mikrotubuli

2.28

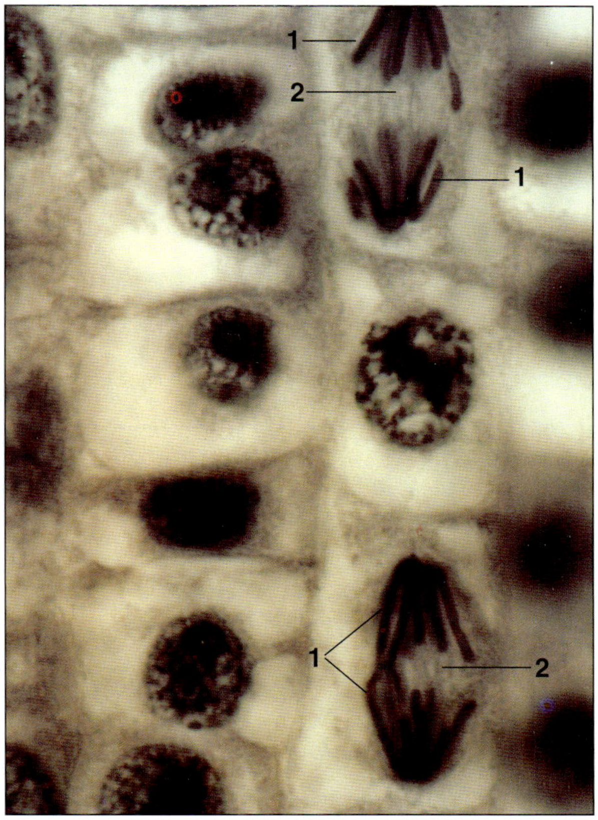

2.28 LS durch eine Wurzel von *Phaseolus vulgaris* (Bohne) gleich hinter dem Wurzelapex. In zwei der markierten Zellen befinden sich die Zellkerne in der Telophase der Kernteilung. Die elektronendichten Chromosomen (1) befinden sich an den jeweiligen Polen der Mitosespindel, deren Fasern (2) aus stark gebündelten und deshalb lichtmikroskopisch sichtbaren Mikrotubuli bestehen. (LM × 1300.)

1 Chromosomen
2 Spindelfasern

2.29 LS durch einen Zellkern aus der Wurzel von *Pisum sativum* (Erbse) während der Mitose. In der Anaphase trennen sich die elektronendichten Chromosomen (1) und verlassen die Äquatorregion (2), die frei von großen Organellen bleibt. Die Kernhülle ist bereits in der Prophase fragmentiert; es finden sich jedoch zahlreiche ER-Stränge (3) und andere Organellen im umliegenden Cytoplasma. (G-Os, TEM × 7000.)

1 Chromosomen
2 Äquatorregion
3 Endoplasmatisches Reticulum

2.29

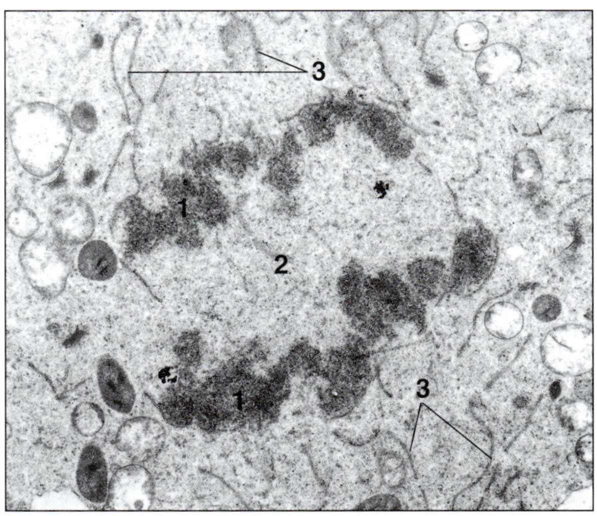

2.30

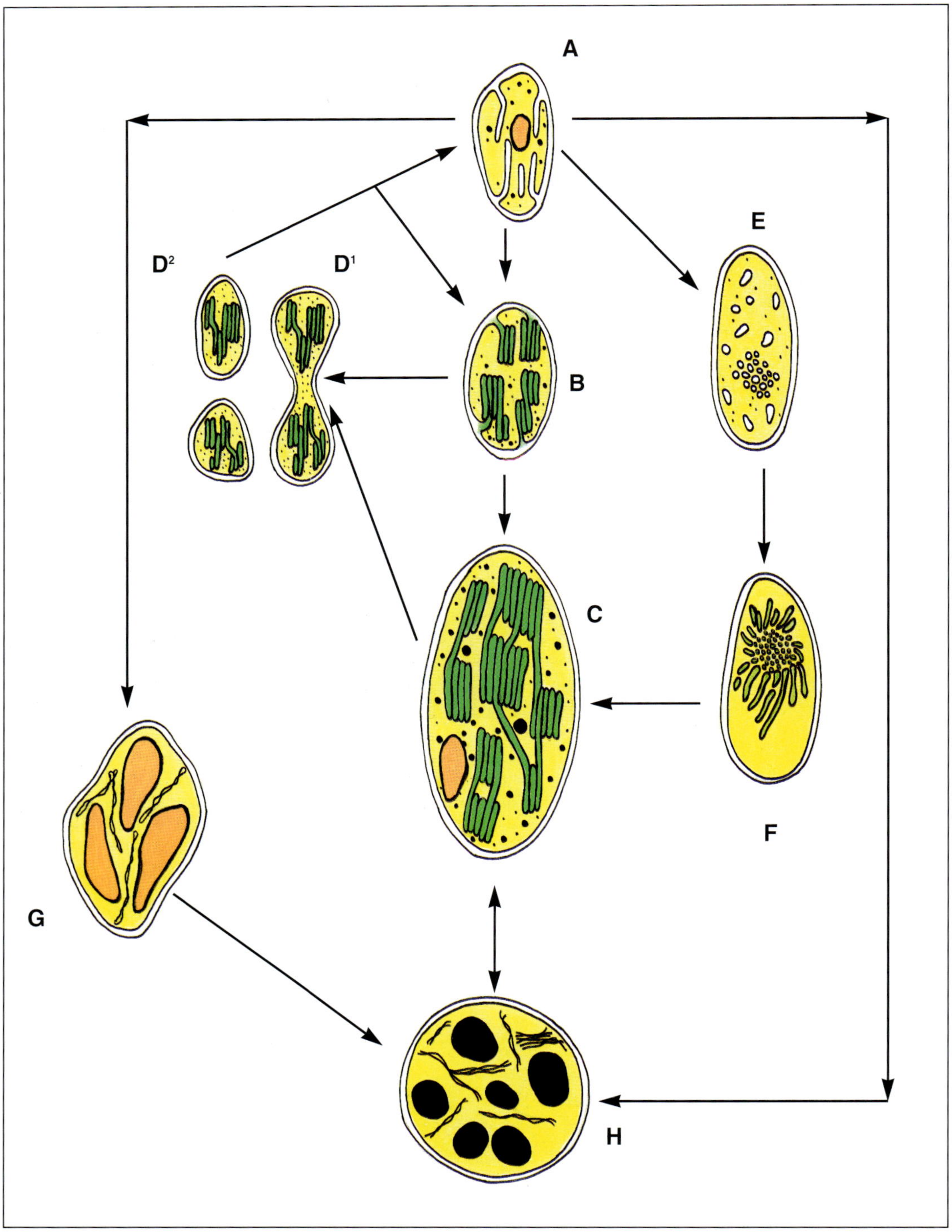

2.30 A bis H. Schematische Darstellung der Plastidenontogenese. In einem jungen, grünen Sproß entstehen aus farblosen Proplastiden (A) typischerweise zunächst Jungchloroplasten (B), die sich zu reifen grünen Chloroplasten (C) entwickeln. Plastiden sind in fast jedem Entwicklungsstadium teilungsfähig; besonders häufig vermehren sich jedoch Proplastiden und Jungchloroplasten (D^1–D^2). Werden Sprosse im Dunkeln angezogen (oder Zellen durch aufliegende Gewebe vom Licht abgeschirmt), so bilden sich Etioplasten (E), welche sich nach Belichtung jedoch rapide umorganisieren (F) und zu Chloroplasten (C) wandeln.

In Wurzeln (und den meisten Epidermiszellen des Sprosses) entwickeln sich aus Proplastiden und Amyloplasten (G) farblose Leukoplasten. Chromoplasten (H) enthalten rote, orangefarbene oder gelbe Pigmente; dieser Plastidentyp entsteht entweder direkt aus Proplastiden oder aber aus Amyloplasten oder degenerierenden Chloroplasten (Gerontoplasten). Reife Chloro- und Amyloplasten können durch Verwundung des Gewebes, in dem sie auftreten, zur Teilung veranlaßt werden (und ihre Abkömmlinge dedifferenzieren sich bisweilen zu Proplastiden). Auch die Umwandlung von Chromoplasten in Chloroplasten ist beschrieben worden.

2.31

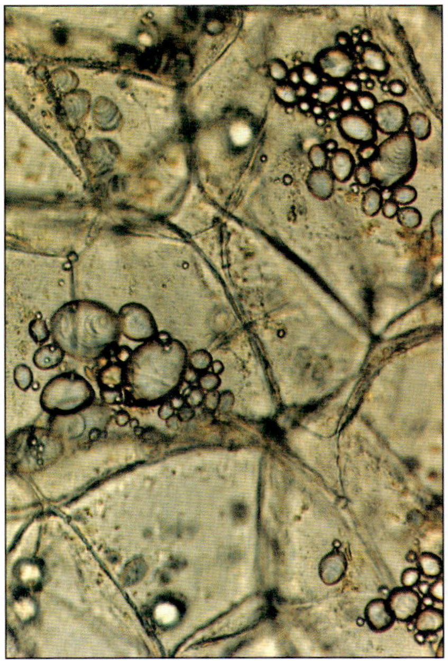

2.32

2.31, 2.32 Speichergewebe einer ergrünenden Knolle von *Solanum tuberosum* (Kartoffel). **2.31** Stark vakuolisierte Parenchymzellen, welche Amyloplasten mit sehr großen Stärkekörnern enthalten. **2.32** Im Detail ist bei dieser Gruppe von Amyloplasten die konzentrische Schichtung der großen Stärkekörner zu erkennen; beachtenswert sind außerdem die kleinen, blaßgrünen Amylochloroplasten. (Unfixiertes Gewebe, LM, **2.31** × 145, **2.32** × 575.)

2.33

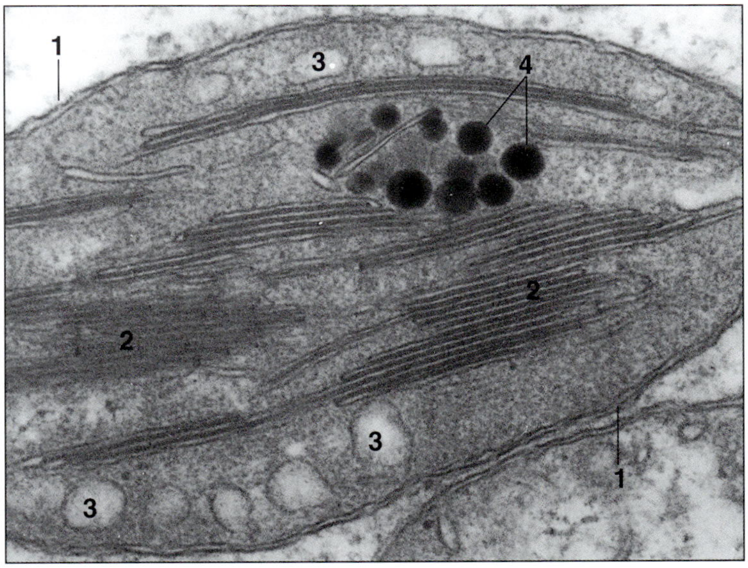

2.33 Längsgeschnittener Jungchloroplast von *Crambe maritima* (Meerkohl). Deutlich zu erkennen sind die beiden Membranen der Chloroplastenhülle (1) und die internen, abgeflachten Thylakoidmembranen, welche zu Grana (2) aufeinandergestapelt sind. Die Grana werden durch ungestapelte Stromathylakoide miteinander verbunden. Ferner sind periphere Membranvesikel (3) und eine Gruppe elektronendichter Plastoglobuli (4) sichtbar. (G-Os, TEM × 77 000.)

1 Doppelte Chloroplastenhülle
2 Grana
3 Membranvesikel
4 Plastoglobuli

2.34

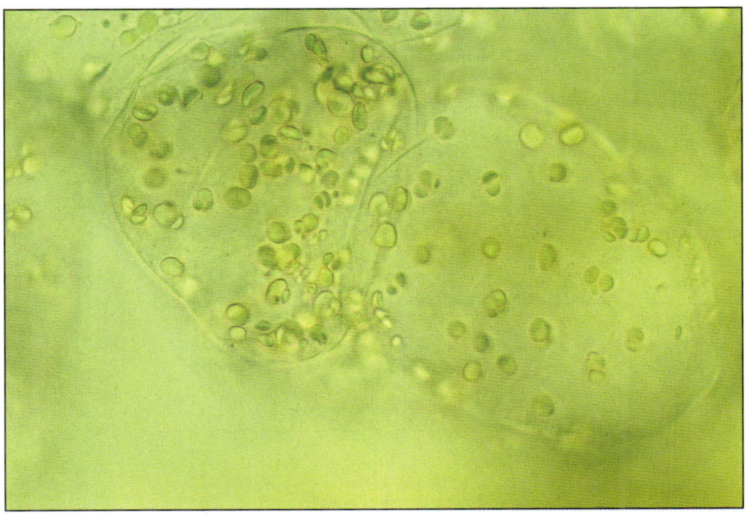

2.34 Speichergewebe einer ergrünenden Knolle von *Solanum tuberosum* (Kartoffel). Nach einer längeren Belichtungsphase haben sich zahlreiche grüne Chloroplasten entwickelt. (Unfixiertes Gewebe, LM × 450.)

2.35

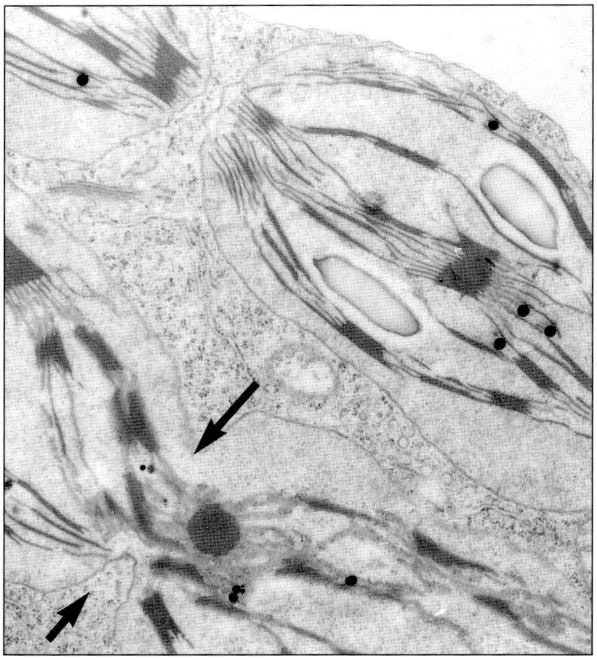

2.35 Sich teilende Chloroplasten aus dem Mesophyll von *Linum usitatissimum* (Flachs). Eine der Plastiden weist einen Isthmus (Pfeile) auf, welcher die künftige Teilungsebene anzeigt, während die beiden anderen Plastiden sich gerade getrennt haben. (G-Os, TEM × 7500.)

2.36

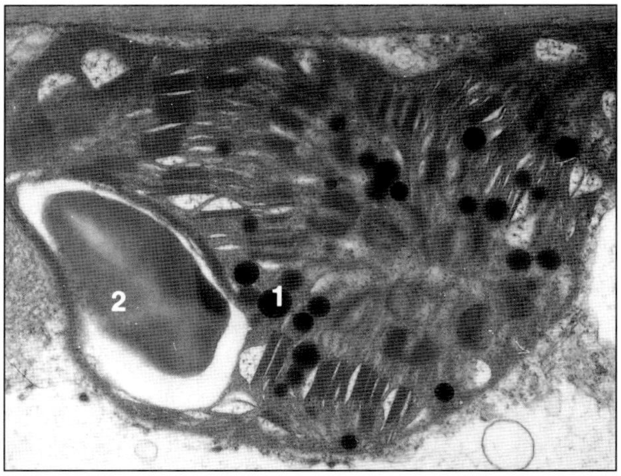

2.36 Chloroplast aus einem Blatt von *Sorbus aucuparia* (Eberesche), der sich in einen Chromoplasten umwandelt. Das Blatt wurde im Herbst gepflückt. Die Grana werden abgebaut und in den zahlreichen Plastoglobuli (1) sammeln sich Carotinoidpigmente, welche dem Herbstlaub laubabwerfender Arten die gelbe, orange oder rote Färbung verleihen. Stärkekorn (2). (G-Os, TEM × 14 500.)

1 Plastoglobuli
2 Stärkekorn

2.37

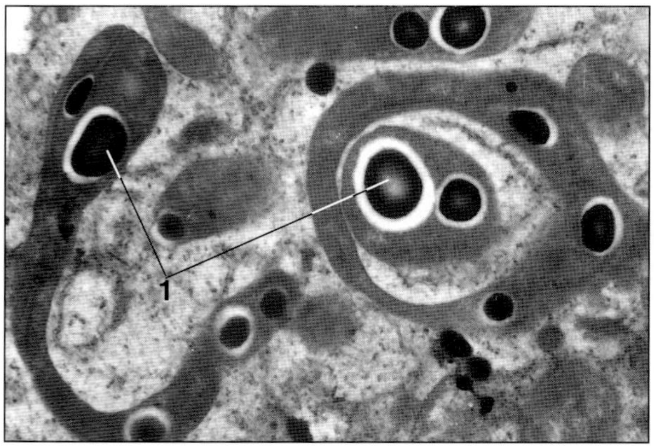

2.37 Proplastiden aus sich dedifferenzierendem Kotyledonengewebe von *Phaseolus vulgaris* (Bohne). Obwohl im Stroma nur wenige Membranen zu erkennen sind, ist das Organell aufgrund der zahlreichen kleinen Stärkekörner (1) eindeutig als Proplastide zu identifizieren. (G-Os, TEM × 7500.)

1 Stärkekörner

2.38

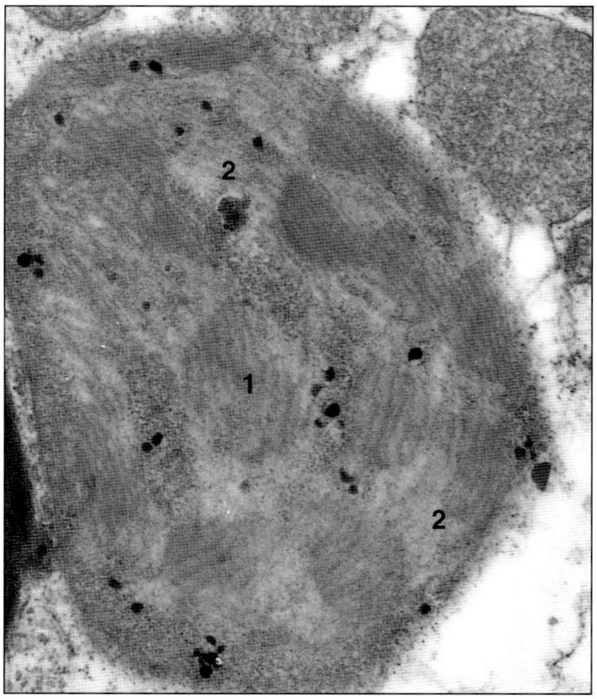

1 Granathylakoide
2 Stromathylakoide

2.38 Quer geschnittener Chloroplast von *Crambe maritima* (Meerkohl) mit scheibenförmigen Granastapeln (1), die durch ein tubuläres Netzwerk von Stromathylakoiden (2) miteinander verbunden sind. (G-Os, TEM × 18 000.)

2.39 Längs geschnittener Chloroplast von *Linum usitatissimum* (Flachs). Auffällig sind die stark entwickelten Granamembranen (1) im Stroma und die beiden Membranen der Chloroplastenhülle (2). In enger Verbindung zu der Plastide liegt ein großes Peroxysom mit granulärer Matrix (3), welches durch eine einfache Membran umgrenzt ist (4). Tonoplast (5), Plasmalemma (6). (G-Os, TEM × 29 000.)

1 Granamembranen
2 Doppelte Chloroplastenhülle
3 Peroxysom
4 Einfache Membran des Peroxysoms
5 Tonoplast
6 Plasmalemma

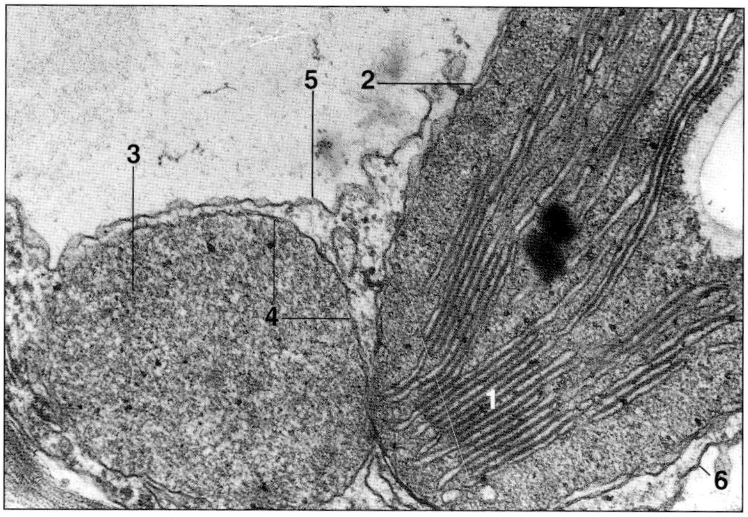

2.39

2.40 Plastide von *Crambe maritima* (Meerkohl) mit Phytoferritinkristallen im Stroma. Deutlich zu erkennen sind die beiden Membranen der Plastidenhülle (1). (G-Os, TEM × 111 500.)

1 Doppelte Plastidenhülle

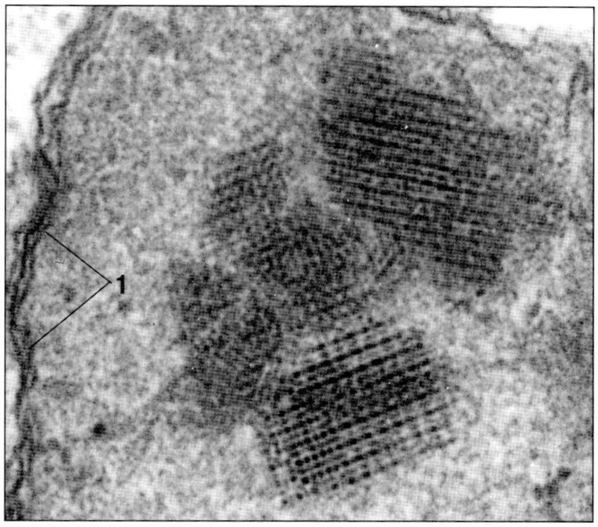

2.40

2.41 Ergrünender Etioplast im Stengel von *Glechoma hederacea* (Gundermann). Aus den Überresten des Prolamellarkörpers (1) entwickelt sich das Membransystem der Grana- und Stromathylakoide (2). Stärke (3), doppelte Plastidenhülle (4). (G-Os, TEM × 47 500.)

1 Prolamellarkörper
2 Grana/Stroma-Thylakoidsystem
3 Stärke
4 Doppelte Plastidenhülle

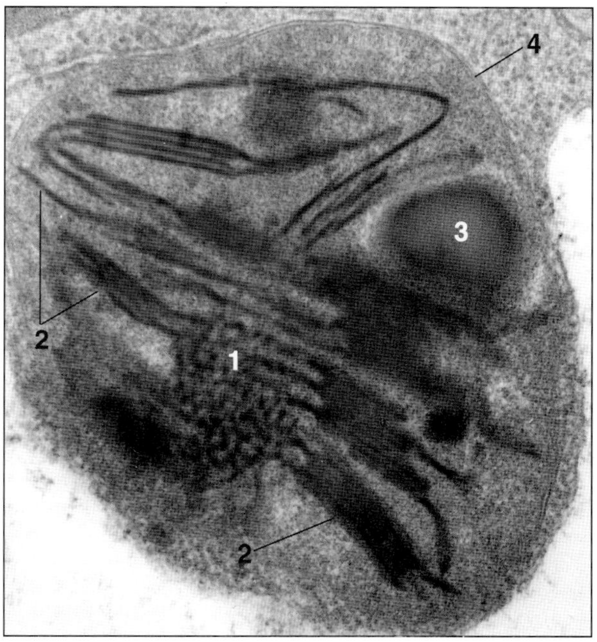

2.41

2.42

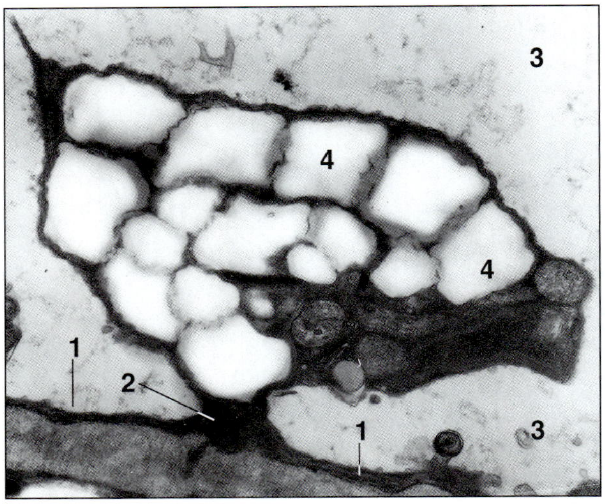

2.42 Großer Amyloplast aus einem Kallusgewebe von *Andrographis paniculata*. Er ist mit dem wandständigen Cytoplasma (1) über einen Cytoplasmastrang (2) verbunden, der den Amyloplasten außerdem vollständig umsäumt und von der großen Vakuole (3) abgrenzt. In der Plastide sind nur wenige Membranen, aber zahlreiche Stärkekörner (4) zu erkennen. (G-Os, TEM × 12 000.)

1 Wandständiges Cytoplasma
2 Cytoplasmastrang
3 Vakuole
4 Stärkekörner

2.43

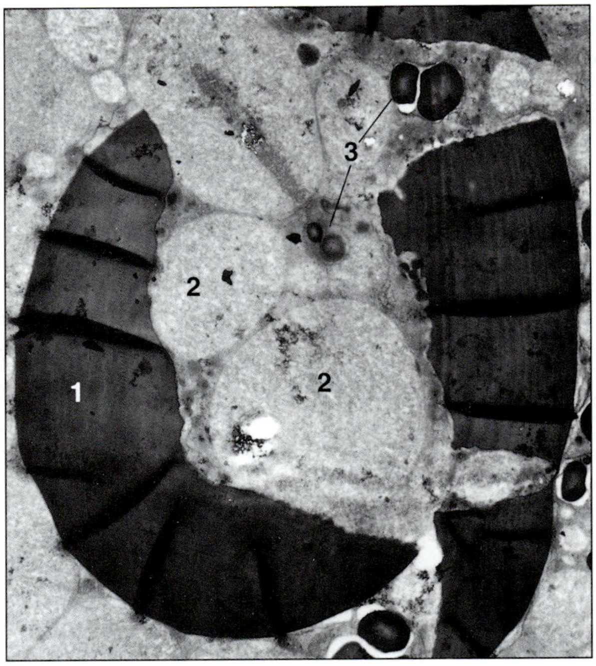

2.43 Fragmentiertes Stärkekorn aus einer keimenden Kotyledone von *Phaseolus vulgaris* (Bohne). Das elektronendichte Stärkekorn ist offensichtlich vom Zentrum aus verdaut worden und dabei in mehrere Stücke (1) zerfallen. Die membranumgrenzten Proteinvakuolen (2) sind weitgehend entleert. Kleine Amyloplasten (3). (G-Os, TEM × 3500.)

1 Fragment des Stärkekorns
2 Proteinvakuolen
3 Amyloplasten

2.44

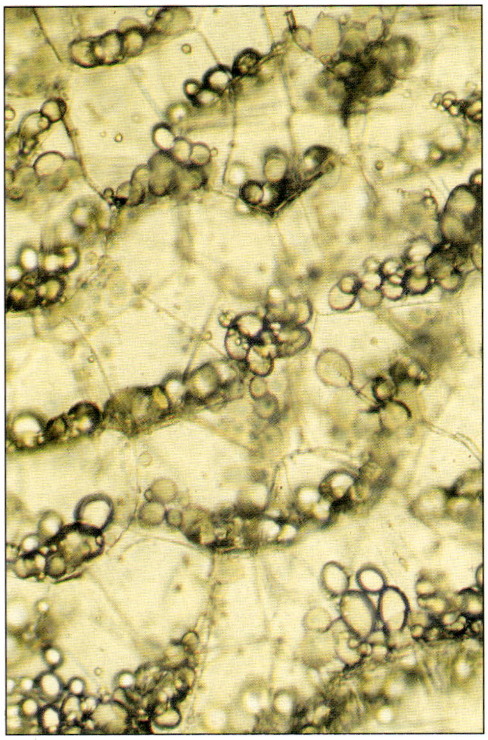

2.44 Längs geschnittenes Segment aus der Knolle von *Solanum tuberosum* (Kartoffel), das zuvor vier Wochen lang in vertikaler Orientierung inkubiert wurde. Die Amyloplasten sind sedimentiert und liegen an den physikalisch unteren Wänden der Parenchymzellen. (Unfixiertes Gewebe, LM × 100.)

2.45 Abgeworfenes Herbstlaub, das in eine Bucht des Flusses Kelvin geweht wurde. Die Blätter haben die unterschiedlichsten Farben; einige sind noch grün, während andere – bedingt durch die Ansammlung von Carotinoiden in den degenerierten Chloroplasten – gelb bis orange gefärbt sind.

2.45

2.46

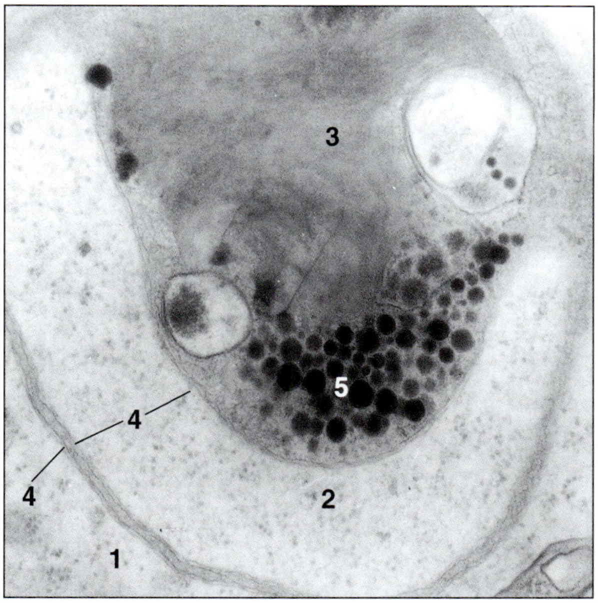

2.47

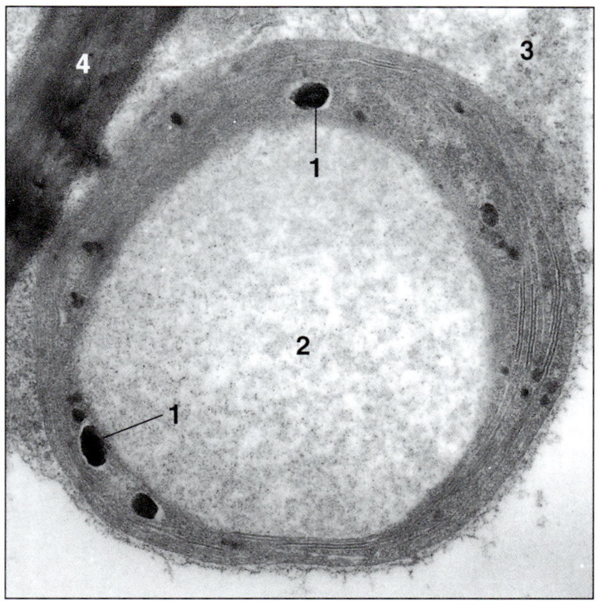

2.46 Chromoplast aus der Wurzel von *Daucus carota* (Möhre). Die Plastide ist von einer doppelten Membranhülle umgeben und hat eine unregelmäßige Oberfläche. In den Einstülpungen der amöboiden Plastide findet sich das Cytoplasma (1) in Form einer ausgedehnten Cytoplasmatasche (2). Das Plastidenstroma (3) ist hier auf eine so schmale Schicht reduziert, daß die Plastidenhülle (4) aus vier Membranen zu bestehen scheint. Plastoglobuli (5). (G-Os, TEM × 32 000.)

1 Cytoplasma
2 Cytoplasmatasche
3 Plastidenstroma
4 Doppelte Plastidenhülle
5 Plastoglobuli

2.47 Leukoplast aus der Epidermis eines grünen Blattes von *Glechoma hederacea* (Gundermann). Im peripher liegenden Stroma ist ein nur schwach entwickeltes Endomembransystem zu erkennen, sowie einige kleine Stärkekörner (1). Der ausgedehnte, leicht gekörnte kreisförmige Bereich im Zentrum (2) der Plastide hat ein ähnliches Aussehen wie das die Plastide umgebende Cytoplasma (3): eine interne, das periphere Stroma von diesem zentralen Bereich abgrenzende doppelte Membranhülle ist im Schnitt jedoch nicht zu erkennen (vgl. **2.46**). Zellwand (4). (G-Os, TEM × 19 500.)

1 Stärkekörner
2 Cytoplasmatasche
3 Cytoplasma
4 Zellwand

2.48

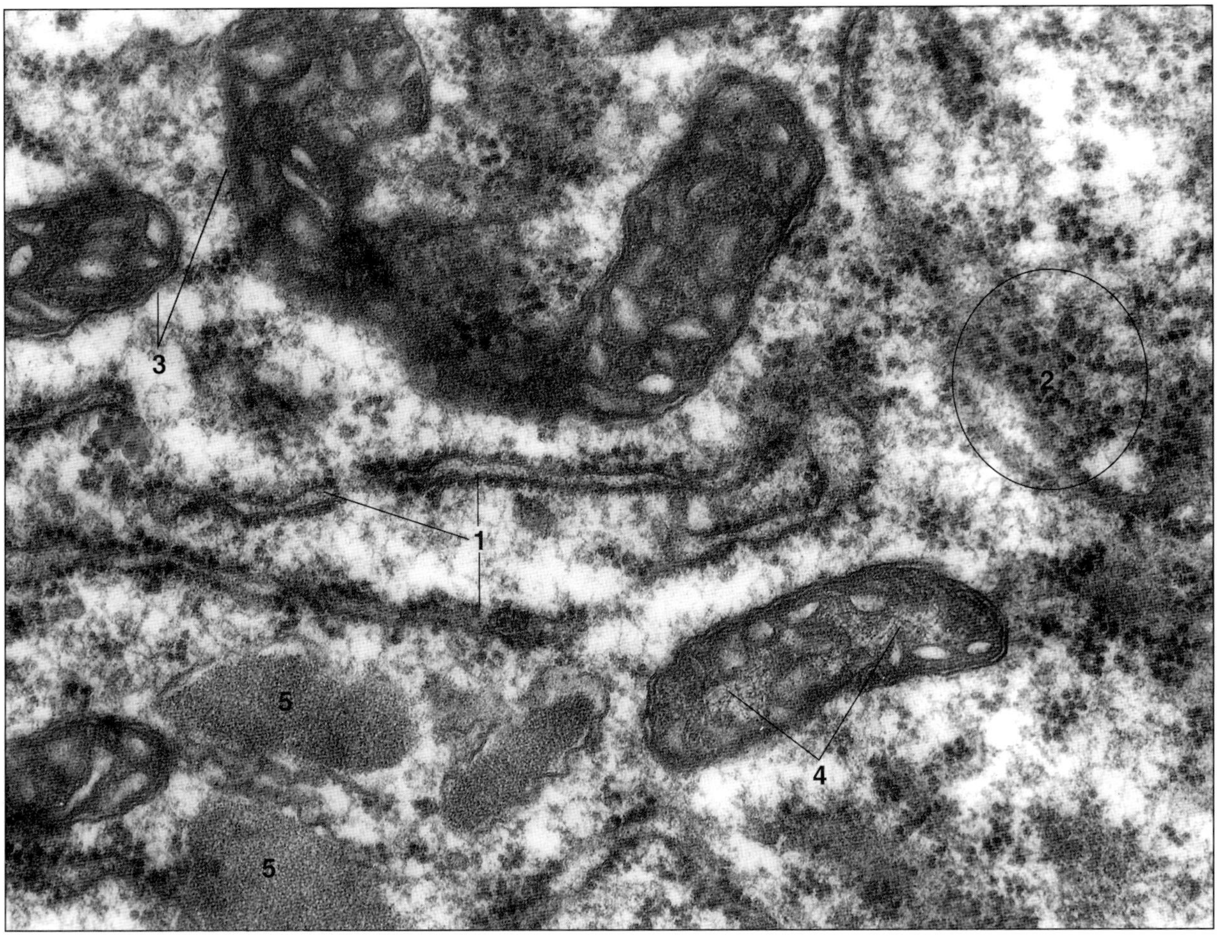

2.48 Dicht cytoplasmatische Region aus der Wurzelspitze von *Zea mays* (Mais). Die Zisternen des rauhen Endoplasmatischen Reticulums (1) sind von Ribosomen überzogen, welche sich häufig zu Polysomen (2) zusammenlagern. Die Mitochondrien werden von einer doppelten Membranhülle (3) umschlossen. Die innere dieser Hüllmembranen steht in Verbindung mit den zahlreichen unregelmäßigen Cristae, welche in die Matrix hineinreichen. In der Mitochondrienmatrix finden sich außerdem fibrilläre Nucleoidzonen (4). Im Cytoplasma sind ferner mehrere abgeschilferte, hypertrophierte Dictyosomenzisternen (5) zu erkennen. (G-Os, TEM × 88 500.)

1 Zisternen des Endoplasmatischen Reticulums
2 Polysomen
3 Doppelte Membranhüllen der Mitochondrien
4 Fibrilläre Nucleoidzonen
5 Hypertrophierte Dictyosomenzisternen

2.49

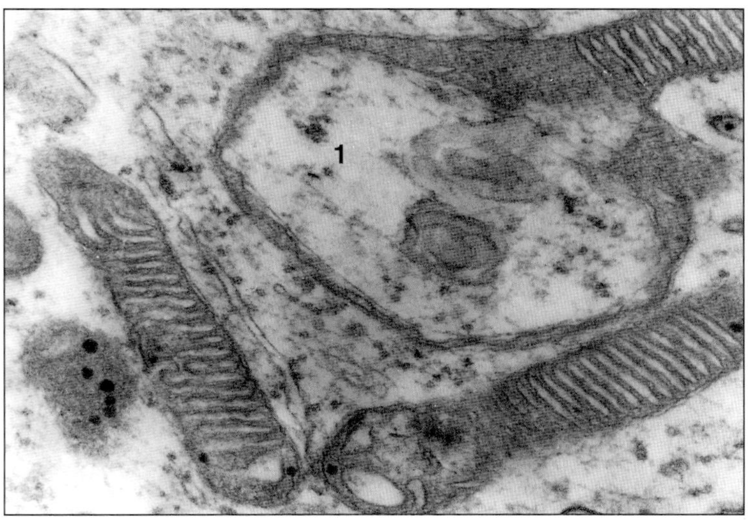

2.49 Mitochondrien aus einem Kallusgewebe von *Taraxacum officinale* (Löwenzahn). Bei diesen Mitochondrien handelt es sich vermutlich um Segmente eines einzelnen komplexen, polymorphen Mitochondrions. Die stark entwickelten, leiterförmig angeordneten Cristae sind seitlich mit der inneren Membran der doppelten Mitochondrienhülle verbunden. Das obere Mitochondrion weist eine große Cytoplasmatasche auf (1). (G-Os, TEM × 53 500.)

1 Cytoplasmatasche

2.50 Konzentrisch angeordnete Zisternen des rauhen Endoplasmatischen Reticulums aus der Wurzelspitze von *Allium cepa* (Küchenzwiebel). Freie Ribosomen überziehen dicht gedrängt die Zisternenmembranen und liegen außerdem dicht gepackt im angrenzenden Cytoplasma (1). Die äußeren Zisternenlamellen sind aufgebläht und enthalten fibrilläre Ablagerungen (2), bei denen es sich vermutlich um Proteine handelt, welche an den assoziierten Ribosomen synthetisiert wurden. (G-Os, TEM × 52 500.)

1 Cytoplasma
2 Fibrilläre Ablagerungen

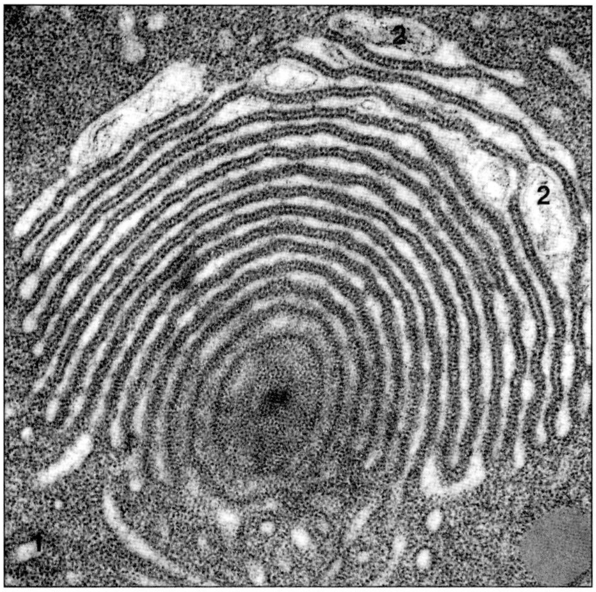

2.50

2.51 Flächenschnitt durch Dictyosomen aus einem Kallusgewebe von *Taraxacum officinale* (Löwenzahn). Die Zisternen der Dictyosomen bestehen aus anastomosierenden Membrantubuli und an ihren Randzonen bilden sich Vesikel. (G-Os, TEM × 36 500.)

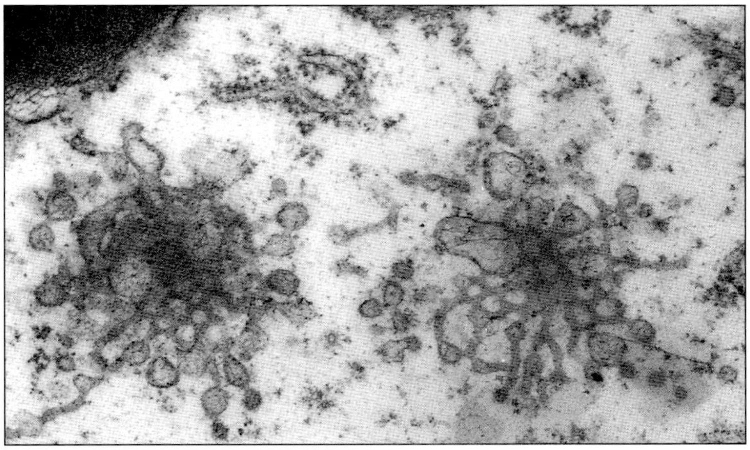

2.51

2.52 Peripheres Cytoplasma in einer Zelle von *Polytrichum commune* (Frauenhaarmoos). Zu erkennen sind parallel angeordnete Zisternen des rauhen Endoplasmatischen Reticulums (1), zahlreiche, frei im Cytoplasma liegende Ribosomen und ein auffälliges, polares Dictyosom. Die Dicke der Dictyosomenzisternen nimmt von der (Cis-) Regenerationsseite (2) zur (Trans-) Sekretionsseite (3) hin fortschreitend zu; in den Zisternen der Sekretionsseite umschließen die Membranen ein deutlich sichtbares Lumen. Zellwand (4), Plasmalemma (5). (G-Os, TEM × 43 000.)

1 Zisternen des Endoplasmatischen Reticulums
2 Regenerationsseite des Dictyosoms
3 Sekretionsseite des Dictyosoms
4 Zellwand
5 Plasmalemma

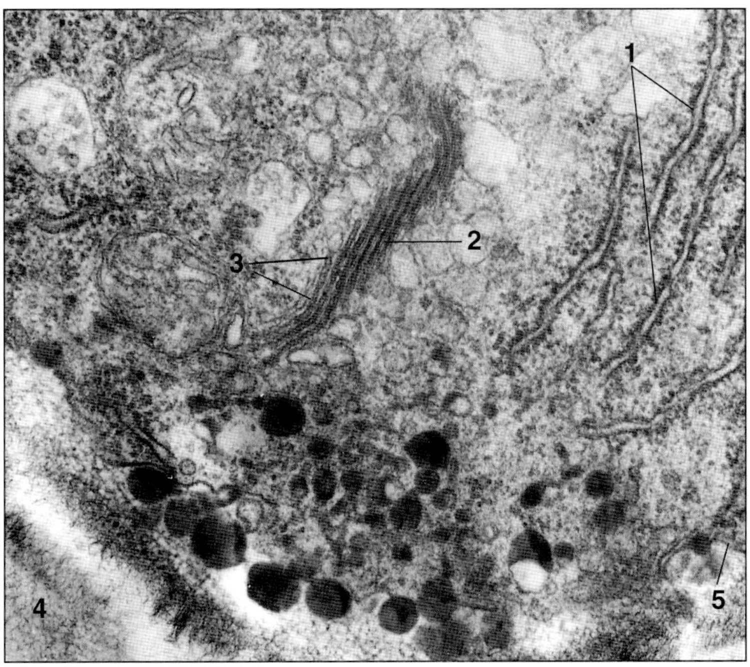

2.52

2.53

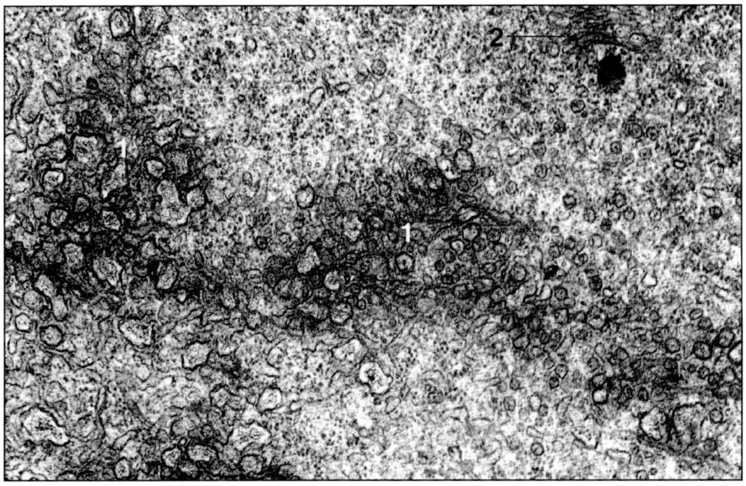

2.53 Schräg geschnittene Zellplatte, welche in *Linum usitatissimum* (Flachs) zwischen zwei Tochterzellen gebildet wird. Die Zellplatte entsteht aus zahlreichen aufgeblähten Vesikeln (1), welche von den Dictyosomen (2) abgeschnürt werden, zum Äquator der Mitosespindel wandern und dort miteinander verschmelzen. Das künftige Plasmalemma leitet sich dementsprechend von den Membranen der Dictyosomen ab. (G-Os, TEM × 23 000.)

1 Golgi-Vesikel
2 Dictyosom

2.54

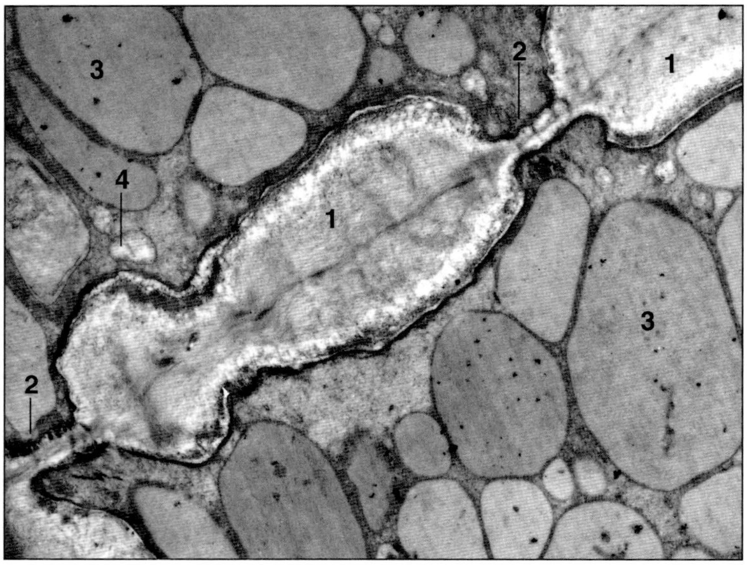

2.54 Teilweise hydratisiertes Kotyledonenspeichergewebe aus dem keimenden Samen von *Phaseolus vulgaris* (Bohne). Die stark verdickten Zellwandregionen (1) enthalten Speicherpolysaccharide, während die dünneren Wandbereiche einfachen Tüpfeln (2) mit Plasmodesmen entsprechen. Im Cytoplasma finden sich zahlreiche große Proteinvakuolen (3), außerdem sind einige kleine Mitochondrien (4) zu erkennen. (G-Os, TEM × 6500.)

1 Zellwand
2 Tüpfel mit Plasmodesmen
3 Proteinvakuolen
4 Mitochondrion

2.55

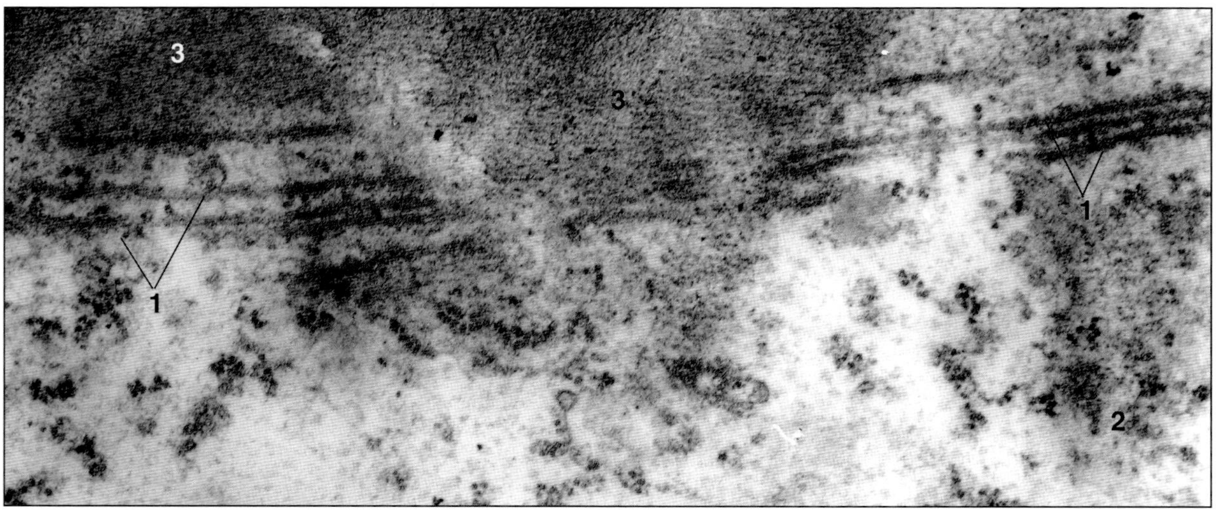

2.55 Grenzfläche zwischen Zellwand und Cytoplasma in einer Wurzel von *Pisum sativum* (Erbse). Bemerkenswert ist die Gruppe längs geschnittener, parallel angeordneter Mikrotubuli (1) im Cytoplasma (2) und die ähnlich orientierten Mikrofibrillen in der angrenzenden Zellwand (3). (G-Os, TEM × 47 000.)

1 Mikrotubuli
2 Cytoplasma
3 Mikrofibrillen in der Zellwand

2.56

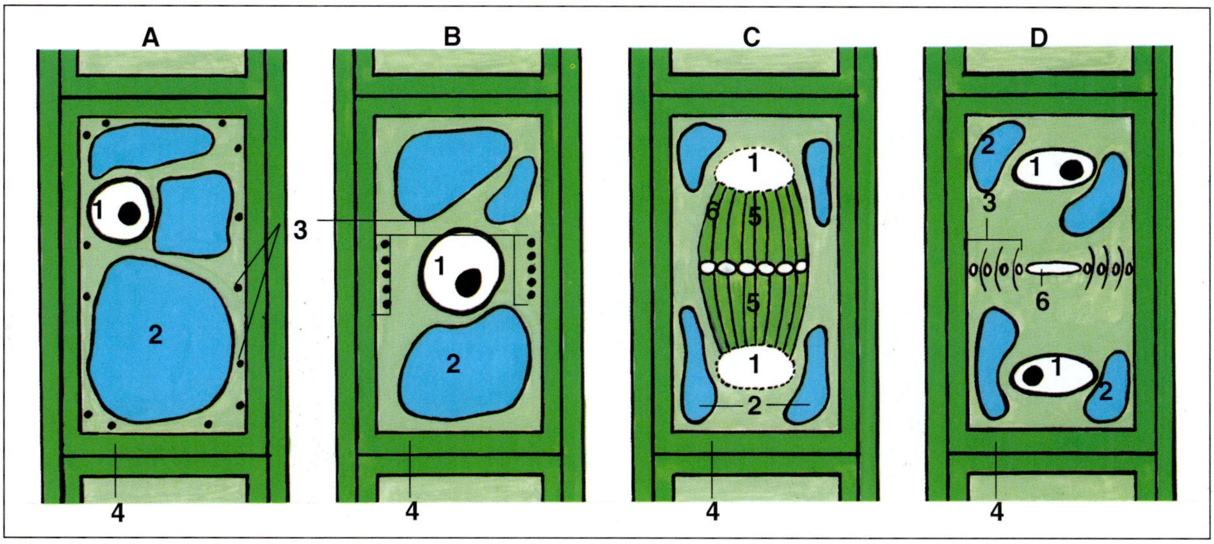

2.56 Teilung einer Parenchymzelle in schematischer Darstellung. **A** Der Interphase-Kern (1) ist im peripheren Cytoplasma lokalisiert, umgeben von großen Vakuolen (2). Mikrotubuli (3) liegen dicht unter der Zellwand (4). **B** Der Zellkern (1) wandert in das zentrale Cytoplasma, und die peripheren Mikrotubuli (3) rücken zum Präprophase-Band zusammen, das direkt unter der Zellwand (4) lokalisiert ist und den künftigen Zelläquator markiert.

C Gegen Ende der Mitose bilden sich um die beiden Tochterkerne (1) an den Polen der Mitosespindel wieder geschlossene Kernhüllen (gestrichelt), während am Äquator der Spindel Golgi-Vesikel zur neuen Zellplatte verschmelzen. Periphere Mikrotubuli sind nicht mehr vorhanden; allerdings bestehen die Spindelfasern (5) aus gebündelten Mikrotubuli.

D Die Tochterkerne (1) sind vollständig ausgebildet, die Spindel hat sich aufgelöst und in der Äquatorebene ist eine Zellplatte (6) entstanden, die sich zentrifugal ausbreitet. Im Phragmosom an den Randzonen der Zellplatte liegen kurze Phragmoplast-Mikrotubuli (3) eingestreut zwischen den anastomosierenden Golgi-Vesikeln. In einem späteren, hier nicht gezeigten Stadium verbindet sich die Zellplatte mit der Mutterzellwand, und es entstehen zwei Tochterzellen.

1 Zellkern
2 Vakuolen
3 Mikrotubuli
4 Zellwand
5 Spindelfasern
6 Zellplatten

2.57

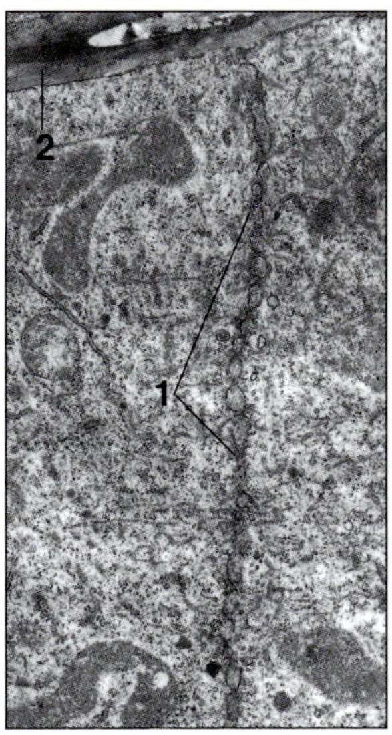

2.58

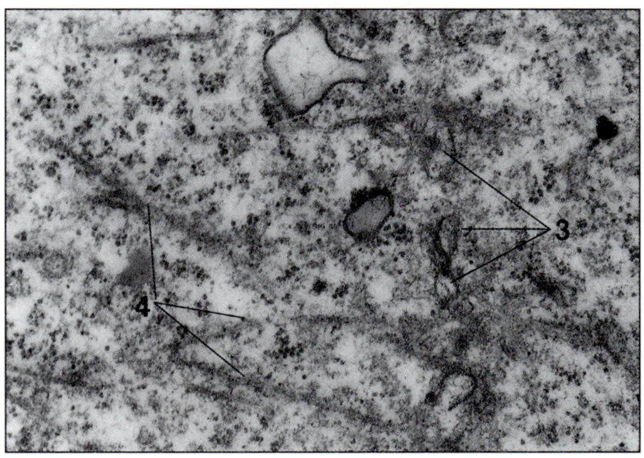

2.57, 2.58 LS durch eine sich teilende Wurzelzelle von *Pisum sativum* (Erbse). **2.57** Die sich zentrifugal ausbreitende Zellplatte (1) nähert sich der Mutterzellwand (2). **2.58** Detail der perlschnurartig aufgereihten Golgi-Vesikel (3), die durch Verschmelzung die Zellplatte bilden; zu erkennen sind außerdem die Phragmoplast-Mikrotubuli (4). (G-Os, TEM 2,57 × 4900, 2,58 × 24 000.)

1	Zellplatte	3	Golgi-Vesikel
2	Mutterzellwand	4	Phragmoplast-Mikrotubuli

2.59

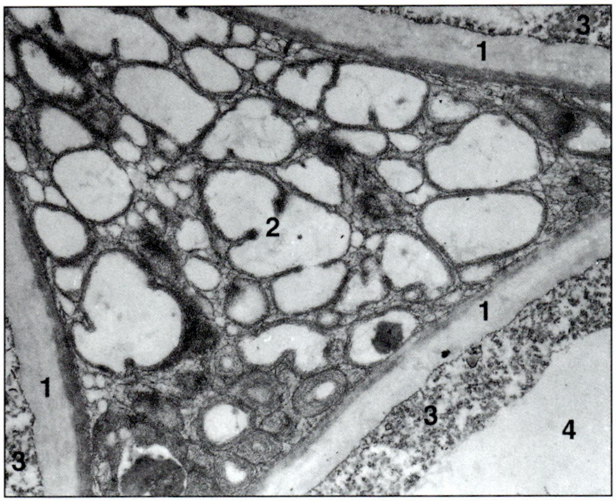

2.59 Entstehung einer Interzellularen in der Wurzelrinde von *Pisum sativum* (Erbse). Drei polygonale Parenchymzellen grenzen in dieser Schnittebene aneinander. Ihre dünnen Zellwände (1) sind voneinander durch eine stark ausgedehnte Mittellamelle getrennt, deren Matrix sich auflöst und so einen großen Hohlraum entstehen läßt (2). Cytoplasma (3), Vakuole (4). (G-Os, TEM × 10 500.)

1	Zellwand
2	Hohlraum
3	Cytoplasma
4	Vakuole

2.60

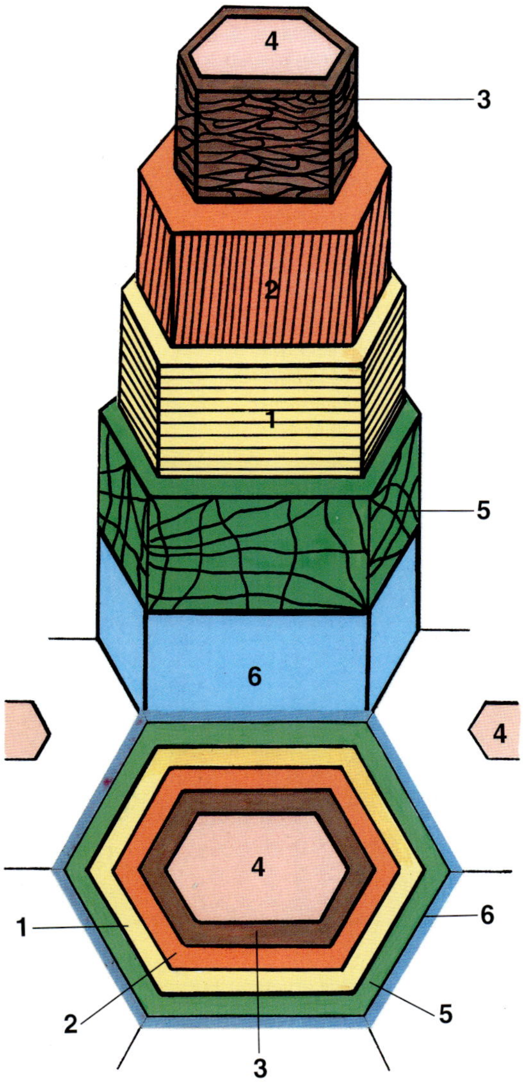

2.60 Schema der Wandstruktur einer Faserzelle im Querschnitt (unten) und in dreidimensionaler Darstellung (oben). Eine dicke Sekundärwand (1–3) umgibt das tote Zellumen (4). In den Sekundärwandschichten S1 und S3 (1 und 3) sind die parallel angeordneten Cellulose-Mikrofibrillen hauptsächlich quer zur Längsachse der Zelle orientiert, während die Mikrofibrillen in der S2-Schicht (2) fast parallel zur Längsachse liegen.

In der Primärwand (5) finden sich weniger Cellulose-Mikrofibrillen als in der Sekundärwand und die Mikrofibrillen treten hier in Streutextur auf. Die Primärwände aneinandergrenzender Faserzellen sind durch eine dünne Mittellamelle (6) voneinander getrennt, welche keine Cellulose enthält. Obwohl in diesem Schema nicht dargestellt, sind benachbarte Faserzellen normalerweise durch einige einfache Tüpfel verbunden.

1–3	Sekundärwand
1	S1 Schicht
2	S2 Schicht
3	S3 Schicht
4	Lumen
5	Primärwand
6	Mittellamelle

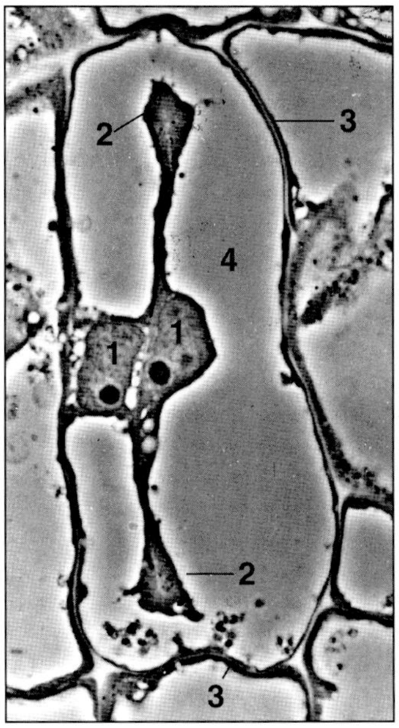

2.61

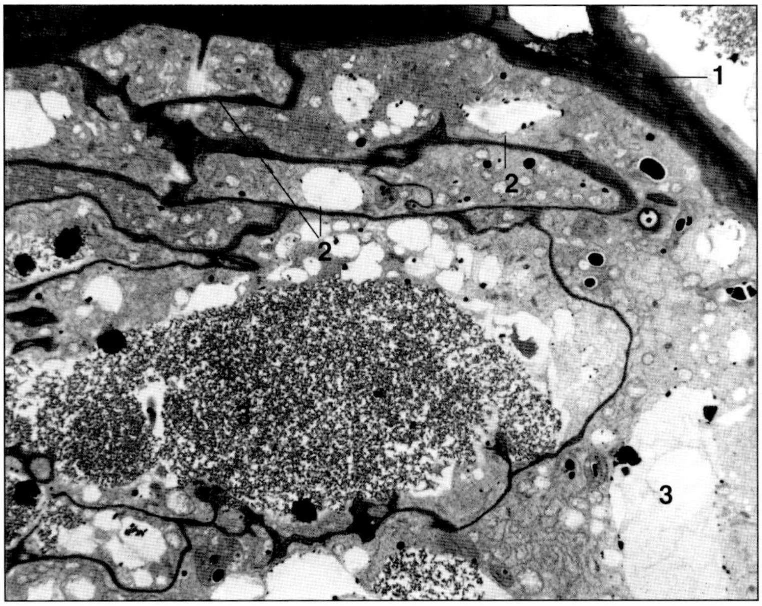

2.62

2.61 LS durch eine stark vakuolisierte Parenchymzelle aus der Wurzel von *Pisum sativum* (Erbse). Die Zelle hat gerade die Mitose beendet und die beiden Tochterkerne (1) sind durch eine dünne Zellplatte getrennt. Diese wird zu beiden Seiten von einer dünnen Cytoplasmaschicht bedeckt, welche sich an den Randzonen der Zellplatte zu einem Phragmosom (2) ausdehnt. Mutterzellwand (3), Vakuole (4). (G-Os, Phasen-Kontrast LM × 925.)

1 Zellkerne
2 Phragmosom
3 Mutterzellwand
4 Vakuole

2.62 Speicherzelle aus einer wuchernden (einen Kallus bildenden) Kotyledone von *Phaseolus vulgaris* (Bohne). Die dicke Mutterzellwand (1) ist mit einer dünneren, gewundenen, unregelmäßig verlaufenden Wand (2) verbunden, die unter *in vitro* Bedingungen entsteht. Nach Hydrolyse der Speicherproteine haben sich aus den Proteinvakuolen große Vakuolen (3) entwickelt. (G-Os, TEM × 2000.)

1 Mutterzellwand
2 Unregelmäßig verlaufende, neu gebildete Zellwand
3 Vakuole

2.63 Transferzellen aus dem Stengel von *Linum usitatissimum* (Flachs). Die untere Zelle weist zahlreiche Wandkonturen (1) auf, welche den blind endenden Einfaltungen der Zellwand (2) in das Cytoplasma entsprechen. Das fibrilläre, elektronendichte Innere dieser Wandprotuberanzen ist von elektronenlichten Bereichen (möglicherweise kallosehaltig) umgeben, welche vom Plasmalemma (3) gegen das Cytoplasma abgegrenzt werden. (G-Os, TEM × 33 500.)

1 Wandprotuberanzen
2 Zellwand
3 Plasmalemma

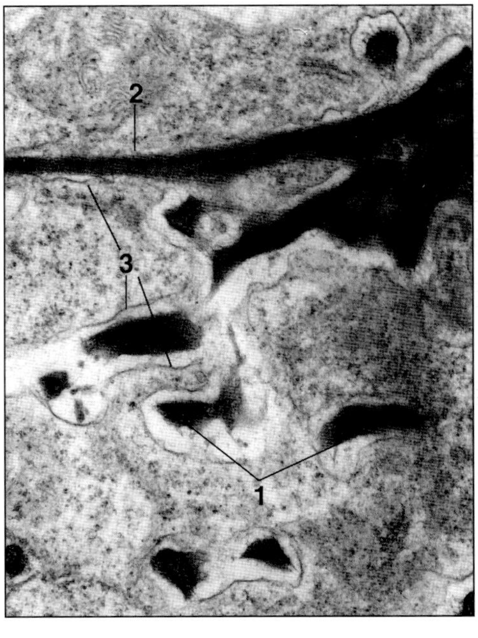

2.63

2.64

2.64 Tüpfelfeld des Plasmalemmas von *Lycopersicon esculentum* (Tomate) in der Flächenansicht. Zu erkennen sind zahlreiche quer gebrochene Plasmodesmen (1) und viele kleine Partikel (wahrscheinlich Proteine; vgl. **2.17**) auf der Plasmalemmaoberfläche. Tubuläres Endoplasmatisches Reticulum, das an die untere (cytoplasmatische) Oberfläche des Plasmalemmas grenzt, verursacht vermutlich die Ausstülpungen des Plasmalemmas (2), welche in dieser Ansicht als lineare Strukturen zu erkennen sind. (GB, TEM × 44 000.)

1 Plasmodesmen
2 Ausstülpungen des Plasmalemmas

2.65

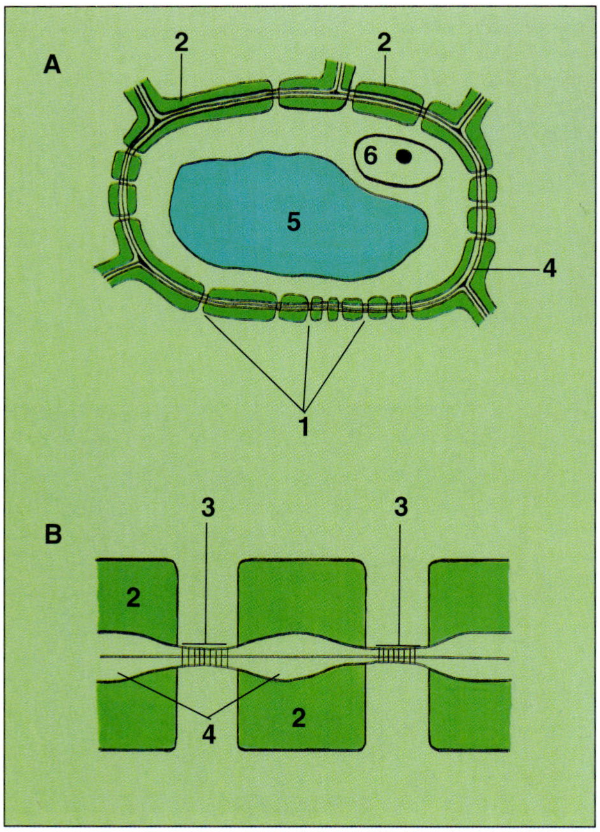

2.66

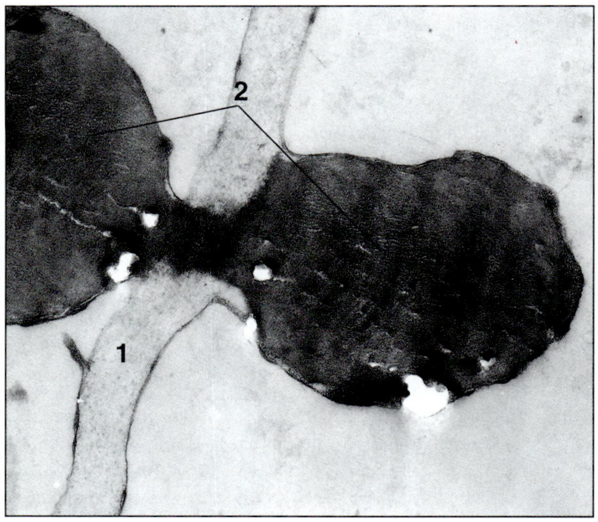

2.66 LS durch ein Ringelement des Protoxylems aus der Wurzel von *Taraxacum officinale* (Löwenzahn). Auffallend sind die schmale, löchrige Primärwand (1) und die elektronendichten, verholzten Sekundärwandverdickungen (2). (G-Os, TEM × 19 000.)

1 Primärwand
2 Sekundärwandverdickungen

2.65 Schematische Darstellung einer Xylemparenchymzelle. **A** Zahlreiche einfache Tüpfel (1) in einer dicken Sekundärwand (2). **B** Im Bereich der primären Tüpfelfelder (3, Querlinien entsprechen Plasmodesmen) wird keine Sekundärwand (2) aufgelagert; so entsteht ein einfacher Tüpfel von gleichförmigem Durchmesser (vgl. **2.54**). Primärwand (4), Vakuole (5), Zellkern (6).

1	Einfacher Tüpfel	4	Primärwand
2	Sekundärwand	5	Vakuole
3	Primäres Tüpfelfeld	6	Zellkern

2.67 Entwicklung eines Siebröhrengliedes und dessen Geleitzellen in einer Blütenpflanze. **A** Mutterzelle eines Siebelements mit dünner Primärwand (1), großer Zentralvakuole (2) und zwei Zellkernen (3), zwischen denen sich eine Zellplatte (4) bildet. **B** Differenziertes Siebelement und Geleitzellen. Aus der größeren Tochterzelle entwickelt sich das Siebelement, dessen Zellkern zugrunde geht, das aber ein intaktes Plasmalemma, modifizierte Plastiden (5), Mitochondrien, Endoplasmatisches Reticulum und Proteinfibrillen (6) behält.

Die Endwände der Siebelemente werden zu perforierten Siebplatten, deren Poren häufig durch Fibrillen verstopft erscheinen. Im Bereich der Siebplatte ist die Zellwand verdickt und rings um die Poren ist amorphe Kallose in die Wand eingelagert. Zwei Geleitzellen mit dichtem Cytoplasma und Zellkernen entstehen nach einer weiteren Teilung aus der kleineren Tochterzelle der in **A** gezeigten Mutterzelle. Zellkern der Geleitzelle (7).

1 Primärwand
2 Zentralvakuole
3 Zellkerne
4 Entstehende Zellplatte
5 Plastiden
6 Proteinfibrillen
7 Zellkerne der Geleitzellen

2.67

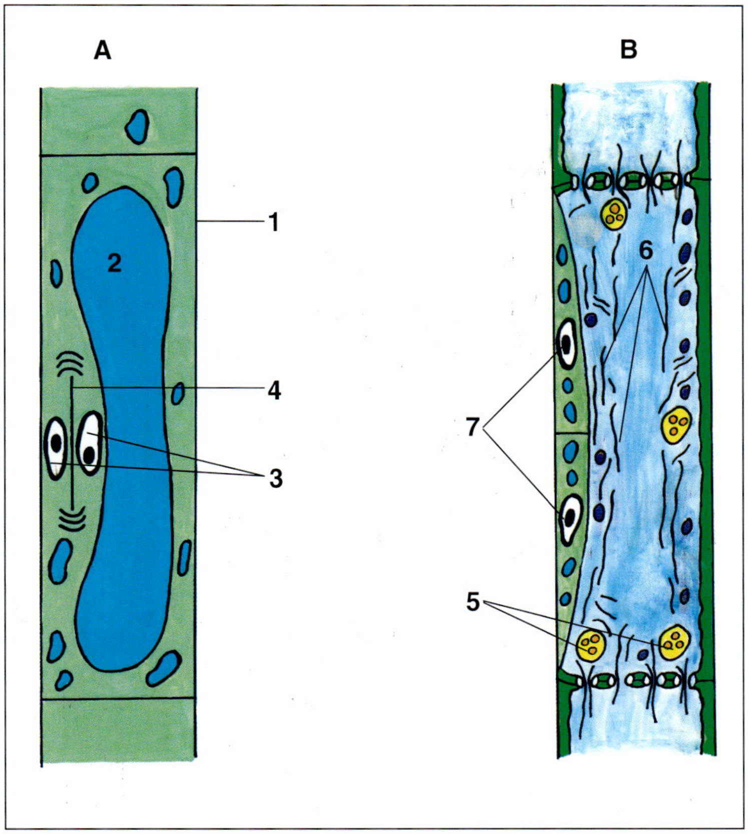

2.68

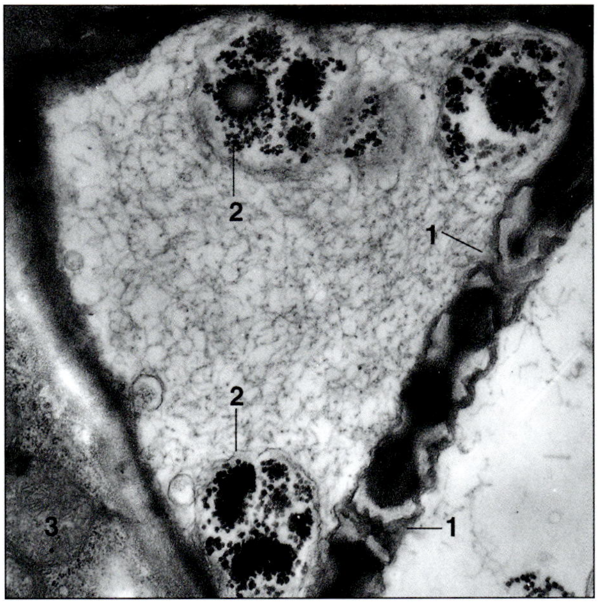

2.68 Siebröhre aus dem Stengel von *Linum usitatissimum* (Flachs). In der schrägstehenden Siebplatte sind die Siebporen (1) von elektronenlichten Kalloseregionen umgeben. Zu erkennen sind auch mehrere, Stärke enthaltende Plastiden (2) und zahlreiche P-Proteinfibrillen, welche das Lumen der Siebröhre ausfüllen. Geleitzelle (3). (G-Os, TEM × 17 000.)

1 Siebporen
2 Plastiden
3 Geleitzelle

2.69

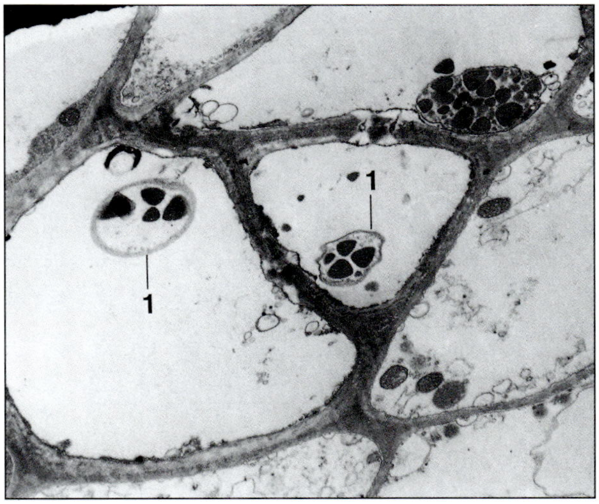

2.69 QS durch das sekundäre Phloem (gebildet vom sekundären Verdickungsmeristem) aus dem Stengel der Monokotylen *Dracaena*. In den schrägstehenden Siebplatten sind die Siebporen von Kallose (elektronenlichte Bereiche) umgeben. In den Lumina der Siebröhren befinden sich Plastiden (1) mit Stärkekörnern, aber kein P-Protein. (G-Os, TEM × 6000.)

1 Plastiden

2.70

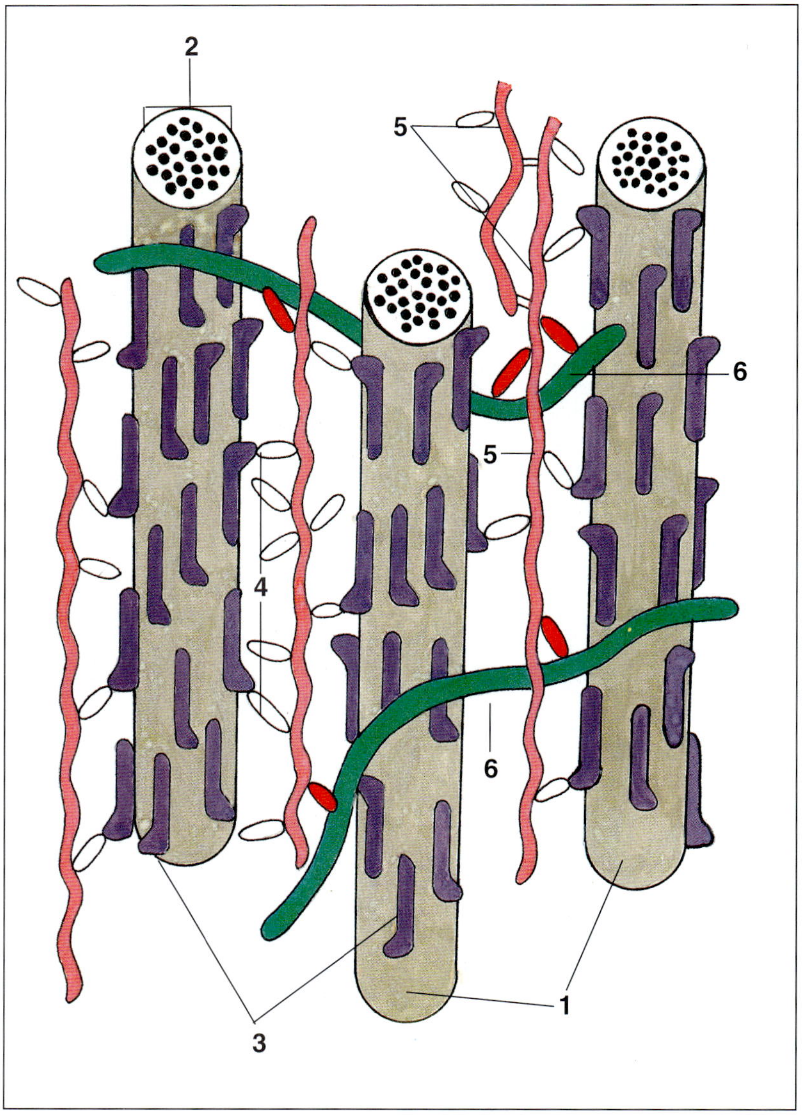

2.70 Molekulares Strukturmodell der Primärwand. Jede Cellulose-Mikrofibrille (1) besteht aus bis zu 70 sehr langen Ketten (2) aus Glucose-Einheiten, die über β-1,4-Bindungen miteinander zu einem langgestreckten Molekül verknüpft sind. Diese Glucanketten lagern sich unter Wasserstoffbrückenbildung zu Mikrofibrillen zusammen, welche bis zu 30 nm dick und 5 µm lang sein können (vgl. **2.17**). Die Primärwand enthält – mengenmäßig überwiegend – andere Polysaccharide und zu einem geringeren Anteil Proteine, welche zusammen die Zellwandmatrix bilden. Hemicellulosen (3) sind über Wasserstoffbrücken mit der Oberfläche der Mikrofibrillen verbunden. Manche Hemicellulosen sind über neutrale Pektine (4) mit den sauren Pektinen (5) verknüpft. Auch die Glykoproteine (6) binden vermutlich an die sauren Pektine.

1 Cellulose-Mikrofibrille
2 Kette aus Glucose-Einheiten
3 Hemicellulosen
4 Neutrale Pektine
5 Saure Pektine
6 Glykoproteine

Kapitel 3

Histologie der Pflanzen

Verteilung der Zellen und Gewebe

Eine Gefäßpflanze setzt sich aus Abschluß-, Grund- und Leitgewebesystemen zusammen (3.1 bis 3.4). Die beiden Leitsysteme einer Pflanze, Phloem und Xylem, sind komplex aufgebaute Gewebe, in denen Leitelemente (2.10, 2.68, 2.69) mit anderen Zelltypen (1.4, 1.11, 3.5) assoziiert sind. Umgeben werden die Leitgewebe vom Grundgewebe (3.1 bis 3.4), dem Parenchym, Kollenchym und Sklerenchym zugeordnet werden (3.6 bis 3.10). Als Abschlußgewebe fungiert zunächst die Epidermis. Diese besteht aus verschiedenartigen Zelltypen (3.3, 3.11, 3.12) und wird ausführlich in Kapitel 5 behandelt.

Bei Pflanzen mit sekundärem Dickenwachstum wird die Epidermis gewöhnlich durch das Korkgewebe und die mit ihm assoziierten Gewebe ersetzt (Periderm, 3.13, s. Kap. 6). Sekretzellen bilden in der Regel keine gesonderten Gewebe (außer z. B. in Nektarien), sondern treten als Oberflächenstrukturen (3.11, 3.12) oder innerhalb anderer Gewebe auf (3.4).

Parenchym

Parenchyme bestehen i. a. aus dünnwandigen Zellen mit großen Vakuolen (2.24, 3.3, 3.6). Die Parenchymzellen bilden in Rinde und Mark (1.27, 3.4) sowie im Mesophyll der Blätter (3.3) zusammenhängende Gewebe, während sie in den Leitsystemen als vertikale Stränge und horizontale Strahlen auftreten (1.3, 3.14). Blätter und Stengel von Keimlingen und kleinen krautigen Pflanzen verdanken ihre Festigkeit vor allem dem kollektiven Turgor der Parenchymzellen (3.3); nimmt der Turgor ab, weil der transpirationsbedingte Wasserverlust nicht durch die Wasserzufuhr aus dem Wurzelsystem (1.12) kompensiert werden kann, so welkt ein unverholzter Sproß.

Parenchymzellen sind häufig polyedrisch oder langgestreckt (3.3, 3.6), sie können aber auch unregelmäßiger geformt sein (3.3, 3.15). Die chloroplastenreichen Mesophyllzellen eines Blattes (3.3) sind auf Photosynthese spezialisiert, während im Parenchym der Wurzel und des Stengels häufig Stärke gespeichert wird (1.14). Bei Sumpf- und Wasserpflanzen ist das Interzellularsystem im Parenchym von Wurzel und Sproß oft massiv entwickelt; das Parenchym wird dann Aërenchym genannt (3.15).

Ausdifferenzierte Parenchymzellen des Stengels und der Wurzel können ihre Teilungsaktivität wieder aufnehmen (3.16) und im Zuge einer partiellen Re-embryonalisierung die lateralen Meristeme Phellogen und interfaszikuläres Cambium bilden (3.5), von denen sich das Korkgewebe und die sekundären Leitgewebe ableiten (3.13, 3.17). Unter bestimmten Bedingungen kehren Parenchymzellen zu einem vollständig re-embryonalisierten Zustand zurück (dem der Apikalmeristemzellen entsprechend, 2.2) und bilden neue Pflanzenorgane. Beispiele hierfür sind die Entstehung von Seiten- und Adventivwurzeln (3.18), sowie die Bildung von Primordien (3.19), aus denen an den unterschiedlichsten Pflanzenteilen Adventivsprosse hervorgehen (3.20, 3.21).

Häufig steht die Bildung von Adventivorganen im Zusammenhang mit einer Verletzung der Pflanze (3.18); diese Regenerationsfähigkeit wird im Gartenbau bei der Bewurzelung von Stecklingen (3.18) und der Regeneration kompletter Pflanzen aus unterschiedlichen Pflanzensegmenten genutzt (3.19 bis 3.21). Ausdifferenzierte Parenchymzellen bleiben also potentiell totipotent und selbst Einzelzellen, die z. B. aus Möhren- oder Tabakgeweben isoliert wurden, können sich *in vitro* zu normalen Pflanzen entwickeln, wenn sie auf einem geeigneten Nährmedium kultiviert und mit Hormonen versorgt werden.

Parenchymzellen haben häufig dünne Wände, deren Wachstum gewöhnlich mit dem Ende der Vakuolisierung abschließt (2.24, 3.3, 3.15). Allerdings können die Zellwände im Speichergewebe von Samen (*Coffea, Phoenix, Phaseolus,* 2.54) durch nicht-celluloseartige Reservepolysaccharide stark verdickt sein, während Parenchymzellen im Xylem und Mark oft dicke, verholzte Sekundärwände besitzen (1.3, 2.65). In Transferzellen sorgen labyrinthische Wandprotuberanzen (2.63) für eine starke Oberflächenvergrößerung des Plasmalemmas; einfachere, leistenförmig ins Zellinnere vorspringende Wandfaltungen finden sich im Armpalisadenparenchym verschiedener Koniferen (3.22).

Kollenchym

Die lebenden Kollenchymzellen treten im äußeren Grundgewebe auf (3.23) und sind trotz ihrer dicken Zellwände recht biegsam (3.7). Besonders im jungen Sproß hat das Kollenchym eine wichtige Stützfunktion, in der Wurzel kommt es selten vor. Die vakuolisierten Zellen (3.7) besitzen stark hydratisierte, lokal verdickte Primärwände (3.7, 3.24) mit einem hohen Anteil an Pektinen und Hemicellulosen. Kollenchymzellen sind gewöhnlich langgestreckt (3.7) mit lokalen Wandverdickungen in den Zellecken (3.7, 3.24) oder in den Tangentialwänden (3.7). Im Kollenchym treten gelegentlich Interzellularen auf, und bei älteren Zellen können die Wände verholzen.

Sklerenchym

Das Skelerenchymgewebe besteht aus Zellen mit dikken, normalerweise verholzten Sekundärwänden; die Protoplasten sterben im Zuge der Differenzierung meist ab. Sklerenchyme sind die wichtigsten Festigungsgewebe der ausgewachsenen, aber nicht sekundär verdickten Pflanzenorgane (3.25, 3.26) und kommen entweder in Form von Sklereiden (3.8, 3.9, 3.25) oder Fasern (1.4, 3.1, 3.10, 3.26, 3.27) vor.

Sklereiden können in der Epidermis oder in inneren Geweben der Pflanze auftreten, wo sie häufig entweder einzeln vorliegen (3.8) oder kleine Verbände bilden (3.9). Die Zellen sind außerordentlich formenreich. Sie reichen von den annähernd isodiametrischen Steinzellen mit auffälligen einfachen Tüpfeln (3.9) zu den hantelförmig verzweigten Osteosklereiden (3.8, 3.25). Sklereiden finden sich in den Blättern mancher Pflanzenarten, in den harten Fruchtschalen von Nüssen und Steinfrüchten sowie in den Samenschalen vieler Hülsenfrüchte.

Sklerenchymfasern treten gewöhnlich in Gruppen auf und bilden Stränge (3.2, 3.10, 3.26, 3.27). Die einzelnen Zellen sind schmal, sehr langgestreckt und meist spindelförmig. An ihren spitz zulaufenden Enden überlappen sich die Fasern, und mit benachbarten Fasern sind sie über einfache Tüpfel verbunden (3.10). Ihre Zellwände sind durch Sekundärwandauflagerungen stark verdickt (2.7, 2.60, 3.26) und ihre Lumina gewöhnlich deutlich schmaler als die Lumina der trachealen Elemente des Xylems (3.27, 3.28). Die Zellwände ausdifferenzierter Fasern sind meist verholzt, hart und nicht mehr plastisch dehnbar, weshalb sich diese Zellen nur in den Bereichen der Pflanze differenzieren, in denen das Streckungswachstum abgeschlossen ist (3.26, 3.27).

Bei manchen Dikotylen sind die Fasern durch unverdickte Querwände unterteilt; man spricht dann von septierten Fasern, deren Protoplasten häufig erhalten bleiben. In den dünnwandigen Spitzen von Faserzellen ist häufig noch Streckungswachstum zu beobachten, nachdem in den mittleren Faserregionen schon dicke Sekundärwände abgelagert wurden (1.4, 2.7, 3.2). Bei *Linum* (Flachs) zwängen sich einzelne Fasern durch intrusives Wachstum zwischen benachbarte Parenchymzellen und werden bis zu 6 cm lang.

Textilfasern werden aus den ausgedehnten Strängen primärer Phloemfasern gewonnen, die in den Stengeln verschiedener Dikotylen vorkommen (z. B. *Boehmeria, Corchorus*) und recht flexibel sind, da ihre Wände meist nur schwach verholzt oder unverholzt sind (z. B. *Linum,* 1.4, 3.2). Eine stärkere Verholzung weisen die Fasern einiger Monokotylen-Blätter auf (z. B. *Agave, Phormium, Sansevieria*), und die extrahierten Fasern sind grob und fest.

Sekretorische Gewebe

In epidermalen und subepidermalen Geweben treten oft Drüsenhaare und -gewebe auf (s. Kap. 5). Die Blätter der Insektivoren *Drosera* sind von langen, komplex aufgebauten Emergenzen bedeckt (Drüsententakel, 3.11, 3.12), deren Drüsenköpfe ein klebriges Sekret absondern, das Verdauungsenzyme enthält und als Klebfalle für Insekten dient. Das Sekret wird in den plasmareichen, das Köpfchen überziehenden Drüsenepithelzellen gebildet und gelangt über zahlreiche Poren in der Cuticula an die Oberfläche. Im Inneren des Tentakels zieht ein zentraler Tracheidenstrang bis in das Köpfchen hinein. Dort liegt als Trennschicht zwischen Tracheiden und peripheren Drüsenzellen eine Endodermis mit Caspary-Streifen (ähnlich der Endodermis der jungen Wurzel, Kap. 4).

Nektarien sind Drüsengewebe, die eine zuckerhaltige Lösung (Nektar) sezernieren; sie finden sich an den Oberflächen von Blüten (florale Nektarien) oder vegetativen Pflanzenteilen (extraflorale Nektarien). An den Blütenständen von *Euphorbia* (3.30) tragen die verwachsenen Brakteen vier ovale Nektarien. Die Sekretzellen dieser mehrschichtigen Drüsengewebe haben ein dichtes Cytoplasma und werden durch die Leitgewebe der Nektarien versorgt. Das Drüsengewebe sondert eine dünne Nektarschicht ab, welche der Anlockung von bestäubenden Fliegen dient.

Hydathoden finden sich häufig an den Randzonen und Zipfeln von Blättern und dienen der Abscheidung von Wasser (3.32). Sie bestehen aus modifiziertem Mesophyll und permanent geöffneten Wasserspalten (den Stomata homolog) in der umgebenden Epidermis und grenzen im Blattinneren an Tracheiden. Aus den Tracheiden wird Wasser in das Hydathodenparenchym entlassen und über die Wasserspalten sezerniert. Diese Guttation ist möglicherweise ein Schutzmechanismus, der den Sproß bei übermäßigem Wurzeldruck davor bewahrt, mit Wasser übersättigt zu werden. Allerdings enthalten viele Hydathoden Transferzellen, und dies weist darauf hin, daß im Zuge der aktiven Wasserabscheidung Mineralstoffe in das Gewebe abgegeben und somit für das Wachstum der Blätter verfügbar gemacht werden.

Auch im Inneren der Pflanze gibt es vielfältige Sekretionseinrichtungen (3.4, 3.17). Die Harzkanäle (3.17, 3.22) von *Pinus* und anderen Koniferen entstehen schizogen, indem benachbarte Zellen auseinanderweichen und einen zentralen Gang bilden. Dieser wird von einem Drüsenepithel ausgekleidet, das ein als Harz bezeichnetes Gemisch aus verschiedenen Terpenen in den Gang sezerniert. Auch Schleimgänge (3.4, 3.31) werden schizogen gebildet. Milchröhren produzieren ein milchiges Sekret (Latex, 3.33), in dem vermutlich verschiedene Nebenprodukte des pflanzlichen Stoffwechsels abgelagert werden.

Milchröhren kommen in etwa 900 Angiospermengattungen vor. Sie sind häufig verzweigt und durchziehen die verschiedensten Gewebe der Pflanze. Das sekundäre Phloem der fleischigen, parenchymreichen Wurzel von *Taraxacum* weist besonders viele Milchröhren auf (3.14). Diese sind eng mit in konzentrischen Ringen angeordneten Siebröhrensträngen assoziiert (3.35), die durch umliegendes Phloemparenchym voneinander isoliert vorliegen (3.34).

Die gegliederten Milchröhren von *Taraxacum, Hevea* (wichtigster Kautschuklieferant) und vielen anderen Gattungen entstehen durch Auflösung der Trennwände benachbarter Zellen. Ungegliederte Milchröhren entwickeln sich hingegen aus Einzelzellen, die häufig vielkernig werden. Beide Milchröhrentypen können sich verzweigen und anastomosieren (3.36).

Phloem

Das Phloem ist ein komplexes Gewebe, bestehend aus Siebelementen, Geleitzellen, Parenchym und Sklerenchym (1.4, 1.11, 3.37); auch Milchröhren treten gelegentlich auf (3.35). Die leitenden Siebelemente des Protophloems (2.3) werden schon bald nach ihrer Differenzierung wieder zerstört, während die Siebelemente des Metaphloems (2.68, 2.69) in der Regel ein paar Monate lang funktionstüchtig sind. Bei *Vitis* und *Tilia* (3.37, 3.38) bleiben die Siebelemente mehrere Vegetationsperioden lang aktiv, bei Palmen offenbar sogar viele Jahre.

Die Siebröhren der Angiospermen bestehen aus Siebröhrengliedern, die an ihren Enden über Siebplatten miteinander verbunden sind (2.67, 3.39). Die einzelnen Glieder sind 50 bis 150 µm lang und bis zu 40 µm breit. Umwandet werden Siebröhrenglieder von Primärwänden, die verdickt sein können. Die zu Siebplatten ausgebildeten Trennwände zwischen den Siebröhrengliedern sind von zahlreichen Poren durchbrochen (2.6), die in den querstehenden Siebplatten von *Cucurbita* (3.40) einen Durchmesser von 15 µm erreichen können. Bei Arten mit schrägstehenden Endwänden finden sich zusammengesetzte Siebplatten (3.42), deren kleinere Poren nur ein bis mehrere Mikrometer weit sind.

Siebröhrenglieder sind lebende, aber stark modifizierte, kernlose Zellen (2.67). Im Zuge ihrer Differenzierung verschwinden der Tonoplast sowie die meisten Organellen (2.67 bis 2.69) und die Plasmodesmen weiten sich zu stark vergrößerten Siebporen (2.6, 3.40). Das Plasmalemma bleibt intakt und säumt Poren und Zellwände (2.6). Auch in den Längswänden können Siebfelder vorkommen (3.42); diese sind jedoch weniger stark ausgeprägt als die Siebplatten und haben kleinere Poren.

Es ist anzunehmen, daß die Poren im funktionstüchtigen Zustand offen sind (3.43). In angeschnittenen Siebröhren von Dikotylen sind die Poren hingegen durch Pfropfen aus P-Protein verstopft (2.6, 2.68, 3.39) und durch Kalloseablagerungen an den Porenrändern (2.68) erheblich verengt. Auf ähnliche Weise werden Siebröhren vermutlich *in vivo* bei Gewebeverletzung verschlossen. Bei Monokotylen (2.69) findet man P-Protein nur selten; bei Gymnospermen scheint es gar nicht vorzukommen. Bei niederen Gefäßpflanzen und Gymnospermen vermitteln Siebzellen den Stofftransport. Diese Zellen sind gewöhnlich sehr langgestreckt und weisen an den Längswänden und an den spitz zulaufenden Zellenden kleine Siebfelder auf.

Siebröhren sind gewöhnlich mit Parenchymzellen und cytoplasmareichen Geleitzellen assoziiert. Siebröhrenglieder und Geleitzellen gehen aus gemeinsamen Mutterzellen hervor (2.67) und sind miteinander über zahlreiche, sich in den Wänden der Geleitzellen meist verzweigende Plasmodesmen verbunden. Die Geleitzellen versorgen die Siebröhren offenbar mit ATP; in den Leitbündeln der Laubblätter scheinen Geleitzellen (sowie Parenchymzellen) außerdem die Beladung der Siebröhren mit Photosyntheseprodukten zu vermitteln (3.43).

Der Druckstromtheorie des Stofftransports (3.43) zufolge werden die Siebröhren der Blätter aktiv mit Zuckern und anderen Nährstoffen beladen. Dies erzeugt einen hohen osmotischen Druck in den Siebröhren, so daß Wasser nachströmt. Der erhöhte Turgordruck führt dazu, daß Wasser und Nährstoffe durch die offenen Siebporen von einem Siebröhrenglied zum anderen fließen. In wachsenden Pflanzenteilen (2.3) und Speicherorganen (1.14) werden die Siebröhren hingegen entladen. Diesem Transport von Zuckern in die angrenzenden Gewebe folgt der Ausstrom von Wasser aus den Siebröhren, so daß sich eine Massenströmung von Nährstoffen aus den Spender- (source) zu den Empfängerregionen (sink) ausbildet. Im Siebröhrensaft werden bis zu 250 mg/l Zucker sowie andere Nährstoffe und Pflanzenhormone angereichert und mit hoher Geschwindigkeit (i. a. etwa 1 m/h) im Phloem transportiert.

In sekundär verdickten Pflanzenorganen übernimmt das ältere Phloem zusätzliche Aufgaben. Es ist eine der Hauptkomponenten der schützenden Borke vieler Bäume (3.13) und in jungen Sprossen und Zweigen dienen Phloemfasern als mechanische Elemente (3.37). Das Parenchym des sekundären Phloems (3.37) ist ein wichtiges Speichergewebe. Wenn die Knospen laubabwerfender holziger Pflanzen austreiben, werden im Phloemparenchym große Mengen an Kohlenhydraten und stickstoffhaltigen Verbindungen mobilisiert und zu den wachsenden Blättern transportiert, um diese zu versorgen, bis sie photosynthetisch aktiv sind. Im Phloem finden sich häufig Drüsengewebe: Milchröhren im Phloem des Parakautschukbaums *(Hevea)* sezernieren ein milchiges, verschiedene Polyterpene enthaltendes Sekret, das abgezapft und zu Gummi verarbeitet wird.

Der Umfang von Wurzeln und Sproßachsen vergrößert sich während des sekundären Dickenwachstums. Dieser Vergrößerung paßt sich das sekundäre Phloem an, indem es sich durch die Wiederaufnahme von Wachstum und Teilung im Phloemparenchym erweitert. Besonders augenfällig ist diese Dilatation in den Phloemstrahlen, die sich vom Cambium aus zum peripheren, nicht leitenden Phloem hin keilförmig verbreitern (**3.37**). Bei den meisten Holzgewächsen stellt das zuerst angelegte Korkcambium (Phellogen) seine Aktivität irgendwann ein; neue Phellogene werden in immer tieferen Schichten der Rinde und schließlich im Parenchym des sekundären Phloems angelegt. Im Querschnitt ist zu erkennen, daß die Folgeperiderme hier meist als unterbrochene, aber sich überlappende Schichten auftreten (**3.41**). Dieses ältere Phloem wird zu einem Bestandteil der ständig neu gebildeten Borke und mit den abblätternden Borkeschichten abgestoßen (**3.23**).

Xylem

Das Xylem ist ein komplex aufgebautes Gewebe, dessen Hauptaufgaben darin bestehen, in seinen trachealen Elementen große Wassermengen von der Wurzel in den Sproß zu transportieren (**1.12**) und als Festigungselement die oberirdischen Teile einer Pflanze abzustützen (**3.44**). Stützfunktion haben sowohl die trachealen Elemente als auch die assoziierten (häufig noch dickwandigeren) nicht leitenden Fasern (**1.3**, **3.28**). Außerdem werden Wasser und Nährstoffe in Holzstrahlen und Holzparenchym des sekundären Xylems (**1.3**, **3.14**, **3.45**) gespeichert.

In ausdifferenzierten trachealen Elementen (**1.11**, **3.17**) sind die Protoplasten abgestorben und verschwunden (**2.9**, **2.10**). Die Sekundärwände sind gegenüber den Primärwänden verdickt (**2.8**, **2.10**) und – außer im Bereich der Tüpfel, wo nur Primärwand vorhanden ist – aufgrund der Einlagerung von Lignin undurchlässig. Das Wasser bewegt sich in den Lumina der langgestreckten trachealen Elemente im Transpirationsstrom von der Wurzel in den Sproß (**1.12**). Da ein Plasmalemma nicht mehr vorhanden ist, kann das Wasser relativ ungehindert über die zahlreichen Tüpfel von einem Element zum anderen fließen (**3.46**).

Bei fast allen Angiospermen gibt es zwei Formen trachealer Elemente: Tracheiden und Gefäße (**3.47**). Bei Gymnospermen und niederen Gefäßpflanzen kommen dagegen nur Tracheiden vor (**3.17**, **3.27**, **3.48**). Tracheiden sind langgestreckte, spitz zulaufende Einzelzellen ohne Wandperforationen (**3.47**), die bei Koniferen (**3.49**) eine Länge von einem Zentimeter erreichen können. Ein Gefäß besteht dagegen aus zwei bis vielen zu einer Röhre zusammengesetzten Gefäßelementen, die mit ihren Enden aneinander anschließen und über ihre massiv durchbrochenen Endwände (**3.51**), die Perforationsplatten (**3.47**, **3.50**), miteinander in offener Verbindung stehen. Gefäßelemente sind in der Regel kürzer und weitlumiger als Tracheiden (**3.47**).

Eine Perforationsplatte weist entweder eine einzelne oder mehrere Perforationen auf, deren längliche Öffnungen gewöhnlich leiterförmig angeordnet sind (**3.14**, **3.47**). Aufgrund dieser Wandperforationen setzen Gefäße der Bewegung von Wasser einen kleineren Widerstand entgegen als Tracheiden, deren Tüpfelschließhäute den Wasserfluß behindern. In ringporigem Holz (**1.3**) scheinen sich die weitlumigen Gefäße (**3.28**) im Stamm über mehrere Meter zu erstrecken. Die Enden der Gefäße sind zwar nicht perforiert, doch ermöglichen zahlreiche Tüpfel die Bewegung von Wasser in angrenzende tracheale Elemente.

Das Ausmaß und die Art der Tüpfelung kann bei den verschiedenen trachealen Elementen sehr unterschiedlich sein (**3.47** bis **3.52**). Im Protoxylem des Sprosses werden die Sekundärwandschichten in einem ring- oder schraubenförmigen Muster abgelagert (**2.8**, **2.9**, **3.59**). Wenn das Protoxylemelement abstirbt, wird die Primärwand zwischen den Wandverdickungen stark gestreckt und ihre Matrixkomponenten werden abgebaut. Die gedehnte Wand sieht im TEM oft löchrig aus (**2.66**), und wenn sie zerreißt, entsteht im Protoxylem ein Hohlraum (Lakune, **1.11**). In den Regionen der Pflanze, deren Streckungswachstum abgeschlossen ist, weisen die Metaxylemelemente viel umfangreichere Sekundärwandablagerungen auf, die unterschiedliche Muster bilden (**3.52**).

Bei einem Leiterelement bedeckt die Sekundärwand mindestens die Hälfte der Primärwandfläche, und die Tüpfel sind horizontal gestreckt und gewöhnlich behöft (**3.52**). Bei Netzelementen sind die Verdickungen unregelmäßiger (**3.52**); bei getüpfelten Elementen ist die Wand überwiegend sekundär verdickt, und die Tüpfel sind horizontal (opponierte Tüpfelung, **3.52**) oder in Schrägzeilen (alternierende Tüpfelung, **3.49**, **3.57**) angeordnet. Auch bei den beiden letzteren Verdickungsmustern sind die ausgesparten Tüpfelbereiche behöft (**2.10**).

Bei den Tracheiden der Koniferen ist das Zentrum der Schließhaut verdickt (Torus, **3.48**) und verholzt, während die umliegenden peripheren Bereiche der Schließhaut (Margo) nur noch aus einem Cellulose-Netzwerk bestehen und durchlässig sind. Zwischen benachbarten trachealen Elementen finden sich zahlreiche behöfte Tüpfel (**2.9**, **2.10**, **3.46**), während nur wenige Verbindungen zu Xylemfasern bestehen. Tüpfel, die eine Verbindung zu Parenchymzellen vermitteln, sind entweder einfach oder auf der Seite des trachealen Elements einseitig behöft (**3.46**).

Aufbau des Holzes

Bei Holzgewächsen ist die Bildung von sekundärem Leitgewebe in der Regel ein periodischer Vorgang, da das Cambium unter ungünstigen Umweltbedingungen ruht. Dies führt zur Entstehung von Zuwachsringen im sekundären Xylem (**3.44, 3.45**). Bei nicht tropischen Arten wird die Aktivität des Cambiums temperaturabhängig eingeschränkt, und die Ringe entsprechen gewöhnlich dem jährlichen Zuwachs (**1.3, 3.17, 3.41, 3.44, 3.45**). Typischerweise bestehen die zuletzt gebildeten Xylemschichten eines Zuwachsringes aus englumigeren, dickwandigeren Zellen als das Frühholz, so daß die Zuwachsringe häufig schon mit bloßem Auge sichtbar sind (**3.44**). Bei vielen tropischen Bäumen und Wüstensukkulenten sind die Zuwachsringe hingegen nicht offensichtlich.

Die neu gebildeten trachealen Elemente des Splintholzes leiten nur für relativ kurze Zeit Wasser. Unter ungünstigen Bedingungen (z. B. bei Nährstoffmangel) sind sie schon nach einem Jahr nicht mehr funktionstüchtig; bei tropischen Bäumen können sie hingegen länger aktiv bleiben. Die Wasserleitfähigkeit der Gefäße erlischt, wenn Luftblasen in sie eindringen (**3.46**). Die Wassersäulen in den trachealen Elementen stehen unter starker Spannung, die um so größer ist, je weitlumiger die Elemente sind. Ist jedoch reichlich Wasser im Boden verfügbar, so wird das Wasser vor allem in weitlumigen Gefäßen geleitet, in denen der Strömungswiderstand erheblich kleiner ist als in englumigen Elementen. Wenn eine Wassersäule reißt, breitet sich innerhalb des trachealen Elements rasch eine Luftembolie aus. Die als Ventile fungierenden Tüpfelschließhäute unterbinden jedoch die Ausweitung der Embolie auf benachbarte tracheale Elemente (**3.46**).

Die nicht mehr wasserleitenden trachealen Elemente im Kernholz (**3.44**) machen die Hauptmasse des Holzes aus und stellen ein wichtiges Stützsystem des Baumes dar. Häufig werden die Gefäße im Kernholz durch parenchymatische Thyllen verstopft (**1.3, 3.55**), welche aus benachbarten Parenchymzellen durch Tüpfel in die Gefäße einwachsen. Wenn Thyllen fehlen, werden oft Gummiharze und verschiedene Polyphenole abgelagert. Im Kernholz können die Zellwände der Parenchymzellen verholzen. Speicherstoffe und Wasser werden abtransportiert, so daß das Holz insgesamt trockener wird.

Viele Dikotyle besitzen ein sekundäres Xylem mit einem hohen Anteil an dickwandigen Fasern. Sie werden als Harthölzer bezeichnet. (**1.3, 3.14, 3.28, 3.56**). Es gibt jedoch auch Arten (z. B. *Ochroma*, Balsaholz) mit dünnwandigen Fasern und ausgedehntem Strahlenparenchym (**3.57**). Das Holz der Koniferen weist keine Fasern auf (**3.17, 3.27, 3.58**) und wird Weichholz genannt. Axiales Holzparenchym kommt bei Koniferen nur selten vor, und Nährstoffe werden in den Holzstrahlen gespeichert (**3.58**).

Der radiale Transport von Wasser ist im Koniferenholz hauptsächlich auf die Holzstrahlen beschränkt, da gewöhnlich nur die radialen Längswände der Tracheiden getüpfelt sind (**3.48, 3.53**). Das Holz der Dikotylen ist generell komplexer gebaut als das der Koniferen; es besteht aus weit- bis englumigen Gefäßen, Tracheiden und Fasern (**1.3, 3.14, 3.59** bis **3.63**) und weist meist reichlich Holzstrahlen und Holzparenchym auf (**3.14, 3.57, 3.62**).

Holzstrahlen bestehen in der Regel aus leicht radial gestreckten Parenchymzellen. Bei Angiospermen können an den Rändern der Strahlen jedoch spezialisierte, axial gestreckte, aufrechte Parenchymzellen auftreten. Bei einigen Gymnospermen (**3.48**) sind die Holzstrahlen oben und unten durch tote, verholzte Strahlentracheiden begrenzt, und auch das Strahlenparenchym kann verholzt sein. Die Holzstrahlen der Gymnospermen sind fast immer nur eine Zelle breit (uniseriat, **3.53, 3.58**), während bei Dikotylen sowohl uniseriate als auch multiseriate Strahlen vorkommen (**3.62, 3.63** bis **3.65**).

In den Holzstrahlen werden häufig große Mengen Kohlenhydrate gespeichert, die bei laubabwerfenden Bäumen zu Beginn der Wachstumsperiode mobilisiert und zu den keimenden Knospen transportiert werden. Die gelösten Nährstoffe können über die zahlreichen Tüpfelverbindungen der aufrechten Strahlenparenchymzellen in die Gefäße verlagert und dort weitergeleitet werden (wie z. B. bei *Acer saccharum*, dem Zuckerahorn).

Das Holz der Angiospermen enthält normalerweise Gefäße, bei einigen Gattungen kommen jedoch nur Tracheiden vor (**3.65, 3.66**). Bei ringporigen Bäumen (**1.3, 3.67**) besteht das Frühholz aus großen Gefäßen, aber verhältnismäßig wenigen Tracheiden und Fasern *(Catalpa, Fraxinus, Quercus, Robinia)*. Später im Jahr werden englumigere Gefäße und mehr Fasern und Tracheiden gebildet. Die häufiger vorkommenden zerstreutporigen Baumarten (**3.68**) haben mikropore Gefäße. Im Holz können große, voneinander isolierte Gefäße auftreten, die mit zahlreichen Tracheiden assoziiert sind; häufiger sind die Gefäße aber in Gruppen zusammengefaßt, die unterschiedliche Muster bilden (**3.28**).

Während der Stamm eines Baumes normalerweise mehr oder weniger vertikal ausgerichtet ist, wachsen die Äste horizontal oder schräg. Das sekundäre Xylem dieser Äste weist Reaktionsholz mit charakteristischen anatomischen Eigenschaften auf (**3.44, 3.45, 3.69**). Bei Dikotylen wird das Reaktionsholz Zugholz genannt. Es findet sich auf der Astoberseite; der Zuwachsring ist dort meistens breiter (**3.44, 3.45**), und im Xylem entwickeln sich unverholzte, gelatinöse Fasern. Bei Koniferen bildet das umfangreichere Xylem der Astunterseite (**3.69**) ein sprödes Druckholz mit dickwandigeren, stark verholzten Tracheiden.

3.1

3.1 QS durch einen versteinerten Stengel des fossilen Samenfarns *Lyginopteris.* Bei dieser aus dem Karbon stammenden Pflanze finden sich die gleichen Gewebesysteme wie bei den heutigen Blütenpflanzen. Dem Grundgewebe werden das ausgeprägte Mark (1) und die Rinde zugeordnet, welche ein äußeres Netzwerk aus Fasern (2) aufweist. Abschlußgewebe und Blattgrund wurden nicht erhalten. Das ringförmig angeordnete sekundäre Xylem (3, bestehend aus in regelmäßigen radialen Reihen liegenden Tracheiden) und das schlecht erhaltene Phloem (4) bilden das Leitsystem. Außerdem ist eine Blattspur (5) zu erkennen.

1 Mark
2 Netzwerk aus Fasern
3 Sekundäres Xylem
4 Phloem
5 Blattspur

3.2

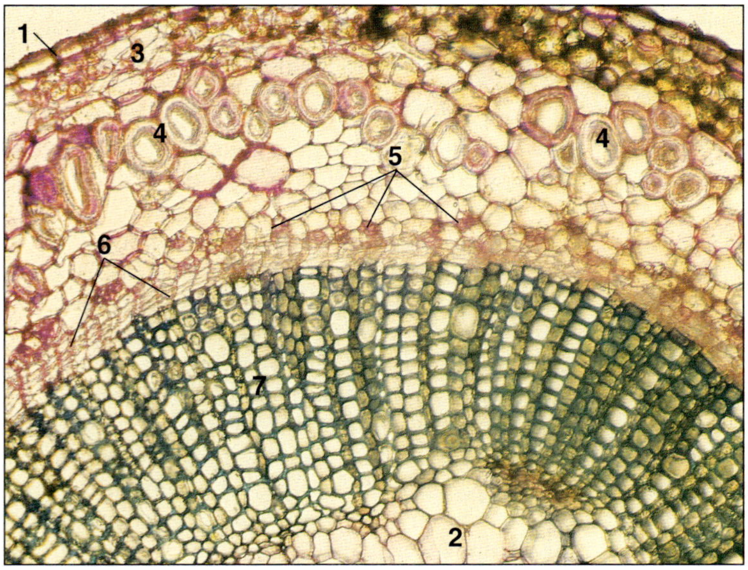

3.2 Anordnung der Leit-, Grund- und Abschlußgewebe im Stengel einer Dikotylen (*Linum usitatissimum,* Flachs). Das Abschlußgewebe besteht aus einer einschichtigen Epidermis (1); dem Grundgewebe werden sowohl das parenchymatische Mark (2) als auch die Rinde (3) zugeordnet. Große Phloemfasern (4) markieren die äußere Grenze des Leitsystems, während sich innen Gruppen von Leitelementen (5) im Phloemparenchym finden. Ein auffälliges Cambium (6) trennt das Phloem vom sekundären Xylem (7). (LM × 130.)

1 Epidermis
2 Parenchymatisches Mark
3 Rinde
4 Phloemfasern
5 Leitelemente des Phloems
6 Cambium
7 Sekundäres Xylem

3.3 QS durch die Spreite eines bifazialen Laubblattes der Dikotylen *Glechoma hederacea* (Gundermann). Das Abschlußgewebe besteht aus der ad- und abaxialen Epidermis (1 und 2); Stomata (3) treten nur in der abaxialen Epidermis auf. Das chlorenchymatische Grundgewebe besteht aus einem einschichtigen Palisadenparenchym (4) und einer dickeren Schicht Schwammparenchym (5). Zahlreiche große Chloroplasten finden sich im Mesophyll, sie fehlen jedoch in der Epidermis. Das Leitgewebe ist durch einen kleinen Blattnerv (6) vertreten. (G-Os, LM × 330.)

1 Adaxiale Epidermis
2 Abaxiale Epidermis
3 Stoma
4 Palisadenparenchym
5 Schwammparenchym
6 Blattnerv

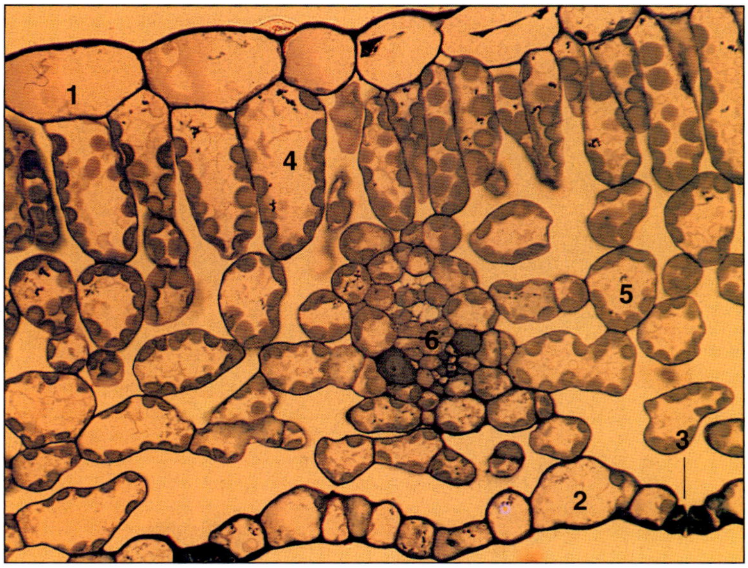

3.3

3.4 QS durch die Luftwurzel der Monokotylen *Monstera*. Das zentrale polyarche Leitsystem weist auffällige, weitlumige Gefäße (1) auf, während das Grundgewebe aus dickwandigem, verholztem Mark (2) und einer breiten parenchymatischen Rinde (3) besteht. Die Rinde ist gegen das Leitgewebe durch die Endodermis (4), die innerste Rindenschicht, abgegrenzt. Schleimkanäle (5). (LM × 85.)

1 Gefäße
2 Verholztes Mark
3 Parenchymatische Rinde
4 Endodermis
5 Schleimkanäle

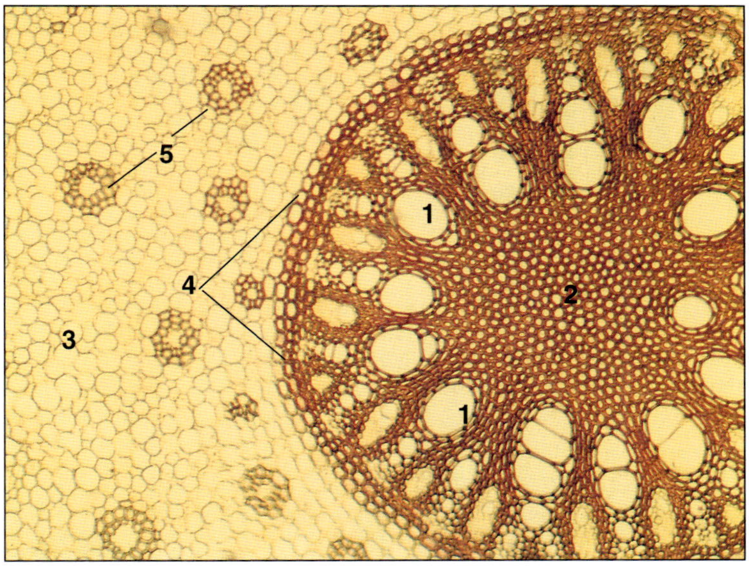

3.4

3.5 QS durch ein Leitbündel im Stengel von *Zinnia*, einer krautigen Dikotylen. Das Leitbündel ist umgeben vom parenchymatischen Grundgewebe des Marks (1) und der Rinde (2). Das Xylem weist mehrere ausdifferenzierte, weitlumige tracheale Elemente (3) mit verdickten Zellwänden auf, die von axialem Holzparenchym (4) begleitet werden. Das Cambium (5) gliedert zentripetal Xylem und zentrifugal Phloem ab. Letzteres besteht aus Phloemparenchym mit eingestreuten dunkel gefärbten Geleitzellen (6) und leer erscheinenden Siebröhren. (G-Os, LM × 330.)

1 Mark
2 Rinde
3 Tracheale Elemente
4 Holzparenchym
5 Cambium
6 Geleitzellen

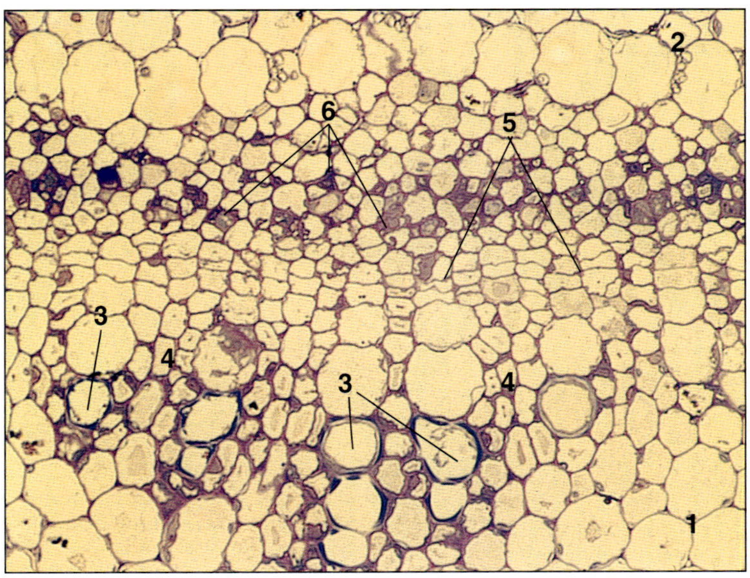

3.5

3.6

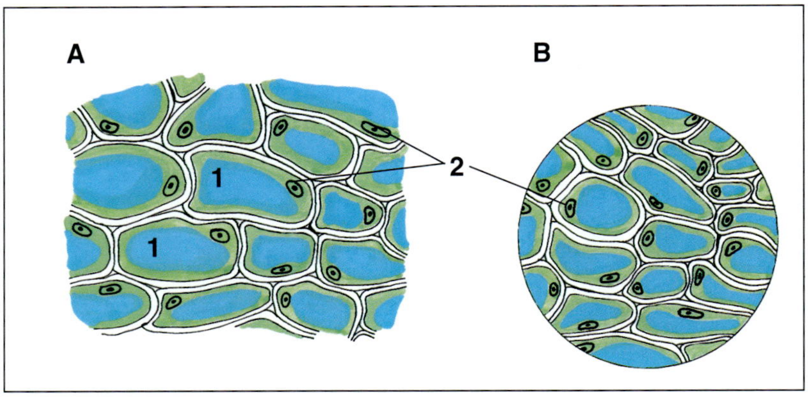

3.6 Schematische Darstellung von Parenchymzellen im Stengellängsschnitt **(A)** und -querschnitt **(B)**. Charakteristisch sind die großen Vakuolen (1) und das wandständige Cytoplasma, das den Zellkern (2) und andere Organellen enthält. Die Protoplasten werden von dünnen, cellulosehaltigen Primärwänden umgeben und in den Winkeln der Zellen sind durch lokale Auflösung der Mittellamellen kleine Interzellularen entstanden.

1 Vakuolen 2 Zellkerne

3.7

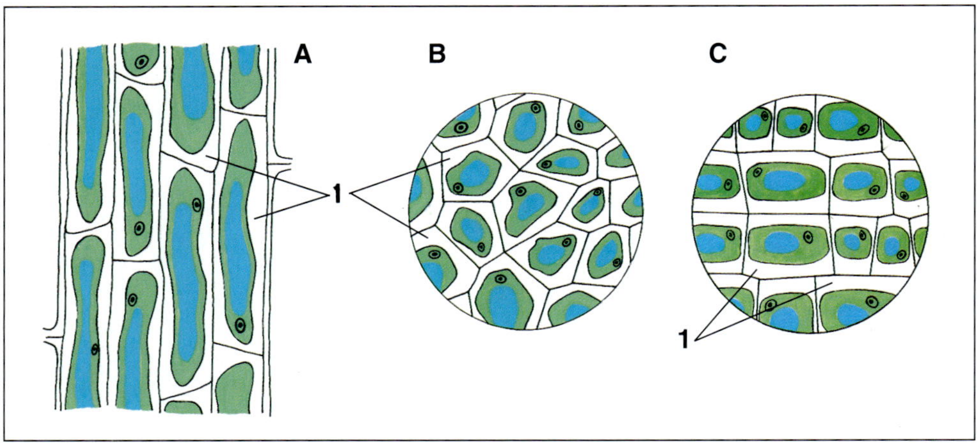

1 Primärwand

3.7 Schematische Darstellung von Kollenchymzellen in einem längs- **(A)** bzw. quergeschnittenen **(B, C)** Stengel. Die Protoplasten der Kollenchymzellen ähneln denen der Parenchymzellen (vgl. **3.6 A, B**); ihre cellulosehaltigen Primärwände (1) sind jedoch lokal vedickt. Typischerweise beschränken sich die Wandverdickungen auf die Zellkanten (Eckenkollenchym, **A, B**) oder auf einzelne Längswände (Plattenkollenchym, **C**). Bei beiden hier gezeigten Typen fehlen Interzellularen.

3.8

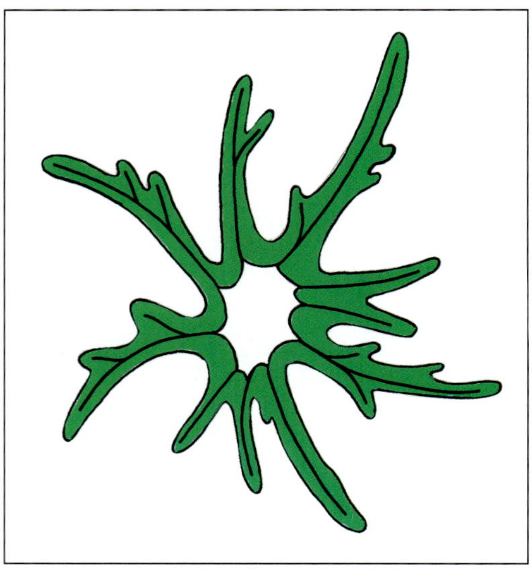

3.9

3.8, 3.9 Schematische Darstellung von sklerenchymatischen Elementen mit dicken, verholzten Sekundärwänden. Die Protoplasten der ausdifferenzierten Zellen sind in der Regel abgestorben und an ihre Stelle treten auffällige Lumina. **3.8** Stark verzweigter Astrosklereid. **3.9** Gruppe isodiametrischer Steinzellen mit verzweigten, einfachen Tüpfeln.

3.10

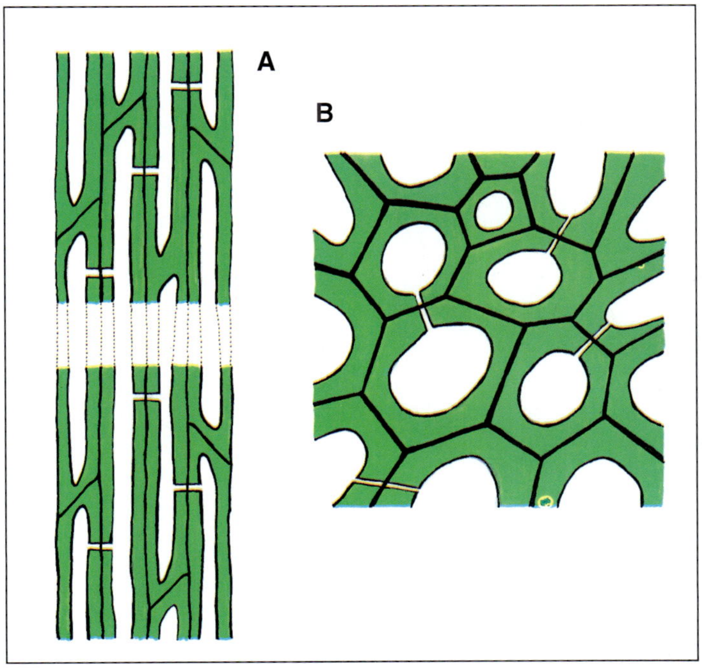

3.10 Schematische Darstellung von längs- (A) und quergeschnittenen (B) Sklerenchymfasern mit dicken, verholzten Sekundärwänden. Diese sehr langgestreckten Zellen haben spitz zulaufende (häufig verzweigte) Enden und ihre Wände weisen oft zahlreiche einfache Tüpfel auf. Fasern stellen ein wichtiges Festigungssystem der ausgewachsenen Pflanze dar.

3.11

3.11 Blatt der insektivoren Dikotylen *Drosera rotundifolia* (Sonnentau, vgl. **3.12**). Die dicht gedrängten Tentakel, deren Drüsenköpfchen mit klebrigem Sekret überzogen sind, finden sich vor allem auf der adaxialen Fläche der Blattspreite. Eine solche Drüsenemergenz ist eine komplexe, vielzellige Struktur mit einem zylindrischen Stiel, der von einem Tracheidenstrang durchzogen ist.

Die epidermalen Zellen des Drüsenköpfchens sezernieren eine viskose Flüssigkeit, an der kleine Insekten kleben bleiben. Benachbarte Tentakel krümmen sich daraufhin zum Opfer hin. Im Drüsensekret enthaltene Enzyme verdauen das Insektengewebe, und die gelösten Nährstoffe werden resorbiert und an das Blatt sowie andere Teile der Pflanze weitergeleitet. *(Copyright von T. Norman Tait.)*

3.12

3.12 Blühende Exemplare der insektivoren Dikotylen *Drosera rotundifolia* (Sonnentau). Die Pflanzen wachsen am kiesigen Ufer eines kleinen Sees in einem sehr mageren, mineralienarmen (besonders stickstoff- und phosphorarmen) Boden. Kleine Insekten bleiben an dem Schleim hängen, der von zahlreichen Drüsen auf der Blattoberfläche abgesondert wird (vgl. **3.11**). Die im Sekret enthaltenen Verdauungsenzyme bauen die Proteine des Insektenkörpers ab und erschließen der Pflanze so eine wichtige zusätzliche Quelle für Stickstoff und andere Mineralien.

3.13

3.13 Kork der Korkeiche *Quercus suber,* einer Dikotylen. Der Kork ersetzt die Epidermis des jungen Stengels und fungiert als sekundäres Abschlußgewebe des Baumes. Etwa alle 10 Jahre wird eine mehrere Zentimeter dicke Korkschicht entfernt, die das Produkt von mehreren aufeinanderfolgenden Korkcambien ist. Eine dünne Schicht aus neu gebildetem Kork bleibt dem Stamm jedoch erhalten, um das darunterliegende Phloem zu schützen. Handelskork ist stark wasserabweisend und ein hervorragender Wärmedämmstoff.

3.14

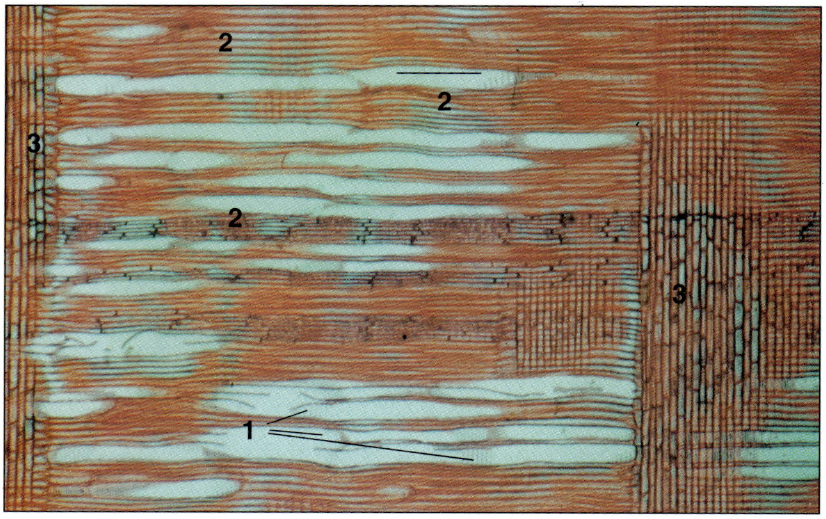

3.14 RLS durch das zerstreutporige Holz der Dikotylen *Magnolia grandiflora*. Deutlich zu erkennen sind weitlumige Poren (Gefäße) mit leiterförmigen Perforationsplatten (1) und englumige Fasern (2). Im Holz finden sich außerdem breite Holzstrahlen (3) und axiales Holzparenchym. (LM × 35.)

1 Leiterförmige Perforationsplatte
2 Fasern
3 Parenchymatische Holzstrahlen

3.15

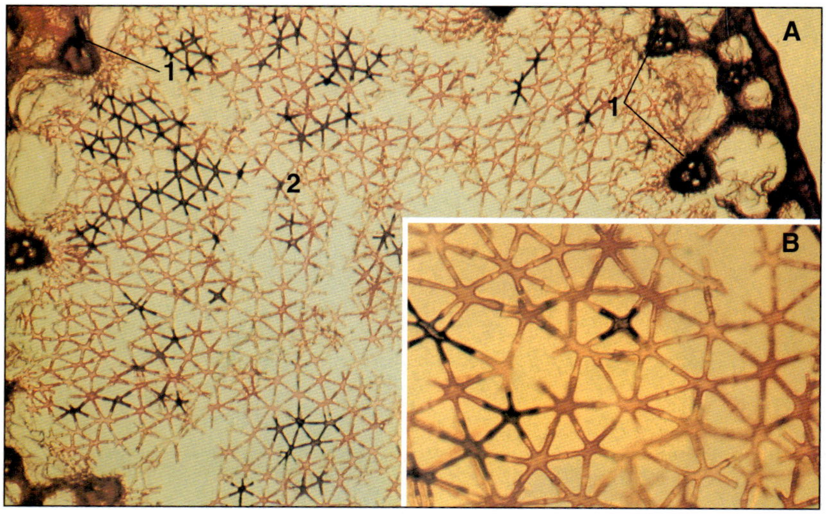

3.15 QS durch den Stengel der hydrophytischen Monokotylen *Juncus communis* (Binse). **A** Obwohl es sich bei der Pflanze um eine Monokotyle handelt, sind die Leitbündel (1) peripher angeordnet. Die Hauptmasse des Stengels wird vom aërenchymatischen Mark (2) gebildet. **B** Aërenchymzellen im Detail. Die Zellen sind mit den Nachbarzellen über sternförmige Zellarme verbunden. Interzellularen und Zellwände bilden zusammen ein enormes apoplastisches System. (LM **A** × 35, **B** × 85.)

1 Leitbündel
2 Aërenchymatisches Mark

3.16

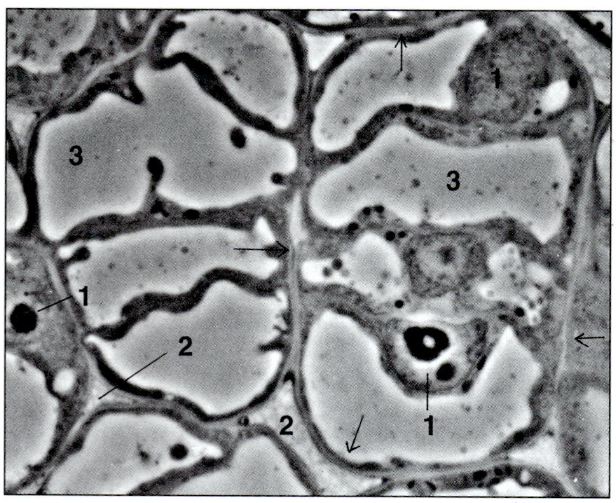

3.16 Re-embryonalisierte Rindenparenchymzellen aus einer *in vitro* kultivierten Wurzel von *Pisum sativum* (Erbse). Aus einer Mutterparenchymzelle (Zellwand durch Pfeile gekennzeichnet) sind durch Teilung vier kleinere Zellen hervorgegangen; drei Tochterkerne (1) sind deutlich zu erkennen. Auch die Nachbarzelle hat sich geteilt, allerdings sind keine Tochterkerne sichtbar. Interzellulare (2), Vakuole (3). (G-Os, Phasen LM × 1150.)

1 Zellkern
2 Interzellulare
3 Vakuole

3.17

3.18

3.17 QS durch einen jungen Stamm von *Pinus* (Kiefer), einer Gymnospermen. Deutlich zu erkennen sind die vom Cambium abgegliederten sekundären Leitgewebe und das Korkgewebe, das vom Korkcambium gebildet wird. Das sekundäre Xylem (1) weist mehrere Zuwachsringe auf, die von zahlreichen Holzstrahlen (2) durchzogen werden; Tracheiden sind die einzigen wasserleitenden Elemente. Rinde (3), Mark (4), Harzkanal (5), sekundäres Phloem (6), Cambium (7), Korkcambium (8). (LM × 35.)

1	Sekundäres Xylem	5	Harzkanal
2	Holzstrahlen	6	Sekundäres Phloem
3	Rinde	7	Cambium
4	Mark	8	Korkcambium

3.18 Stecklinge aus Sproßspitzen von *Kalanchoe,* einer Dikotylen. Etwa sechs Wochen nachdem die Stecklinge in Kompost gepflanzt wurden, haben sich zahlreiche Adventivwurzeln an der Stengelbasis entwickelt. Diese Wurzeln wurden endogen von re-embryonalisierten, wieder teilungsaktiven Parenchymzellen (vgl. **3.16**) der Leitgewebe gebildet.

3.19

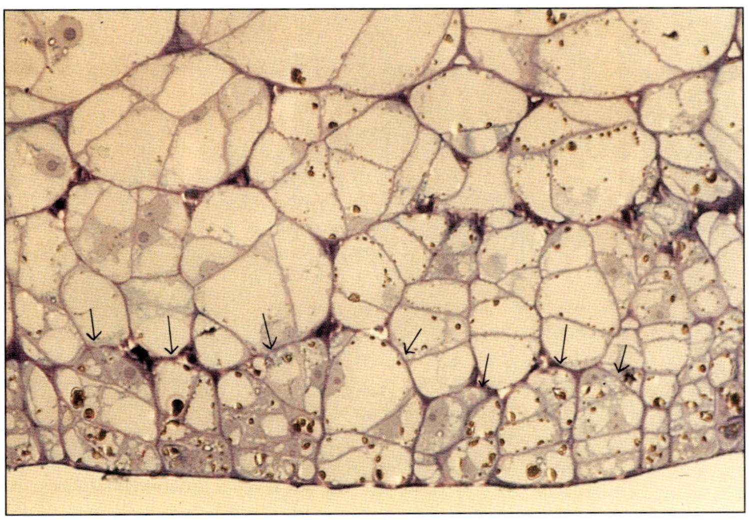

3.20

3.19 QS durch die äußeren Gewebe einer Blattrippe von *Begonia rex*. Das Blattsegment wurde zuvor mehrere Wochen lang *in vitro* kultiviert. Die Zellen der Epidermis (Pfeile markieren die innere Grenze der ursprünglichen Epidermis) und die größeren Zellen des hypodermalen Parenchyms haben sich mehrfach geteilt. Aus diesen meristematischen Zellen werden später *de novo* zahlreiche Adventivknospen hervorgehen. (G-Os, LM × 450.)

3.20 Beblätterte Adventivknospe (1). Diese entspringt *de novo* an der Basis eines Blattes (2) der Dikotylen *Begonia rex,* das noch mit der Mutterpflanze verbunden war. Gewöhnlich entwickeln sich bei dieser Gattung Adventivknospen nur an abgetrennten Blättern.

1	Adventivknospe
2	Blatt der Mutterpflanze

3.21

3.22

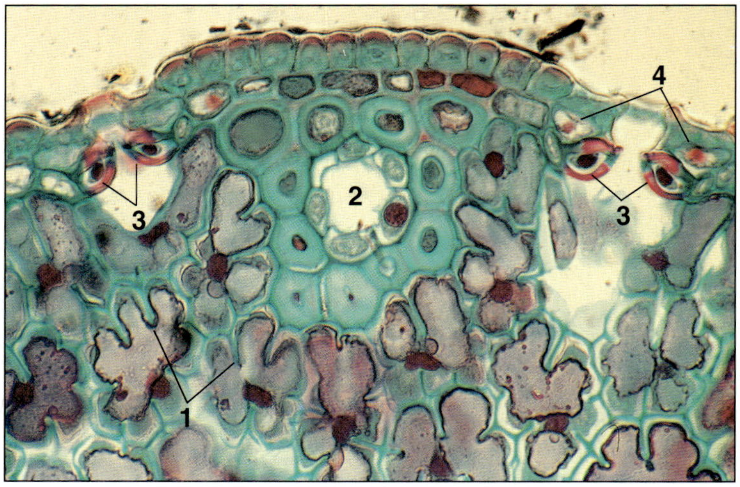

3.21 Wurzelstecklinge von *Armoracia rusticana* (Meerrettich), einer Dikotylen. Die Wurzelsegmente wurden mehrere Wochen lang unter nicht sterilen Bedingungen *in vitro* kultiviert. Aus dem Korkcambium der Wurzel sind zahlreiche beblätterte Adventivknospen und Adventivwurzeln hervorgegangen.

3.22 QS durch das xeromorphe Blatt von *Pinus* (Kiefer), einer Koniferen. Zu erkennen sind die Epidermis und das Mesophyll. Die dünnen Wände der Mesophyllzellen bilden zahlreiche leistenförmige Wandprotuberanzen (1). Die Protoplasten der Zellen sind plasmolysiert und durch einen Zwischenraum von den Zellwänden getrennt. Im Mesophyll tritt ein Harzkanal (2) auf, und in der Epidermis finden sich eingesenkte Schließzellen (3) unter den Nebenzellen (4). (LM × 110.)

1	Wandprotuberanzen	3	Schließzellen
2	Harzkanal	4	Nebenzellen

3.23

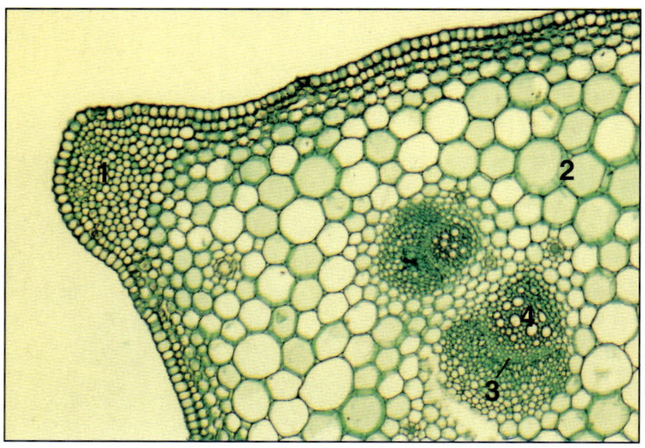

3.24

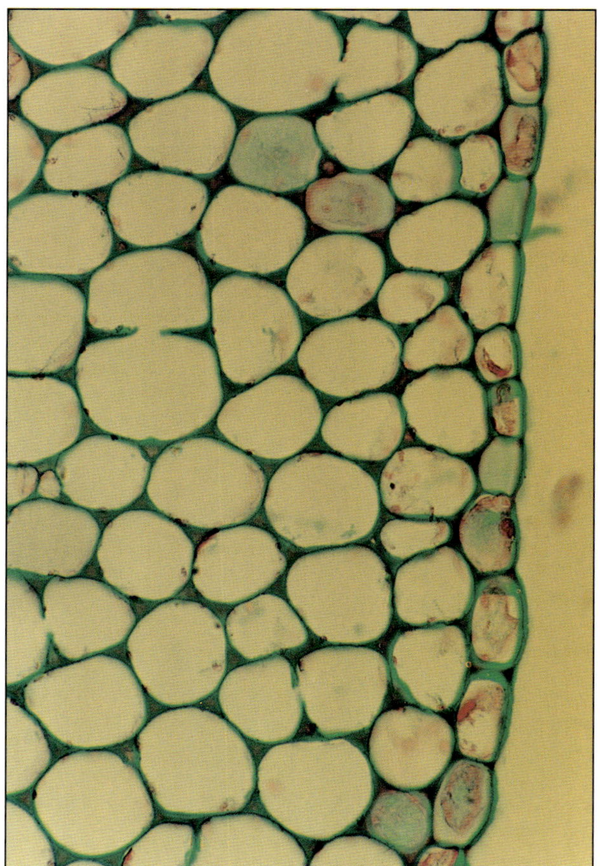

3.23 QS durch einen Blattstiel der Dikotylen *Sanicula europaea* (Sanikel). In der Peripherie des Blattstiels liegt das Kollenchym (1), dessen lebende Zellen lokal verdickte, cellulosehaltige Wände besitzen. Aufgrund seiner peripheren Lage trägt das Kollenchym zur Abstützung des jungen Blattes bei. Parenchym (2), primäres Phloem (3), primäres Xylem (4). (LM × 60.)

1	Kollenchym	3	Primäres Phloem
2	Parenchym	4	Primäres Xylem

3.24 QS durch das Eckenkollenchym im Stengel von *Coleus*, einer Dikotylen. In dem peripher liegenden Gewebe (vgl. **3.23**) sind die Zellwände an den Zellkanten durch zusätzliche Celluloseablagerungen verdickt (vgl. **3.7B**). (LM × 335.)

3.25

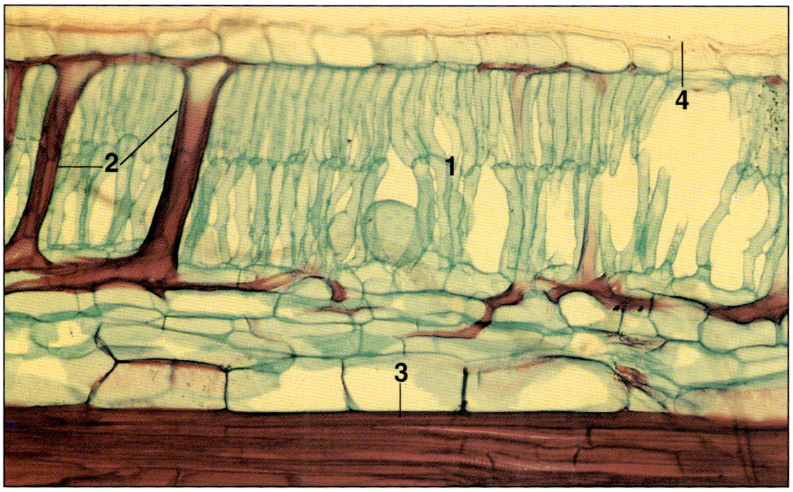

3.25 LS durch ein xeromorphes Blatt mit säulenförmigen Sklereiden *(Hakea)*. Das Palisadenparenchym (1) des Blattes wird durch Sklereiden (2) verstärkt, deren verzweigte Enden außen bis an die Epidermis und innen bis an die Scheidezellen des Leitbündelstrangs (3) reichen. Die Epidermis ist von einer dicken Cuticula (4) bedeckt. (LM × 120.)

1 Palisadenparenchym	3 Leitbündelscheide
2 Sklereiden	4 Cuticula

3.26

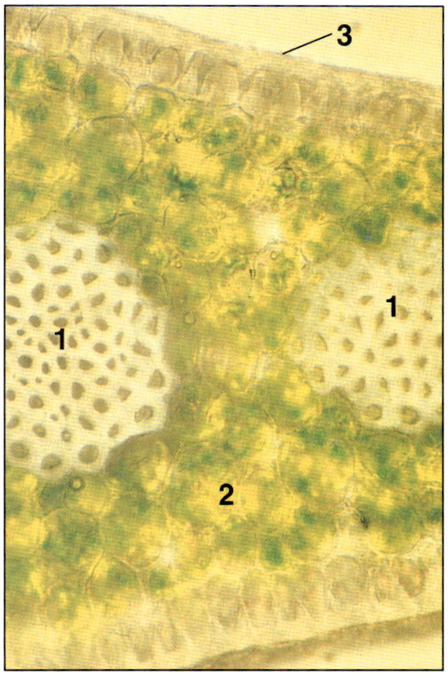

3.26 QS durch ein xeromorphes Blatt der Monokotylen *Sansevieria trifasciata* (Bogenhanf). Dickwandige, verholzte Fasern (1) liegen in längsorientierten Strängen im Mesophyll (2); sie werden zur Herstellung von Seilen genutzt. Eine dicke Cuticula (3) bedeckt die Epidermiszellen. (Schnitt durch unfixiertes Gewebe, LM × 230.)

1 Verholzte Fasern	3 Cuticula
2 Mesophyll	

3.27

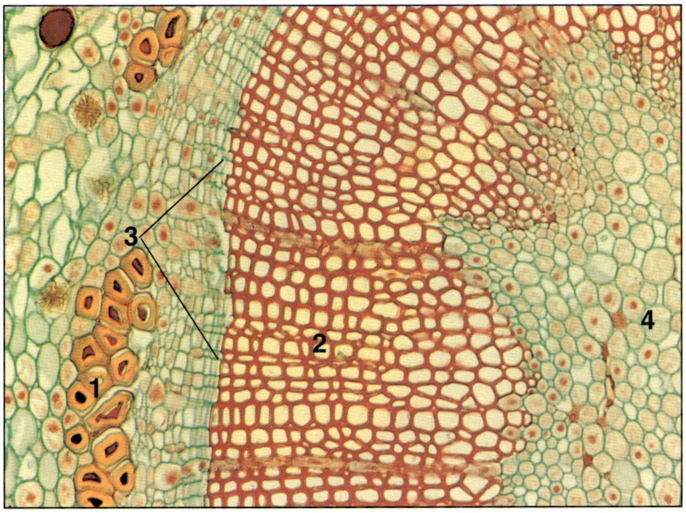

3.27 QS durch einen jungen Zweig von *Ginkgo biloba* (Ginkgo-Baum), einer Gymnospermen. Auffallend ist der Kontrast zwischen den dickwandigen Phloemfasern (1) und den dünnwandigeren Tracheiden des sekundären Xylems (2). Cambium (3), Mark (4). (LM × 140.)

1 Phloemfasern	3 Cambium
2 Sekundäres Xylem	4 Mark

3.28

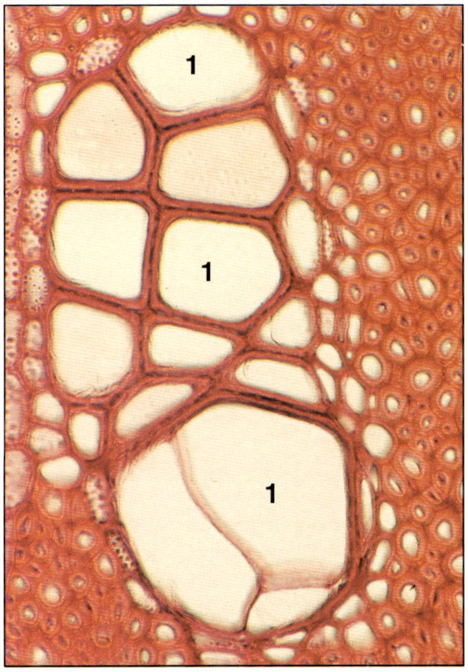

1 Weitlumige Gefäße

3.28 QS durch das Holz der Dikotylen *Robinia pseudoacacia*. Eine Gruppe weitlumiger Gefäße (1) ist von deutlich kleineren, sehr englumigen Fasern umgeben (vgl. 1.3). (LM × 260.)

3.29

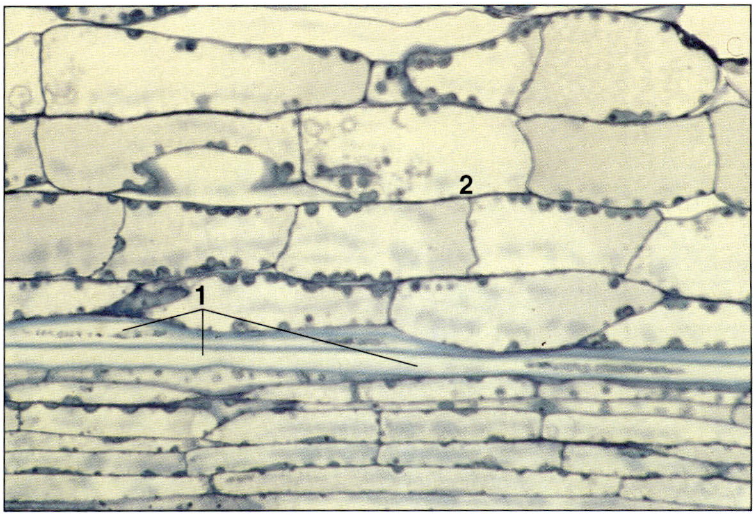

3.29 LS durch einen jungen Stengel der Dikotylen *Linum usitatissimum* (Flachs). Zu erkennen sind Fasern mit intrusivem Wachstum; die dünnwandigen Fasern (1) schieben sich zwischen aneinandergrenzende Chlorenchymzellen (2). Flachsfasern sind gewöhnlich unverholzt, ihre vielkernigen Protoplasten sterben nicht ab. Im ausdifferenzierten Zustand sind die Fasern äußerst dickwandig (vgl. **2.7**) und werden für die Herstellung von Leinen gewonnen. (G-Os, LM × 285.)

1 Fasern
2 Chlorenchymzellen

3.30

3.30 Dicht nebeneinanderstehende Blütenstände der Dikotylen *Euphorbia cyparissias*. Jede „Einzelblüte" ist eigentlich ein kleiner Blütenstand, an dessen Basis ein Paar Brakteen (1) sitzt. Eine becherförmige Braktee (bestehend aus vier verwachsenen Brakteen) trägt 4 gelbe Nektarien (2). Im Zentrum des Blütenstandes steht ein auffälliger Fruchtknoten (3) mit drei Griffeln. Diese Struktur entspricht einer einzelnen weiblichen Blüte, die keine Blütenhülle besitzt. Getragen wird die weibliche Blüte von einem Blütenstiel (4), an dessen Basis die männlichen Blüten (5) stehen. Jede der männlichen Blüten besteht aus einem einzigen Staubblatt.

1 Brakteen
2 Nektarien
3 Fruchtknoten
4 Blütenstiel
5 Männliche Blüten

3.31 QS durch einen Schleimkanal in der Luftwurzel von *Philodendron saggitifolium,* einer Monokotylen. Schleimkanäle treten in der parenchymatischen Wurzelrinde (1) auf und bestehen aus einem engen, zentralen Gang (2), der von einem einschichtigen Drüsenepithel (3) gesäumt ist. Fasern (4) umgeben den Schleimkanal in mehreren Schichten. (LM × 550.)

1 Parenchymatische Rinde
2 Zentraler Gang
3 Sekretzellen des Drüsenepithels
4 Fasern

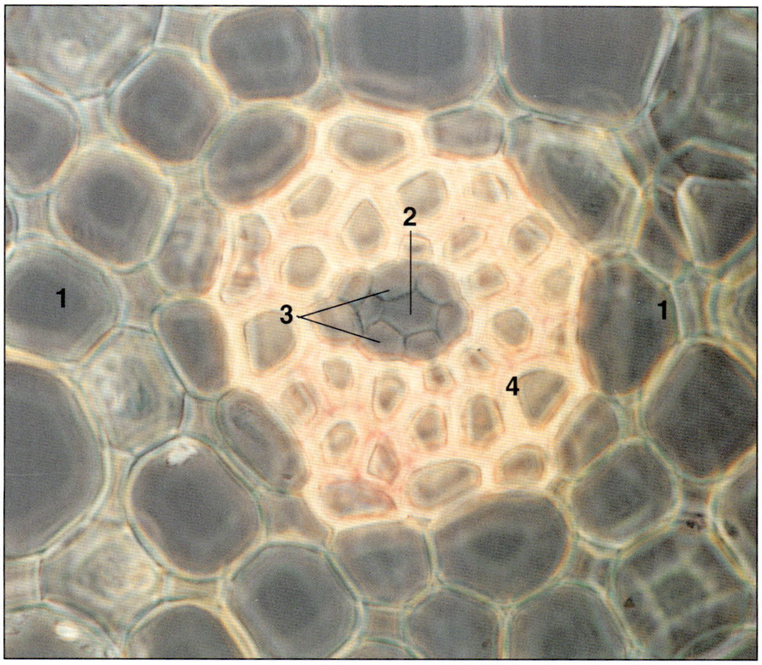

3.31

3.32 Guttationstropfen an einem Blatt der Dikotylen *Alchemilla.* Wasser wird über zahlreiche Hydathoden (modifizierte Stomata) an den Blatträndern ausgeschieden. Die Guttation ist möglicherweise ein Schutzmechanismus, der das Interzellularsystem eines Blattes bei übermäßigem Wurzeldruck davor bewahrt, mit Wasser vollgesogen zu werden. *(Copyright von T. Norman Tait.)*

3.32

3.33 Xeromorphes Sproßsystem der Dikotylen *Euphorbia canariensis.* Die Blätter sind zu Dornen reduziert und die Stengel enthalten ein ausgedehntes Milchröhrensystem. Ein verletzter Stengel hat Latex abgesondert (1), der nun auf dem vulkanischen Gestein gerinnt, auf dem die Pflanze wächst.

1 Latex

3.33

3.34

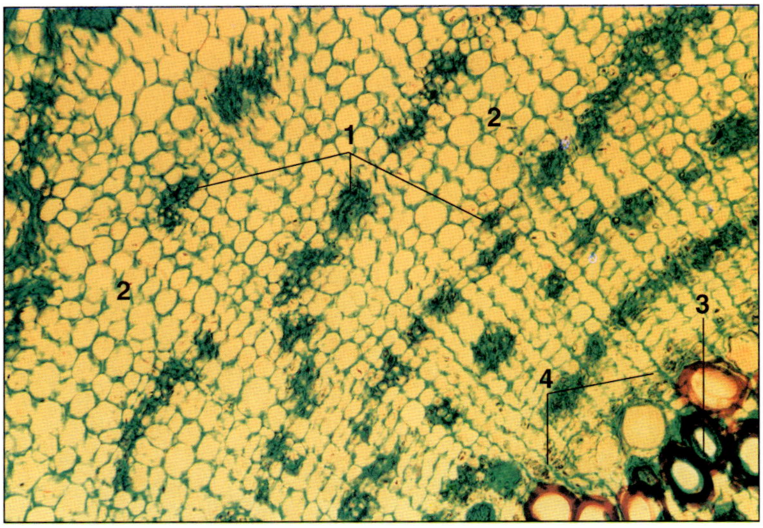

3.34 QS durch das sekundäre Phloem der Wurzel von *Taraxacum officinale* (Löwenzahn), einer Dikotylen. Das Phloem weist zahlreiche Milchröhren auf, die mit den strangförmig angeordneten Leitelementen (1) assoziiert sind (vgl. **3.35**). Die gesamte Pflanze ist reich an Latex. Eine weitere *Taraxacum*-Art wurde während des Zweiten Weltkrieges anstelle des Parakautschukbaums als Ersatzkautschuklieferant kultiviert. Phloemparenchym (2), sekundäres Xylem (3), Cambium (4). (LM × 100.)

1 Leitelemente des Phloems
2 Phloemparenchym
3 Sekundäres Xylem
4 Cambium

3.35

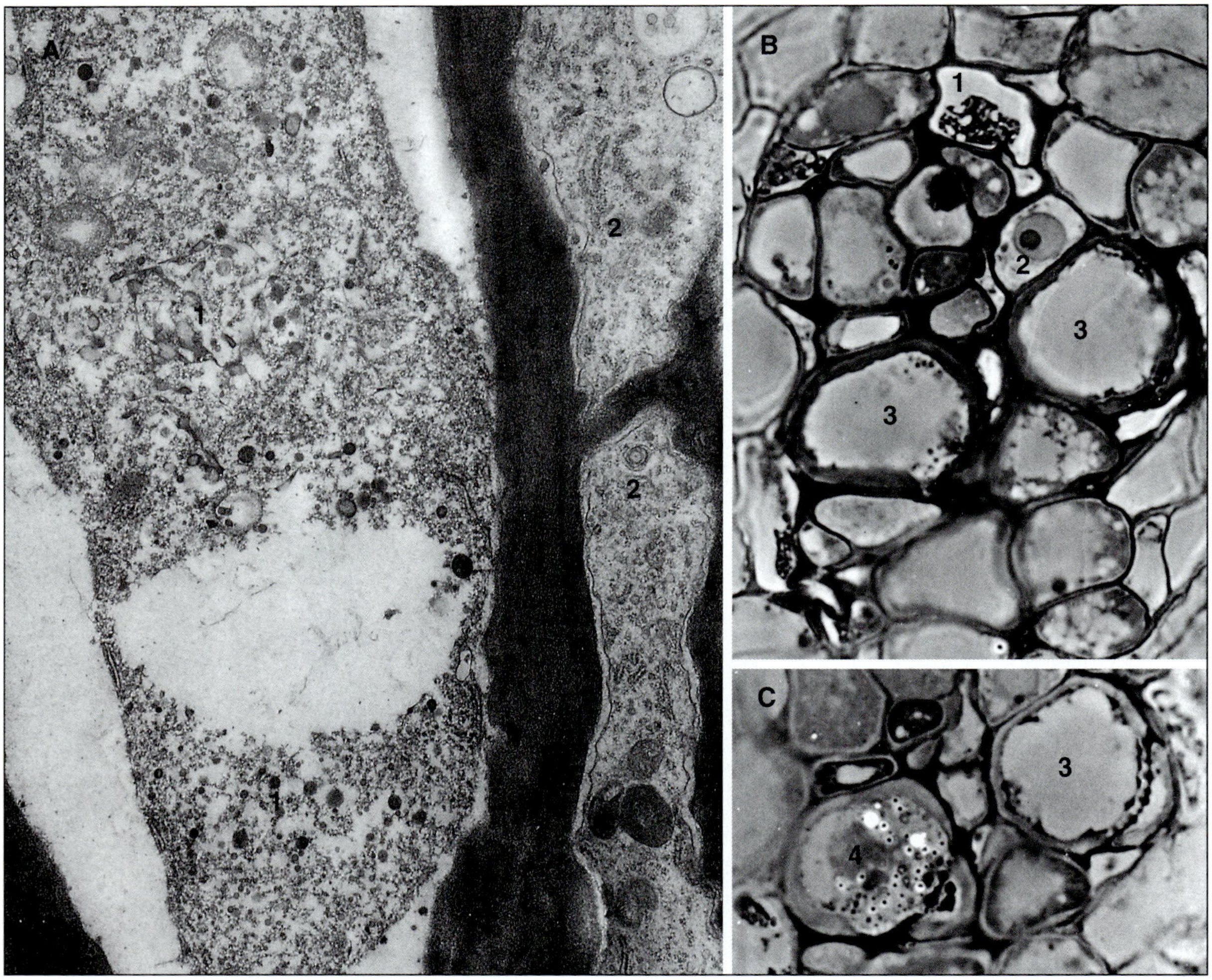

3.35 Milchröhren in der Wurzel der Dikotylen *Taraxacum officinale* (Löwenzahn). **A** Milchröhre (1) mit Latex und zwei Geleitzellen (2). **B, C** Aufeinanderfolgende Serienquerschnitte durch einen Leitstrang des sekundären Phloems. Zwei Siebröhren (3) sind zu erkennen; in einer Siebröhre ist die Siebplatte (4) angeschnitten. Die Leitelemente sind mit Milchröhren (1) und Geleitzellen (2) assoziiert. (**A** G-Os, TEM × 12 600; **B, C** Phasen LM × 1500.)

1 Milchröhre
2 Geleitzellen
3 Siebröhren
4 Siebplatte

3.36 QS durch einen jungen Stengel von *Nerium oleander* (Oleander). Milchröhren (Pfeile) durchdringen das Mark (1) und die Rinde (2) und treten auch im Xylem (3) auf. (LM × 75.)

1 Mark
2 Rinde
3 Xylem

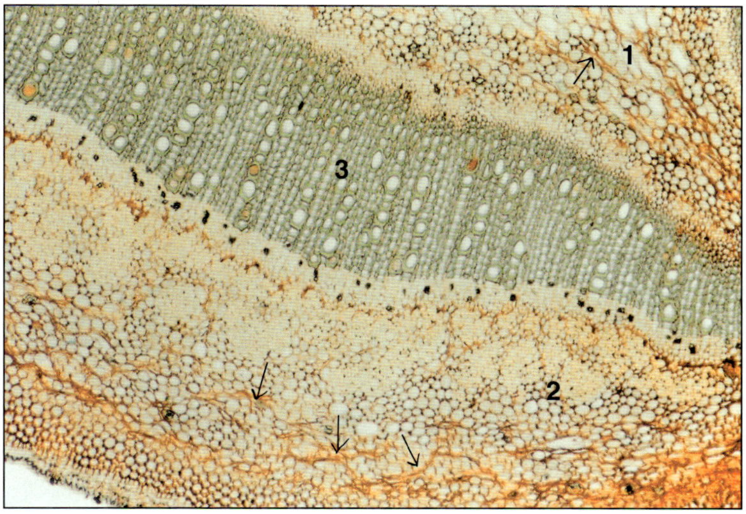

3.36

3.37 QS durch das sekundäre Phloem eines jungen Zweiges von *Tilia cordata* (Linde), einer Dikotylen. Das sekundäre Phloem ist ein komplexes Gewebe mit keilförmig verbreiterten Phloemstrahlen (1). Die Parenchymzellen der Strahlen teilen sich tangential und folgen so dem Stengelumfang, der im Verlauf des sekundären Dickenwachstums zunimmt. Die Leitelemente des Phloems (2) sind über mehrere Vegetationsperioden funktionstüchtig. Zwischen ihnen liegen tangential angeordnete Bänder dickwandiger Fasern (3). Cambium (4), sekundäres Xylem (5). (LM × 70.)

1 Phloemstrahlen
2 Leitelemente des Phloems
3 Fasern
4 Cambium
5 Sekundäres Xylem

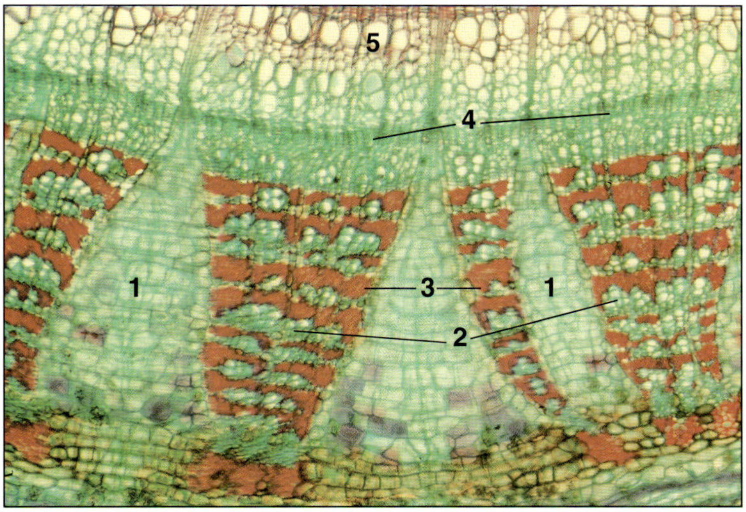

3.37

3.38 Phloem im Stengelquerschnitt von *Tilia cordata* (Linde), einer Dikotylen (vgl. **3.37**). Weitlumige Siebröhren (1) liegen zwischen tangential angeordneten Bändern sehr dickwandiger Fasern (2). (LM × 185.)

1 Siebröhren
2 Fasern

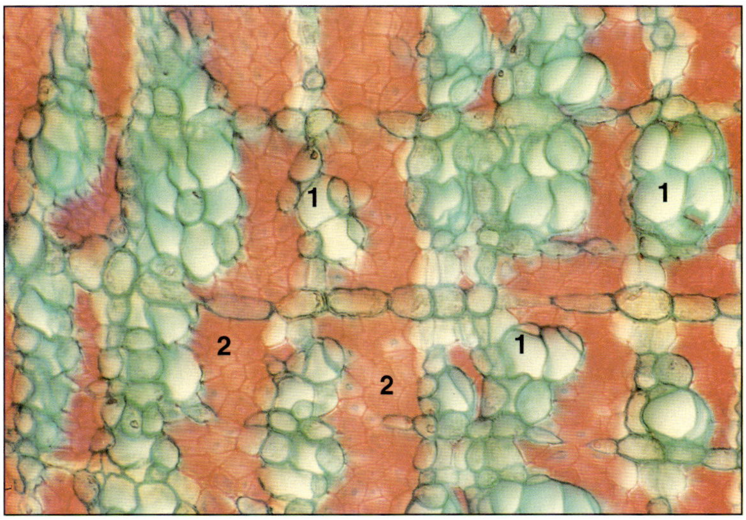

3.38

3.39

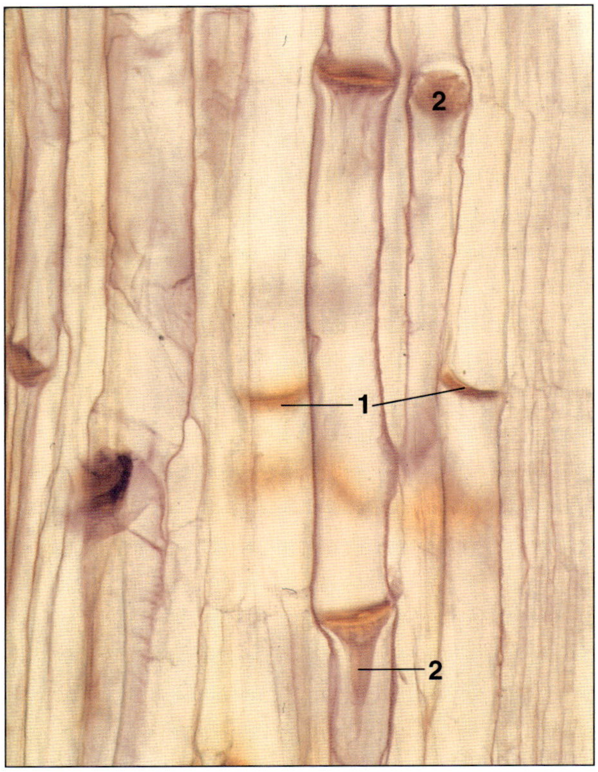

3.40

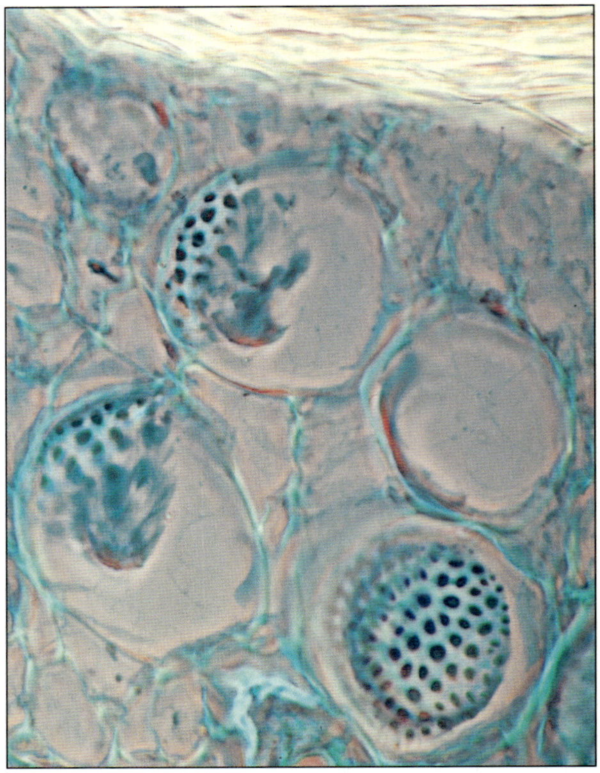

3.39 LS durch das Phloem im Stengel von *Cucurbita,* einer Dikotylen. Zu erkennen sind zahlreiche weitlumige Siebröhren, die regelmäßig durch quer oder leicht schräg stehende Siebplatten (1) unterbrochen sind. Während der Schnitt angefertigt wurde, lagerten sich P-Proteinfibrillen zusammen und bilden nun Pfropfen (2) in den Siebplatten. (LM × 335.)

3.40 QS durch das Phloem von *Cucurbita,* einer Dikotylen. Zu erkennen sind mehrere große Siebplatten mit weiten Poren, an deren Rändern Kallose abgelagert ist. (Phasen LM × 545.)

1 Siebplatten	2 P-Protein Pfropfen

3.41

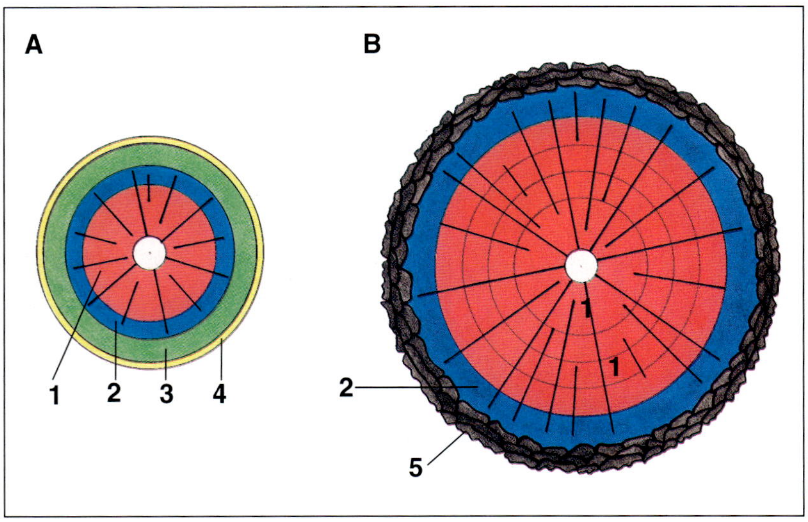

1 Sekundäres Xylem	4 Epidermis
2 Sekundäres Phloem	5 Borke
3 Rinde	

3.41 Borkebildung im Stengel eines dikotylen Holzgewächses. **A** Sekundäres Xylem (1) und Phloem (2) wurden bereits ausgebildet, Rinde (3) und Epidermis (4) sind noch intakt. **B** Die Epidermis ist durch eine dicke Borkeschicht (5) ersetzt worden, die das angrenzende sekundäre Phloem (2) schützt.

Das erste Korkcambium entsteht gewöhnlich hypodermal und ist nur für kurze Zeit aktiv; nachfolgende Cambien gehen aus weiter innen liegenden Rindenschichten und später aus dem sekundären Phloem hervor. Diese Korkcambien sind gewöhnlich nicht ringförmig geschlossen, sondern bilden konkave, sich überlappende Schalen. Die äußerste, nicht mehr funktionstüchtige Schicht des sekundären Phloems wird mit den abblätternden Borkeschuppen abgeschilfert.

3.42 Schema eines Siebelementes mit zusammengesetzten Siebplatten. **A** LS durch Siebröhrenglied mit schrägstehenden Siebplatten (1) in den Endwänden und Siebfeldern (2, in Aufsicht) in den Seitenwänden. Außerdem ist eine kernhaltige Geleitzelle (3) abgebildet. **B** Detail der in A gezeigten zusammengesetzten Siebplatte, die hier wie eine Perlenschnur aussieht. Der Zellkern des Siebröhrengliedes ist zugrunde gegangen, und die wenigen verbliebenen Organellen sind stark modifiziert; das Plasmalemma (4) ist hingegen intakt. **C** Aufsicht auf eine zusammengesetzte Siebplatte im Detail.

1 Schrägstehende Siebplatten
2 Siebfelder (Aufsicht)
3 Geleitzelle
4 Plasmalemma

3.42

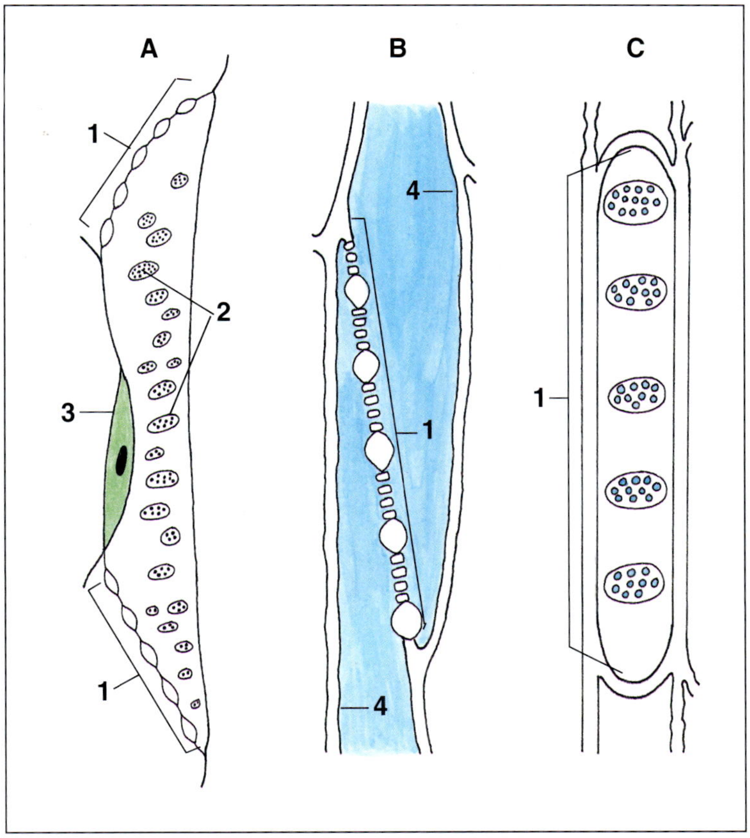

3.43 Stofftransport im Phloem von der Spender- (source) zur Empfängerregion (sink) gemäß der Druckstromtheorie. Zucker werden in den Chloroplasten des Mesophylls (1) synthetisiert und in gelöster Form (sowohl apoplastisch über die Zellwände als auch symplastisch durch die Protoplasten) bis zu den Blattnerven transportiert.

Die gelösten Zucker durchqueren die parenchymatische Leitbündelscheide (2) sowie die kernhaltigen Geleitzellen (3) und werden dann aktiv in die Siebröhren (4) geladen. Der osmotische Druck in den Siebröhren nimmt zu, so daß Wasser in das Röhrensystem eintritt und es zu einer Massenströmung aus Wasser und gelösten Stoffen (dicke Pfeile) in Richtung Empfängerregion (sink) kommt. In der Empfängerregion werden die Siebröhren aktiv entladen, weshalb ihr Turgor hier niedriger ist. Die Zucker wandern in gelöster Form zu den Speichergeweben (5) oder Wachstumsregionen der Wurzel und des Sprosses.

1 Assimilierendes Mesophyll
2 Parenchym
3 Geleitzellen
4 Siebröhre
5 Speichergewebe

3.43

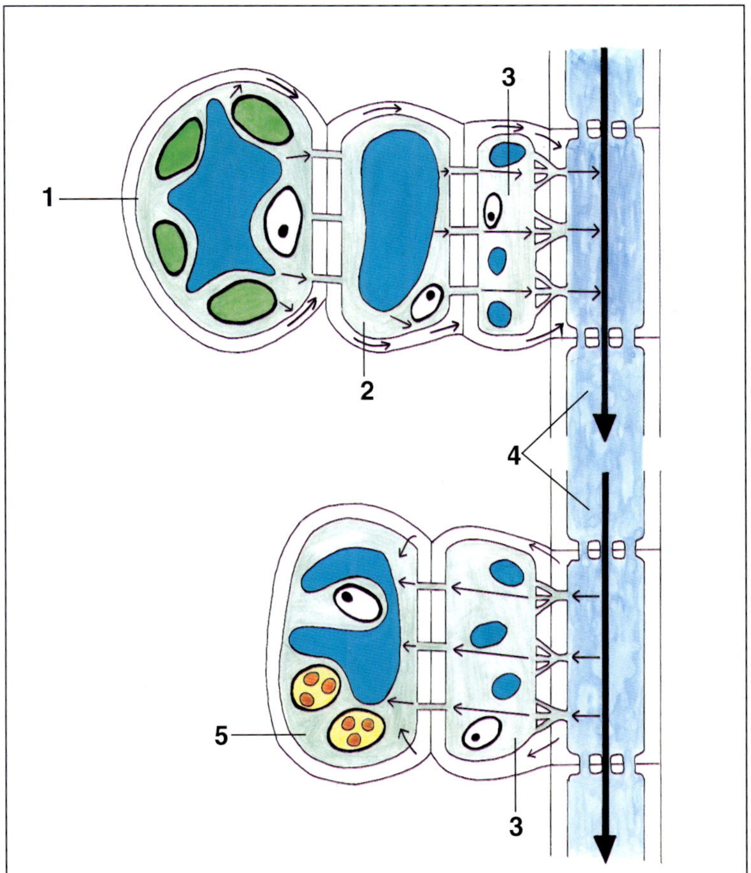

3.44

3.45

3.45 QS durch einen jungen Ast der Dikotylen *Tilia cordata* (Linde). Zu erkennen sind acht deutlich abgegrenzte Zuwachsringe; der Ast ist jedoch wegen der Ausbildung von Zugholz auf seiner Oberseite ungleichmäßig verdickt.

3.44 QS durch einen Seitenast von *Laburnum anagyroides,* einer Dikotylen. Die Hauptmasse des Astes besteht aus sekundärem Xylem, in dem etwa 50 Zuwachsringe zu erkennen sind. Das nicht mehr leitfähige Kernholz (1) ist dunkler als das umgebende Splintholz (2). Außen liegt eine schmale, dunklere Schicht (3), die aus Borke und sekundärem Phloem besteht.

Zahlreiche radiale Holzstrahlen durchqueren das Holz, und entlang eines solchen Strahls hat sich der Ast gespalten, als das Holz austrocknete. Aufgrund der ungleichmäßigen Verdickung des Astes hat das Holz ein exzentrisches Aussehen; die schmalere (gespaltene) Seite entspricht der Seite des Astes, die am Baum nach unten wies, während die Bildung von (Zug-) Reaktionsholz zu einer Verdickung der oberen Astseite führte.

3.46

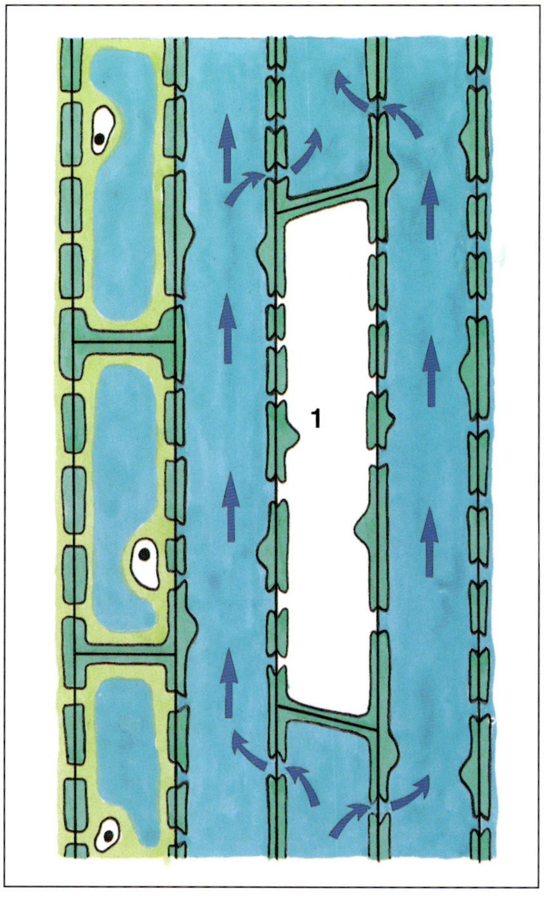

3.46 Gefäßembolie im Xylem einer Angiospermen. Eine Luftblase (1) blockiert den Wassertransport in einem Gefäß (das in diesem Schema aus zwei Gliedern besteht, aber viel länger sein könnte), doch die Embolie kann sich nicht ausbreiten. Der unterbrochene Wasserstrom wird seitlich über die unverholzten Tüpfel der Gefäßwände in angrenzende Gefäße umgeleitet.

1 Luftblase

3.47

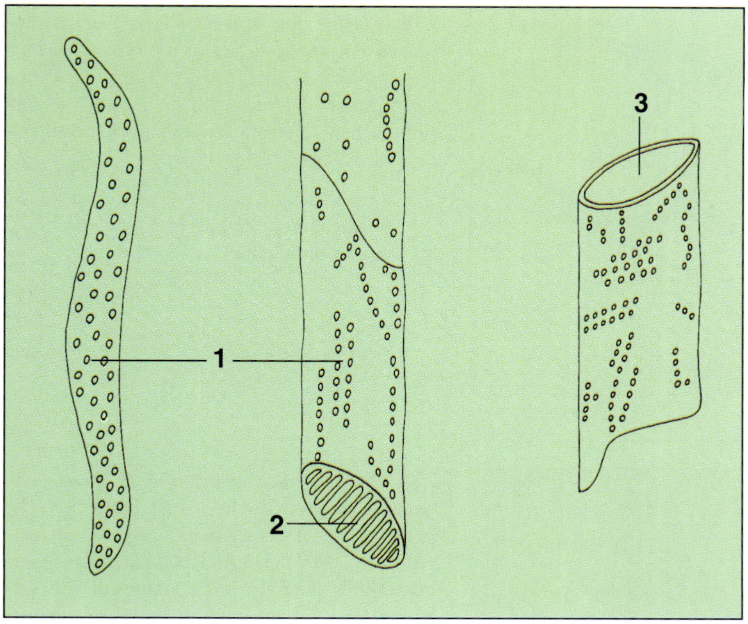

3.47 Isolierte tracheale Elemente, wie sie in mazeriertem Holz zu sehen sind. In den Längswänden treten zahlreiche Tüpfel (1) auf, die in an andere tracheale Elemente grenzenden Wandpartien gewöhnlich behöft sind. **A** Tracheide; es handelt sich hierbei um eine einzelne, (dickwandige) langgestreckte Zelle mit spitz zulaufenden Enden. **B** Teil eines Tüpfelgefäßes mit einer schräg stehenden, leiterförmigen Perforationsplatte (2) in Aufsicht. Das Gefäßelement ist mit einem weiteren verbunden; die Perforationsplatte zwischen den Elementen ist als schräge Linie dargestellt. **C** Isoliertes Gefäßelement, an dessen oberem Ende eine einfache, annähernd quer stehende Perforationsplatte (3) zu erkennen ist.

1 Tüpfel
2 Leiterförmige Perforationsplatte
3 Einfache Perforationsplatte

3.48

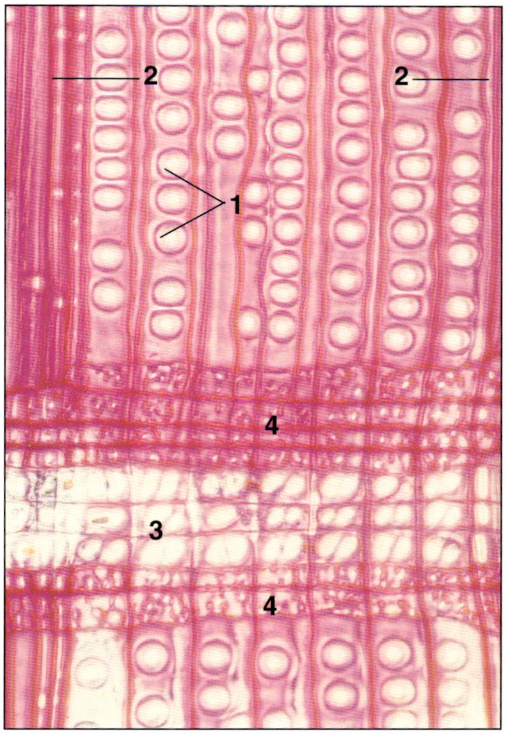

3.49

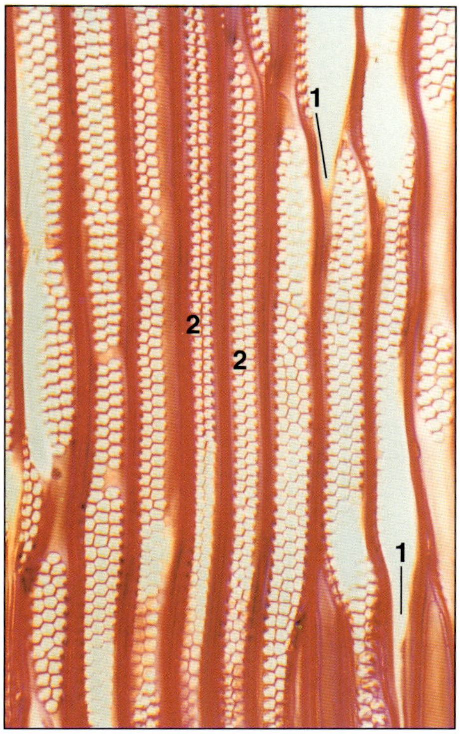

3.48 RLS durch das Holz im Stamm von *Pinus ponderosa* (Kiefer), einer Gymnospermen. Zahlreiche Hoftüpfel (1) stehen in Längsreihen in den radialen Tracheidenwänden des Frühholzes. Zu beiden Seiten des Frühholzes liegen die schmaleren Tracheiden des Spätholzes (2). Ein hoher Holzstrahl durchzieht das Holz im rechten Winkel zur Längsachse der Tracheiden. Der Holzstrahl besteht aus parenchymatischen Zellen (3) und Quertracheiden (4). (LM × 170.)

1 Hoftüpfel
2 Tracheiden des Spätholzes
3 Parenchymzellen des Holzstrahls
4 Quertracheiden des Holzstrahls

3.49 RLS durch das sekundäre Xylem der Konifere *Araucaria angustifolia*. Die langgestreckten Tracheiden haben spitz zulaufende Enden (1), die ineinandergreifen, aber nicht perforiert sind. Der Wassertransport von einer Tracheide zur nächsten erfolgt über zahlreiche Hoftüpfel (2), die in den radialen Wänden in Schrägzeilen angeordnet sind. (LM × 100.)

1 Spitz zulaufende Enden von Tracheiden
2 Hoftüpfel

3.50

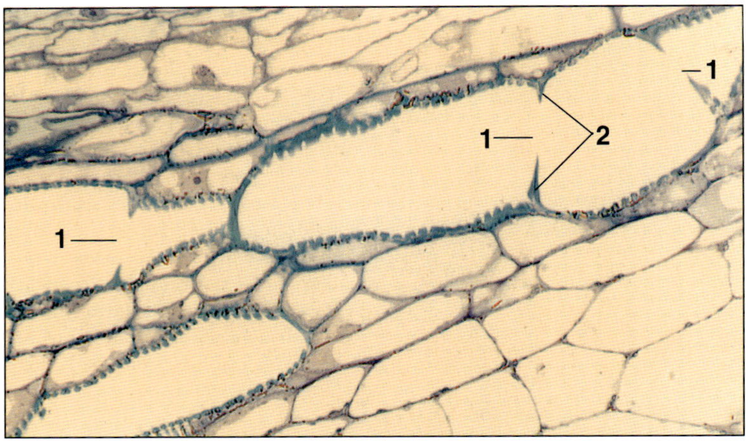

3.50 Gefäße mit leiterförmigen Wandverdickungen im primären Xylem der Dikotylen *Phaseolus vulgaris* (Bohne). In den einfachen Perforationsplatten (1) sind noch die Ränder der ursprünglichen Querwände (2) zu erkennen. (G-Os, LM × 305.)

1 Einfache Perforationsplatte
2 Querwandränder

3.51

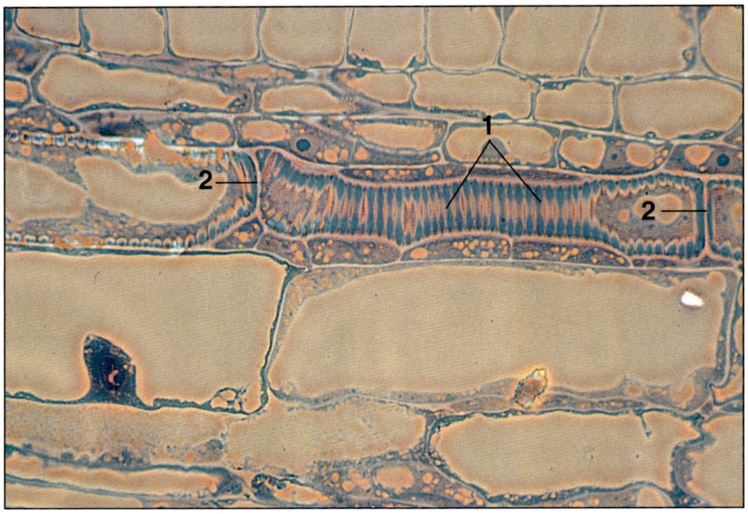

3.51 Metaxylemdifferenzierung im Stengel von *Phaseolus vulgaris* (Bohne), einer Dikotylen. Die schmalen Metaxylemelemente (deren Protoplasten noch leben, vgl. 2.8) haben leiterförmig verdickte Zellwände (1). Ihre Querwände (2) werden später abgebaut, und es entstehen einfache Perforationsplatten (vgl. 3.50). (G-Os, Phasen LM × 305.)

1 Schraubenförmige Wandverdickungen
2 Querwände

3.52

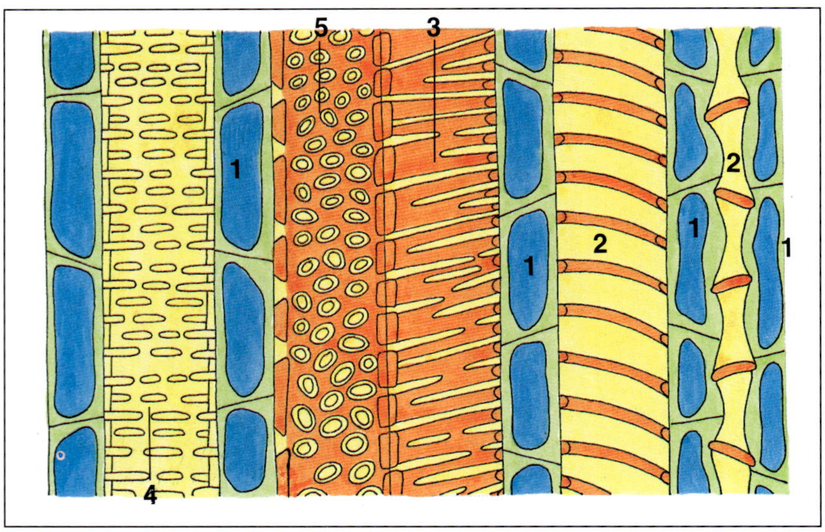

1 Holzparenchym
2 Ringförmiges Protoxylemelement
3 Leiterförmiges Metaxylemelement
4 Netzförmiges Metaxylemelement
5 Getüpfeltes Metaxylemelement

3.52 Schematischer LS durch das primäre Xylem einer Dikotylen. Das Xylem ist ein komplexes Gewebe (vgl. 3.5), in dem lebendes Holzparenchym (1) mit toten trachealen Elementen durchsetzt ist. Letztere setzen sich zusammen aus: I. Protoxylemelementen mit ring- (2) oder schraubenförmigen, verholzten Sekundärwandverdickungen, die den cellulosehaltigen Primärwänden von innen aufgelagert werden; II. Metaxylemelementen mit viel umfangreicheren, verholzten Sekundärwänden, die in leiterförmigen (3), netzförmigen (4) oder getüpfelten Mustern angelagert werden.

3.53 QS durch das Holz von *Thuja,* einer Konifere, mit radial aufgereihten Tracheiden. Die weitlumigen Frühholztracheiden (1) sind deutlich von den englumigen Tracheiden des Spätholzes (2) zu unterscheiden. Das Holz wird von einem schmalen Holzstrahl (3) durchzogen. Tüpfel (4) treten in den radialen Wänden der Tracheiden auf. (LM × 275.)

1 Frühholztracheide
2 Spätholz
3 Holzstrahl
4 Tüpfel

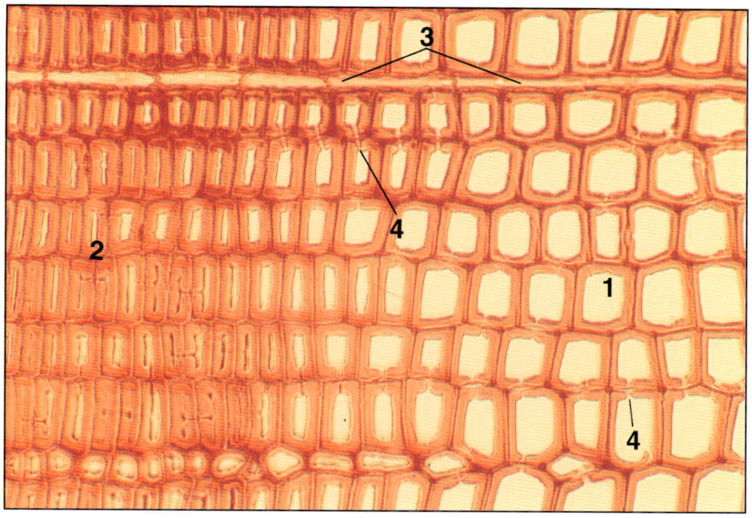

3.53

3.54

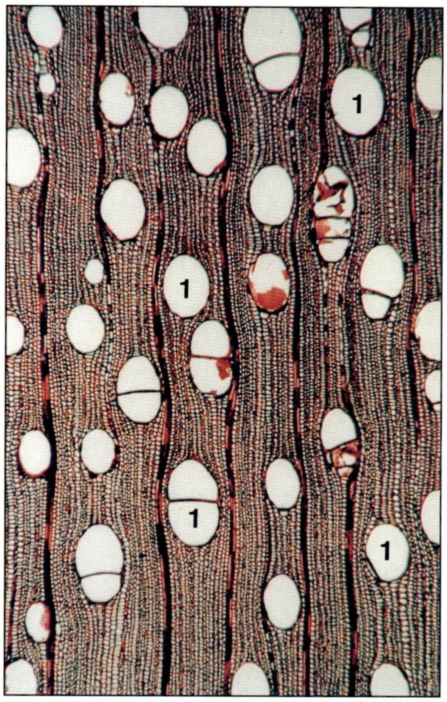

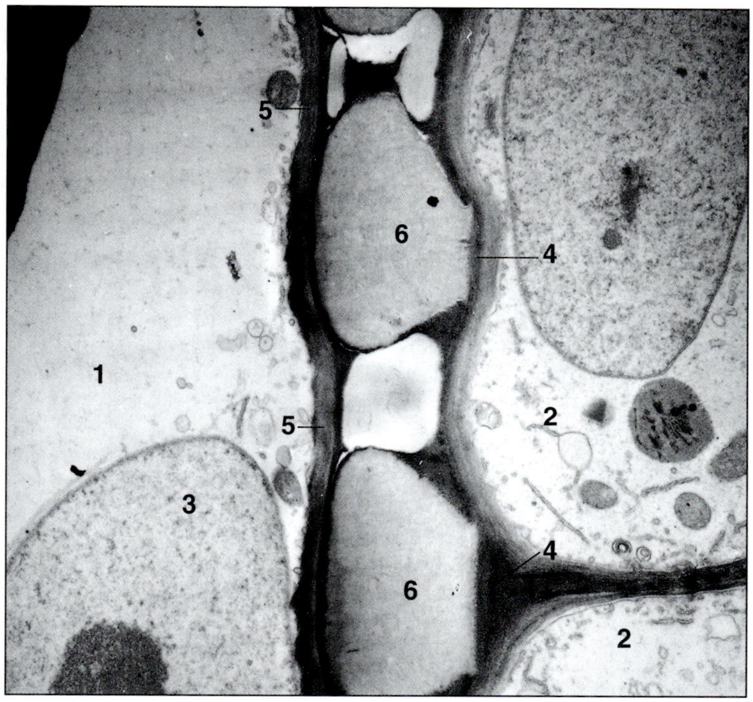

3.55

3.54 QS durch das sekundäre Xylem von *Aucomea klaineana,* einer Dikotylen. Der Baum ist in Westafrika beheimatet und weist, wie viele tropische Bäume, keine deutlichen Zuwachsringe auf, da die großen Gefäße (1) gleichmäßig über das Holz verteilt sind. (LM × 25.)

1 Weitlumige Gefäße

3.55 LS durch das sekundäre Xylem in der Wurzel von *Taraxacum officinale,* einer Dikotylen. Das Lumen des Gefäßes ist durch eine Thylle (1) verstopft, die aus einer benachbarten Holzparenchymzelle (2) über einen Tüpfel in das Gefäß hineingewachsen ist. Zellkern der Thylle (3), Primärwand des Gefäßes (4), Primärwand der Thylle (5), Sekundärwand des Gefäßes (6). (G-Os, TEM × 7000.)

1 Thylle
2 Holzparenchymzelle
3 Zellkern der Thylle
4 Primärwand des Gefäßes
5 Primärwand der Thylle
6 Sekundärwand des Gefäßes

3.56

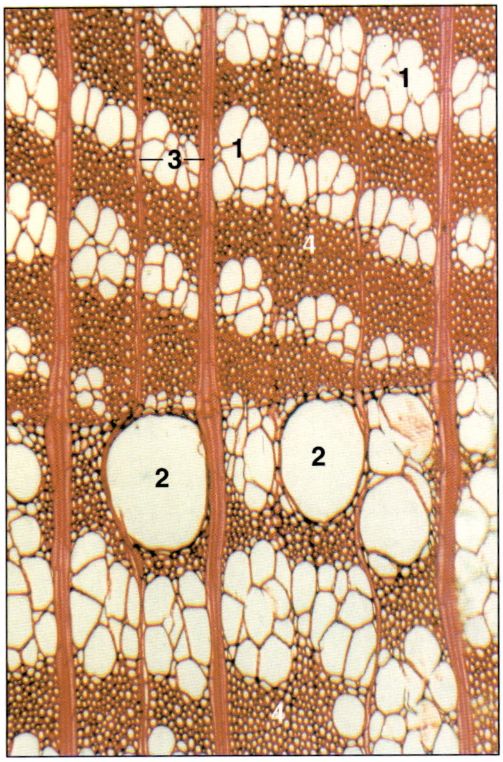

3.57

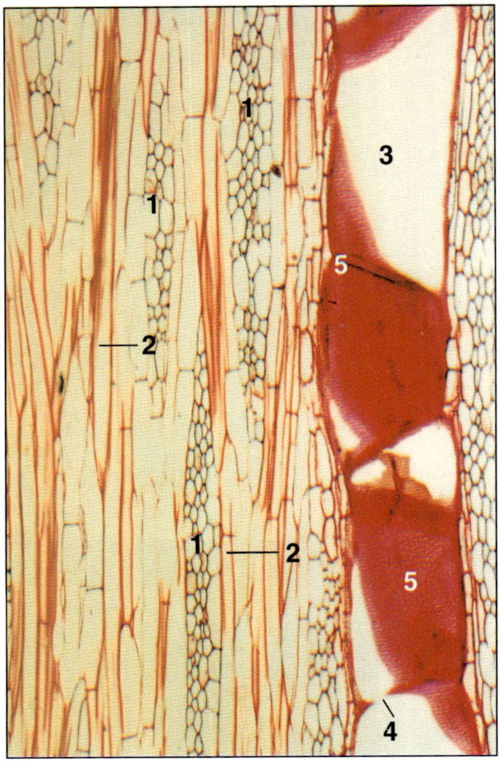

3.56 QS durch das sekundäre Xylem der Dikotylen *Ulmus americana* (Amerikanische Ulme). In dem ringporigen Holz sind deutlich die abrupten Übergänge zwischen den kleineren Gefäßen (1) des vorjährigen Spätholzes und den großen Gefäßen (2) zu erkennen, welche zu Beginn der folgenden Wachstumsperiode gebildet wurden. Holzstrahlen (3), Fasern (4). (LM × 75.)

1 Kleinere Gefäße der vorangegangenen Wachstumsperiode
2 Größere Gefäße der neuen Wachstumsperiode
3 Parenchymatischer Holzstrahl
4 Fasern

3.57 TLS durch das sekundäre Xylem der Dikotylen *Ochroma lagopus* (Balsabaum). Das Holz ist aufgrund der zahlreichen, großen Holzstrahlen (1), der dünnwandigen Fasern (2) und der verhältnismäßig wenigen, dünnwandigen Gefäße (3) sehr leicht (spezifisches Gewicht 0,1–0,16). Perforationsplatte (4), in Schrägzeilen angeordnete Tüpfel in der Gefäßwand (5). (LM × 75.)

1 Holzstrahlen
2 Dünnwandige Fasern
3 Dünnwandige Gefäße
4 Perforationsplatte
5 Tüpfel

3.58

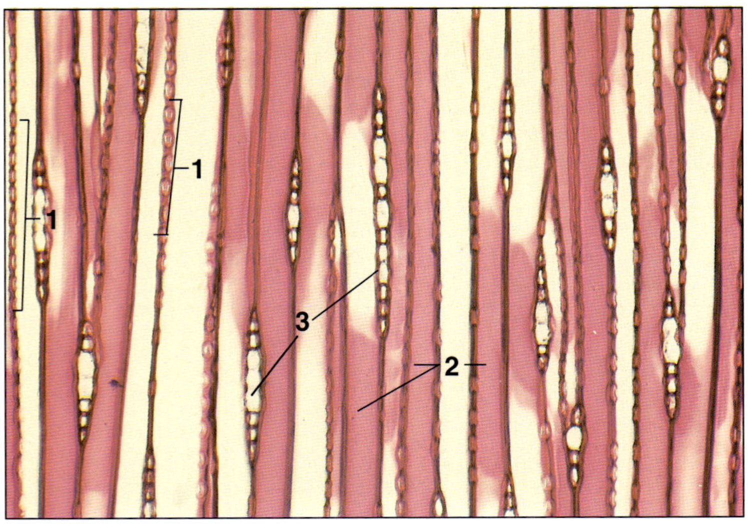

3.58 TLS durch das Koniferenholz von *Pinus* (Kiefer). Hoftüpfel (1) finden sich in den radialen Zellwänden der Tracheiden, nicht aber in den tangentialen Wänden (2). Die zahlreichen, nicht etagierten Holzstrahlen (3) sind nur eine Zellschicht breit, aber mehrere Zellen hoch (vgl. 3.48). (LM × 110.)

1 Hoftüpfel in radialen Zellwänden
2 Tangentiale Zellwände (ohne Tüpfel)
3 Nicht etagierte Holzstrahlen

3.59 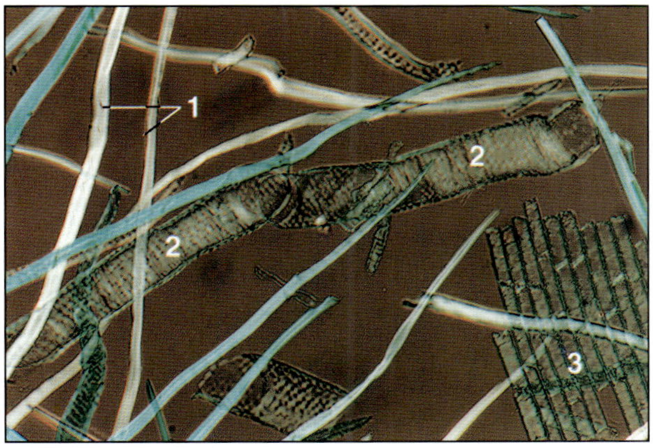

 3.60

3.59 Mazeriertes Holz von *Quercus alba* (Eiche), einer Dikotylen. Lange, schmale Fasern (1) mit wenigen Tüpfeln unterscheiden sich deutlich von den weitlumigen Gefäßelementen (2), die zahlreiche Tüpfel aufweisen. Parenchymatische Holzstrahlzellen (3). (Polarisations-LM × 95.)

1 Fasern
2 Gefäßelemente
3 Parenchymatische Holzstrahlzellen

3.60 Mazeriertes Holz der Dikotylen *Fraxinus americana* (Esche). Die Gefäße sind zerfallen; die Längswände der einzelnen Gefäßelemente weisen zahlreiche Tüpfel auf, und an den Enden der Gefäßelemente finden sich einfache Perforationsplatten. (Polarisations-LM × 235.)

3.61 QS durch das ringporige Holz im Stamm von *Fraxinus americana* (Esche), einer Dikotylen. Im Frühholz finden sich sehr große Gefäße (1), während die wenigen Gefäße im Spätholz einen geringeren Durchmesser haben und einzeln oder in kleinen Gruppen (häufig paarweise) auftreten (2). Die Gefäße des Spätholzes liegen eingebettet in ein dichtes Gewebe aus schmalen, dickwandigen Fasern (3); die Fasertracheiden (4) des Frühholzes haben hingegen dünnere Zellwände. Durchzogen wird das Holz von schmalen Holzstrahlen (5).

1 Große Gefäße
2 Schmale Gefäße
3 Dickwandige Fasern
4 Fasertracheiden
5 Holzstrahlen

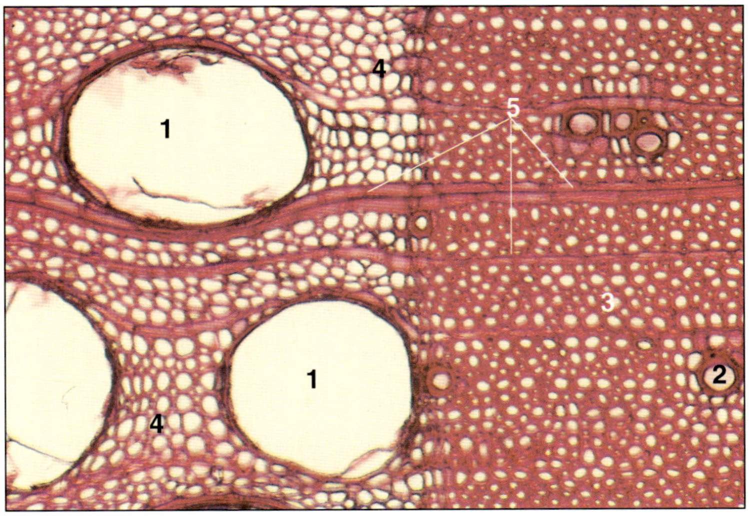 3.61

3.62 QS durch das sekundäre Xylem von *Pterygota kamerunensis,* einer Dikotylen. Das Holz weist breite Querstreifen aus Holzparenchym (1) und breite, hohe multiseriate Holzstrahlen (2) auf. Gefäß (3). (LM × 75.)

1 Holzparenchym
2 Multiseriate Holzstrahlen
3 Gefäß

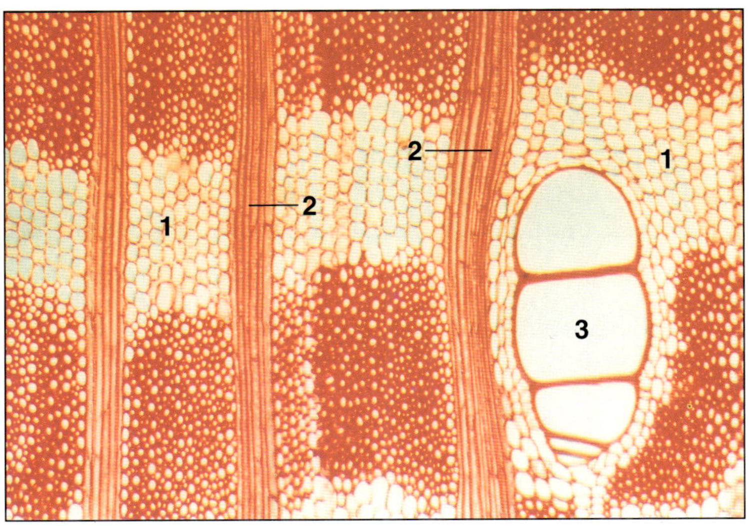 3.62

3.63

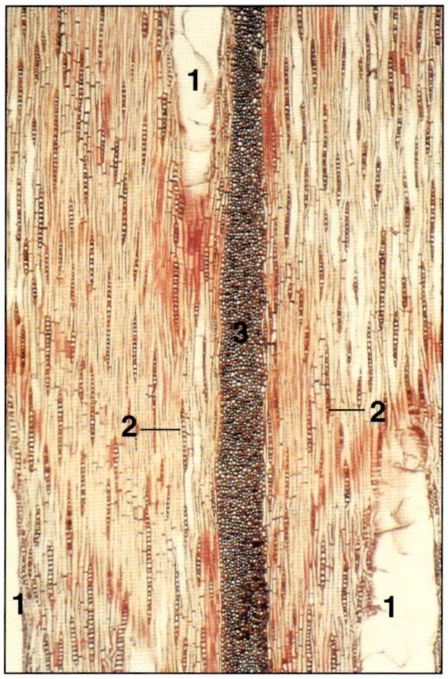

3.63 TLS durch das sekundäre Xylem der Dikotylen *Quercus alba* (Eiche). Zu erkennen sind mehrere weitlumige Gefäße (1), die Thyllen enthalten, sowie zahlreiche kurze, uniseriate Holzstrahlen (2). Sehr breite, multiseriate Holzstrahlen (3) heben sich deutlich von diesen ab. Eingestreut zwischen englumigen trachealen Elementen und Fasern kommt außerdem Holzparenchym vor. (LM × 25.)

1	Gefäße
2	Uniseriate Holzstrahlen
3	Breiter, multiseriater Holzstrahl

3.64

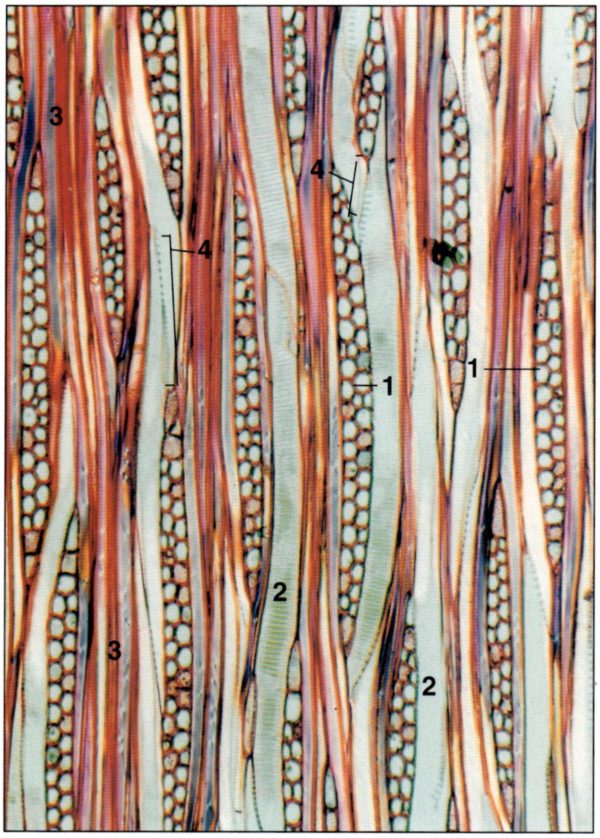

3.65

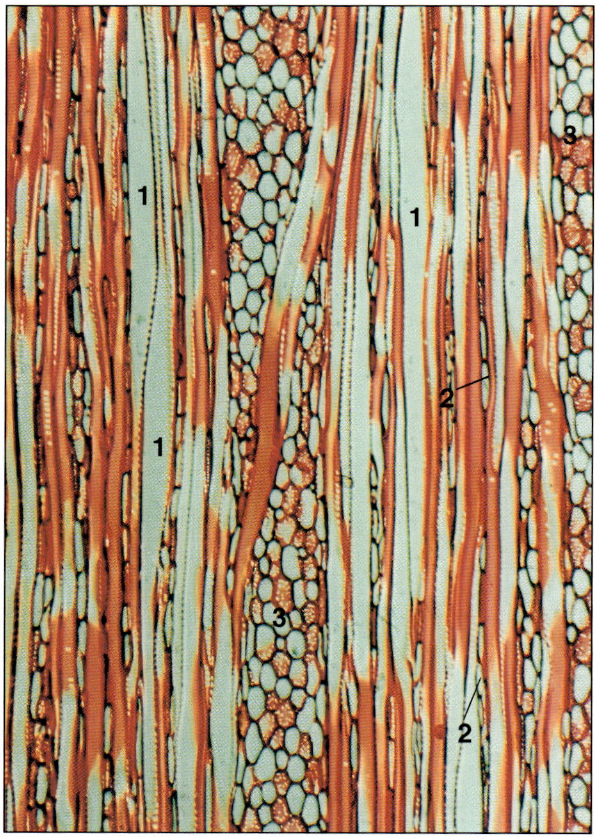

3.64 TLS durch das sekundäre Xylem der Dikotylen *Magnolia grandiflora* (vgl. **3.14**). Zahlreiche multiseriate Holzstrahlen (1) finden sich zwischen den einheitlich großen Gefäßen (2) und schmaleren Fasern (3). Leiterförmige Perforationsplatte (4). (LM × 85.)

1	Multiseriate Holzstrahlen	3	Fasern
2	Gefäße	4	Leiterförmige Perforationsplatte

3.65 TLS durch das sekundäre Xylem von *Drimys winteri*, einer Dikotylen. Diese primitive Angiosperme entwickelt keine Gefäße (vgl. **3.66**), weist aber zahlreiche Tracheiden (1) im Xylem auf. Sowohl uniseriate (2) als auch multiseriate (3) Holzstrahlen treten im Holz auf. (LM × 85.)

1	Tracheide	3	Multiseriater Holzstrahl
2	Uniseriater Holzstrahl		

3.66
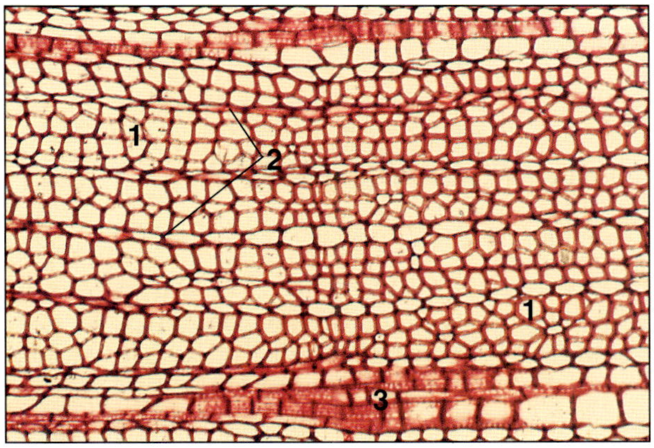

3.67
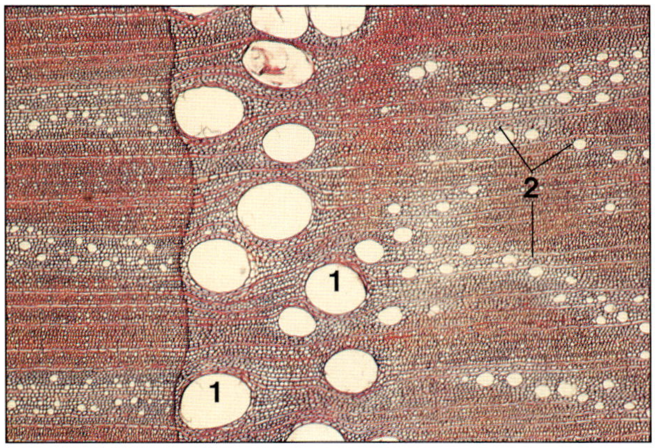

3.66 QS durch das Holz der primitiven Dikotylen *Drimys winteri*. Das Holz enthält keine Gefäße und die Tracheiden (1) haben annähernd gleiche Durchmesser. Es kommen sowohl uniseriate (2) als auch multiseriate Holzstrahlen (3) vor. (LM × 90.)

1 Tracheiden
2 Uniseriate Holzstrahlen
3 Multiseriater Holzstrahl

3.67 QS durch das ringporige Holz der Dikotylen *Quercus alba* (Eiche). Die großen Gefäße des Frühholzes (1) unterscheiden sich deutlich von den kleineren Gefäßen im Spätholz. Die Spätholzgefäße sind in mehr oder weniger radial ausgerichteten Bändern (2) angeordnet, die mit Bereichen sehr englumiger Tracheiden abwechseln. Auch zahlreiche Holzstrahlen sind zu erkennen. (LM × 25.)

1 Frühholzgefäße
2 Spätholzgefäße

3.68
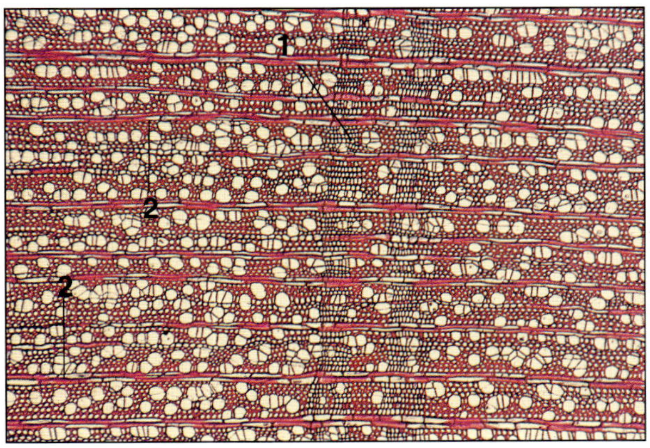

3.69

3.68 QS durch das zerstreutporige Holz von *Magnolia grandiflora*, einer Dikotylen. Die kleinen, recht einheitlichen Gefäße sind, abgesehen von einem schmalen Spätholzstreifen (1), gleichmäßig über den Zuwachsring verteilt. Im Holz kommen außerdem zahlreiche schmale, multiseriate Holzstrahlen vor (2). (LM × 25.)

1 Spätholzgefäße
2 Multiseriate Holzstrahlen

3.69 Stamm eines großen Exemplars von *Cedrus deodora* (Zeder). Der Stamm weist die Narbe eines abgetrennten großen Seitenastes auf. Bei Gymnospermen (im Gegensatz zu den meisten Angiospermen, vgl. **3.37**) liegt das (Druck-) Reaktionsholz auf der Unterseite eines Astes, wo es den verdickten Teil des exzentrischen Xylems bildet (1, markiert den Bereich, der ursprünglich vom Mark eingenommen wurde). Am Rand der Narbe hat sich ein Kallusgewebe gebildet, das beginnt, die Wunde mit Kork zu überwallen (2).

1 Ursprüngliche Lage des Marks
2 Wundkork

Kapitel 4

Apikalmeristeme: Entstehung der primären Sproß- und Wurzelgewebe

Einführung

Die junge Keimpflanze entwickelt sich aus einem bipolaren Embryo. Am Wurzelpol des Embryos befindet sich die Radicula, am Sproßpol die Plumula (**1.33, 4.1**), die von einer oder mehreren Kotyledonen flankiert ist (**1.21, 1.33**). Die Meristemzellen der Wurzel- und Sproßspitzen (**2.1, 4.1** bis **4.5**) liefern die Zellen, die sich innerhalb der apikalen und subapikalen Regionen (**4.3** bis **4.8**) zu den Dauerzellen der primären Gewebe des Sprosses und der Wurzel differenzieren. Blätter und Seitenknospen werden an den Rändern des Sproßscheitels angelegt (**4.3, 4.4, 4.6**), während Seitenwurzeln (**4.9**) in größerer Entfernung von der Wurzelspitze entstehen. Innerhalb der verschiedenen Regionen des Wurzel- bzw. Sproßapex unterscheiden sich die Teilungs- und Differenzierungsraten der Zellen erheblich voneinander; meristematische Aktivität tritt auch noch in einiger Entfernung vom Apex auf.

Vegetativer Sproßapex

Der Sproßapex ist gewöhnlich gewölbt oder konisch und meist von jungen Blättern umhüllt (**4.6, 4.10** bis **4.13**). Im medianen Längsschnitt durch den Angiospermenapex ist eine ein- bis mehrschichtige äußere Tunica zu erkennen, welche die weniger regelmäßig angeordneten Zellen des Corpus umgibt (**4.2, 4.3, 4.14**). Die Zellen der Tunica teilen sich antiklin, so daß die neu gebildeten Zellwände immer senkrecht zur Oberfläche des Apex liegen und die Tunica immer gegen den Corpus abgegrenzt bleibt. Aus der äußersten Tunicaschicht geht die Epidermis der Blätter, der Knospen und des jungen Stengels hervor (**4.3, 4.14**). Bei den meisten Gymnospermen weist der vielzellige Sproßapex hingegen keine gesonderte Tunica auf. Die Epidermis des Sprosses ist von einer Cuticula bedeckt, und selbst am Apex ist eine dünne Cuticula zu finden (**4.2**).

Neben der auf Zellteilungsebenen basierenden Zonierung (Tunica – Corpus) sind bei einigen Arten die Zellen in den Sproßspitzen anhand ihrer cytologischen Differenzierungen in Zonen eingeteilt. Eine innere Zone aus schwach vakuolisierten Rippenmeristemzellen ist umgeben von den stark anfärbbaren Zellen des Flankenmeristems (**4.3**). In einigen Fällen sind die Zellen an der äußersten Spitze des Apex schwächer anfärbbar und werden als Zentralmutterzellen bezeichnet. Sie teilen sich viel langsamer als die Zellen der Flanken- und Rippenmeristeme. Das Rippenmeristem besteht aus vertikalen Reihen vakuolisierter Zellen (**4.3**), aus denen das zentrale Grundgewebe (Mark) des jungen Dikotylenstengels hervorgeht (**4.6, 4.7**), während sich vom Flankenmeristem (**4.3**) die Epidermis, die Rinde und das Procambium ableiten (**4.4, 4.6, 4.7**). Beide Meristeme sind jedoch nicht streng gegeneinander abgegrenzt, so daß die Gewebe der Rinde und des Procambiums aus Derivaten unterschiedlicher Herkunft bestehen können.

Entstehung der Blätter und Knospen

Blätter entstehen an den Rändern einer Sproßspitze (**4.14**) durch antikline Zellteilungen in der äußersten Tunicaschicht und unterschiedlich orientierte Teilungen im inneren Gewebe. Die Anordnung der Blätter relativ zum Sproßapex und Stengel (Phyllotaxis) ist in der Regel charakteristisch für eine Art (**4.11, 4.13**) und gelegentlich auch für eine Familie (z. B. Gräser und Lippenblütler, **1.23, 4.6, 4.10**). Bei den Monokotylen werden die Blätter einzeln sukzedan am Sproßapex angelegt und der Blattgrund weitet sich am Apex zu einem breiten kragenförmigen Gebilde aus (**4.11, 4.12, 4.16**). Bei den Dikotylen geht ein Blattprimordium hingegen meist aus einem schmaleren Sektor des Apex hervor und bildet zunächst eine höckerartige Vorwölbung (**4.11, 4.12, 4.16**).

Die Blattprimordien der Dikotylen können einzeln sukzedan am Sproßapex angelegt werden, woraus sich eine spiralige Phyllotaxis ergibt (**4.11, 4.13**), in gegenständigen Paaren (**4.3, 4.10**) oder in Wirteln mit drei oder mehr Primordien (**4.12**). Bei vielen Monokotylen findet sich eine distiche Blattanordnung (**1.23**), mit einzeln sukzedan am Sproßapex angelegten Blattprimordien, die in zwei sich gegenüberliegenden Zeilen stehen. Es kommen jedoch auch spiralige und andere Blattstellungen bei den Monokotylen vor.

Die Primordien der Achselknospen entstehen als seitliche Vorwölbungen des Meristems nahe dem Sproßapex in den Achseln junger Blätter (**4.3, 4.10**) und sind über Procambiumspuren mit dem Leitsystem des jungen Sprosses verbunden (**4.17**). Die dichotome Verzweigung, die bei einigen Angiospermenfamilien und vielen niederen Gefäßpflanzen zu finden ist, resultiert hingegen aus der Teilung des ursprünglichen Apikalmeristems in zwei Hälften. Bei manchen Angiospermen fehlen Achselknospen oder sie gehen weiter unterhalb der Sproßspitze aus axillärem Parenchym hervor. Zusätzlich zu den Achselknospen werden bei vielen Arten eine bis mehrere Beiknospen in den Blattachseln angelegt (**4.18**).

Knospen können nicht nur in Blattachseln, sondern auch als Adventivknospen angelegt werden: Wird die Plumula von *Linum* beschädigt, bilden sich am Hypokotyl aus re-embryonalisierten Epidermis- und Rindenzellen Adventivknospen (**4.19, 4.20**). Adventivknospen treten häufig an Stengeln, aber auch an Wurzeln und Blättern auf (3.19 bis 3.21). Oft entwickeln sich an Baumstämmen oder kräftigen Ästen Seitentriebe aus ruhenden Knospen (**4.21**); dies sind häufig Adventivknospen, die endogen im Parenchym der Leitbündel oder im Cambium entstehen. Bei einigen tropischen Bäumen (z. B. *Artocarpus, Theobroma*) sitzen die Blüten unmittelbar am Stamm (Cauliflorie); es handelt sich dabei um den späten Austrieb von ausdauernden Knospenkomplexen.

Bei vielen tropischen Arten treiben schon unmittelbar unterhalb der Terminalknospe die Achselknospen zu Seitentrieben aus (sylleptisches Wachstum). Bei anderen Pflanzen hingegen übt die Terminalknospe apikale Dominanz über die Seitenknospen aus, welche gewöhnlich von Knospenschuppen umhüllt sind und bis zum Austrieb im Ruhezustand verbleiben (proleptisches Wachstum, 4.22).

Gewebedifferenzierung in der jungen Sproßachse

In einer Terminalknospe differenziert sich das Procambium (künftiges Leitgewebe), ausgehend von älterem Procambiumgewebe an der Knospenbasis, acropetal in den Apex hinein (**4.4**). Im Apex entwickelt sich das Procambium vom inneren Flankenmeristem aus; die Blätter sind von Beginn an mit dem Procambium verbunden (**4.3, 4.4**). In einem Procambiumstrang beginnt die Differenzierung der ersten Leitgewebe nahe dem Apex (**2.3, 4.7**). Das Protoxylem entwickelt sich in der Regel an der Innenseite des Procambiumstrangs (endarch), während sich das Phloem exarch an der zur Epidermis weisenden Seite bildet (**1.11**).

In einem Procambiumstrang beginnt die Differenzierung des Protoxylems meist nahe der Basis eines Blattprimordiums (**4.15**). Es werden zunächst kurze vertikale Reihen von Leitelementen angelegt. Von dort schreitet die Differenzierung in zwei Richtungen fort: acropetal in das Blatt hinein und basipetal in den Stengel, wo die Leitelemente Anschluß an ältere und größere Xylemstränge finden (**4.23**). Die longitudinale Differenzierung des Protophloems im Procambium verläuft meist acropetal in die junge Sproßachse und die Blattprimordien hinein; die Kontinuität mit den Phloemelementen in der älteren Knospe bleibt erhalten. Das Metaphloem differenziert sich etwas später auf der Innenseite (zentripetal) des Protophloems, während das Metaxylem sich an der Außenseite (zentrifugal) des Protoxylems entwickelt (**4.24**). Bei Dikotylen und Gymnospermen bleibt zwischen Xylem und Phloem ein schmaler Streifen des Procambiums als faszikuläres Cambium erhalten (**3.5, 4.24**), bei Monokotylen verbraucht es sich vollständig.

Bei den meisten Dikotylen befindet sich im Zentrum des jungen Stengels ein großes Markparenchym, das von einem Ring einzelner Leitbündel umgeben ist. Außerhalb des Rings liegt eine schmale Rinde (**1.28**). Bei den Monokotylen ist eine klare Aufteilung in Rinde und Mark nicht möglich, und die Leitbündel liegen zerstreut im Grundgewebe (**1.27, 4.15**).

Wurzelapex

Bei den allermeisten Pflanzenarten liegt der Wurzelapex subterminal, da er von einer schützenden Wurzelhaube bedeckt ist (**4.15**); diese fehlt jedoch bei einigen Wasserpflanzen. Die äußeren Zellen der Wurzelhaube zeichnen sich durch enorme Dictyosomenaktivität aus (**2.19**) und sezernieren große Mengen Schleim in die Rhizosphäre (**4.26**). Auch die hinter dem Wurzelapex gebildeten Wurzelhaare (**4.27**) können etwas Schleim absondern. Bei einigen Pflanzen, wie z. B. bei *Zea,* entwickelt sich die Wurzelhaube aus eigenen Initialen (Calyptrogen, 4.25). Die künftigen Epidermis- (Dermatogen) und Rindenzellen leiten sich von einer einzigen, an das Calyptrogen grenzenden Zellage ab, während das Zentralzylinderprocambium (**4.5**) aus einem dritten Initialzellenstockwerk hervorgeht, das den Dermatogen-Rinden-Initialen innen aufliegt (**4.25**). Bei anderen Taxa stammen Dermatogen und Wurzelhaube von der gleichen Initialengruppe ab, oder es gehen alle Wurzelregionen inklusive der Wurzelhaube aus einem gemeinsamen Initialenkomplex hervor (**4.28**).

Bei Wurzelspitzen, die aktiv durch Zellteilung und Zellstreckung wachsen, entspricht der distale Bereich des Wurzelapex einem ruhendes Zentrum (**4.29**); die oben beschriebenen Initialzonen spiegeln demnach die Architektur des Apex wider, bevor die Wurzel in die Phase aktiven Wachstums eingetreten ist. Bei *Zea* liegen alle „Initialen" von Dermatogen, Rinde und Procambium (**4.25**) in einem großen ruhendem Zentrum, in dem sich die Zellen durchschnittlich alle 174 Stunden teilen (zum Vergleich: im Calyptrogen teilen sich die Zellen alle 12 Stunden). An der zum Wurzelkörper weisenden Oberfläche des ruhenden Zentrums zeichnen sich die Zellen durch eine hohe Teilungsaktivität aus und stellen die eigentlichen Initialen von Dermatogen, Rinde und Procambium dar. Nach einer Schädigung der teilungsaktiven Zellen der Wurzelspitze durch Bestrahlung werden die widerstandsfähigen Zellen des ruhenden Zentrums reaktiviert und regenerieren einen neuen Apex.

Seitenwurzeln gehen nicht aus dem Wurzelapex hervor, sondern entstehen mehrere Millimeter vom Apex entfernt in der bereits differenzierten Wurzelregion (4.9) basal von der Wurzelhaarzone (4.27).

Gewebedifferenzierung in der jungen Wurzel

Die Längsdifferenzierung von Xylem und Phloem im Procambium verläuft acropetal. Das Protophloem beginnt eher mit der Differenzierung als das Protoxylem und erscheint in der Peripherie des Procambiumzylinders (4.8). Weiter basal differenzieren sich zwischen den Protophloemsträngen dann die Protoxylemelemente. Noch dichter hinter dem Apex als das Protophloem können künftige Metaxylemelemente anhand ihrer stärkeren Vakuolisierung und Größenzunahme identifiziert werden (4.5). Die Differenzierung des Metaphloems und -xylems erfolgt schließlich zentripetal (4.30) auf den von Protophloem und -xylem schon vorgegebenen Radien (4.8); damit ist die Leitsystemdifferenzierung der Primärwurzel abgeschlossen. Der parenchymatische Perizykel geht aus der äußeren Procambiumschicht hervor (4.8, 4.31).

Bei Dikotylenwurzeln entwickelt sich aus dem Gewebe zwischen Xylem und Phloem häufig ein Cambium (4.31), das sich später seitlich über die Protoxylempole hinweg ausbreitet und ein geschlossenes Meristem bildet (1.25). Der Leitzylinder wird von der parenchymatischen Rinde umhüllt (1.29, 4.30), die häufig große Interzellularräume aufweist. Direkt an den Perizykel grenzt die einschichtige Endodermis (1.29, 4.31, 4.32), in deren antikline Zellwände die aus Lignin und Suberin bestehenden Caspary-Streifen eingelagert sind (4.33). Die ein zusammenhängendes Band bildenden Caspary-Streifen sind impermeabel, so daß die Bewegung von Wasser und gelösten Substanzen über die Endodermis nur symplastisch erfolgen kann. Bei vielen Arten, insbesondere bei den Monokotylen, werden alle Endodermiswände mit Lignin und Suberin inkrustiert, und es werden dicke Celluloseschichten aufgelagert (4.32). Trotzdem ist der symplastische Transport von der Rinde zum Leitzylinder noch über die Plasmodesmen dieser Endodermiszellen möglich.

Die Endodermis ist eine wichtige selektive Barriere, die den aktiven Transport von aus dem Boden aufgenommenen, nützlichen Ionen (Kalium, Phosphat) in den Leitzylinder vermittelt. Calciumionen diffundieren hingegen scheinbar vor allem apoplastisch und erreichen den Leitzylinder nicht über die Endodermis, sondern über die sehr jungen Wurzelregionen, in denen sich noch kein Caspary-Streifen entwickelt hat. Der aktive Transport von Ionen in den Leitzylinder hinein verursacht den Wurzeldruck, der beim Wassertransport durch den Sproß eine die Transpiration unterstützende Rolle spielen kann.

Bei einigen Wurzeln differenziert sich die äußere Wurzelrinde zu einer ein- bis mehrschichtigen, lebenden Exodermis (1.29); die Caspary-Streifen in den antiklinen Exodermiswänden sind in der Regel durch innen aufgelagerte Suberinlamellen maskiert (4.34). Nicht weit vom Wurzelapex entfernt entwickelt die Epidermis Wurzelhaare, die der Absorption dienen (4.27); Wasser wird jedoch auch über die übrige Epidermisoberfläche aufgenommen und einige Arten bilden gar keine Wurzelhaare aus. Bei den Luftwurzeln einiger epiphytischer Orchideen und Aronstabgewächse entwickelt sich die vielschichtige Epidermis zum toten Velamen (4.34). Die Verdickung der Velamenzellwände durch Cellulosebänder ist vermutlich eine Anpassung, die der Absorption von Wasser aus der feuchten Atmosphäre tropischer Wälder dient.

4.1

4.1

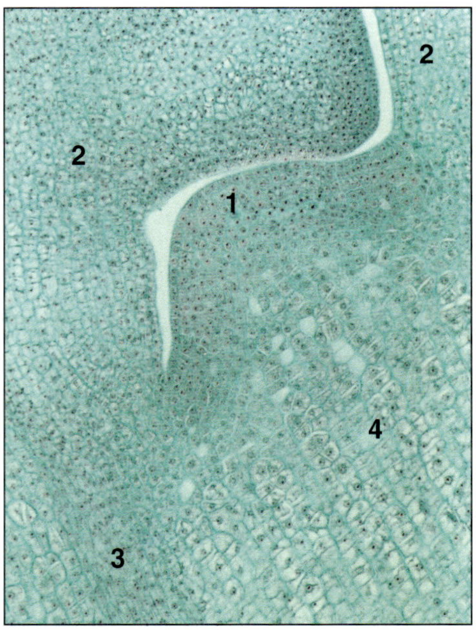

4.1 RLS durch die Plumula im Samen von *Phaseolus vulgaris* (Bohne). Der halbkugelige, dunkel gefärbte und kleinzellige Sproßapex (1) weist an seinen Rändern zwei Blattprimordien (2) auf, aus denen die ersten Laubblätter hervorgehen. Ein auffälliger Procambiumstrang (3) grenzt die Längsreihen des vakuolisierten Marks (4) gegen die Rinde ab. (LM × 110.)

1 Sproßapex
2 Blattprimordien
3 Procambium
4 Mark

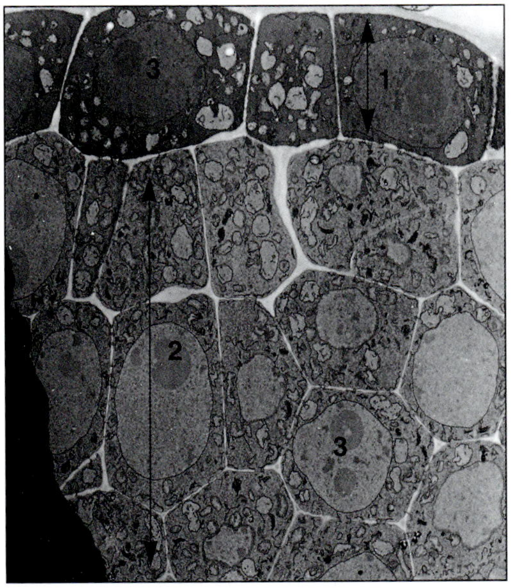

4.2 RLS durch die äußerste Spitze des vegetativen Sproßapex von *Glechoma hederacea* (Gundermann), einer Dikotylen. In der einschichtigen Tunica (1) teilen sich die Zellen ausschließlich antiklin, während sich die Zellen des darunterliegenden Corpus (2) in unterschiedlichen Ebenen teilen. Die kleinen, dünnwandigen Zellen haben große Zellkerne (3) und ein nur sehr schwach vakuolisiertes Cytoplasma (vgl. **4.3**). (KMn, TEM × 1830.)

1 Einschichtige Tunica
2 Corpus
3 Zellkern

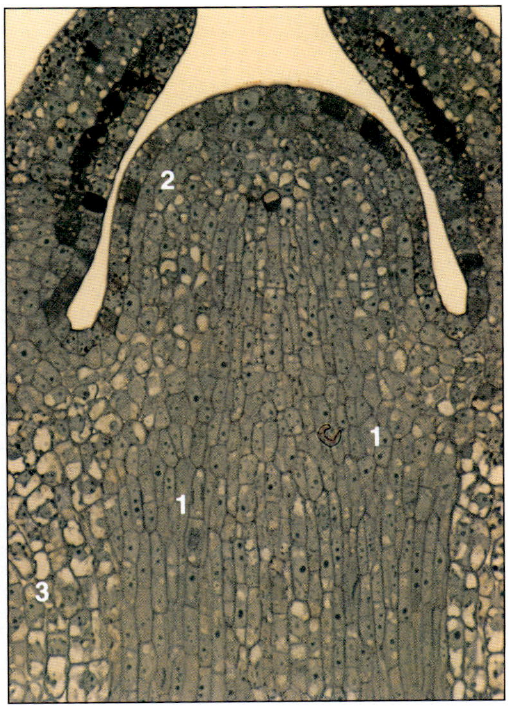

4.3 RLS durch den vegetativen Sproßapex der Dikotylen *Glechoma hederacea* (Gundermann). An der Basis des Apex sind zwei Blattprimordien (1) angelegt, in deren Achseln jeweils eine Knospenanlage (2) sitzt. Die äußerste Spitze des Apex (entspricht dem in **4.2** gezeigten Bereich) besteht aus kleinen Zellen mit dichtem Cytoplasma, während die sich basal anschließenden Zellen des Rippenmeristems (3) vakuolisieren und zum Mark (4) des jungen Stengels werden. Die Randzonen des Apex bestehen aus den dunkel färbbaren Zellen des Flankenmeristems (5). Procambium (6). (G-Os, LM × 285.)

1 Blattprimordien	4 Mark
2 Knospenanlage	5 Flankenmeristem
3 Rippenmeristem	6 Procambium

4.4 TLS durch den vegetativen Sproßapex der Dikotylen *Glechoma hederacea* (Gundermann; derselbe Sproßapex wie in **4.3**). Die schmalen, dicht cytoplasmatischen Zellen des Procambiums (1) gehen in das Flankenmeristem (2) des Sproßapex über. Rinde (3). (G-Os, LM × 185.)

1 Procambium	3 Rinde
2 Flankenmeristem	

4.5

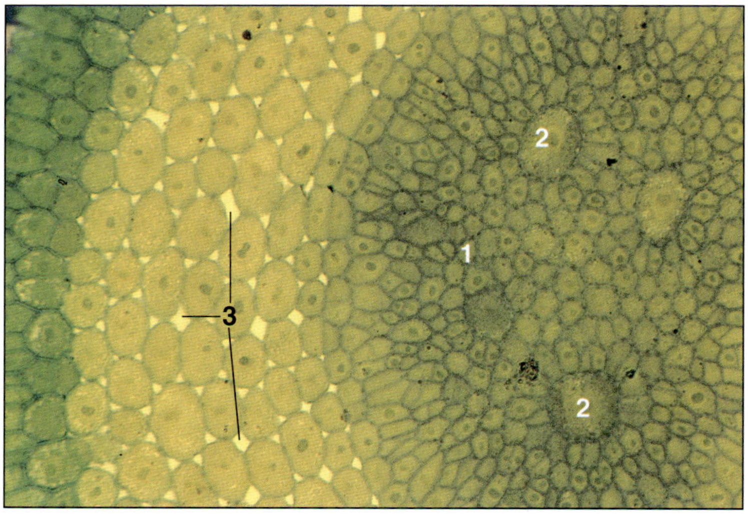

4.5 QS direkt hinter dem Wurzelapex von *Zea mays* (Mais), einer Monokotylen. Im Zentrum befinden sich cytoplasmareiche Procambiumzellen von geringem Durchmesser (1); eingestreut zwischen diese treten mehrere große Zellen (2) auf, die sich zu den großen Metaxylemelementen differenzieren. Das Procambium wird von einer breiten Rinde aus weitlumigen Zellen umgrenzt, in der schon die Interzellularen (3) zu erkennen sind. (G-Os, LM × 310.)

1 Procambiumzellen
2 Künftiges Metaxylem
3 Interzellularen

4.6

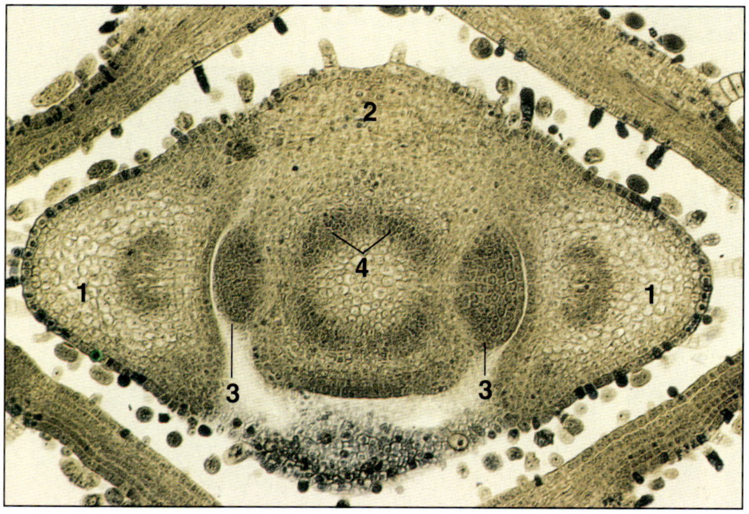

4.6 QS durch eine Terminalknospe der Dikotylen *Glechoma hederacea* (Gundermann). Die Blattstiele (1) des jüngsten Blattpaares sind zu einem parenchymatischen Kragen (2) um den Stengel herum ausgebreitet. Die dunkel färbbaren Zellen der Achselknospenanlagen (3) und des Procambiums (4) sind auch im Stengel zu erkennen. Zahlreiche Trichome überziehen die Blattoberflächen. (LM × 125.)

1 Blattstiele
2 Parenchymatischer Kragen
3 Achselknospenanlage
4 Procambium

4.7

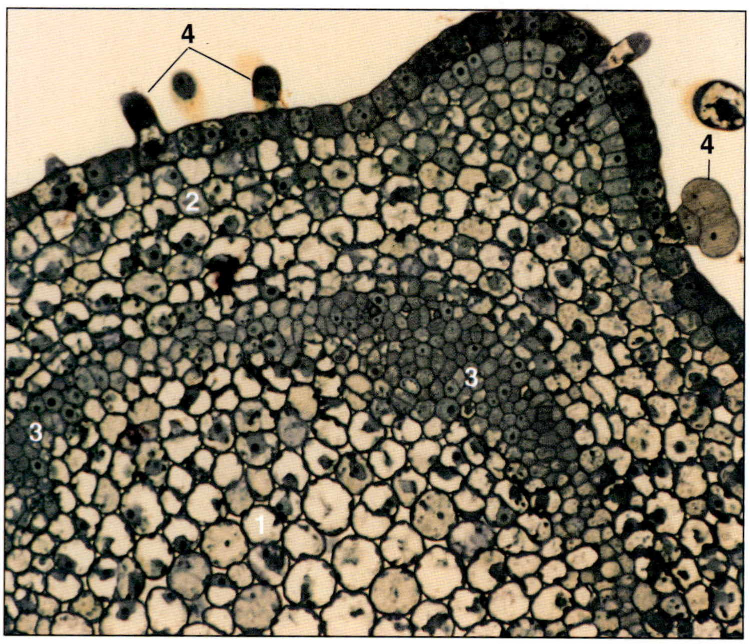

4.7 QS durch einen jungen Stengel von *Glechoma hederacea* (Gundermann), einer Dikotylen. Mark (1) und Rinde (2) bestehen aus großen, vakuolisierten Zellen; zwischen diesen Geweben sind die kleineren, dicht cytoplasmatischen Zellen des Procambiums (3) zu erkennen (vgl. **2.3**). Die Epidermis geht durch antikline Zellteilungen aus der einschichtigen Tunica des Apex hervor (vgl. **4.2**); nur die Drüsenhaare (4) entstehen durch perikline Teilungen. (G-Os, LM × 370.)

1 Mark
2 Rinde
3 Procambiumzellen
4 Drüsenhaare

4.8

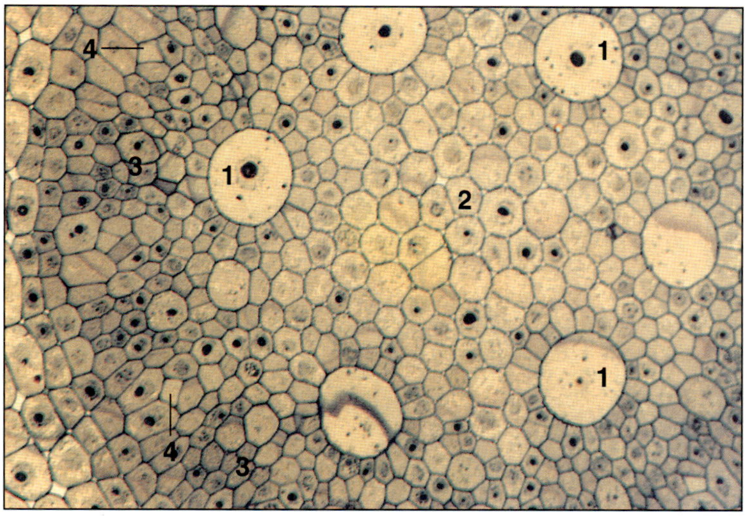

4.8 QS nahe dem Apex einer jungen Wurzel von *Zea mays* (Mais), einer Monokotylen. Mehrere weitlumige, aber dünnwandige künftige Metaxylemelemente (1, vgl. **4.5**) liegen in der Peripherie des Marks (2). Zentrifugal zu diesen sind die Bereiche des künftigen Protoxylems (3) zu erkennen; die ersten ausdifferenzierten Leitelemente sind jedoch die Siebröhren des Protophloems (4). (G-Os, LM × 310.)

1 Künftiges Metaxylem
2 Mark
3 Künftiges Protoxylem
4 Siebröhren des Protophloems

4.9

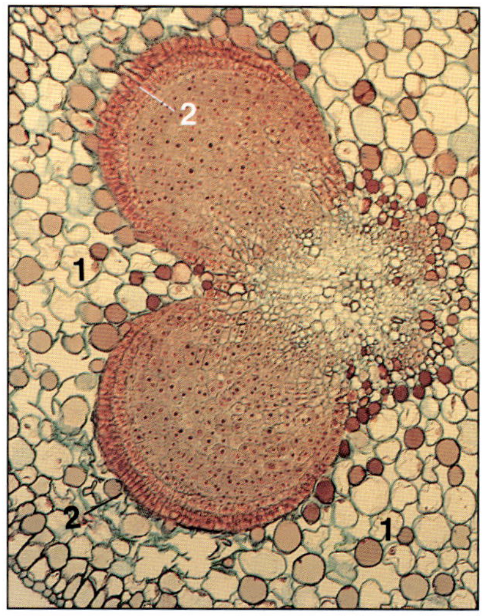

4.9 QS durch die Wurzel der Dikotylen *Salix* (Weide). In der Rinde (1) der Hauptwurzel finden sich zwei durch Wurzelhauben (2) bedeckte Seitenwurzeln. Diese entstehen durch Re-embryonalisierung und Zellteilung der parenchymatischen Perizykelzellen, die den Spitzen der pentarchen Xylemarme in der Hauptwurzel gegenüberliegen (LM × 200.)

1 Rinde der Hauptwurzel
2 Wurzelhauben

4.10

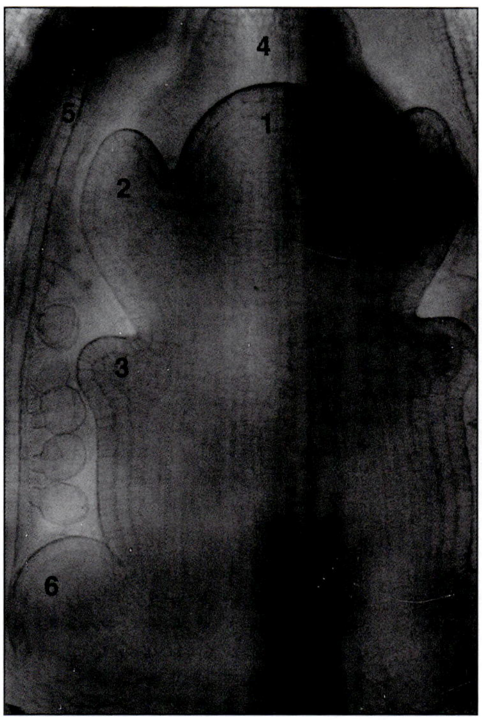

1 Sproßapex
2 Blattprimordium
3 kragenförmiger Blattgrund
4 Blattaufsicht
5 Älteres Blatt
6 Achselknospe

4.10 Topographie der aufgehellten apikalen Knospenregion von *Glechoma hederacea* (Gundermann), einer Dikotylen. In der Peripherie des halbkugeligen Sproßapex (1) steht das jüngste Paar Blattprimordien (2), während der kragenförmige Blattgrund (3, vgl. **4.6**) der folgenden Blätter an der Basis des Apex zu sehen ist. Die Spitze eines dieser Blätter ist in Aufsicht zu erkennen (4). An der Basis der Knospe ist ein älteres Blattpaar (5) in Seitenansicht zu sehen; diese Blätter tragen jeweils eine Achselknospe (6). (LM × 110.)

4.11

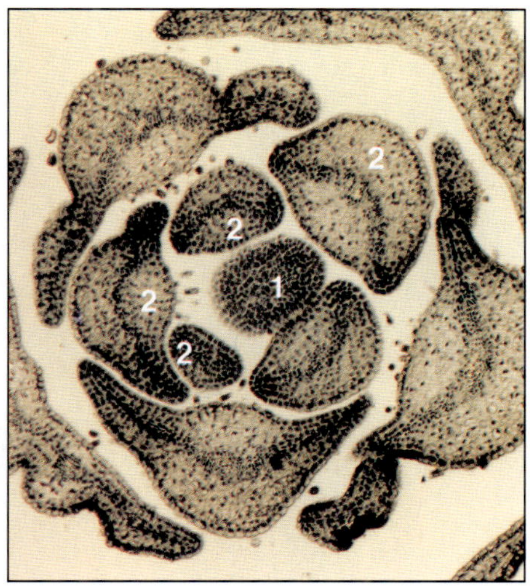

4.11 QS durch die vegetative Knospe der Dikotylen *Solanum tuberosum* (Kartoffel). Der Sproßapex (1) ist von spiralig angeordneten Blattprimordien (2) umhüllt. (LM × 65.)

1 Sproßapex
2 Blattprimordien

4.12

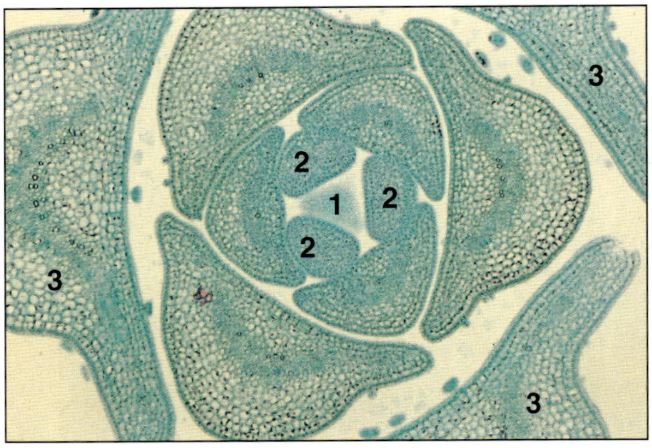

4.13

4.12 QS durch die Terminalknospe von *Ligustrum vulgare* (Liguster), einer Dikotylen. Gewöhnlich ist die Blattstellung beim Liguster dekussiert, aber bei der hier gezeigten Knospe entspringt dem Sproßapex (1) ein Wirtel aus drei Blättern. Die Primordien des jüngsten Blattwirtels (2) stehen etwa an den gleichen Positionen wie die älteren Blätter (3), die zwei Knoten weiter basal der Sproßachse entspringen. (LM × 70.)

1 Sproßapex	3 Ältere Blätter
2 Jüngste Blattprimordien	

4.13 Sproßspitze der sukkulenten Dikotylen *Aeonium*. Die dicht gedrängten Blätter sind in einer spiraligen Phyllotaxis angeordnet (vgl. **4.11**). *(Copyright von T. Norman Tait.)*

4.14

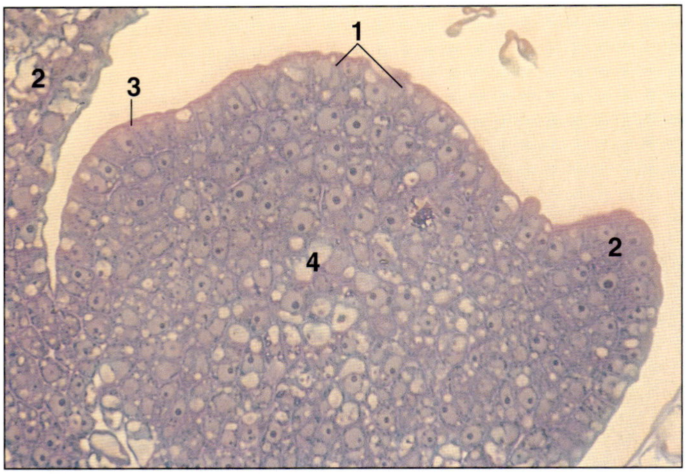

4.14 RLS durch den Apex einer Achselknospe von *Phaseolus vulgaris* (Bohne), einer Dikotylen. Der Apex hat eine einschichtige Tunica (1) und weist zwei Blattprimordien (2) und einen Blatthöcker (3) auf. Das Rippenmeristem (4) befindet sich an der Basis des Apex. (G-Os, Phasen-Kontrast-LM × 450.)

1 Einschichtige Tunica
2 Blattprimordien
3 Blatthöcker
4 Rippenmeristem

4.15

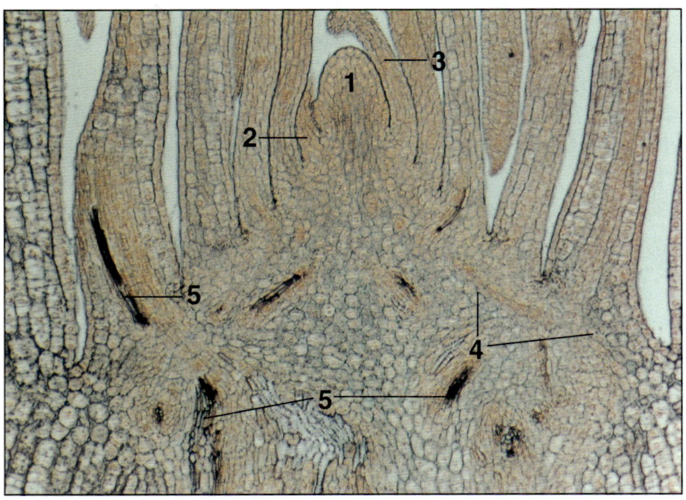

4.15 LS durch die apikale Sproßregion der Monokotylen *Zea mays* (Mais). Obwohl die Blätter am Sproßapex (1) einzeln sukzedan entstehen, indem jedes neue Blattprimordium (2) gegenüber dem vorausgegangenen Blatt (3) um 180° gedreht angelegt ist, wächst ihr Blattgrund seitlich in die Breite und umgibt bald den Apex (vgl. **1.23**). Die Ränder der subapikalen, blatttragenden Region fallen flach ab; hier teilt sich das primäre Verdickungsmeristem (4) vor allem periklin und seine Derivate differenzieren sich zu einem Parenchym, das von Procambiumsträngen (5) durchzogen wird, die der Versorgung der Blätter dienen. (LM × 70.)

1 Sproßapex
2 Neues Blatt
3 Vorausgegangenes Blatt
4 Primäres Verdickungsmeristem
5 Procambiumstrang

4.16

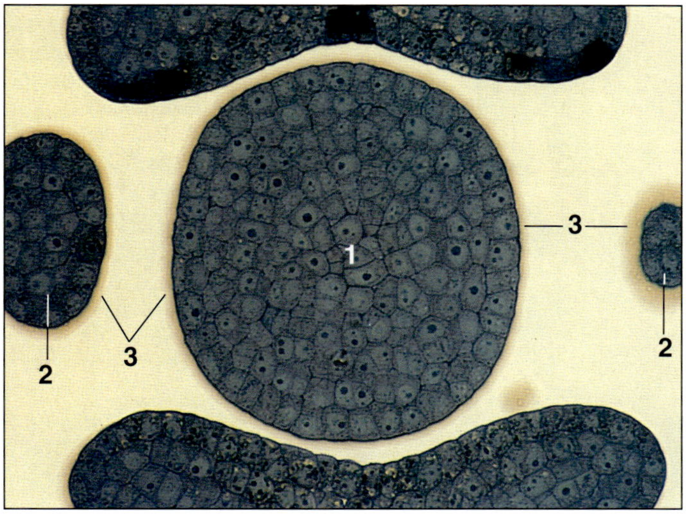

4.17

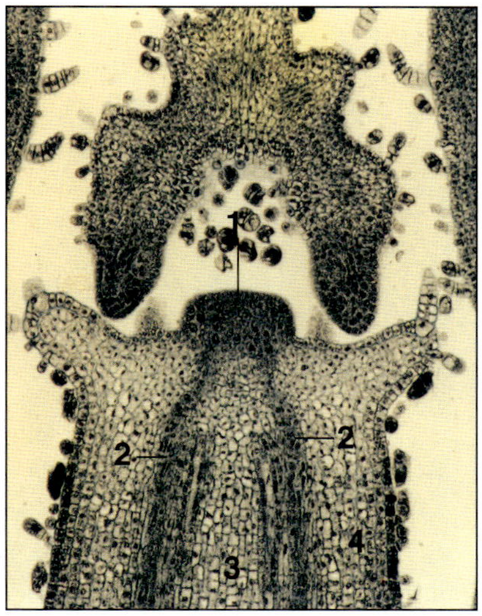

4.16 QS durch den Sproßapex von *Glechoma hederacea* (Gundermann) mit dekussierter Phyllotaxis. Sproßapex (1), jüngste Blattprimordien (2), Cuticula (3). (G-Os, LM × 370.)

1 Sproßapex	3 Cuticula
2 Jüngste Blattprimordien	

4.17 TLS durch die Terminalknospe der Dikotylen *Glechoma hederacea* (Gundermann). Ein Achselknospenprimordium (1) ist über dunkel färbbare Procambiumstränge (2) mit dem Leitsystem des basal liegenden Internodiums verbunden. Mark (3), Rinde (4). (LM × 95.)

1 Knospenprimordium	3 Mark
2 Procambiumstrang	4 Rinde

4.18

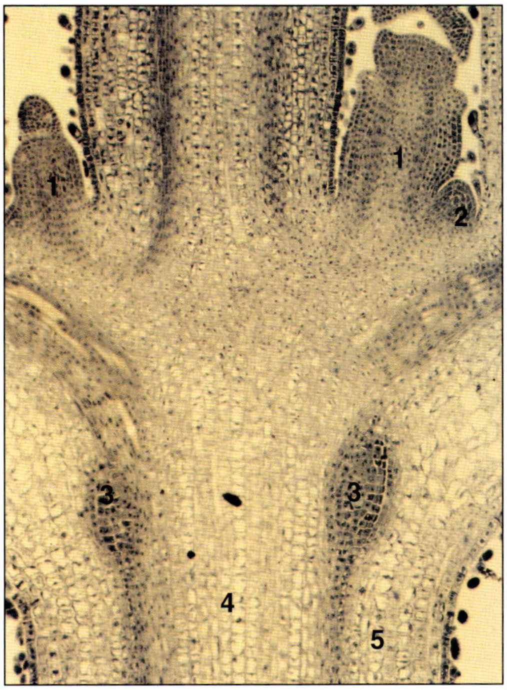

4.19

4.19 Oberflächenansicht des Hypokotyls von *Linum usitatissimum* (Flachs), einer Dikotylen. Dem Hypokotyl entspringt eine Adventivknospe (1). In der Epidermis des Hypokotyls treten Stomata (2) auf. (REM × 60.)

1 Adventivknospe
2 Stomata

4.18 LS durch die Basis einer Terminalknospe von *Glechoma hederacea* (Gundermann), einer Dikotylen. Zu erkennen ist ein Paar Achselknospen (1), deren Verbindung zum Leitsystem der Hauptachse in dieser Ebene jedoch nicht zu sehen ist (vgl. **4.17**). An der abaxialen Seite der größeren Knospe sitzt eine Beiknospe (2). Innerhalb des Knotens finden sich Anlagen für ein Paar Adventivwurzeln (3). Mark (4), Rinde (5). (LM × 75.)

1 Achselknospe	4 Mark
2 Beiknospe	5 Rinde
3 Adventivwurzelprimordien	

4.20

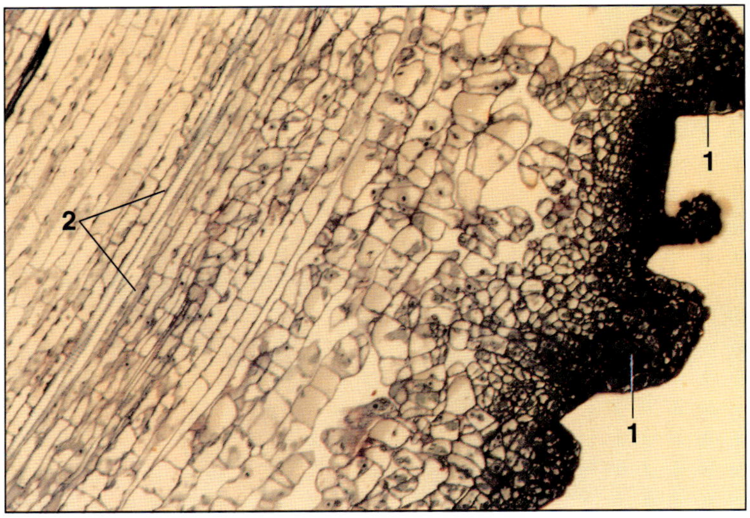

4.20 LS durch das Hypokotyl von *Linum usitatissimum* (Flachs), einer Dikotylen. Das Hypokotyl weist ein Adventivknospenprimordium auf. In der Rinde des Hypokotyls finden sich viele neu gebildete Zellen; aus weiteren Zellteilungen gehen Procambiumstränge hervor, welche die Blattprimordien der Adventivknospe (1) mit dem Leitgewebe (2) der Hypokotyls verbinden. (G-Os, LM × 35.)

1 Blattprimordien der Adventivknospe
2 Leitgewebe des Hypokotyls

4.21

4.22

4.23

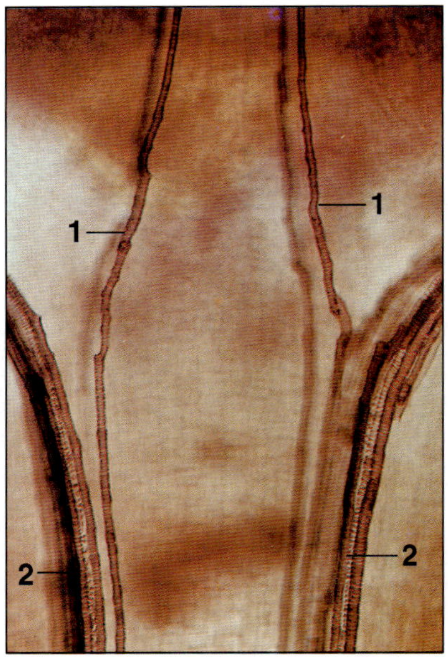

4.21 Stammbasis von *Aesculus hippocastanum* (Roßkastanie), einer Dikotylen. Zahlreiche, frisch ausgetriebene, blatttragende Zweige entspringen dem Stamm; bei diesen Zweigen handelt es sich um Adventivsprosse, die aus dem wieder teilungsaktiven Parenchym der Borke hervorgegangen sind.

4.22 Austreibende Terminalknospe des laubabwerfenden Baumes *Acer pseudoplatanus* (Bergahorn). Die Knospe übt Dominanz über die ruhenden Achselknospen (1) an den basalen Knoten aus. Die dekussiert angeordneten Schuppenblätter (2) weisen keine Photosyntheseaktivität auf und werden bald abgeworfen. Austreibende Laubblätter (3). *(Copyright von T. Norman Tait.)*

1 Achselknospe
2 Schuppenblätter
3 Laubblätter

4.23 Alter Knoten einer aufgehellten Terminalknospe von *Glechoma hederacea* (Gundermann), einer Dikotylen. Das Protoxylem (1) des jüngeren Sproßabschnittes (bestehend aus einzelnen Reihen kurzer trachealer Elemente) steht mit den stärker entwickelten Xylemsträngen (2) des älteren Stengelabschnittes in Verbindung. (LM × 100.)

1 Protoxylem
2 Xylemstränge

4.24

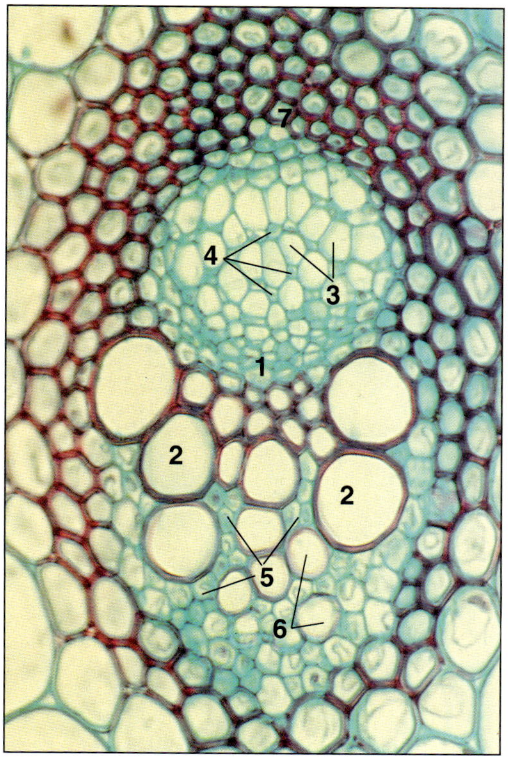

4.25

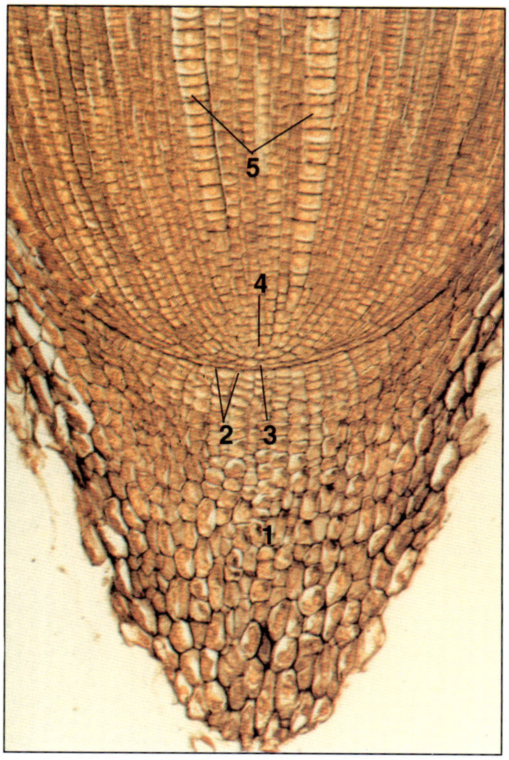

4.24 QS durch ein Leitbündel im Stengel von *Ranunculus* (Butterblume). Diese krautige Dikotyle zeigt kein sekundäres Dickenwachstum, obwohl sie über ein faszikuläres Cambium (1) verfügt, das zwischen Metaxylem (2) und Metaphloem liegt. Im Metaphloem sind die weitlumigen Siebröhren (3) und kleineren Geleitzellen (4) in einem für viele Monokotyle typischen Muster angeordnet (vgl. **1.11**). Holzparenchym (5), Protoxylem (6), Protophloemfasern (7). (LM × 285.)

1	Faszikuläres Cambium	5	Holzparenchym
2	Metaxylem	6	Protoxylem
3	Siebröhren	7	Protophloemfasern
4	Geleitzellen		

4.25 RLS durch die Wurzelspitze der Monokotylen *Zea mays* (Mais). Der Wurzelapex ist von einer auffälligen Wurzelhaube (1) bedeckt, die über eigene Initialen (Calyptrogen, 2) verfügt. Die Epidermis und die Rinde gehen offenbar aus einem gemeinsamen Initialenstockwerk (3) hervor, welches an das Calyptrogen grenzt. Das Procambium des Zentralzylinders entstammt eigenen Initialen (4). Innerhalb des Procambiums fallen in Reihen (5) angeordnete, große Zellen auf, die den künftigen Metaxylemelementen entsprechen (vgl. **4.8**). (LM × 145.)

1	Wurzelhaube	4	Procambiuminitialen
2	Wurzelhaubeninitialen	5	Künftiges Metaxylem
3	Initialen von Epidermis und Rinde		

4.26 QS durch die äußere Wurzelhaube der Monokotylen *Zea mays* (Mais). Die Zellwände werden zum Rand der Wurzelhaube hin zunehmend dicker. In der Peripherie lösen sich die Zellen auf und die abschilfernden Protoplasten und verschleimenden Zellwände werden als Wurzelschleim (1) in den Boden abgesondert. (G-Os, LM × 510.)

1	Schleim

4.26

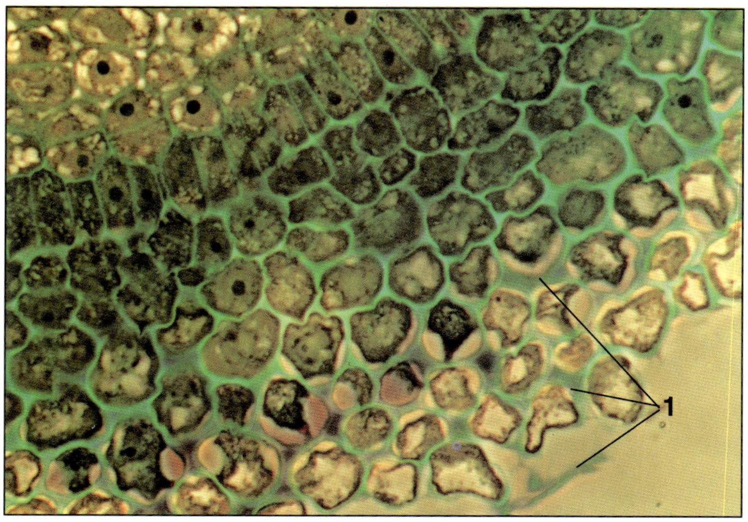

4.27

4.28

4.27 Adventivwurzeln an einem Blatt der Dikotylen *Saintpaulia ionantha*. Das abgetrennte Blatt wurde *in vitro* auf einem nicht sterilen, Mineralsalze enthaltenden Medium kultiviert. An der Schnittfläche des Blattstiels haben sich zahlreiche Wurzeln entwickelt, die von einem dichten Filz aus Wurzelhaaren bedeckt sind.

4.28 RLS durch die Radicula der Dikotylen *Phaseolus vulgaris* (Bohne). Eine klare Differenzierung der Initialen ist nicht zu erkennen; Wurzelhaube (1), Rinde und Epidermis (2) sowie der Zentralzylinder (3) werden von einer gemeinsamen Gruppe von Initialen beliefert. (G-Os, LM × 120.)

1 Wurzelhaube	3 Zentralzylinder
2 Epidermis und Rinde	

4.29

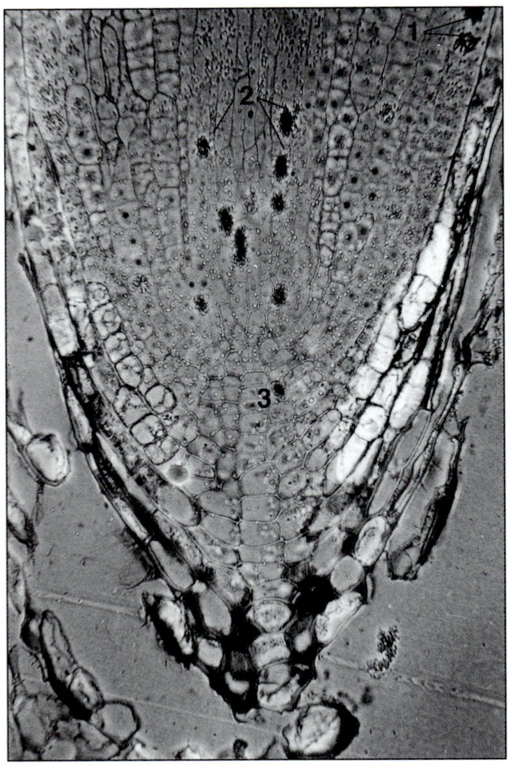

4.29 Radioautogramm der Wurzelspitze von *Comptomia,* einer Dikotylen. Bei dieser Stickstoff fixierenden, aber nicht zu den Leguminosen gehörenden Art entwickeln sich die Wurzelknöllchen manchmal zu normalen Wurzeln. Nach der Inkubation einer solchen Wurzel mit markiertem Thymidin zeigt das Radioautogramm eine starke Markierung in den Zellkernen der Rinde (1) und des Procambiums (2). Ruhendes Zentrum (3). (G-Os, Phasen LM × 130.)

1 Markierte Zellkerne in der Rinde
2 Markierte Zellkerne im Procambium
3 Ruhendes Zentrum

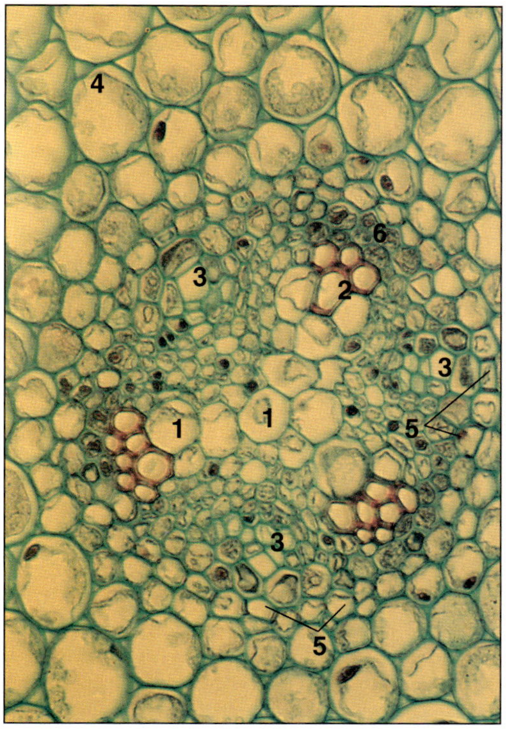

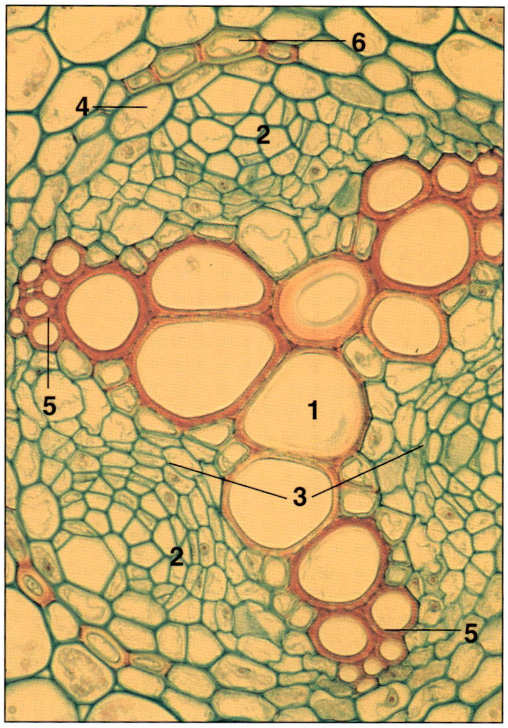

4.30 QS durch eine junge Wurzel der Dikotylen *Ranunculus* (Butterblume). Im Zentrum des triarchen Xylems befinden sich große, dünnwandige Zellen, die dem sich differenzierenden Metaxylem (1) zuzuordnen sind; an den Polen liegen Protoxylemelemente (2), deren Wände bereits sekundäre Verdickungen aufweisen und deren Protoplasten zugrunde gegangen sind. Zwischen den Protoxylempolen haben sich die Siebröhren des Protophloems (3) differenziert. Rinde (4), noch nicht ausdifferenzierte Endodermis (5), Perizykel (6). (LM × 300.)

1	Sich differenzierendes Metaxylem	4	Rinde
2	Protoxylemelemente	5	Noch nicht ausdifferenzierte Endodermis
3	Siebröhren des Protophloems	6	Perizykel

4.31 QS durch das ausdifferenzierte Leitgewebe der Primärwurzel von *Ranunculus* (Butterblume), einer Dikotylen. Aus dem zentralen Procambium haben sich weitlumige, dickwandige Metaxylemelemente (1) entwickelt (vgl. **4.30**) und auch einige dem Metaphloem zuzuordnende Siebröhren sind zu erkennen (2). Das Cambium (3) tritt in Gestalt von drei, nicht zusammenhängenden Bögen zwischen Xylem und Phloem auf. Der einschichtige Perizykel (4) liegt außerhalb der Protophloem- und Protoxylempole (5). Endodermis (6). (LM × 300.)

1	Metaxylemelemente	4	Perizykel
2	Metaphloem	5	Protoxylem
3	Cambium	6	Endodermis

4.32 QS durch eine Wurzel der Monokotylen *Iris* mit ausdifferenzierter Endodermis und Leitgewebe. In der Rinde (1) werden Wasser und gelöste Substanzen sowohl apoplastisch als auch symplastisch transportiert. Der Transport über die Endodermis (2) verläuft jedoch ausschließlich symplastisch: durch Plasmodesmen in den äußeren tangentialen Wänden quer über den Protoplasten zu den Plasmodesmen in den inneren tangentialen Wänden. Perizykel (3), Protoxylem (4), Siebröhren des Phloems (5). (LM × 305.)

1	Rinde
2	Endodermis
3	Perizykel
4	Protoxylem
5	Siebröhren

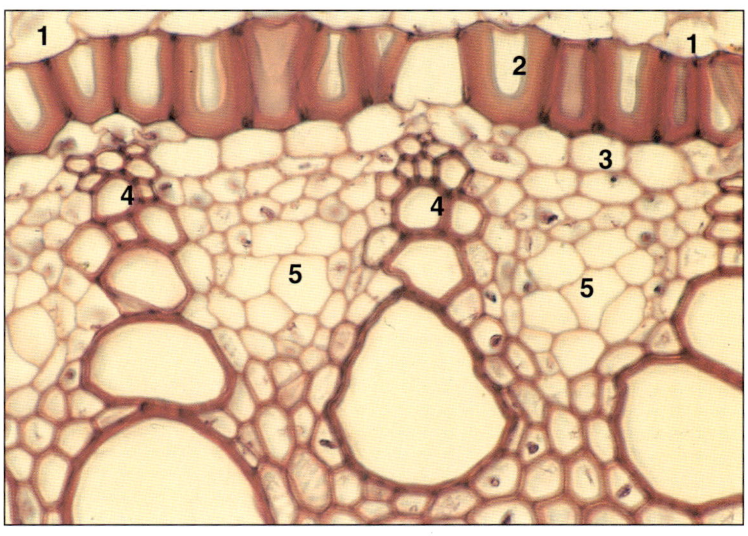

4.33

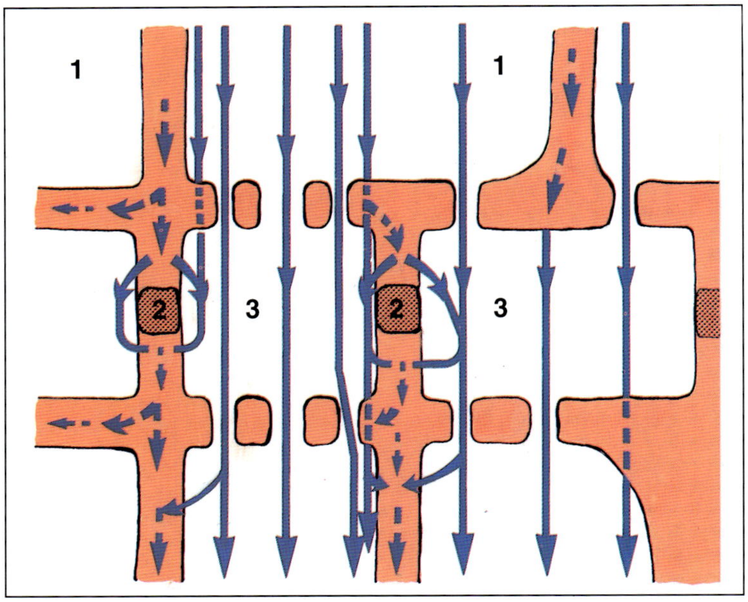

4.33 Bewegung von Wasser und gelösten Substanzen über die primäre Endodermis. Die Bewegung vom Boden durch die Rinde (1) verläuft sowohl apoplastisch als auch symplastisch (gestrichelte bzw. durchgehende blaue Pfeile). Die impermeablen Caspary-Streifen (2) in den antiklinen Wänden der Endodermis stellen jedoch eine Barriere für die weitere apoplastische Diffusion dar; Wasser und gelöste Substanzen müssen den Protoplasten durchqueren (3), können dann aber symplastisch über die Plasmodesmen oder auch apoplastisch in den Leitzylinder gelangen.

1 Rinde
2 Caspary-Streifen
3 Protoplast einer Endodermiszelle

4.34

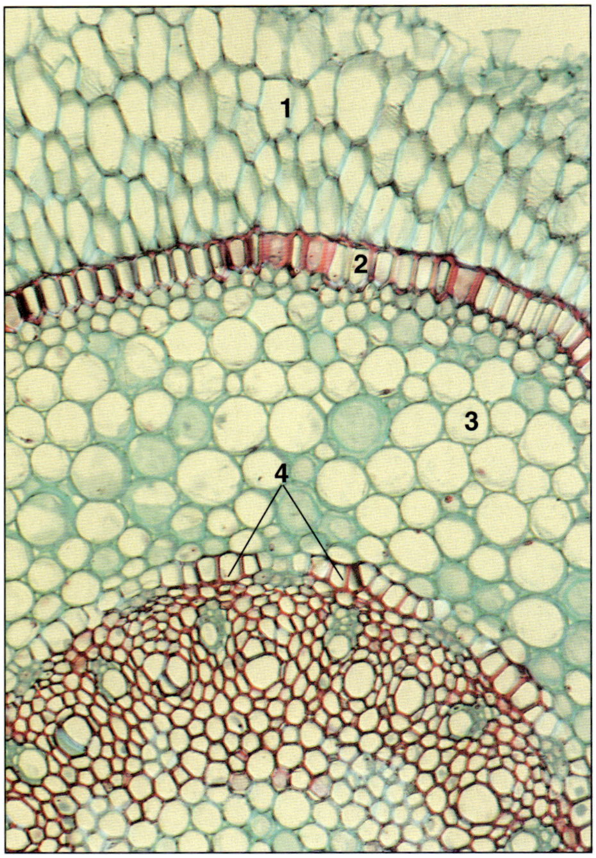

4.34 QS durch eine Luftwurzel der epiphytischen Orchidee *Dendrobium,* einer Monokotylen. Aus der Epidermis geht ein vielschichtiges Velamen (1) hervor. Eine Verdickung der Zellwände durch Cellulosebänder verstärkt die toten Velamenzellen und dient außerdem der Absorption von Wasser aus der feuchten tropischen Luft. Im Wurzelinneren befindet sich eine einschichtige, verdickte Exodermis (2) und das gesamte, in die Rinde (3) eingedrungene Wasser muß diese Barriere auf symplastischem Weg überqueren. Endodermis (4). (LM × 80.)

1 Velamen
2 Exodermis
3 Rinde
4 Endodermis

Kapitel 5

Das grüne Blatt

Einführung

Obwohl ausdifferenzierte Blätter in Größe und Gestalt stark variieren (**1.17, 1.19, 3.11, 4.22**), haben sie alle den gleichen Ursprung in der peripheren Zone des Sproßapex (**4.1, 4.10**). Eine Blütenpflanze bildet im Verlauf ihres Lebens generell verschiedene Blattypen aus, von denen in diesem Kapitel aber nur die Laubblätter (5.1 bis 5.6) eingehend beschrieben werden. Bei Pflanzen mit proleptischem Wachstum (Kapitel 4) werden die jungen Laubblätter der vegetativen Knospen häufig von Schuppenblättern umhüllt und geschützt (**4.22, 5.8**), während im Bereich der Blüten und Infloreszenzen Brakteen zu finden sind (**5.7**). Die Kotyledonen sind die ersten Blätter einer Pflanze und werden schon früh in der Embryogenese angelegt (**1.33**); im reifen Samen enthalten sie häufig Reservestoffe, die der Ernährung der jungen Pflanze während der Keimung dienen.

Morphologie und Nervatur

Die Spreite eines Laubblattes (Lamina) ist in der Regel abgeflacht oder schwertförmig (5.1 bis 5.4, 5.6) und wird bei vielen Dikotylen, aber auch einigen Monokotylen, von einem Blattstiel (Petiolus) getragen (**1.17, 1.19, 5.3, 5.10**). Dagegen sitzen die Blattspreiten der meisten Monokotylen direkt am Stengel (**5.6**). Der Blattgrund kann den ganzen Stengel umfassen (**1.23, 4.6**) und ist dann bei vielen Monokotylen zu einer Blattscheide ausgebildet (5.9 bis 5.11). Bei Dikotylen können an oder nahe der Basis eines Blattstiels Nebenblätter (Stipel) auftreten (**1.19**), die z. T. stark entwickelt sind und ein Gefäßsystem aufweisen. Bei manchen Gräsern ist die Spreitenbasis seitlich zu einem Paar Blattöhrchen ausgebuchtet, und häufig findet sich zwischen Spreitenbasis und Blattgrund eine häutige Ligula (**5.11**). In einer ähnlichen Position tritt auch bei Fächerpalmen ein medianes Häutchen auf. Ein einfaches Blatt hat eine ungeteilte Blattspreite (**5.1 bis 5.3, 5.6**), die häufig eingeschnitten oder gelappt ist (**1.17, 5.3**). Dagegen besteht das zusammengesetzte Blatt (**1.19, 5.4, 5.10**) aus mehreren bis vielen Fiederblättchen, die eingeschnitten oder selbst gefiedert sein können (**1.7**).

Ein Blatt setzt sich aus Abschluß-, Grund- und Leitgeweben zusammen; das Xylem des Leitsystems weist gewöhnlich zur ursprünglich adaxialen Blattfläche (**4.6**). Im Querschnitt erscheinen die Blätter vieler Angiospermen bifazial, da sich das Grundgewebe eines Blattprimordiums (**4.11**) in ein adaxiales Palisadenparenchym und ein abaxiales Schwammparenchym differenziert (**3.3**). Außerdem unterscheiden sich die oberen und unteren Epidermen hinsichtlich der Dicke ihrer Cuticula und der Häufigkeit der Stomata und Trichome (**5.12**). Andere Blätter sind hingegen äquifazial mit ähnlich organisierten adaxialen und abaxialen Seiten, aber adaxial liegendem Xylem (**5.13**). Manche Pflanzenarten haben unifaziale Blätter; die umgebende Epidermis des unifazialen Bereichs ist entweder ad- oder abaxialen Ursprungs, und die Blätter sind zu Röhren eingerollt (**5.5**) oder schwertförmig gefaltet (**5.2, 5.6, 5.14**). Die Basis eines solchen Blattes ist jedoch meistens bifazial aufgebaut (**5.14**).

Die schwertförmigen Spreiten von *Iris, Sansevieria* und ähnlichen Monokotylen sind gänzlich von einer Epidermis abaxialen Ursprungs umgeben, da die adaxialen Flächen der gefalteten Blattspreite verwachsen sind (**5.14**). In den dickeren Blattregionen können zwei Reihen von Leitbündeln unterschieden werden, und in beiden Reihen weisen die Xylembereiche von der jeweiligen Blattoberfläche weg (**5.14, 5.15**). Die Blätter vieler Monokotylen weisen basale Meristeme auf, die ständig neues Gewebe bilden; bei holzigen perennierenden Arten, wie z. B. *Dracaena, Cordyline* und *Pandanus* (**1.22, 5.2**) wächst der Blattgrund in die Breite und gleichzeitig differenzieren sich Derivate der basalen Meristeme zu neuen Blattnerven.

In den Blattspreiten der meisten Monokotylen liegen die längs verlaufenden Hauptnerven parallel zueinander (**1.24, 5.16**), an den Blattspitzen treten sie jedoch zusammen. Verbunden werden die Hauptnerven entlang der ganzen Spreite durch kleinere, meist unverzweigte Nerven (**1.24**). Für die große Mehrheit der Dikotylen und einige breitblättrige Monokotyle ist dagegen eine komplexe Netznervatur charakteristisch (5.16 bis 5.19). Die Blätter vieler Dikotylen weisen eine verdickte, längs verlaufende Mittelrippe auf (**1.17**), von der Nerven zweiter Ordnung abzweigen, die häufig bis an die Spreitenränder reichen (**5.19**). Die Nerven höherer Ordnungen bilden ein Anastosomennetzwerk (**1.20, 5.19**), dessen kleinste Nerven blind im Mesophyll enden.

Bei den Gymnospermen ist die Blattnervatur variabel gestaltet; außer bei *Cycas* (**1.5**) weisen die Blattfiedern der Cycadeen und deren fossiler Vorfahren eine dichotom verzweigte, parallele Nervatur auf (**5.20**). In den Nadelblättern vieler Koniferen findet sich dagegen ein einzelner (gelegentlich auch zwei) unverzweigter Mittelnerv (1.15, 5.21). Bei einigen Gymnospermen (z. B. *Cycas, Taxus*) zweigen von den Hauptnerven dickwandige, gestreckte Transfusionstracheiden ab, die bis in das Mesophyll ziehen (5.21, 5.22). Die Blätter der Farne zeichnen sich durch eine dichotome Nervatur aus (5.4).

Anatomie der Blattspreite

Blattepidermis

Die Epidermis der Angiospermen leitet sich direkt von der äußersten Tunicaschicht des Sproßapex ab (4.3). Bei einigen wenigen Gattungen (z. B. *Ficus, Nerium, Peperomia*) teilt sich die junge adaxiale Epidermis periklin und bildet so eine mehrschichtige Epidermis, die allerdings im ausgewachsenen Blatt nicht von einer normalen Hypodermis zu unterscheiden ist (5.12, 5.23). Die Epidermis bleibt selbst bei langlebigen, immergrünen Blättern über die gesamte Lebensdauer des Blattes erhalten und ist außen von einer relativ undurchlässigen Schicht aus Cutin und Wachs überzogen (3.25, 3.26, 5.21, 5.23, 5.24).

Eine Epidermis setzt sich grundsätzlich aus gewöhnlichen parenchymatischen Zellen und aus Schließzellen zusammen; letztere umgeben die Spaltöffnungsporen (5.15, 5.25, 5.26). Stomata treten jedoch bei bifazialen Blättern oft ausschließlich in der abaxialen Oberfläche auf (3.3, 5.21). Auch andere Zelltypen sind häufig in der Epidermis zu finden, vor allem die mit den Schließzellen assoziierten Nebenzellen (5.27, 5.28, 5.30) und verschiedene Trichome und Drüsenzellen (3.11, 5.29). Chloroplasten kommen in der Regel ausschließlich in Schließzellen vor (5.25), während andere Epidermiszellen Leukoplasten enthalten (2.47). Allerdings können sich in den Epidermiszellen von Schatten- oder Wasserpflanzen auch Chloroplasten differenzieren.

Bei vielen Blättern haben die antiklinen (senkrecht zur Blattoberfläche stehenden) Wände der gewöhnlichen Epidermiszellen einen wellenförmigen Verlauf (5.28). Die Längsachsen der Epidermiszellen liegen bei den meisten Monokotylen parallel zu den Längsachsen der Blätter (5.28). In den Blättern der Dikotylen sind die Zellen eher zufällig angeordnet (5.29, 5.30), oberhalb der Mittelrippen ist jedoch eine Tendenz zur Parallelisierung zu erkennen. Bei vielen xeromorphen (an Trockenheit angepaßten) Gräsern treten in den adaxialen Epidermen große, dünnwandige Gelenkzellen auf (5.31 bis 5.33), die vorzugsweise Wasser verlieren und so zum Einrollen der Blätter beitragen (5.31). Bei xeromorphen Pflanzen sind die Stomata meist in Furchen oder Krypten eingesenkt (3.22), und häufig kommen epidermale Trichome vor (5.12, 5.32). Stomata fehlen in der Regel in den Bereichen der Epidermis, die oberhalb von hypodermalem Sklerenchym liegen (3.22, 5.32), welches an Blatträndern häufig stark entwickelt ist und große Blattnerven begleitet (5.34).

Bei bifazialen Blättern treten die Stomata in der Regel vor allem abaxial auf (3.3, 5.21). Bei Wasserpflanzen mit schwimmenden Blättern (5.1) sind die Stomata dagegen gewöhnlich auf die adaxiale Blattfläche beschränkt, während sie bei untergetauchten Blättern gänzlich fehlen. Stomata sind oft zufällig angeordnet (5.30); in langgestreckten Blättern liegen die Schließzellen aber gewöhnlich parallel zueinander (5.28). Bei Gräsern begrenzt ein Paar hantelförmiger Schließzellen einen Porus (5.27, 5.28), während bohnenförmige Schließzellen für die meisten anderen Arten typisch sind (5.27, 5.39).

Die nicht an den Porus grenzenden antiklinen Zellwände sind bei bohnenförmigen Schließzellen relativ dünn, zum Porus hin zeigen die Wände jedoch Verdickungen (5.25, 5.27). Diese ungleichmäßigen Wandverdickungen und die radiale Anordnung von Cellulose-Mikrofibrillen in den periklinen Wänden stehen offenbar zur turgeszenzabhängigen Öffnung der Stomataporen in Beziehung. Bei den hantelförmigen Schließzellen der Gräser sind die Enden dünnwandig und die Seitenwände verdickt (5.27). Nimmt der Turgor in den Schließzellen zu, so schwellen die Enden an und die starren antiklinen Seitenwände weichen im Bereich des Porus auseinander.

Die äußere perikline Wand einer Schließzelle ist immer von einer Cuticula überzogen (5.25, 5.26), und gelegentlich treten zur Spalte hin cuticulabedeckte Wandvorsprünge auf. Bei *Pinus* und einigen anderen Gymnospermen sind die Wände der Schließzellen und assoziierten Nebenzellen offenbar partiell verholzt (3.22). Bei den meisten Arten, bei denen Nebenzellen vorkommen, unterscheiden sich diese nicht anhand cytologischer Differenzierungen von den gewöhnlichen Epidermiszellen, sondern durch ihre Gestalt und die spezifische Ausrichtung relativ zu den Schließzellen (5.27, 5.28, 5.30). Nebenzellen gehen entweder aus derselben Vorläuferzelle hervor wie die Schließzellen (mesogene Entstehung) oder leiten sich von benachbarten Epidermiszellen ab (perigene Herkunft): Diese verschiedenen Entwicklungstypen sind nicht homolog und können systematisch von Bedeutung sein. Es ist nicht bekannt, ob Nebenzellen bei der Spaltöffnungsbewegung eine spezifische Rolle spielen, und die Blätter vieler Arten weisen offenbar gar keine besonders ausgebildeten Nebenzellen auf.

Häufig kommen an Blättern und Stengeln Trichome vor. Diese ein- bis vielzelligen Strukturen können verzweigt sein und sekretorische Funktion haben. Sekretorische Trichome bestehen häufig aus einem Stiel und einem Drüsenköpfchen (3.11, 4.6, 4.7). Ihre sehr vielfältigen Sekrete reichen von ätherischen Ölen (z. B. *Lavandula*) bis zu den hydrolytischen Enzymen, die von den Blättern carnivorer Pflanzen (wie

z. B. *Drosera*) sezerniert werden (3.11, 3.12). Bei manchen Drüsen sammelt sich das Sekret vorübergehend zwischen der äußeren periklinen Zellwand und der darüberliegenden Cuticula. An ein und demselben Blatt können verschiedene Trichomtypen auftreten (4.6). Die nicht drüsigen Trichome eines Blattes haben mehrere mögliche Funktionen: Indem sie z. B. die Windbewegung entlang der Blattoberfläche behindern, setzen sie die Transpirationsrate herab; außerdem können sie u. a. als Schutz vor Insektenangriffen und vor Strahlung dienen.

Die äußeren Zellwände der Blattepidermis sind mit Cutin, einem extrem hydrophoben und hochmolekularen Lipidpolyester, imprägniert und außen von der Cuticula überzogen (5.21, 5.23, 5.24, 5.26). Die Cuticula ist bei Xerophyten besonders stark ausgebildet (3.25, 3.26, 5.24, 5.35) und kann eine Dicke von 6 mm erreichen. Gelegentlich finden sich auch dünne Cutinablagerungen auf den antiklinen und inneren periklinen Zellwänden der Epidermis, besonders wenn diese an die Interzellularen des darunterliegenden Mesophylls grenzen. Die untergetauchten Sprosse der Wasserpflanzen weisen nur eine sehr dünne Cuticula auf oder diese fehlt ihnen gänzlich. Bei bifazialen Blättern ist die adaxiale Cuticula gewöhnlich dicker als die abaxiale (5.35). Auf der Oberfläche der Cuticula finden sich häufig Wachsablagerungen in Form von Krusten aus Wachsfilamenten, Körnchen oder Schuppen. Die Wachsablagerungen lösen sich jedoch von der Epidermisoberfläche, wenn diese für mikroskopische Untersuchungen präpariert wird.

Mesophyll und Sklerenchym

Bei den meisten bifazialen Blättern befindet sich auf der adaxialen Seite ein Palisadenparenchym (3.3, 5.21, 5.36). Die stark vakuolisierten, zylindrischen Palisadenzellen sind senkrecht zur Blattoberfläche gestreckt und enthalten im wandständigen Cytoplasma zahlreiche Chloroplasten (2.24, 3.3). Ein gut entwickeltes Interzellularsystem ermöglicht die mit Photosynthese und Transpiration in Zusammenhang stehende Gasdiffusion durch den Apoplasten. Das Palisadengewebe kann mehrschichtig sein und tritt in äquifazialen Blättern gewöhnlich sowohl adaxial als auch abaxial auf (5.13). Xeromorphe Blätter zeichnen sich oft durch ein kompakteres Mesophyll auf, in dem die Interzellularen weniger ausgedehnt sind (3.22, 3.26, 5.31, 5.32).

Abaxial liegt bei bifazialen Blättern das Schwammparenchym (3.3, 5.21). In diesem, aus sehr unterschiedlich geformten Zellen bestehenden Gewebe, das von einem geräumigen Interzellularsystem durchdrungen wird, ist das Gesamtvolumen des Apoplasten meist größer als das des Symplasten (5.26). Allerdings ist die gesamte Wandfläche im Schwammparenchym häufig deutlich kleiner als im Palisadenparenchym. Bei einigen xeromorphen Pflanzen und Sukkulenten wird das adaxiale Palisadenparenchym vollständig oder teilweise durch ein kompaktes, nicht assimilierendes Parenchym ersetzt, dessen große Zellen stark vakuolisiert sind und vermutlich als Wasserspeicher dienen (5.23, 5.37). In dicken Blättern kann das zentral gelegene Gewebe chlorophyllfrei (5.34) und gelegentlich degeneriert sein (5.15).

Blätter – besonders die dekorativen Blätter von Zierpflanzen – sind häufig farblich gemustert. Panaschierte, chimäre Blätter (5.6, 5.38, 5.39) entstehen in der Regel durch eine Kernmutation im Sproßapex, welche in den Abkömmlingen der mutierten Zelle die Entwicklung von Chloroplasten verhindert. Wenn die Mutation in inneren Tunicaschichten oder im Corpus auftritt, entsteht statt des normalen grünen Mesophylls (3.3) ein chlorophyllfreies Gewebe (5.39).

Bei *Pinus* und einigen anderen Koniferen ist das Mesophyll gefaltet (3.22); leistenförmige Wandfaltungen ragen in das Zellumen hinein und vergrößern so die Oberfläche des Cytoplasmabereichs, in dem Chloroplasten auftreten. Tropische Gräser und andere Taxa, die dem C4-Typ der Photosynthese zuzuordnen sind, zeichnen sich durch eine besondere, als „Kranztyp" bezeichnete Blattanatomie aus: Die Leitbündel sind kranzartig von einer Leitbündelscheide umgeben und die umliegenden Mesophyllzellen strahlen radial nach außen (5.40). Die Chloroplasten in den Scheidezellen enthalten in der Regel keine Grana und sind meist größer als die granahaltigen Chloroplasten des Mesophylls.

Die Ränder vieler Blätter werden durch Faserstränge verstärkt und Fasern treten auch im Mesophyll in Form von stark entwickelten Strängen oder Trägerkonstruktionen auf (3.26, 5.34). Außerdem können im Mesophyll Sklereiden vorkommen (5.35). Sklerenchym und Kollenchym finden sich häufig in den Blattrippen oberhalb der Hauptnerven und der Mittelrippe (5.36, 5.40).

Leitgewebe

Bei den Dikotylen umgrenzen die kleinsten Verzweigungen der Seitennerven die Intercostalfelder (Areolen) der Blattspreiten (5.17); die Seitennerven der Monokotylen bilden hingegen ein weniger klar umrissenes Netzwerk (1.24, 5.16). Kleine Leitbündel sind in assimilierendes Mesophyll eingebettet (3.3), während die größeren Nerven eines Blattes häufig von chloroplastenarmem Grundgewebe umgeben sind (5.15, 5.36, 5.41, 5.42). Das Xylem der im typischen Fall kollateralen Leitbündel (5.41 bis 5.43) liegt normalerweise adaxial (5.14B, 5.36), kann aber auch anders orientiert sein (5.41). Die Hauptnerven mancher Dikotylen- und Koniferenblätter können in begrenztem Umfang sekundäres Dickenwachstum zeigen (5.21, 5.36, 5.43).

In den kleinen Seitennerven (5.17 bis 5.19) findet die Beladung des Phloems mit den in der Photosynthese gebildeten Zuckern statt (3.43), während vom Xylem Wasser in das Mesophyll abgegeben wird. Besonders im Phloem sind Parenchym und Transferzellen (2.63), z. T. in Form von Geleitzellen, stark entwickelt. Die kleinen Nerven stehen normalerweise nicht direkt mit dem Interzellularsystem des Mesophylls in Kontakt, sondern sind von einer kompakten, dicht schließenden Leitbündelscheide umgeben (2.9, 3.3, 5.18). Eine Leitbündelscheide ist häufig rein parenchymatisch; es kommen jedoch auch aus Parenchym- und Sklerenchymzellen bestehende mehrschichtige Scheiden vor. In kleinen Leitbündeln treten gewöhnlich Protoxylemtracheiden (5.17, 5.18), aber keine Gefäße auf, und Siebelemente fehlen häufig gänzlich.

Anatomie des Blattstiels

Bei vielen Blättern durchqueren die vom Leitgewebe des Stengels abzweigenden Blattspuren auf dem Weg zur Blattspreite zunächst den Blattstiel (1.17, 1.19, 5.3, 5.10). Im einfachsten Fall wird der Blattstiel von einem einzelnen, großen, sichelförmigen Leitbündel mit adaxialem Xylem durchzogen; es treten jedoch auch häufig mehrere Leitstränge auf (5.44). Das periphere Grundgewebe enthält gewöhnlich Kollenchym und Sklerenchym (3.23, 5.44). Die Blätter vieler Pflanzen sind im Tageslicht ausgebreitet (5.45), nachts senken sie sich jedoch langsam als Reaktion auf verschiedene externe oder interne Stimuli. Diese Bewegung kommt durch Turgorverlust im umfangreichen peripheren Parenchym zustande, das in einer gelenkartigen Verdickung (Pulvinus) an der Basis des Blattstiels (bzw. Blättchenstiels bei zusammengesetzten Blättern) zu finden ist.

Sowohl bei laubabwerfenden als auch bei immergrünen Pflanzenarten findet sich an der Basis des Blattstiels eine Trennungszone (5.47). In dieser Zone ist das Xylem meistens auf Tracheiden oder schmale, häufig nicht zusammenhängende Gefäße reduziert (5.48). Dies vermindert das Risiko einer Luftembolie, wenn die Spreite durch Wind geschädigt werden sollte oder das gealterte Blatt abgeworfen wird. An der basalen Fläche der Trennungszone entwickelt sich eine suberinisierte Schutzschicht aus Korkgewebe, welche die Narbe bedeckt, die sich durch Abtrennung des Blattes bildet. Bei manchen perennierenden Monokotylen kommen mehrere Trennungszonen vor, und bei Palmen kann der Blattgrund auch nach dem Abwurf von Blattstiel und -spreite weiter bestehen bleiben (5.50).

5.1

5.1 Große Schwimmblätter der Seerosen *Nymphaea gigantea* (vorne) und *Victoria amazonica* (hinten). Die Blattspreiten sind über lange Blattstiele mit dem im schlammigen Teichboden wachsenden Rhizom verbunden. Die Stomata der Blätter kommen nur auf der adaxialen, an die Luft grenzenden Oberfläche vor. Die Durchlüftung wird von dem sehr ausgedehnten Interzellularsystem des Schwammparenchyms unterstützt, das durch große, verzweigte Sklereiden verstärkt wird. Bei *Victoria* ist die Spreite durch massiv ausgebildete Blattrippen auf der abaxialen Oberfläche ausgesteift und kann das Gewicht eines mittelgroßen erwachsenen Menschen tragen.

5.2

5.2 Schwertförmige Blätter der immergrünen Monokotylen *Pandanus.* Diese Art kann durch diffuses sekundäres Dickenwachstum zu großen Bäumen heranwachsen (vgl. 1.26).

5.3

5.4

5.4 Teil eines zusammengesetzten Blattes des Farns *Angiopteris.* In jedem Fiederblättchen ist eine längs verlaufende Mittelrippe zu erkennen, von der aus dichotom verzweigte Seitennerven die Blattspreite versorgen.

5.3 Großes Fächerblatt der Monokotylen *Licuala grandis.* Die in Südostasien und Australien beheimatete Palme trägt einfache Blätter an langen Blattstielen.

5.5

5.6

5.5 Herabhängendes Exemplar der tropischen epiphytischen Blütenpflanze *Tillandsia usneoides* (Louisiana-Moos). Die Pflanze hat keine Wurzeln; statt dessen absorbieren die zahlreichen dünnen, zylindrischen Blätter Wasser aus der feuchten Luft.

5.6 Panaschiertes Exemplar von *Chlorophytum comosum* (Grünlilie). Die langgestreckten, schwertförmigen Blätter sind typisch für Monokotyle. Am Stengel der Infloreszenz hat sich eine beblätterte Adventivpflanze (1) gebildet.

1 Adventivpflanze

5.7

5.8

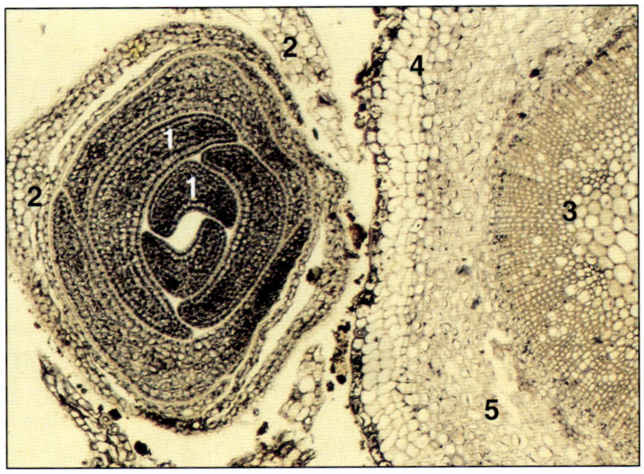

5.8 QS durch den Sproß und eine ruhende Achselknospe von *Ligustrum vulgare* (Liguster), einer Dikotylen. Die dekussiert angeordneten Laubblattprimordien (1) werden von Schuppenblättern (2) umhüllt. Der Stengel weist sekundäres Xylem (3) und Korkgewebe (4) auf. Rinde (5). (LM × 70.)

1 Laubblattprimordium	4 Kork
2 Schuppenblätter	5 Rinde
3 Sekundäres Xylem	

5.7 Infloreszenz der Dikotylen *Digitalis purpurea* (Fingerhut). Jede Blüte wird von einer kleinen, grünen Braktee getragen. An der Basis einer Blüte sitzen fünf grüne Kelchblätter (Sepalen) und die Kronblätter (Petalen) sind zu einer rosafarbenen Glocke verwachsen, deren Flecken vermutlich als Honig-Wegweiser für die Blüte besuchende Insekten fungieren.

5.9

5.10

5.9 Stumpf eines alten Sprosses der Monokotylen *Musa* (Banane). Die Infloreszenzachse (1) und die sie umhüllenden Blattscheiden der großen Laubblätter bilden gemeinsam einen Scheinstamm. In den Blattscheiden liegen zahlreiche parallel angeordnete, längsorientierte Faserstränge, welche die im Inneren liegende Infloreszenzachse massiv verstärken. Diese erreicht im ausgereiften Zustand eine Länge von mehreren Metern und trägt an ihrer Spitze den schweren Bananenfruchtstand.

1 Infloreszenzachse

5.10 Stamm der monokotylen Palme *Archontophoenix alexandrae*. Die Stiele (1) der zusammengesetzten Blätter sind zu den Stamm umschließenden Blattscheiden (2) verbreitert.

1 Blattstiel 2 Blattscheide

5.11

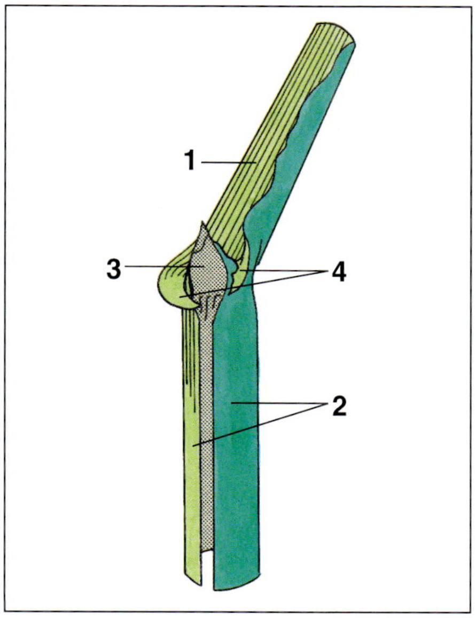

5.11 Schema eines typischen Grasblattes. Am Übergang zwischen Blattspreite (1) und Scheide (2) befinden sich die Ligula (3), ein medianes Blatthäutchen, sowie ein Paar lateraler Blattöhrchen (4).

1	Blattspreite	3	Ligula
2	Scheide	4	Blattöhrchen

5.12

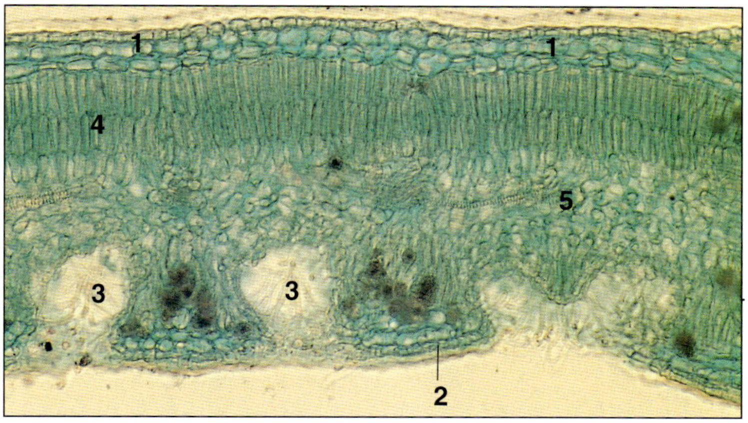

5.12 QS durch die Spreite eines bifazialen Laubblattes von *Nerium oleander,* einer Dikotylen. Bei dieser xeromorphen Art treten in der adaxialen Blattoberfläche keine Stomata auf und die mehrschichtige Epidermis (1) ist von einer sehr dicken Cuticula überzogen. Die einschichtige abaxiale Epidermis (2) hat eine dünnere Cuticula. Die Stomata der abaxialen Epidermis liegen in Krypten (3), die mit Haaren ausgekleidet sind. Das Mesophyll besteht aus einem adaxialen Palisadenparenchym (4) und dem darunterliegenden Schwammparenchym (5). (LM × 110.)

1	Adaxiale, mehrschichtige Epidermis	4	Palisadenparenchym
2	Abaxiale Epidermis	5	Schwammparenchym
3	Mit Haaren ausgekleidete Krypten		

5.13

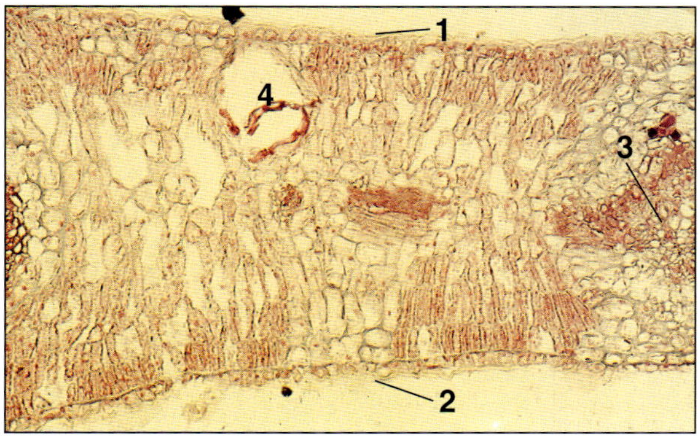

5.13 QS durch ein äquifaziales Blatt der Dikotylen *Eucalyptus.* Ein Palisadenparenchym findet sich sowohl auf der adaxialen (1) als auch auf der abaxialen (2) Seite. Das Xylem (3) liegt adaxial. Öldrüse (4). (LM × 90.)

1	Adaxiale Oberfläche	3	Xylem
2	Abaxiale Oberfläche	4	Öldrüse

5.14

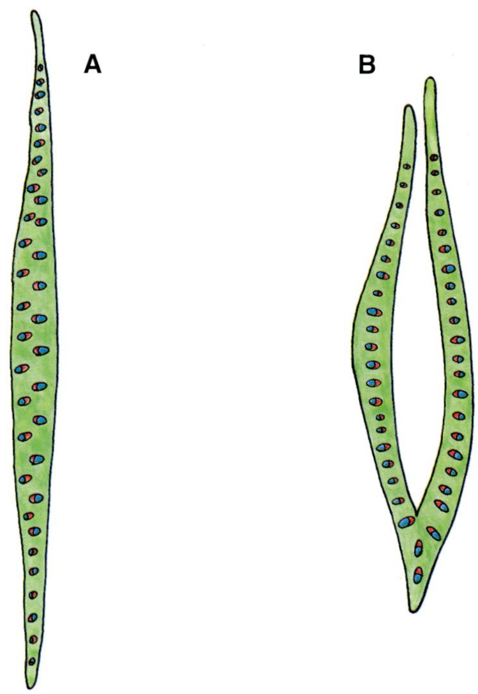

5.14 QS durch ein Blatt der Monokotylen *Iris.* Das Blatt wurde auf Höhe der unifazialen Spreite **(A)** und der bifazialen Scheide **(B)** geschnitten. In den zahlreichen Leitbündeln liegt das Phloem (blau) nahe der abaxialen Oberfläche, während das Xylem (rot) in Richtung adaxiale Oberfläche weist **(B)** oder nahe den verwachsenen adaxialen Oberflächen liegt **(A)**.

5.15

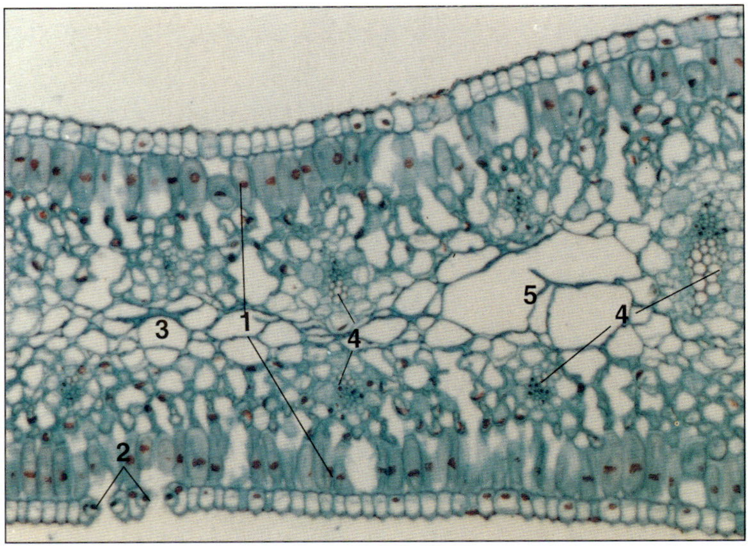

5.15 QS durch die unifaziale Blattspreite der Monokotylen *Narcissus* (Narzisse). Ein einschichtiges Palisadenparenchym (1) liegt unterhalb der abaxialen Epidermis, in der zahlreiche Stomata (2) zu erkennen sind. In das zentrale, nicht assimilierende Parenchym (3) sind Leitbündel eingebettet, die in zwei Reihen angeordnet sind. Die Xylembereiche (4) gegenüberliegender Reihen sind einander zugewandt (vgl. **5.14**). Schleimhohlraum (5). (LM × 100.)

1 Palisadenparenchym
2 Stomata
3 Nicht assimilierendes Parenchym
4 Xylem
5 Schleimhohlraum

5.16

5.16 Blattnervatur der Monokotylen *Hosta*. Die großen, parallel zueinander verlaufenden Längsnerven sind durch zahlreiche schräg- bis querorientierte, verzweigte Seitennerven verbunden.

5.17

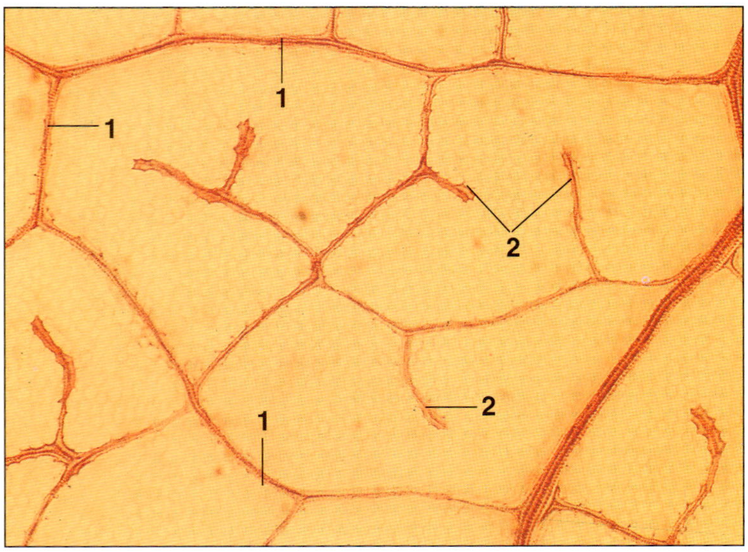

5.17 Aufgehelltes Blatt einer Dikotylen. Zu erkennen sind die Xylembereiche der netzartig angeordneten Blattnerven. Die Blattspreite wird durch kleine Nerven (1) in Intercostalfelder unterteilt, in denen die kleinsten Nervenverzweigungen blind enden (2).

1 Kleine, Intercostalfelder umgrenzende Nerven
2 Kleine, blind endende Nerven

5.18 Parallel zur Oberfläche geschnittenes Blatt der Dikotylen *Ligustrum vulgare* (Liguster). In den kleinen Blattnerven (vgl. **5.17**) treten vor allem Protoxylemelemente auf. Das Mesophyll der Intercostalfelder ist sehr reich an Interzellularen. (Phasen LM × 285.)

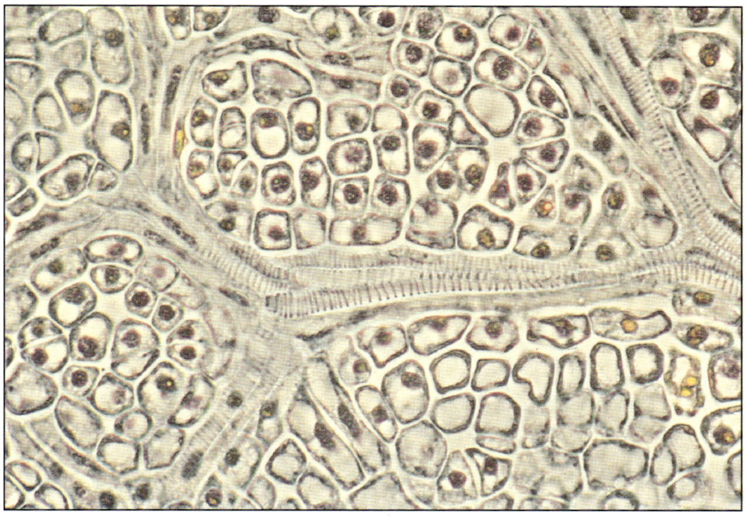

5.18

5.19 Nervatur des Blattes von *Magnolia,* einer Dikotylen. Die pinnat angeordneten Seitennerven sind untereinander durch kleinere Nerven dritter Ordnung verbunden, die sich weiter zu einem Netzwerk verzweigen (vgl. **5.17**).

5.19

5.20 Versteinerte Überreste eines zusammengesetzten Blattes der Cycadee *Nilsonia.* Die dichotom verzweigten Nerven der Blattfiedern verlaufen parallel zueinander.

5.20

5.21

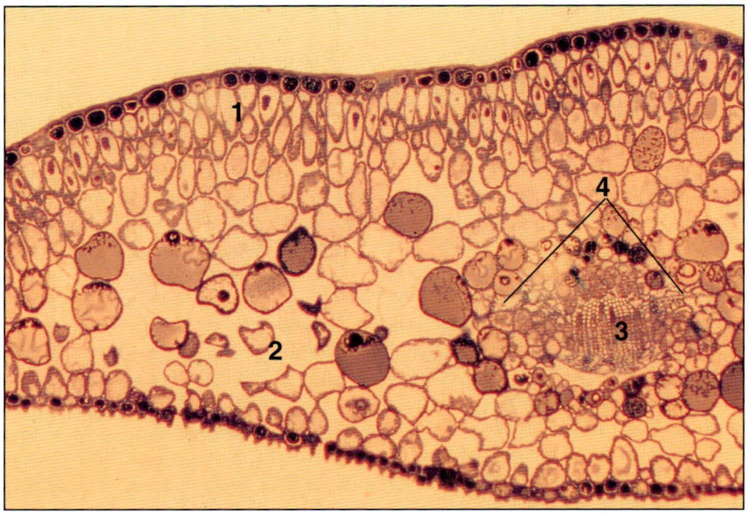

5.21 QS durch das bifaziale, immergrüne Koniferenblatt von *Taxus baccata* (Eibe). Das Mesophyll besteht aus den dicht gepackten langgestreckten Zellen des adaxialen Palisadenparenchyms (1) und dem von ausgedehnten Interzellularen durchdrungenen Schwammparenchym (2). Der einzige, median gelegene Nerv (3) ist unverzweigt, aber Transfusionstracheiden (4) reichen seitlich bis in das Mesophyll hinein. In der abaxialen Epidermis sind zahlreiche Stomata (vgl. **1.15**) und Cuticularpapillen zu erkennen. (G-Os, LM × 70.)

1 Adaxiales Palisadenparenchym
2 Schwammparenchym
3 Mittelnerv
4 Transfusionstracheiden

5.22

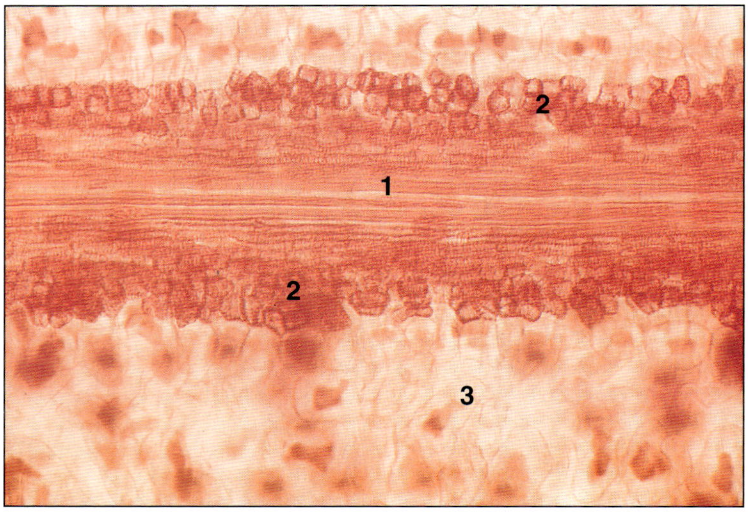

5.22 Aufsicht auf die Mittelrippe eines aufgehellten Blattes von *Taxus baccata* (Eibe), einer Konifere. An den Seitenrändern des median gelegenen Nervs (1) befinden sich Transfusionstracheiden (2, vgl. **5.21**), die bis in das umliegende Schwammparenchym (3) reichen. (LM × 110.)

1 Mittelnerv
2 Transfusionstracheiden
3 Schwammparenchym

5.23

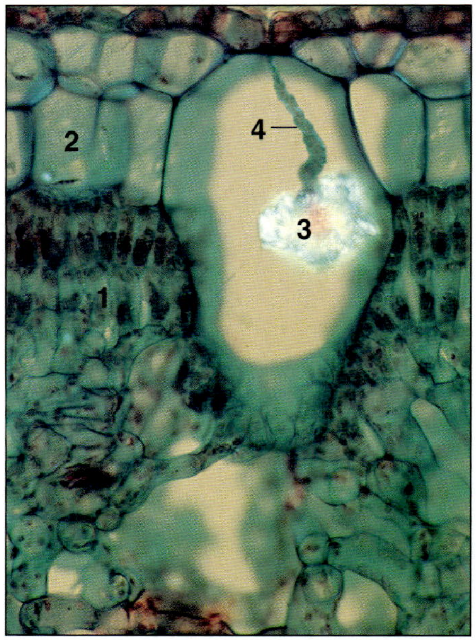

5.23 Quergeschnittenes bifaziales Blatt der Dikotylen *Ficus elastica* (Gummibaum) im Detail. Das Palisadenparenchym (1) wird adaxial von einer Schicht großer Wasserspeicherzellen (2) bedeckt. Diese Wasserspeicherzellen entsprechen den inneren Schichten einer mehrschichtigen Epidermis und sind aus periklinen Teilungen des Protoderms hervorgegangen. In einer vergrößerten Epidermiszelle ist ein Cystolith (3) zu erkennen. Dabei handelt es sich um eine Calciumcarbonatablagerung, die am Ende eines mit der Epidermiszellwand verbundenen Cellulosestiels (4) auftritt.

1 Palisadenparenchym
2 Wasserspeicherzellen
3 Cystolith
4 Cellulosestiel

5.24

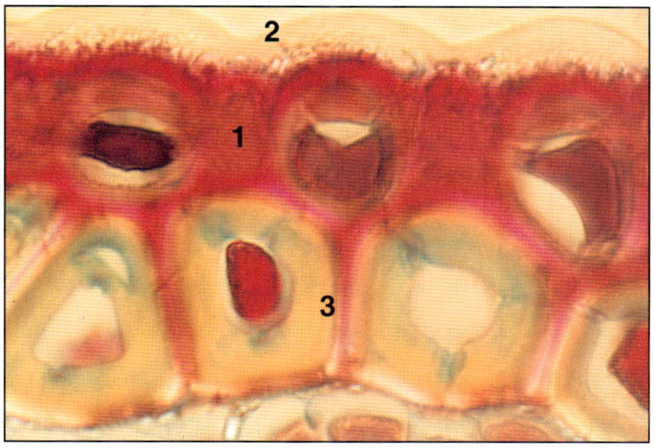

5.24 Oberflächendetail eines quergeschnittenen xeromorphen Blattes der Konifere *Pinus monophylla* (Kiefer). Die dickwandigen, verholzten Epidermiszellen (1) sind außen von einer dicken Cuticula (2) überzogen. Unterhalb der Epidermis ist ein hypodermales Sklerenchym (3) zu erkennen. (LM × 900.)

1 Epidermiszellen
2 Cuticula
3 Hypodermales Sklerenchym

5.25

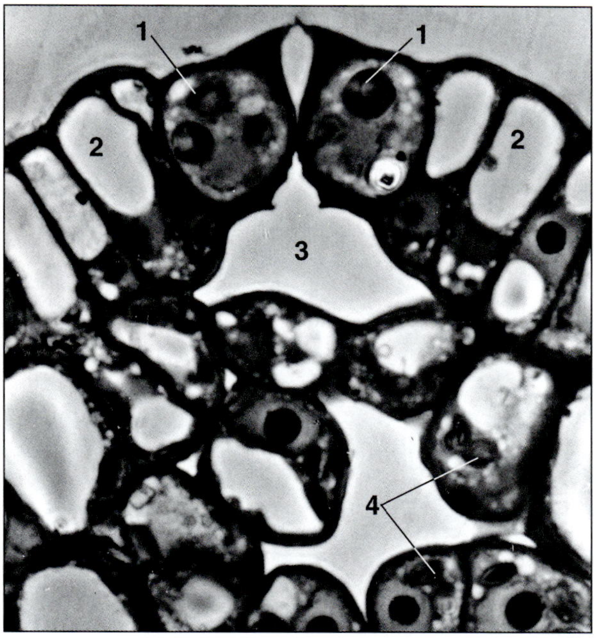

5.25 Stoma eines quergeschnittenen jungen Stengels von *Phaseolus vulgaris* (Bohne), einer Dikotylen. Die Schließzellen weisen ein dichtes Cytoplasma und auffällige Amylochloroplasten (1) auf, während die gewöhnlichen Epidermiszellen große Vakuolen (2), aber keine Chloroplasten besitzen. Die periklinen und die an den Porus grenzenden antiklinen Wände der Schließzellen sind verdickt. Die äußeren periklinen Wände zeigen über dem Porus leistenförmige Vorsprünge. Substomatärer Raum (3), Chloroplasten des Mesophylls (4). (G-Os, LM × 1100.)

1 Amylochloroplasten	3 Substomatärer Raum
2 Vakuolen	4 Chloroplasten des Mesophylls

5.26 QS durch die abaxiale Seite eines Blattes der Monokotylen *Clivia miniata*. Die Epidermis ist von einer dicken Cuticula (1) überzogen, welche auch die Schließzellen (2) bedeckt. Das Schwammparenchym weist große Interzellularräume (3) auf. (G-Os, LM × 300.)

1 Cuticula
2 Schließzellen
3 Interzellularräume

5.26

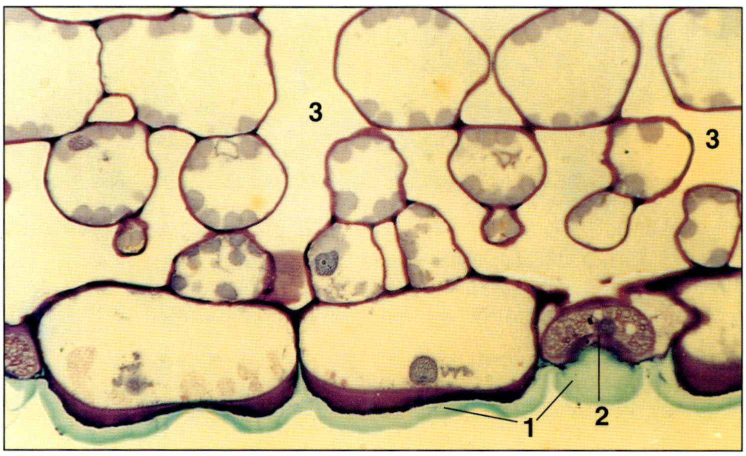

5.27

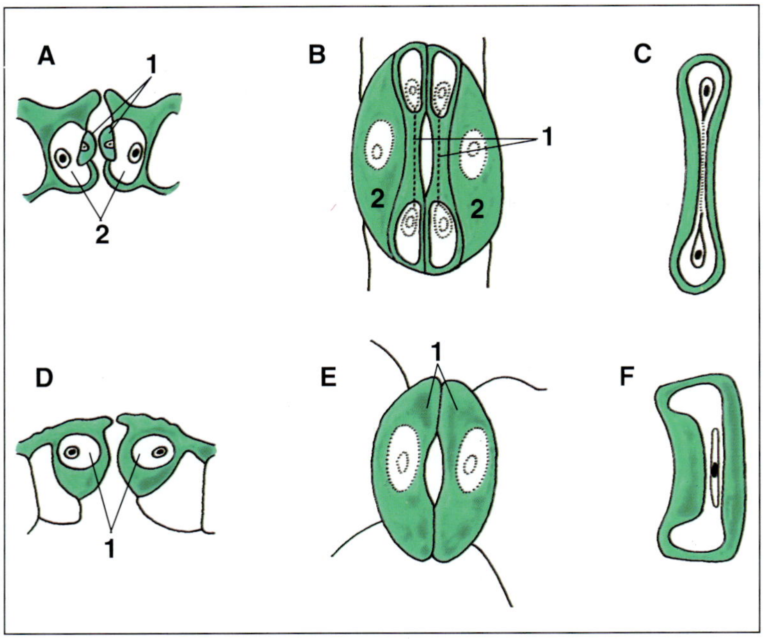

5.27 Stomata eines Grases (**A–C**) und einer Dikotylen (**D–F**) in Aufsicht (**B, E**), und im Querschnitt (**A, D**). **C, F** Längsschnitt durch eine Schließzelle. Die hantelförmigen Schließzellen (1) eines Grases haben ungleichmäßig verdickte Wände und sind mit deutlich größeren Nebenzellen (2) assoziiert. Die hier dargestellte Dikotyle weist keine Nebenzellen auf (vgl. **5.30**); die bohnenförmigen Schließzellen (1) haben ungleichmäßig verdickte Wände.

1 Schließzellen
2 Nebenzellen

5.28

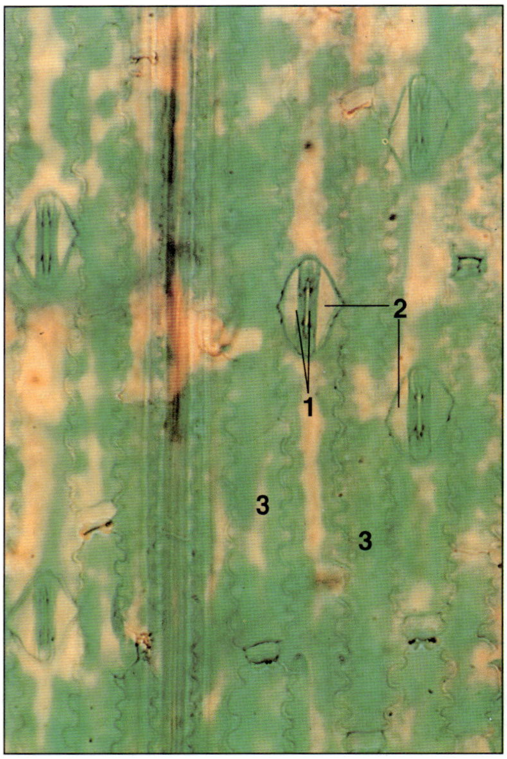

5.29

5.28 Aufsicht auf die Stomata eines aufgehellten Blattes von *Zea mays* (Mais), einer Monokotylen. Die Längsachsen der Schließzellen (1), der Nebenzellen (2) und der gewöhnlichen Epidermiszellen (3, mit wellenförmigen Wänden) liegen alle parallel zur Längsachse des Blattes. (LM × 305.)

1 Schließzellen
2 Nebenzellen
3 Epidermiszellen

5.29 Abaxiale Blattfläche der Dikotylen *Begonia rex*. Zu erkennen sind zahlreiche, große, vielzellige Trichome (1) und Stomata (2). (REM × 80.)

1 Vielzellige Trichome
2 Stomata

5.30

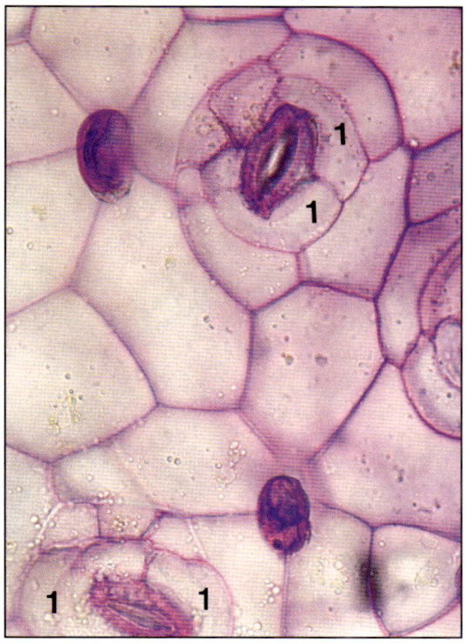

5.31

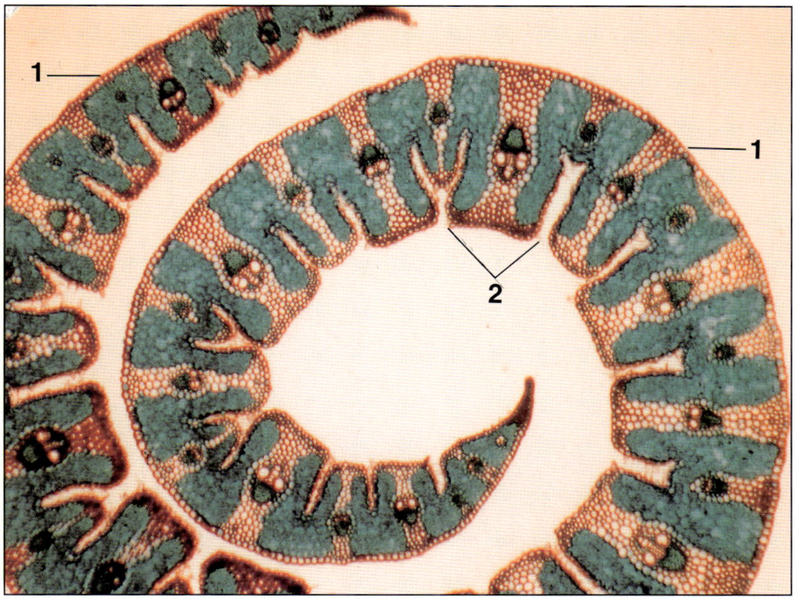

5.30 Abaxiale Aufsicht auf ein Blatt der Dikotylen *Peperomia argyreia*. Die Längsachsen der Stomata sind unterschiedlich zueinander orientiert (vgl. 5.28). Nebenzellen (1). (LM × 225.)

1 Nebenzellen

5.31 QS durch die xeromorphe, bifaziale Blattspreite der Monokotylen *Ammophila arenaria* (Strandhafer). Je nach Luftfeuchtigkeit und Wasserverfügbarkeit ist das Blatt *in vivo* unterschiedlich stark eingerollt. Die glatte abaxiale Oberfläche des Blattes (1) weist nach außen, während die eingerollte, adaxiale Oberfläche längsverlaufende Furchen (2, vgl. 5.32) aufweist. (LM × 30.)

1 Abaxiale Oberfläche
2 Adaxiale Furchen

5.32 Quer geschnittene Blattspreite von *Ammophila arenaria* (Strandhafer) im Detail. Die abaxiale Epidermis (1) dieser Monokotylen wird von einer dicken Cuticula überzogen und weist keine Stomata auf. Eine hypodermale Sklerenchymschicht (2) zieht bis in die Rippen (3) der adaxialen Oberfläche; das Mesophyll (4) ist besonders stark an den Rändern der Rippen vertreten. Es gehen zahlreiche lange Haare aus der adaxialen Epidermis hervor, die von einer dünnen Cuticula überzogen ist. Zwischen den Haaren finden sich Stomata und in den Furchen liegen auffällige Gelenkzellen (5). (LM × 120.)

1 Abaxiale Epidermis
2 Sklerenchym
3 Adaxiale Rippen
4 Mesophyll
5 Gelenkzellen

5.32

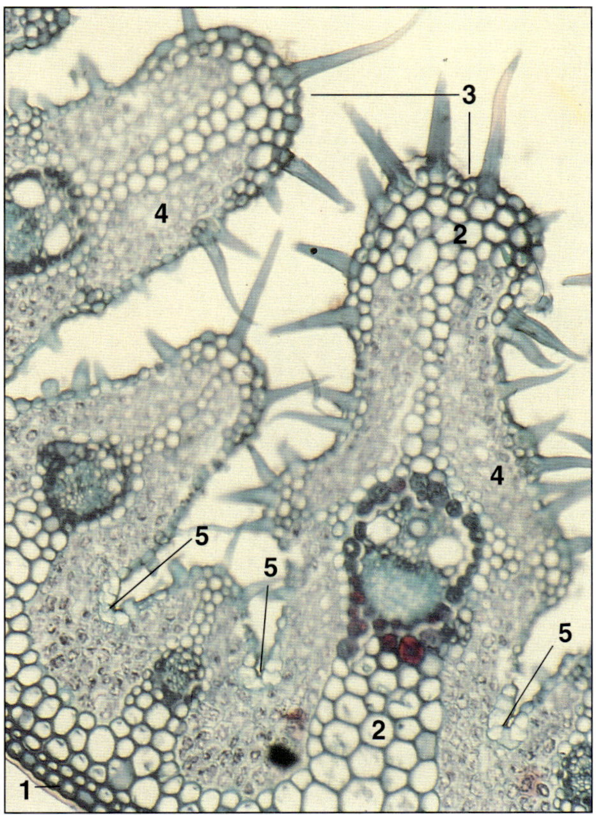

5.33

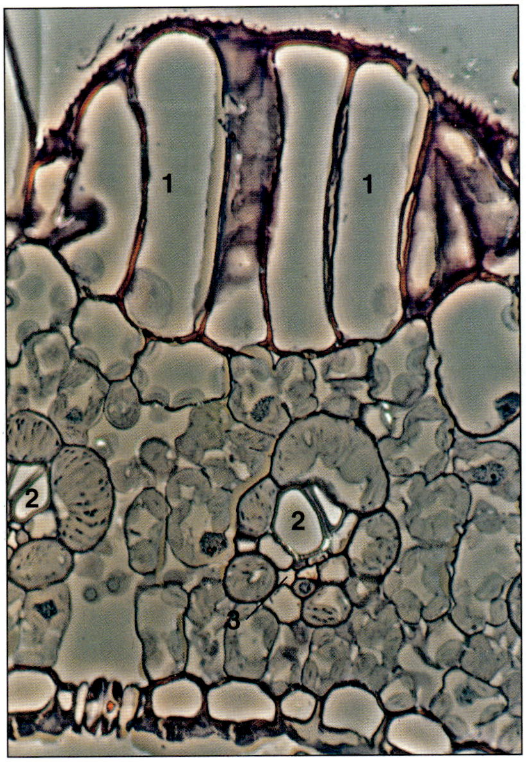

5.34

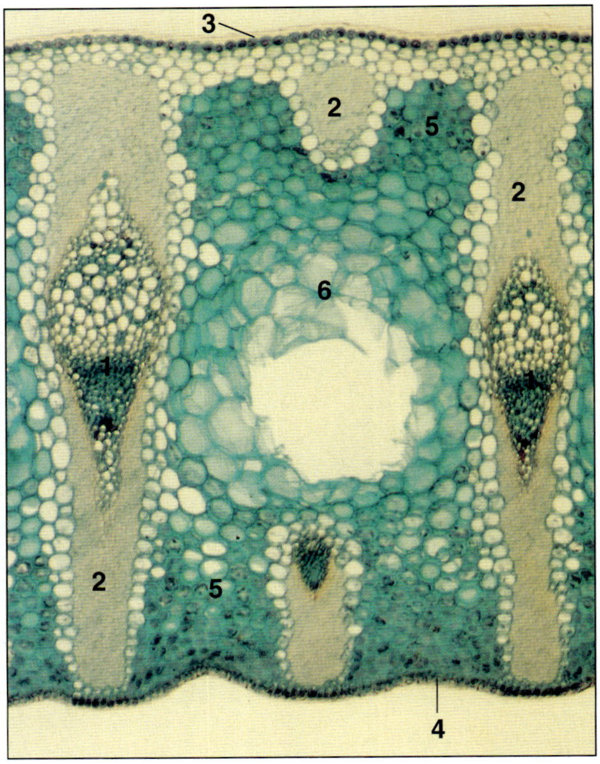

5.33 QS durch Gelenkzellen in der Blattspreite des Grases *Zea mays* (Mais). Die großen, dünnwandigen und stark vakuolisierten Gelenkzellen (1) dieser Monokotylen treten nur in der adaxialen Epidermis auf. Wenn die Zellen Wasser verlieren, tragen sie zum Einrollen des Blattes bei. Tracheale Elemente (2), Siebröhre (3). (Phasen LM × 495.)

1 Gelenkzellen
2 Tracheale Elemente
3 Siebröhre

5.34 QS durch das äquifaziale Blatt der Monokotylen *Phormium tenax* (Neuseeländischer Hanf). Die Blattnerven (1) sind in dickwandige, stark verholzte Fasern (2) eingebettet, die eine Reihe von Trägerkonstruktionen bilden, welche die gesamte Spreite von der adaxialen (3) bis zur abaxialen (4) Seite durchqueren. Die Fasern werden wirtschaftlich zur Herstellung von Seilen genutzt; einzelne Fasern können eine Länge von bis zu 15 mm erreichen. Mesophyll (5), nicht assimilierendes Parenchym (6). (LM × 80.)

1 Blattnerven
2 Verholzte Fasern
3 Adaxiale Blattfläche
4 Abaxiale Blattfläche
5 Mesophyll
6 Nicht assimilierendes Mesophyll

5.35

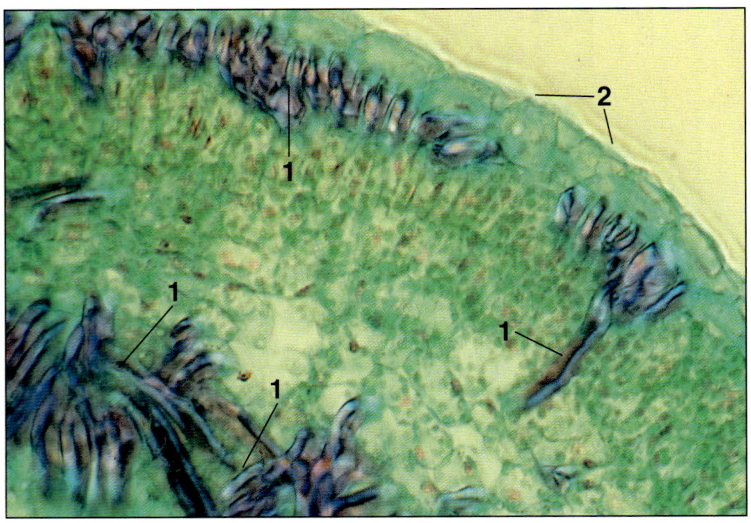

5.35 QS durch das xeromorphe Blatt der Dikotylen *Olea europaea* (Olivenbaum). Zahlreiche, dickwandige Sklereiden (1) verzweigen sich im Mesophyll. Die adaxiale Epidermis ist von einer sehr dicken Cuticula (2) überzogen. (LM × 120.)

1 Sklereiden
2 Cuticula

5.36 QS durch die Mittelrippe eines bifazialen Blattes von *Prunus laurocerasus* (Kirschlorbeer), einer Dikotylen. Die Blattspreite besteht aus einem kompakten adaxialen Palisadenparenchym (1) und einem unregelmäßig aufgebauten abaxialen Schwammparenchym (2). Beide Oberflächen sind von einer auffälligen Cuticula überzogen. Die Mittelrippe weist einen einzelnen großen Nerv mit adaxialem Xylem (3) auf. Ein Kollenchymstrang (4) bildet eine leichte Verstärkung an der adaxialen Oberfläche. Cambiumartige Parenchymschicht (5), Phloem (6). (LM × 80.)

1 Adaxiales Palisadenparenchym
2 Schwammparenchym
3 Xylem
4 Kollenchymstrang
5 Cambiumartige Schicht
6 Phloem

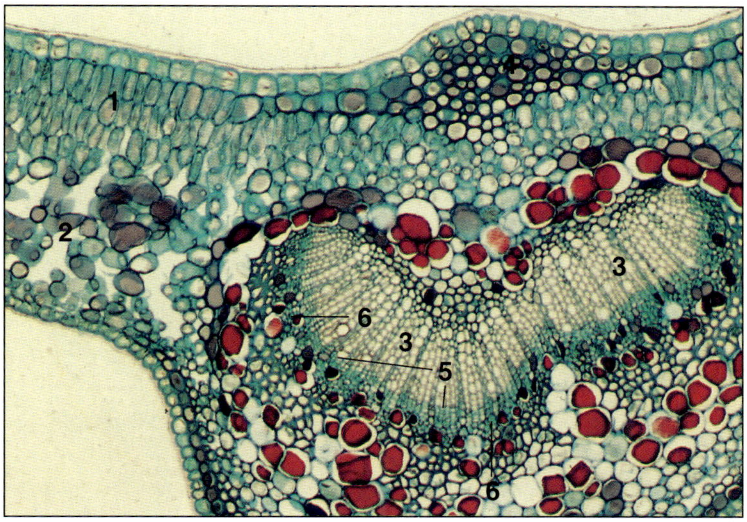

5.36

5.37

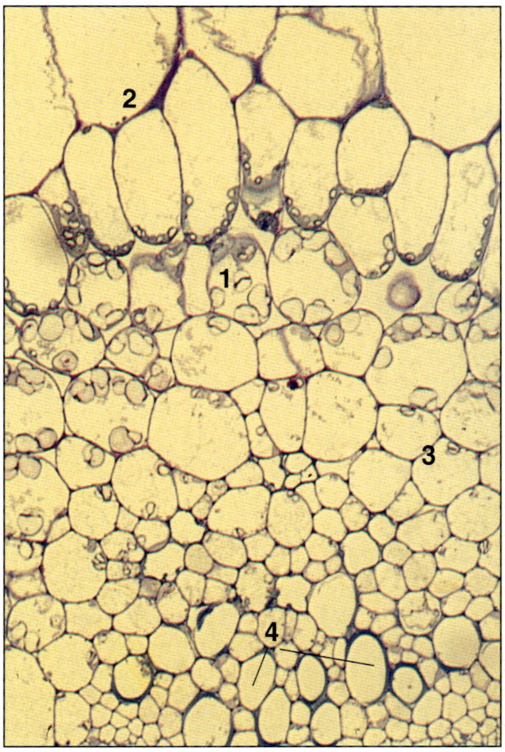

5.38

5.37 Quergeschnittene sukkulente Blattspreite der Dikotylen *Peperomia resedaeflora* im Detail. Dieser Regenwald-Epiphyt weist nur eine einzige Palisadenparenchymschicht (1) auf, die adaxial von großen, stark vakuolisierten Wasserspeicherzellen (2) bedeckt ist. Das Wasserspeichergewebe nimmt über die Hälfte der Gesamthöhe des Blattes ein; in dieser Abbildung sind jedoch nur die innersten Speicherzellen zu sehen. Die unterhalb des Palisadenparenchyms liegenden kompakten Parenchymzellen (3) enthalten große Amylochloroplasten. Xylem (4). (G-Os, LM × 285.)

1	Palisadenparenchym	3	Parenchymzellen
2	Wasserspeicherzellen	4	Xylem

5.38 Periklin chimäre Blätter der Dikotylen *Pelargonium* (Geranie). Die panaschierte Blattzeichnung wird durch eine Mutation in einer einzigen Corpuszelle am äußersten Sproßapex verursacht; die Abkömmlinge dieser Zelle enthalten Proplastiden, die sich nicht zu Chloroplasten differenzieren können. Das Mesophyll der Blattprimordien leitet sich von der inneren Tunicaschicht(en) und vom Corpus ab; grüne Zellen entwickeln sich jedoch nur aus den Tunicaschichten: Aus der Vermehrung dieses Gewebes an den Blatträndern entsteht die grüne Einfassung des Blattes.

5.39

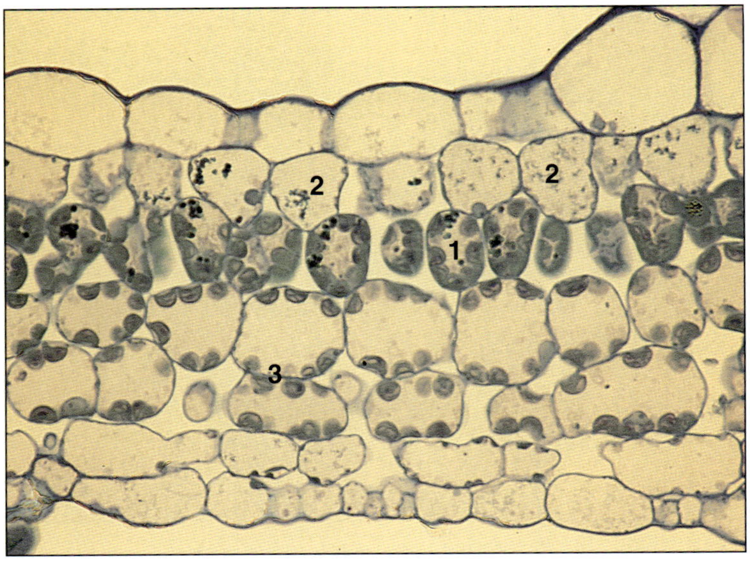

5.39 Quer geschnittenes panaschiertes, bifaziales Blatt der Dikotylen *Glechoma hederacea* (Gundermann) im Detail. In diesem chimären Blatt ist das assimilierende Palisadenparenchym auf eine einzige Schicht gedrungener Zellen beschränkt (1), während das hypodermale Palisadenparenchym (2) keine Chloroplasten enthält. Das abaxiale Schwammparenchym (3) weist Chloroplasten auf, ist aber kompakter als in einem nicht panaschierten Blatt (vgl. 3.3). Beide Epidermen sind frei von Chloroplasten. (G-Os, LM × 310.)

1 Assimilierendes Palisadenparenchym
2 Hypodermales, nicht assimilierendes Palisadenparenchym
3 Schwammparenchym

5.40

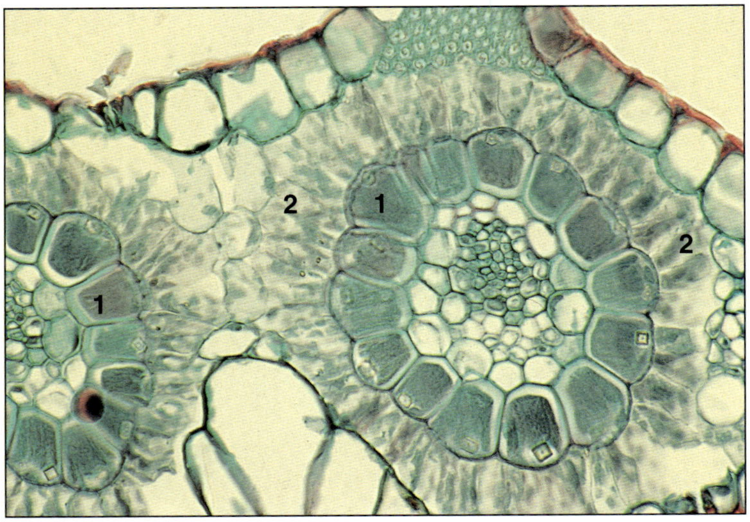

5.40 QS durch ein Blatt des Grases *Panicum turgidum*. Dieses Wüstengras zeichnet sich durch eine als „Kranztyp" bezeichnete Blattanatomie aus – so genannt wegen der auffälligen, parenchymatischen Leitbündelscheide (1), die große, zusammengelagerte Chloroplasten enthält. Mesophyllzellen (2) strahlen von der Scheide radial nach außen; die Chloroplasten dieser Zellen sind kleiner und nicht zusammengelagert. (LM × 310.)

1 Leitbündelscheide
2 Mesophyllzellen

5.41

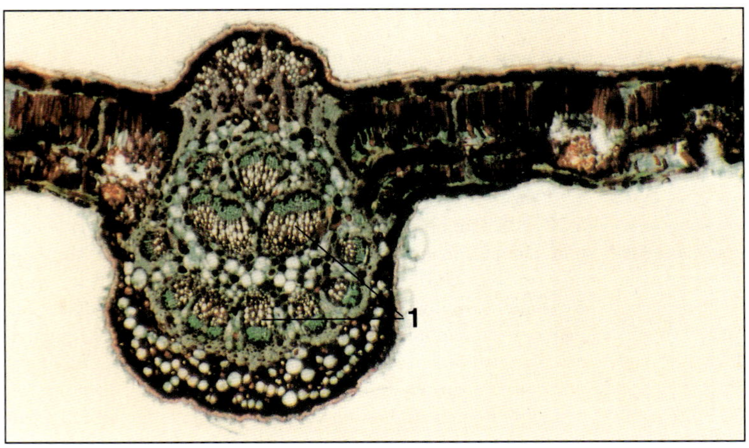

5.41 QS durch das bifaziale Blatt der Dikotylen *Banksia*. Die xeromorphen Blätter dieser in Australien beheimateten Gattung sind beidseitig von einer dicken Cuticula überzogen. Das Mesophyll ist reich an Tannin. In der Mittelrippe treten mehrere, separate Leitbündel mit unterschiedlich orientierten Xylemsträngen (1) auf. (LM × 10.)

1 Xylemstränge

5.42 QS durch einen großen Nerv im Blatt der Monokotylen *Dracaena draco* (Drachenbaum). Zwischen dem adaxialen Xylem (1) und dem abaxialen Phloem (2) tritt kein Cambium auf. Das Leitbündel ist vom Mesophyll (3) in einigen Bereichen durch eine Faserscheide (4) getrennt. (G-Os, LM × 295.)

1	Adaxiales Xylem	3	Mesophyll
2	Abaxiales Phloem	4	Fasern

5.42

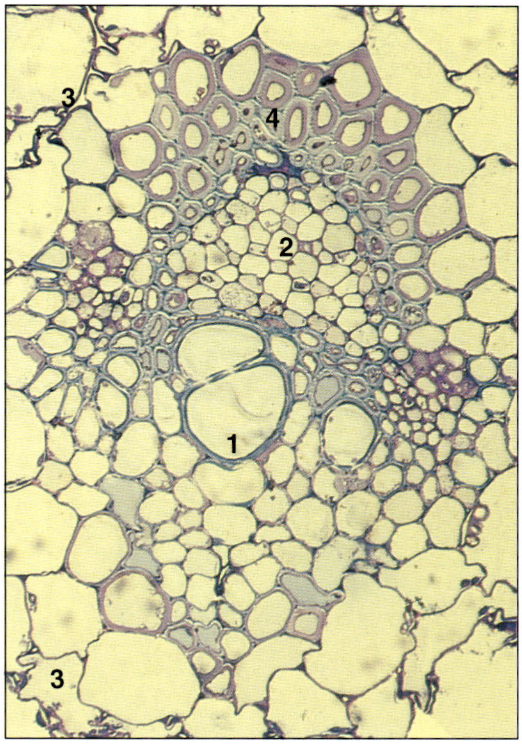

5.43 QS durch den Hauptnerv eines Blattes von *Sorbus aucuparia* (Eberesche), einer Dikotylen. Im adaxialen Xylem liegen weitlumige, leere tracheale Elemente, deren Sekundärwände Hoftüpfel aufweisen (1). Auch einige schmalere, sich differenzierende Elemente (2) mit verdickten Sekundärwänden, aber intakten Protoplasten sind zu erkennen. Eine Cambiumschicht (3) liegt zwischen Xylem und den Fasern des Phloems (4). (G-Os, TEM × 2100.)

5.43

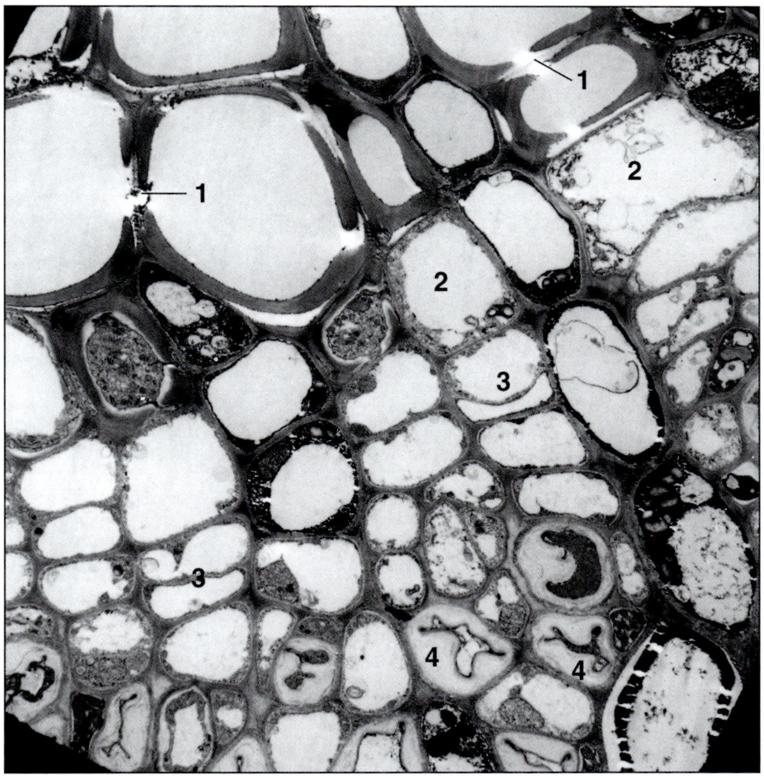

1	Hoftüpfel	3	Cambiumschicht
2	Sich differenzierendes Xylem	4	Phloemfasern

5.44

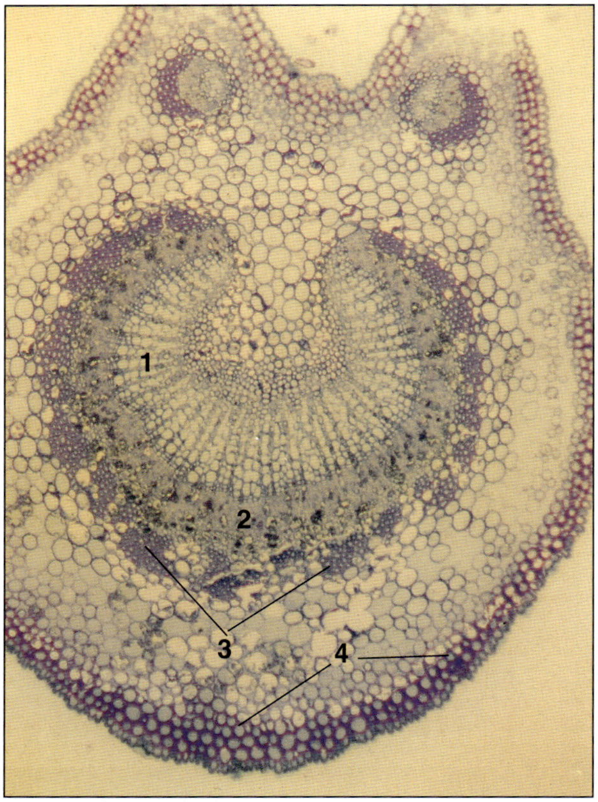

5.44 QS durch den Blattstiel der Dikotylen *Phaseolus vulgaris* (Bohne). Im Blattstiel kommen ein großer, sichelförmiger Nerv und ein Paar kleiner seitlicher Nerven vor. Das ausgeprägte Xylem (1) des großen Nervs liegt adaxial; das Phloem (2) wird durch Faserstränge (3) abgegrenzt. Zu erkennen sind außerdem ein ausgedehntes, hypodermales Sklerenchym (4) und das ansonsten parenchymatische Grundgewebe. (G-Os, LM × 85.)

1	Xylem	3	Faserstränge
2	Phloem	4	Sklerenchym

5.45

5.46

5.45, 5.46 Schlafbewegung der Dikotylen *Oxalis angularis.* Die drei Fiedern jedes Blattes sind tagsüber (**5.45**) ausgebreitet, bei Nacht (**5.46**) senken sie sich jedoch. Die Bewegung wird durch Turgorverlust in einem spezialisierten, parenchymatischen Gewebe verursacht, das in einer gelenkartigen Verdickung (Pulvinus) an der Spitze eines Blattstiels direkt unterhalb der Blattfiedern lokalisiert ist.

5.47 LS durch den Kotyledonenknoten der Dikotylen *Phaseolus vulgaris* (Bohne). Mehrere Wochen nach der epigäischen Keimung verwelken die Kotyledonen und fallen ab. Eine Achselknospe (1) sitzt zwischen Stengel und Kotyledone (2); an der Basis der Kotyledone verläuft eine ausgeprägte Trennungszone (3), die auch den Hauptnerv der Kotyledone (4) durchquert. (G-Os, LM × 75.)

1 Achselknospe
2 Kotyledone
3 Trennungszone
4 Nerv der Kotyledone

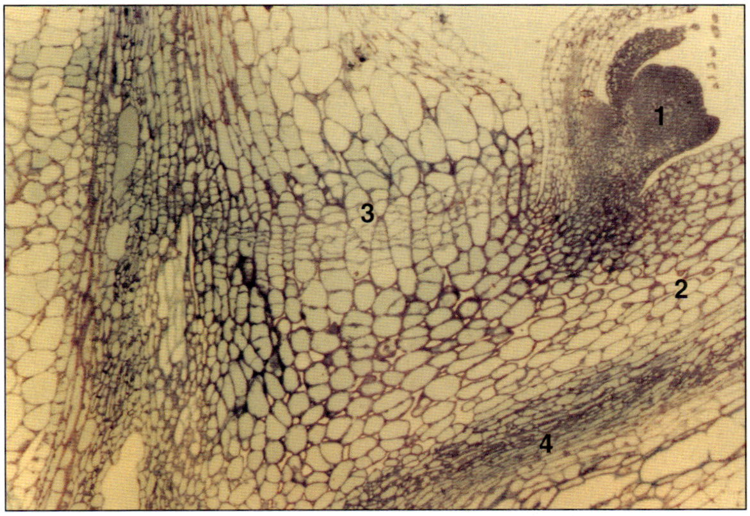

5.47

5.48

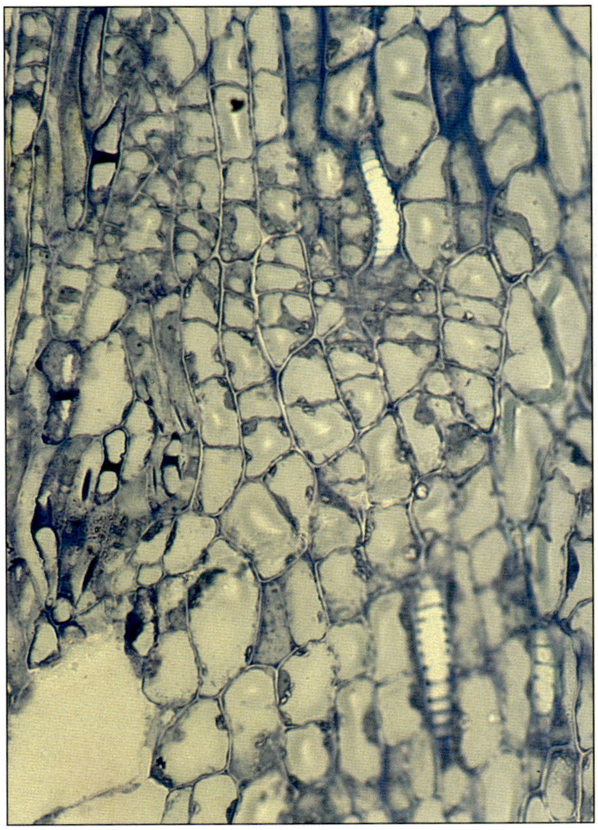

5.49

5.48 Trennungszone einer Kotyledone von *Phaseolus vulgaris* (Bohne) im Detail. Dort, wo die Trennungsschicht den Nerv überquert (vgl. 5.47), sind die trachealen Elemente sehr schmal und stehen offenbar nicht in direkter Verbindung zueinander; diese Eigenschaften vermindern vermutlich die Gefahr einer Luftembolie, wenn die Kotyledonen abfallen. Die Zellen der Trennungszone gehen aus sich mehrfach querteilenden, cambiumartigen parenchymatischen Vorläuferzellen hervor. (G-Os, LM × 340.)

5.49 Verkorkte Blattnarben am Stengel der Monokotylen *Monstera* im Detail. Zu erkennen sind außerdem die kleineren Narben der Blattnerven (1).

1 Narben der Blattnerven

5.50

5.50 Basis eines älteren Stammes der monokotylen Palme *Corphyra elata*. Auch nach der Entfernung eines Wedels überdauert der bedornte Blattgrund noch viele Jahre.

Kapitel 6

Die Sproßachse

Primäres Wachstum

Die oberirdische Sproßachse trägt die grünen, assimilierenden Blätter und die Fortpflanzungsorgane einer Pflanze (1.16, 4.13, 6.1, 6.2), während unterirdische Sproßachsen häufig als Überdauerungs- und Speicherorgane fungieren (6.3). Die meisten unverdickten Sproßachsen sind von zylindrischer Gestalt (6.2), aber auch gefurchte oder rechteckige Formen sind nicht selten (6.4, 6.5). Sproßachsen können gelegentlich zu abgeflachten, blattähnlichen Strukturen (Platykladien, 6.6, Phyllokladien, 6.7) umgestaltet sein, deren Blätter zu Schuppen reduziert sind. Die schlanke, xeromorphe Sproßachse von *Casuarina* (6.8) trägt ausschließlich Schuppenblätter; die Photosynthese ist in die Sproßachsenrinde verlagert.

Bei vielen Sukkulenten sind die Sproßachsen stark angeschwollen und photosynthetisch aktiv, und bei zahlreichen Kakteen und Wolfsmilchgewächsen (Euphorbien) sind die Blätter zu Dornen umgestaltet (3.33, 6.9). Im parenchymatischen Grundgewebe einer Sproßachse wird häufig Stärke gespeichert (2.31); besonders große Stärkespeicher finden sich in den angeschwollenen Sproßachsen der Sukkulenten und den unterirdischen Sproßknollen, -zwiebelknollen oder Rhizomen (6.3). An den gestauchten Sprossen der Rosettenpflanzen (4.13) sitzen die Blätter dicht gedrängt an kurzen Internodien. Vor der Blütenentwicklung bilden sich jedoch meist viel längere Internodien, wie besonders eindrucksvoll am Beispiel der Agave zu sehen ist (6.2).

Anatomie der Sproßachse im primären Zustand

Das Leitsystem besteht in einem jungen Internodium normalerweise aus separaten Leitbündeln (6.4, 6.5, 6.10, 6.11), die bei Dikotylen meist einen peripheren Zylinder bilden (1.28), bei Monokotylen jedoch zerstreut liegen (1.27). Das Leitgewebe ist in ein im wesentlichen parenchymatisches Grundgewebe eingebettet, das im Bereich der Rinde häufig photosynthetisch aktiv ist (6.6, 6.8, 6.11). Die Rinde liegt außerhalb des Leitgewebes und wird von der meist Stomata und Trichome aufweisenden Epidermis umgrenzt (5.25, 6.5, 6.8). Bei Dikotylen füllt gewöhnlich ein parenchymatisches Mark das Zentrum der Sproßachse, in dem jedoch gelegentlich zusätzliche Leitbündel auftreten können (6.10). Bei den meisten Monokotylen liegen die Leitbündel zerstreut im Grundgewebe (1.27), es kommt jedoch auch vor, daß sich ein Mark herausbildet (6.4). Im Grundgewebe treten oft Sklerenchymzellen auf (6.4, 6.8, 6.10) und die Parenchymzellen können verholzen. Direkt unterhalb der Epidermis, besonders in den Kantenbereichen eines Stengels, liegt häufig Kollenchym (6.5). Bei manchen Sproßachsen entwickelt sich die innerste Rindenschicht zu einer auffallenden Stärkescheide, und in unterirdischen Sproßachsen kann sie unter Verdikkung der Zellwände eine Endodermis bilden (6.12).

Die Leitbündel der Sproßachse sind in der Regel kollateral mit zur Epidermis weisendem Phloem und innenliegendem Xylem (1.11, 6.6, 6.10). Es kommen jedoch auch bikollaterale Leitbündel mit zwei Siebteilen vor, die zu beiden Seiten des Xylems auftreten (6.11). Leptozentrische Leitbündel mit zentralem Phloem, vollständig umgeben von Xylem, finden sich bei vielen Monokotylen (6.12). In den hadrozentrischen Bündeln vieler Farne und einiger Monokotylen wird dagegen das zentrale Xylem von Phloem umschlossen (6.13). Gelegentlich bildet das Phloem auch selbständige Stränge. Bei den allermeisten Dikotylen tritt in den Sproßachsen zwischen Xylem und Phloem eine Cambiumschicht auf (6.6, 6.11); diese fehlt jedoch bei Monokotylen (1.11, 6.12).

Im Bereich des Knotens ist die Anordnung der Leitsysteme komplizierter als im Internodium, da hier Leitbündel vom axialen Leitsystem nach außen abzweigen und in die Blätter und Zweige ziehen (4.17, 4.18, 4.23, 6.14). Neben diesen nodalen Verzweigungen treten die axialen Leitbündel auch entlang eines Internodiums mit benachbarten Bündeln in Verbindung. Bei Monokotylen verlaufen die axialen Bündel im Internodium häufig ein Stück lang schräg und treten mit zahlreichen, in die Blätter ziehenden Nerven (Blattspuren) in Kontakt. Dikotyle weisen in der Regel weniger Blattspuren auf. Bei Pflanzenarten mit weniger ausgeprägten Verbindungen zwischen den axialen Leitbündeln kann eine lokale Schädigung des axialen Leitsystems die Wasser- und Nährstoffversorgung der Pflanze ober- und unterhalb der Verletzungsstelle gravierend beeinträchtigen.

In den meisten Sproßachsen werden die Protoxylem- und Protophloemelemente (2.3) während des Streckungs- und primären Dickenwachstums geschädigt, so daß im älteren primären Sproß (3.5, 6.10, 6.11) i. a. nur Metaxylem und -phloem funktionstüchtig sind. Die zerdrückten, isolierten Protophloemstränge werden häufig durch Perizykelfasern ersetzt, die sich im äußeren Procambium entwickeln

(1.4, 3.2), während das Protoxylem gelegentlich nur noch durch Lakunen (1.11) vertreten ist, nachdem sich die löchrigen Primärwände (2.66) der trachealen Protoxylemelemente überdehnt haben. Die Gefäße des Metaxylems sind bei Dikotylen häufig in radialen, durch Parenchym oder Sklerenchym voneinander getrennten Reihen angeordnet (3.5). Bei Monokotylen finden sich vergleichsweise weniger, dafür aber meist größere Gefäße, zwischen denen wiederum Parenchym oder Sklerenchym auftreten (1.11).

Abwandlungen der primären Sproßachse

Bei Wasserpflanzen weist die Epidermis der untergetauchten Sproßachse in der Regel weder eine Cuticula noch Stomata auf. Chloroplasten kommen dagegen häufig in der Epidermis vor und sind auch in der aërenchymatischen Rinde reichlich vorhanden (6.16). Das Leitgewebe ist zu einem zentralen Zylinder zusammengefaßt, in dem das stark reduzierte Xylem auf Ring- oder Schraubentracheiden beschränkt ist und häufig Protoxylemlakunen aufweist (6.17). Perennierende Wüstenpflanzen sind oft sukkulent und speichern Wasser in ihrem Mark- und Rindengewebe. Auch die Photosynthese ist größtenteils in die Sproßrinde verlagert, und die Blätter sind klein oder verkümmert (3.33, 6.9). Die oft mehrschichtige Epidermis ist von einer dicken Cuticula überzogen; bei *Euphorbia* und einigen Kakteen dient hingegen eine transparente Korkschicht als Abschlußgewebe. Reduzierte Blätter und sukkulente Sproßachsen finden sich auch häufig bei Pflanzen, die in Salzmarschen oder anderen salzhaltigen Umgebungen wachsen.

Sekundäres Dickenwachstum

Die meisten Dikotylen und alle Gymnospermen weisen ein gewisses Maß an sekundärer Verdickung auf (1.30, 3.2, 3.27, 3.44). Wie stark das Ausmaß der Verdickung letztendlich ist, hängt davon ab, ob es sich bei der adulten Pflanze um eine krautige Art handelt (6.18, 6.19) oder ob die Pflanze eine baumförmige Sproßachse ausbildet (1.2, 3.44). Das faszikuläre Cambium entwickelt sich aus einem schmalen, zwischen Xylem und Phloem gelegenen Procambiumstreifen, der im meristematischen Zustand verbleibt, nachdem die Differenzierung der primären Leitgewebe abgeschlossen ist. Zu Beginn der Cambiumtätigkeit treten die Teilungen in der Regel innerhalb der einzelnen Leitbündel auf (1.28, 3.5, 6.18); im weiteren Verlauf breitet sich die meristematische Tätigkeit jedoch seitlich auf die benachbarten Bereiche des interfaszikulären Parenchyms aus, so daß schließlich ein geschlossener Cambiumhohlzylinder entsteht (1.30). Das Cambium nimmt seine Tätigkeit normalerweise gegen Ende der ersten Wachstumsperiode auf.

Anatomie der holzigen Sproßachse

Das Cambium des Leitsystems der Sproßachse besteht aus fusiformen Initialen und Strahleninitialen (6.20, 6.21). Häufig ist das Cambium etagiert, d. h. die Fusiforminitialen sind im Tangentialschnitt in horizontalen Reihen angeordnet (6.21). In einem nicht etagierten Cambium (6.21) sind die Fusiforminitialen hingegen meist länger und haben spitzer zulaufende Enden als im etagierten Cambium. Aus den fusiformen Initialen gehen die axialen Elemente der holzigen Sproßachse hervor: Gefäße, Tracheiden, Fasern, Siebröhren, Geleitzellen und die Zellen des Holzparenchyms. Entsprechend der Anordnung des Cambiums sind auch diese Derivate entweder etagiert oder nicht etagiert (3.63) angeordnet. Die tangentialen Wände der Fusiforminitialen sind dicker als die Radialwände (6.20). Indem sich die Cambiuminitialen während der Wachstumsperiode aktiv tangential teilen (6.29), gliedern sie zentripetal Xylem und zentrifugal Phloem ab (3.27, 6.22). Die Initialen sind stark vakuolisierte Zellen, und die sich nach der Mitose entwickelnde Zellplatte ist peripher von einem ausgeprägten Phragmoplasten umgeben (2.61, 6.20, 6.22).

Die sukzessive aus einer Cambiuminitiale hervorgehenden Derivate sind in radialen Reihen angeordnet, und in einem aktiven Cambium bildet sich eine relativ breite Cambiumzone (6.18) aus Initialen und deren jüngsten Derivaten heraus. In dieser Zone kommt es auch in den künftigen Xylem- und Phloemelementen zu tangentialen Zellteilungen (6.22). Im Xylem der Gymnospermen und einiger Angiospermen bleibt die radiale Anordnung auch während der Differenzierung der trachealen Elemente erhalten (3.17, 3.53, 6.23). Bei den meisten Angiospermen geht das ursprünglich radiale Muster jedoch durch die Differenzierung der Gefäße verloren (3.67, 3.68, 6.18). Strahleninitialen sind etwa isodiametrische Zellen, aus denen durch tangentiale Teilung (6.20) die radial im sekundären Leitsystem verlaufenden Strahlen hervorgehen (3.17, 3.44). Um sich der Zunahme des Sproßachsenumfangs während des sekundären Dickenwachstums anzupassen, teilen sich die Fusiforminitialen gelegentliche radial (antiklin) und bilden so neue Fusiforminitialen. Auf diese Weise können jedoch auch andere Initialen entstehen, die zusätzliche Strahlen bilden, um in der expandierenden Sproßachse den steigenden Bedarf an radialem Wasser- und Nährstofftransport zu decken.

Die sekundäre Verdickung der Sproßachse geht mit verschiedenen Änderungen einher. Die primären Leitgewebe stellen ihre Tätigkeit im Wasser- und Stofftransport ein. Das Mark bleibt häufig noch einige Jahre lang intakt; es kann jedoch auch zugrunde gehen und so einen zentralen Hohlraum bilden. Auch die Rinde kann noch eine gewisse Zeit weiter bestehen (3.17). Das primäre und das frühe sekundäre

Phloem (3.27, 6.23) werden hingegen in der Regel zwischen Perizykel oder Rindensklerenchym und dem breiter werdenden Xylemzylinder zusammengedrückt; selbst in älteren Stämmen bildet das sekundäre Phloem dann nur eine relativ schmale Schicht (3.44). Ist das sekundäre Phloem jedoch reich an axialen Fasern, können auch die älteren Gewebebereiche sichtbar bleiben (3.37). Um der Zunahme des Stammumfangs zu folgen, teilen sich die Zellen der Phloemstrahlen periklin, so daß sich die Strahlen zur Peripherie hin keilförmig verbreitern (3.37).

Bei einigen Dikotylen – insbesondere Lianen – verläuft die sekundäre Verdickung der Sproßachse nach einem anomalen Muster. Bei der tropischen Liane *Bauhinia* (6.24) ist die ältere Sproßachse unregelmäßig gestaltet und häufig bandförmig flexibel. In der frühen Phase des sekundären Wachstums bildet das Cambium zunächst normales, gleichförmiges Xylem. Bald danach erhöht sich jedoch in gegenüberliegenden Sektoren der Sproßachse die Cambiumaktivität, und es entstehen breite, keilförmige Bereiche mit weitlumigen Gefäßen (6.25). Die dazwischen liegenden Xylemregionen bleiben viel schmaler und weisen deutlich englumigere tracheale Elemente auf. Noch komplizierter wird die Gestalt der Liane, wenn sich weitere Leitgewebe aus den breiten Strahlen differenzieren, die durch das gespaltene Xylem ziehen (6.24). Bei *Tinospora* ist das sekundäre Xylem durch stark erweiterte Strahlen in spitz zulaufende Keile unterteilt (6.26). In anderen Sproßachsen werden in zunehmender Entfernung vom Achsenzentrum sukzessiv neue Cambien angelegt, so daß sich Xylem- und Phloemringe mehrfach konzentrisch abwechseln. Es kommt auch vor, daß das Cambium zentripetal Phloem abgliedert.

Periderm

Bei Gymnospermen und holzigen Dikotylen wird die Epidermis normalerweise durch eine schützende Korkschicht und damit assoziierte Gewebe ersetzt (3.13, 3.17, 3.41, 3.44, 6.27, 6.28). Die äußerste Region dieses Periderms besteht aus Phellem (Kork, 1.30), welches aus dem Phellogen (Korkcambium) hervorgeht. Diese Meristemschicht mit tangential abgeflachten Zellen wird meist hypodermal angelegt (5.8), kann aber auch epidermalen Ursprungs sein (6.29) oder tiefer in der Rinde entstehen. Bei einigen Pflanzenarten gliedert das Korkcambium nach innen ein schmales parenchymatisches Gewebe (Phelloderm) ab. Das Korkgewebe besteht aus reihenweise radial angeordneten, dicht gepackten Zellen, die im ausdifferenzierten Zustand tot sind und verdickte, suberinisierte und impermeable Zellwände besitzen. Periderm bildet sich auch an exponierten Wundoberflächen (5.48, 5.49, 6.30) und in den verdickten Stämmen mancher Monokotylen (6.31).

Handelskork wird von *Quercus suber* gewonnen (3.13) und etwa alle 10 Jahre von den Bäumen abgeerntet (6.28). Bei dieser Baumart produziert jedes Phellogen mehrere Millimeter Korkgewebe und wird danach durch immer neue Phellogene ersetzt, die in zunehmend tieferen Rindenschichten und schließlich im sekundären Phloem angelegt werden (3.41). Bei der Entfernung des Korks während der Korkernte wird das Cambium der Eiche nicht geschädigt. Bei den meisten Holzgewächsen blättert die äußere, tote Borke (Rhytidom) regelmäßig von den Stämmen und größeren Ästen ab. Die Borke besteht aus zunehmend tiefer angelegten, sich schuppenförmig überlappenden Peridermen und nicht mehr funktionstüchtigen Bereichen des Phloems (3.41).

Das Korkgewebe ist für die Gasdiffusion undurchlässig, doch wird diese Barriere von zahlreichen Lenticellen durchbrochen (4.22, 6.32, 6.33), die den Eintritt von Sauerstoff in die tiefer gelegenen, lebenden Gewebe ermöglichen und die Abgabe von Kohlendioxid vermitteln. Lenticellen gehen aus weniger dicht zusammenschließenden Regionen des Phellogens hervor, die ein lockeres Gewebe aus abgerundeten Korkzellen (Füllzellen) produzieren, zwischen denen große Interzellularen auftreten. Bei vielen Holzgewächsen werden in regelmäßigen Abständen kompaktere Korkschichten gebildet, die das lockere Füllgewebe der Lenticellen zusammenhalten.

Verdickung der Sproßachse bei Monokotylen

Obwohl die meisten Monokotylen krautige Pflanzen sind, kann sich bei den *Bambuseae* und einigen anderen Arten durch die Aktivität eines primären Verdickungsmeristems eine umfangreiche Sproßachse entwickeln (6.34). Die Zellen dieses Meristems sind in quer oder schräg orientierten Schichten angeordnet; sie teilen sich periklin (6.15), und die nach innen abgegebenen Derivate differenzieren sich zu axialen Leitbündeln und Grundparenchym (4.15). In der frühen Wachstumsphase einer Palme wird die Sproßachse, noch ehe die Internodien in die Länge wachsen, zunächst durch Zellteilungen und diffuses Wachstum der Grundparenchymzellen primär verdickt. Erst wenn die Sproßachse ihren endgültigen Durchmesser erreicht hat (5.50), strecken sich die Internodien. Auf diese Weise können einige Monokotylenarten eine beträchtliche Höhe und ein hohes Alter erlangen.

Bei den sehr wenigen wirklich holzigen Monokotylengattungen (z. B. *Dracaena, Yucca, Cordyline*) beruht das anomale sekundäre Wachstum auf der Tätigkeit eines sekundären Verdickungsmeristems (1.22, 5.2, 6.35). Dieses Meristem entsteht in der äußeren Rinde der älteren Sproßachse (6.36) und schließt häufig direkt an das primäre Verdickungsmeristem der jüngeren Sproßregionen an. Das sekundäre Verdickungsmeristem gliedert zentripetal vollständige Leitbündel ab, die im Gegensatz zu den kollateralen Bündeln der primären Sproßachse oft leptozentrisch aufgebaut sind **(6.36)**. Bei anderen baumartigen Monokotylen (Palmen, Schraubenpalmen, **1.26, 5.10**) findet sich kein sekundäres Verdickungsmeristem; die Erweiterung der Sproßachse wird statt dessen durch diffuses sekundäres Dickenwachstum erzielt, das auf Zellteilungen innerhalb des gesamten Grundparenchyms der Sproßachse zurückzuführen ist.

6.1

6.1 Oberirdischer Sproß der Monokotylen *Musa* (Banane) im Detail. Die Blätter der Pflanze weisen zahlreiche, parallel angeordnete Nerven auf (vgl. 5.9). Wuchtige Wirtel mit unreifen, samenlosen Früchten (Fruchtentwicklung ohne Befruchtung) werden von einem überhängenden Infloreszenzstiel getragen. Nahe der Spitze dieses Stiels finden sich in Wirteln stehende Blüten (1), deren unterständige Fruchtknoten anfangen, sich zu vergrößern; die vertrockneten Teile der Blüten werden später abgeworfen. An der Spitze der Infloreszenz verhüllt eine große Braktee (2) die sterilen männlichen Blüten.

6.2

6.2 Blühender Sproß der Monokotylen *Agave americana* (Amerikanische Agave). Im vegetativen Stadium bildet diese perennierende Monokotyle Rosetten mit zahlreichen, schwertförmigen, xeromorphen Blättern. Nach vielen Jahren vegetativen Wachstums geht die Pflanze in die reproduktive Phase über, und es entwickelt sich eine mehrere Meter hohe Blütenstandsachse mit zahlreichen kleinen Brakteen, in deren Achseln kurze, jeweils mehrere Blüten tragende Seitentriebe stehen.

1 In Wirteln stehende Blüten
2 Braktee

6.3

6.3 Verdickte, unterirdische Sproßknolle der Dikotylen *Solanum tuberosum* (Kartoffel). Die Knolle dient als Überdauerungsorgan und besteht fast ausschließlich aus großen, kompakten und sehr stärkereichen Parenchymzellen (vgl. **2.31, 2.32**). Unter natürlichen Bedingungen sterben die dünnen Stolonen, welche die Knollen mit der Mutterpflanze verbinden, ab und aus den isolierten Knollen entwickeln sich neue Pflanzen. Die Knolle weist zahlreiche sprossende (aus den „Augen" der Knolle hervorgehende) Achselknospen auf, an deren Spitzen Blattprimordien (1) zu erkennen sind. Anlagen von Adventivwurzeln (2).

1 Blattprimordium
2 Wurzelprimordium

6.4

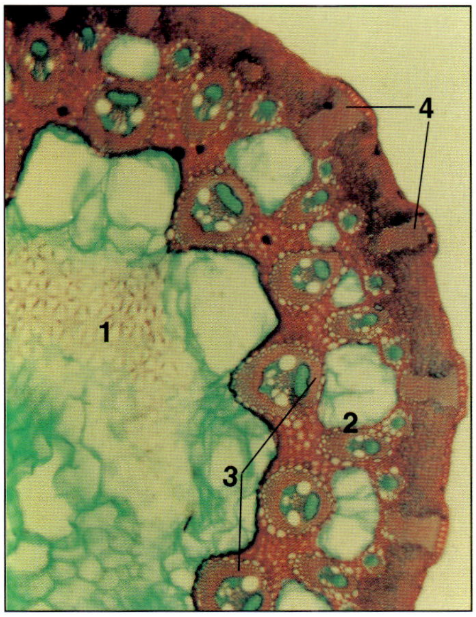

6.5

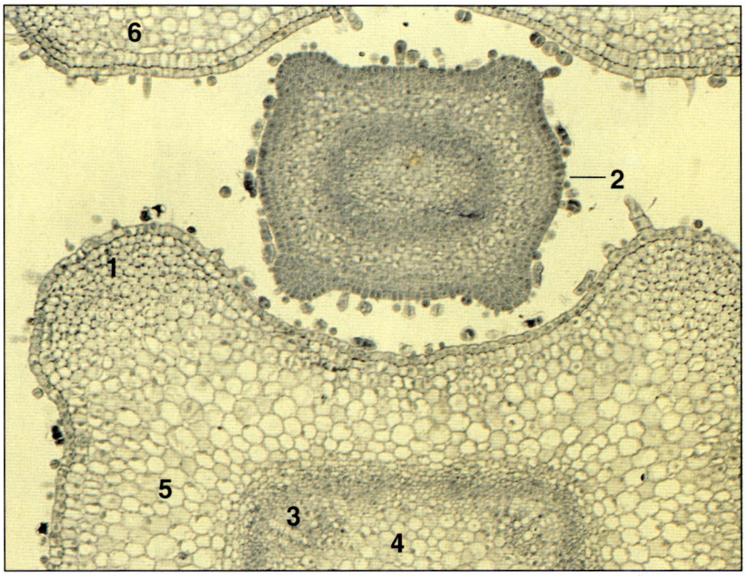

6.4 QS durch die hydrophytische Sproßachse von *Juncus communis* (Binse). Die Sproßachse weist ein breites Mark (1) auf; in den äußeren Markbereichen und der Rinde (2) finden sich große Lufträume. Im Gegensatz zu den meisten Monokotylen sind die Leitbündel (3) dieser Art peripher angeordnet; allerdings unterscheidet sich die Sproßachse von denen der Dikotylen durch das Fehlen eines zwischen Xylem und Phloem gelegenen Cambiums. Faserbündel (4). (LM × 65.)

1	Mark
2	Rinde
3	Leitbündel
4	Faserbündel

6.5 QS durch einen jungen Knoten der Dikotylen *Glechoma hederacea* (Gundermann). Die Kanten dieses rechteckigen Stengels sind durch peripheres Kollenchym (1) verstärkt und auch die Achselknospe (2) hat eine ähnliche Gestalt. Leitgewebe (3), Mark (4), Rinde (5), Tragblatt (6).

1	Kollenchym	4	Mark
2	Achselknospe	5	Rinde
3	Leitgewebe	6	Tragblatt

6.6 QS durch eine Platykladie von *Muehlenbeckia platyclados*. Bei dieser Pflanze fungiert die abgeflachte Sproßachse als Photosyntheseorgan; die periphere Anordnung des Cambiums (1) und die diskreten Leitbündel zeigen jedoch, daß es sich bei diesem Organ um die Sproßachse einer Dikotylen handelt. Assimilierende Rinde (2), Mark (3). (LM × 80.)

1	Cambium
2	Assimilierende Rinde
3	Mark

6.6

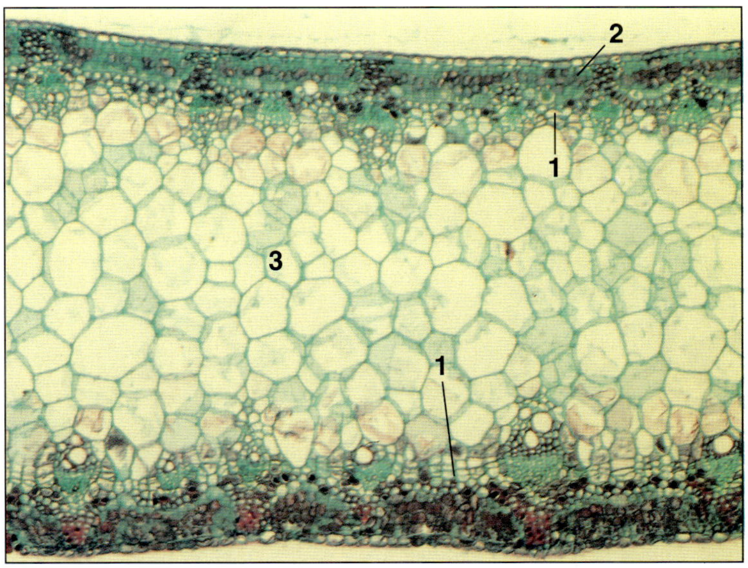

6.7

6.8

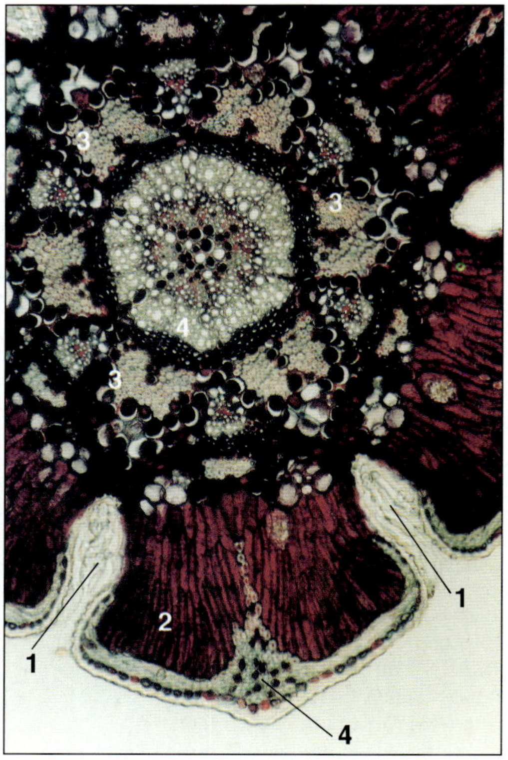

6.7 Sproß der Monokotylen *Semele* mit grünen, blattähnlichen Phyllokladien. Die Phyllokladien entsprechen abgeflachten Sprossen von begrenztem Wachstum. Sie entwickeln sich aus Achselknospen, die von schuppenförmigen Blättern getragen werden. Die Schuppenblätter sitzen an den zylindrischen Sproßachsen (1) der Pflanze.

1 Hauptachse des Sprosses

6.8 QS durch die Sproßachse der Dikotylen *Casuarina.* Die Sproßachse dieser Stickstoff fixierenden Pflanze trägt ausschließlich Schuppenblätter; die Photosynthesefunktionen werden von der xeromorphen Sproßachse übernommen. Die Achse weist mit Haaren ausgekleidete Furchen (1) auf, in denen die Stomata auftreten; das Chlorenchym (2) liegt zwischen den Furchen. Die Epidermis ist von einer dicken Cuticula überzogen und Sklerenchymfasern (3) kommen sowohl hypodermal als auch im Achseninnern vor. Leitbündelring (4). (LM × 115.)

1 Mit Haaren ausgekleidete Furchen
2 Chlorenchym
3 Sklerenchymfasern
4 Leitbündelring

6.9

6.9 Große Exemplare von *Echinocactus,* einer xeromorphen Dikotylen, deren Blätter zu Dornen umgewandelt sind und deren sukkulente Sproßachse als Photosyntheseorgan fungiert. Jede Längsrippe der Sproßachse weist reihenweise angeordnete Höckerchen (Dornpolster) auf, die jeweils mehrere Dornen tragenden Achselknospen entsprechen.

6.10 QS durch die junge Sproßachse der Dikotylen *Piper.* Die Achse weist einen äußeren Ring aus unterschiedlich großen Leitbündeln auf, der nach innen von einer Sklerenchymscheide (1) abgegrenzt wird. Im Mark sind mehrere Medullarbündel (2) zu erkennen. Diese diffuse Verteilung der Leitbündel ist für Dikotyle sehr untypisch (vgl. **1.28**). (LM × 85.)

1 Sklerenchymscheide
2 Medullarbündel

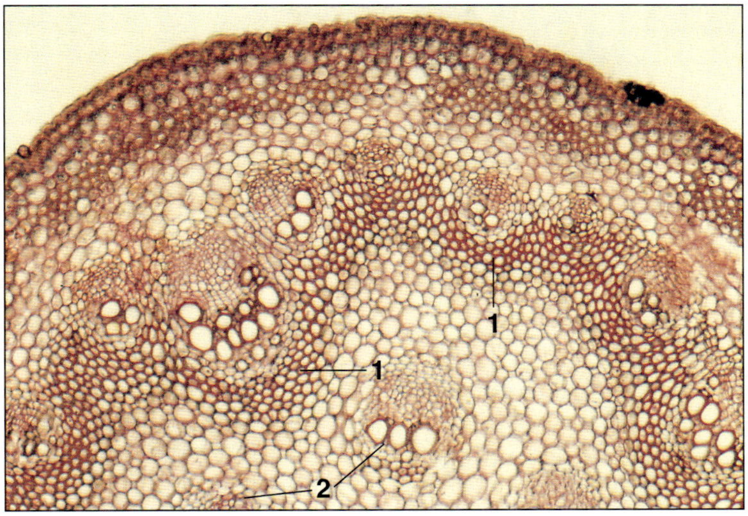

6.10

6.11 QS durch ein Leitbündel in der Sproßachse von *Trichosanthes.* Die Leitbündel dieser Dikotylen sind bikollateral mit Außen- (1) und Innenphloem (2) zu beiden Seiten des Xylems. Zu erkennen sind sehr weitlumige Xylemgefäße (3) und auffällige Siebröhren mit Siebplatten (4). Cambium (5), Sklerenchym (6), assimilierende Rinde (7). (LM × 75.)

1 Außenphloem
2 Innenphloem
3 Xylemgefäße
4 Siebplatten
5 Cambium
6 Sklerenchym
7 Assimilierende Rinde

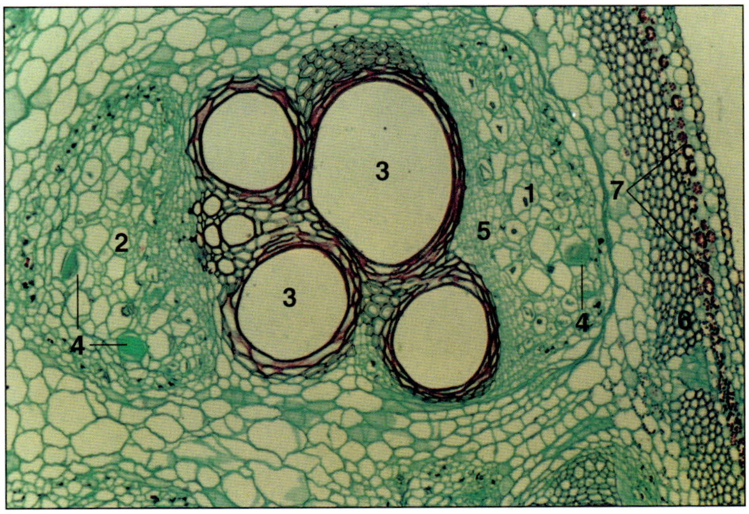

6.11

6.12 QS durch das Rhizom der Monokotylen *Convallaria majalis* (Maiglöckchen). Eine ein- bis mehrschichtige, gleichmäßig verdickte Endodermis (1) grenzt die breite Rinde (2) vom Mark ab, in dem zerstreute Leitbündel auftreten. In den inneren, leptozentrischen Leitbündeln umgibt das Xylem (3) das zentrale Phloem (4). (LM × 115.)

1 Endodermis
2 Rinde
3 Xylem
4 Phloem

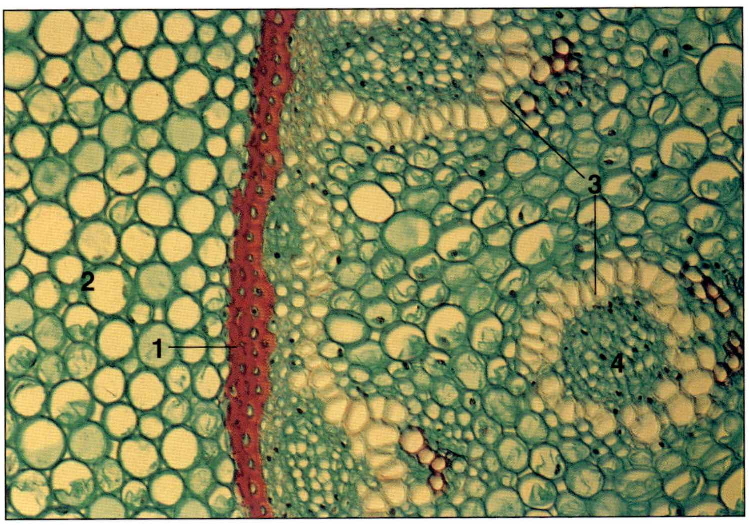

6.12

6.13

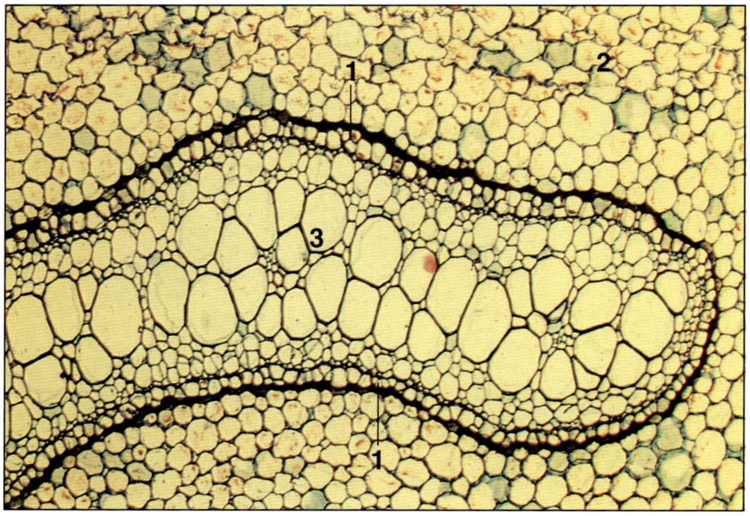

6.13 QS durch das Rhizom des Farns *Pteridium aquilinum* (Adlerfarn). Ein ausgedehnter Leitstrang wird durch eine Endodermis (1) vom Grundparenchym (2) abgegrenzt. Die weitlumigen Xylemelemente (3) sind von kleineren Phloemparenchymzellen und Siebzellen umgeben. (LM × 85.)

1 Endodermis
2 Grundparenchym
3 Xylemelemente

6.14

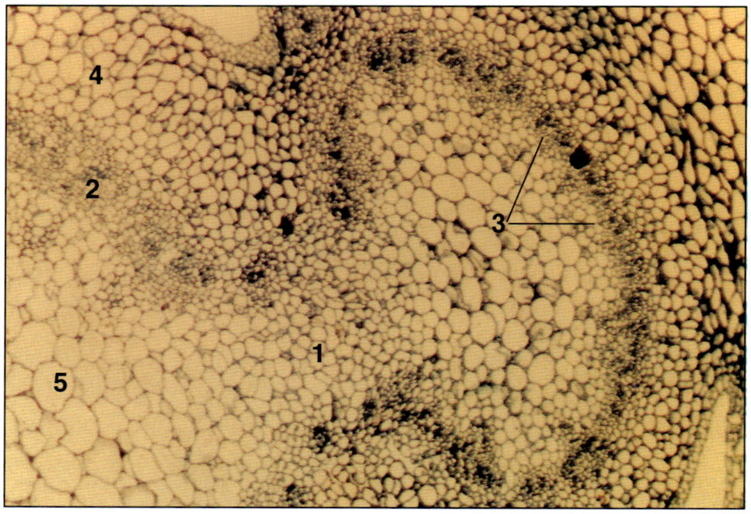

6.14 QS durch einen jungen Knoten der Dikotylen *Phaseolus vulgaris* (Bohne). Eine auffällige Lücke (1) im Leitzylinder der Sproßachse (2) ist an der Stelle zu erkennen, an der sich das Leitsystem verzweigt, um sich mit dem Leitsystem der Achselknospe (3) zu vereinigen. Rinde der Hauptachse (4), Mark (5). (G-Os, LM × 75.)

1 Lücke im Leitgewebe
2 Leitzylinder der Sproßachse
3 Leitsystem der Knospe
4 Rinde der Sproßachse
5 Mark

6.15

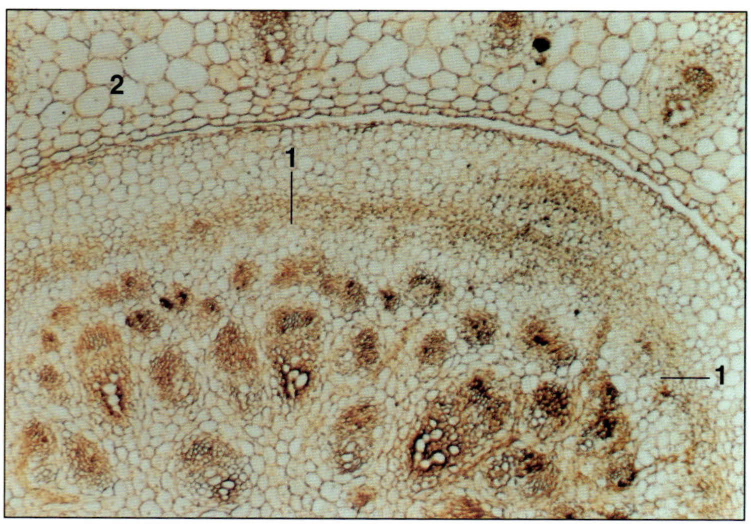

6.15 QS durch die subapikale Region der Sproßachse von *Zea mays* (Mais). Das primäre Verdickungsmeristem (1) dieser Monokotylen (vgl. **4.15**) gibt nach innen zahlreiche, zerstreute Leitbündel ab. Die Abgliederung von peripheren parenchymatischen Derivaten führt zu einer Verdickung der Sproßachse. Die Leitbündel anastomosieren häufig und ihre Verzweigungen verlaufen als Blattspuren schräg nach außen und oben, um die zahlreichen Nerven jedes Blattes zu versorgen. Scheidig ausgebildetes Blattprimordium (2). (LM × 80.)

1 Primäres Verdickungsmeristem
2 Blattscheide

6.16 QS durch die Sproßachse der monokotylen Wasserpflanze *Potamogeton* (Laichkraut). In der Rinde finden sich ausgedehnte Interzellularräume (1); das Leitgewebe ist auf einen schmalen, zentralen Zylinder beschränkt, der nach außen von einer Endodermis (2) abgegrenzt wird. Im Zentralzylinder finden sich acht unterschiedlich große Leitbündel, deren Xylem in Form von Protoxylemlakunen (3) vorliegt. Mark (4), Phloem (5). (LM × 75.)

1 Interzellularräume
2 Endodermis
3 Protoxylemlakunen
4 Mark
5 Phloem

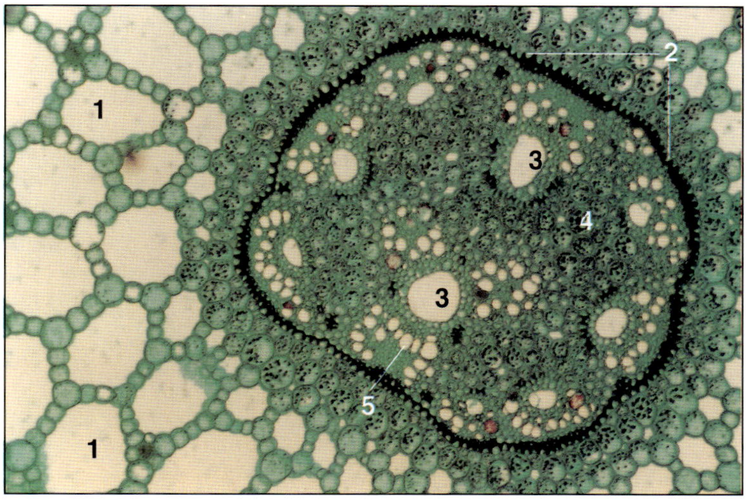

6.16

6.17 QS durch das Leitgewebe der Sproßachse von *Potamogeton* (Laichkraut), einer Monokotylen. In dieser Detailansicht ist eine große Protoxylemlakune (1) zu erkennen, die ringsum von weiten Siebröhren (2) umgeben ist (vgl. **6.16**). Endodermis (3), Fasern (4). (LM × 295.)

1 Protoxylemlakune
2 Siebröhren
3 Endodermis
4 Fasern

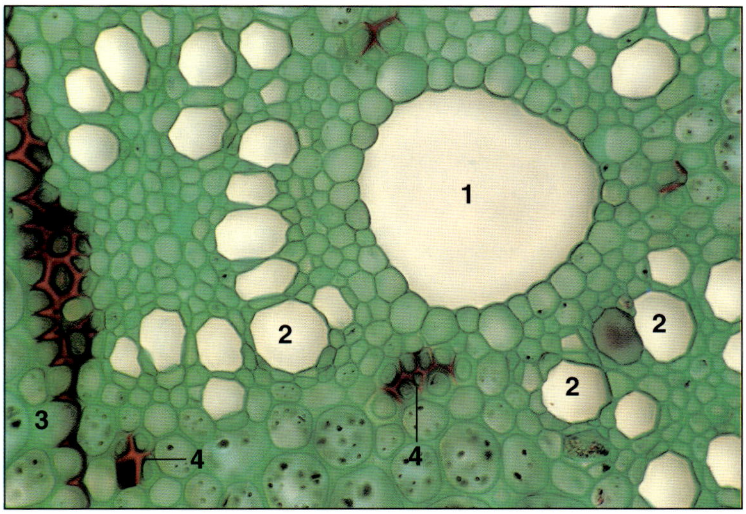

6.17

6.18 QS durch ein Leitbündel der Sproßachse von *Phaseolus vulgaris* (Bohne). In dem Leitbündel ist eine breite Cambiumzone (1) mit tangential abgeflachten Zellen zu erkennen; die gleichmäßig radiale Anordnung dieser Zellen geht im sekundären Xylem durch die stark erweiterten trachealen Elemente (2) abrupt verloren. Das Phloem wird nach außen durch eine Kappe aus Fasern (3) abgegrenzt; direkt neben dem Cambium differenzieren sich die Elemente des sekundären Phloems (4). (G-Os, LM × 285.)

1 Cambiumzone
2 Sekundäres Xylem
3 Faserkappe
4 Sekundäres Phloem

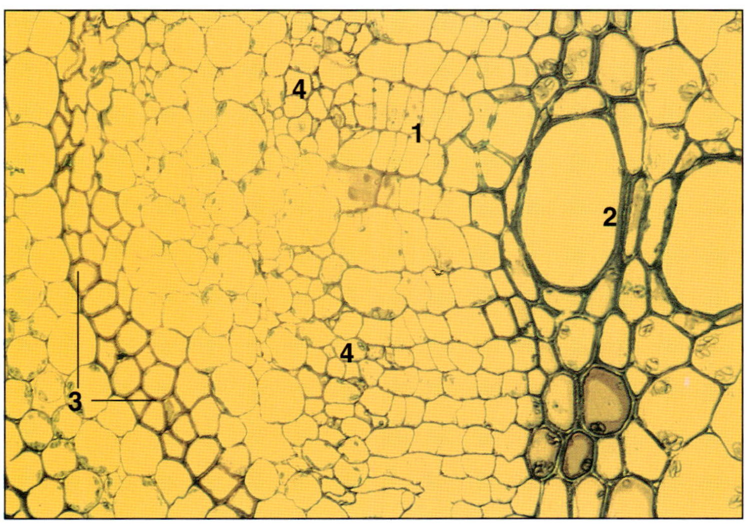

6.18

6.19

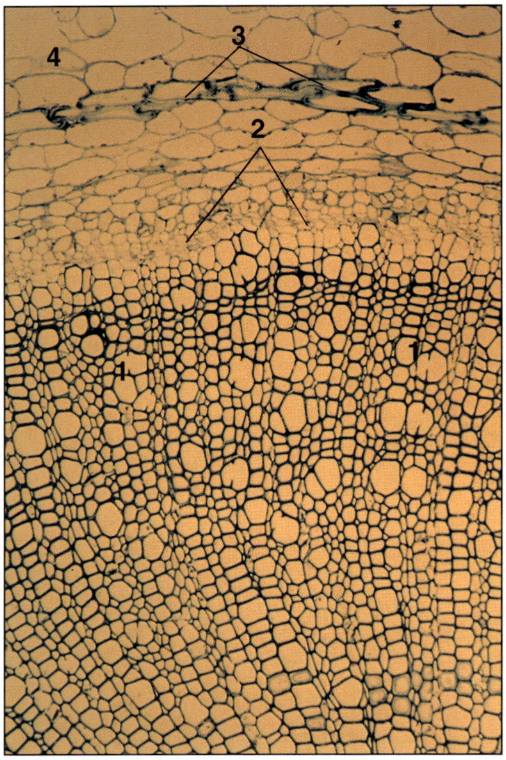

6.19 QS durch die reife krautige Sproßachse der Dikotylen *Linum usitatissimum* (Flachs). Diese einjährige Dikotyle hat sich in ihrer nur eine Wachstumsperiode andauernden Entwicklung erheblich sekundär verdickt. Im Schnitt zu erkennen sind radial angeordnete sekundäre tracheale Elemente (1), die sich vom Cambium (2) ableiten. Phloemfasern (3) kennzeichnen die ursprüngliche Position des Protophloems (vgl. **1.4**). Rinde (4). (G-Os, LM × 115.)

1 Sekundäres Xylem
2 Cambium
3 Phloemfasern
4 Rinde

6.20

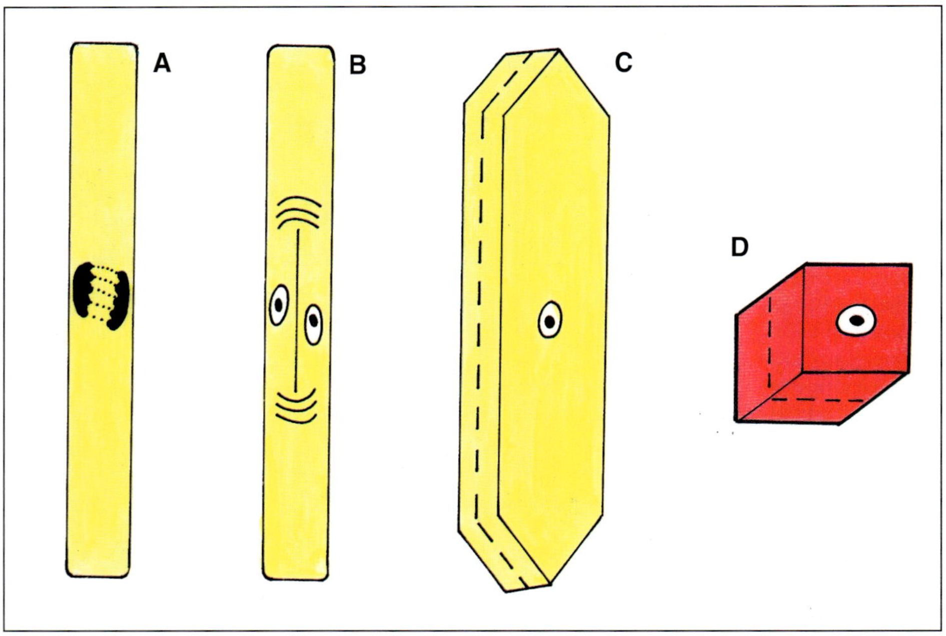

6.20 Schematisierte Cambiumzellen in Längsansicht. **A**, **B** Radiale Ansicht einer isolierten Fusiforminitiale während der Mitose (**A**) und der Cytokinese (**B**). **C** Ansicht der beiden aus der Mutterzelle hervorgegangenen Tochterzellen aus einer schräg tangentialen Perspektive. **D** Strahleninitiale kurz nach einer tangentialen Teilung.

6.21

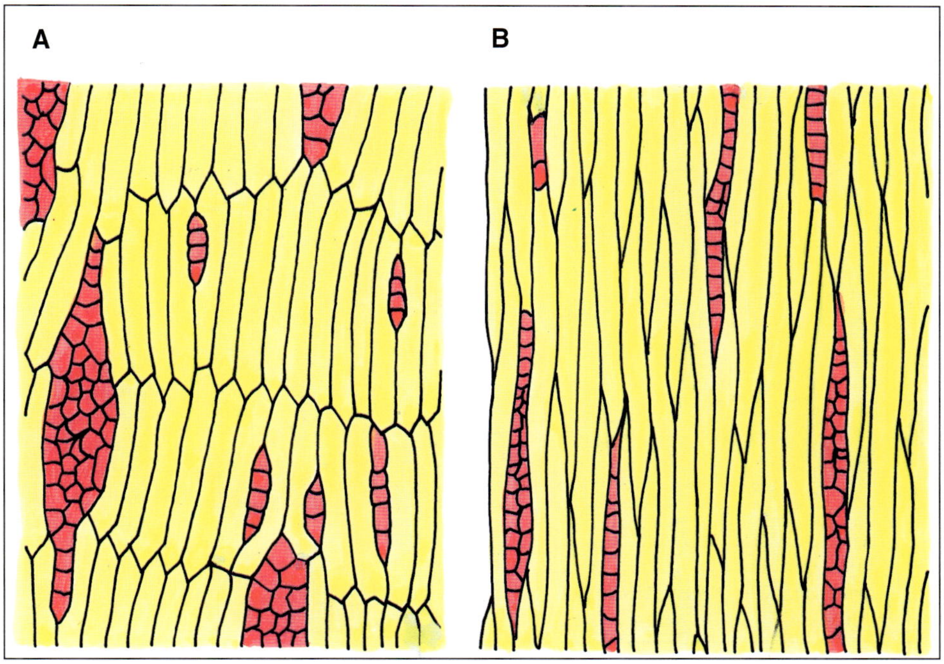

6.21 Tangentiale Ansicht eines etagierten **(A)** und eines nicht etagierten Cambiums **(B)** (Fusiforminitialen sind gelb gekennzeichnet, Strahleninitialen rot).

6.22 Schematisierter Querschnitt durch das sich tangential teilende Cambium. **A** Eine Cambiummutterzelle (gelb) ist im Begriff, sich zu teilen. **B** Aus dieser Teilung geht eine Phloeminitiale (blau) hervor. Die Cambiumzelle teilt sich derweil erneut **(C)** und gliedert eine Xyleminitiale (blau) ab. Die Phloeminitiale aus **C** produziert durch Teilung zwei weitere Initialen, von denen die äußere in **D** wieder im Begriff ist, sich zu teilen. Indessen hat die Cambiumzelle eine neue Xyleminitiale nach innen abgegeben **(D)**, und auch die ursprüngliche Xyleminitiale hat sich in der Zwischenzeit geteilt, so daß nun drei Xyleminitialen zu erkennen sind.

6.22

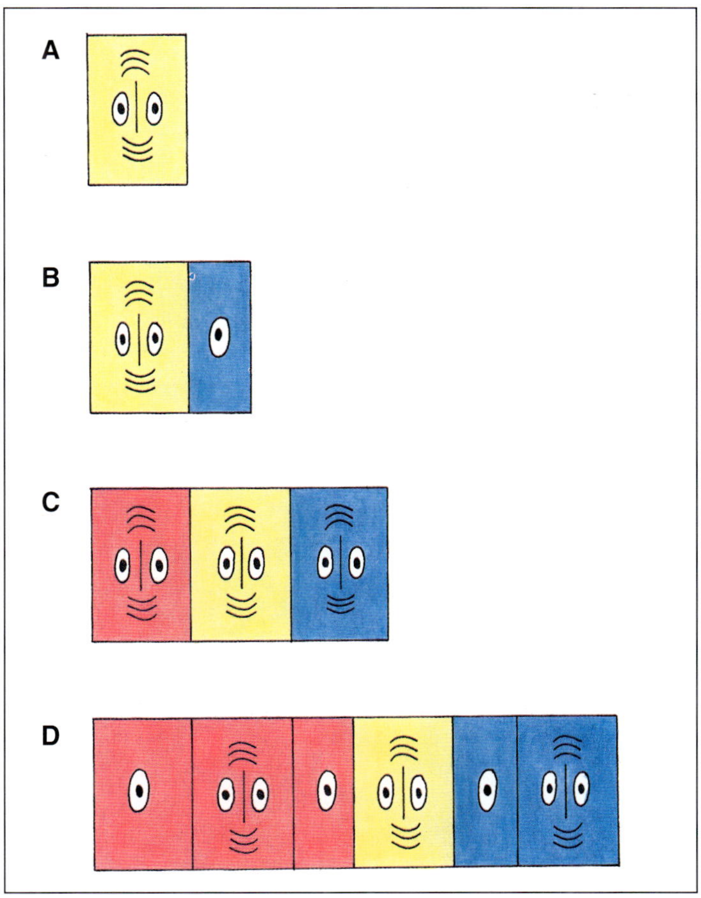

6.23

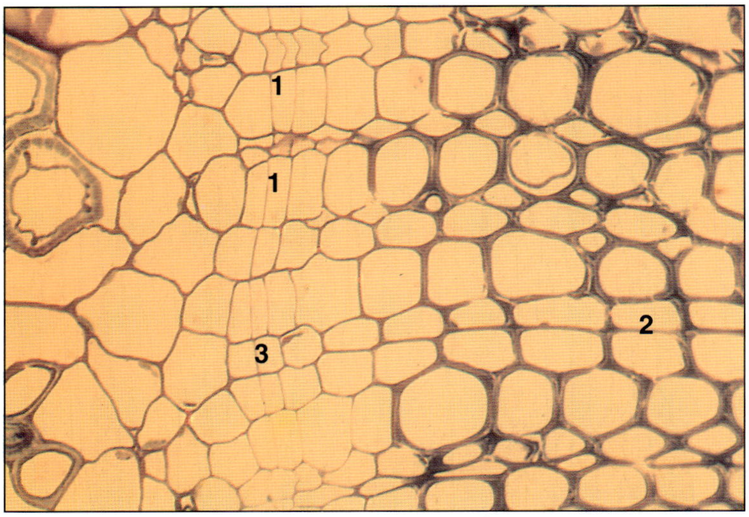

1	Fusiforminitiale
2	Parenchymatische Holzstrahlzelle
3	Strahleninitiale

6.23 Differenzierung des Leitgewebes in der quer geschnittenen Sproßachse von *Linum usitatissimum* (Flachs), einer Dikotylen. Die tangential abgeflachten Zellen der Cambiumzone sind deutlich zu erkennen; an der Innenseite der Cambiumzone differenzieren sich tracheale Elemente (vgl. **6.19**): Da sich diese Elemente radial strecken, aber kaum Ausdehnung in tangentialer Richtung aufweisen, können sie eindeutig den Fusiforminitialen (1) zugeordnet werden, von denen sie abstammen. Auch in radialen Reihen angeordnete schmalere, dickwandige Holzstrahlzellen (2) sind zu erkennen, die aus kleinen Strahleninitialen (3) hervorgehen. Der Bereich des Phloems ist sehr schmal und nach außen durch Phloemfasern abgegrenzt (vgl. **1.4**). Die innen liegenden Leitelemente des Phloems sind vermutlich sekundären Ursprungs, sie können jedoch nicht bestimmten Cambiumzellen zugeordnet werden. (G-Os, LM × 300).

6.24

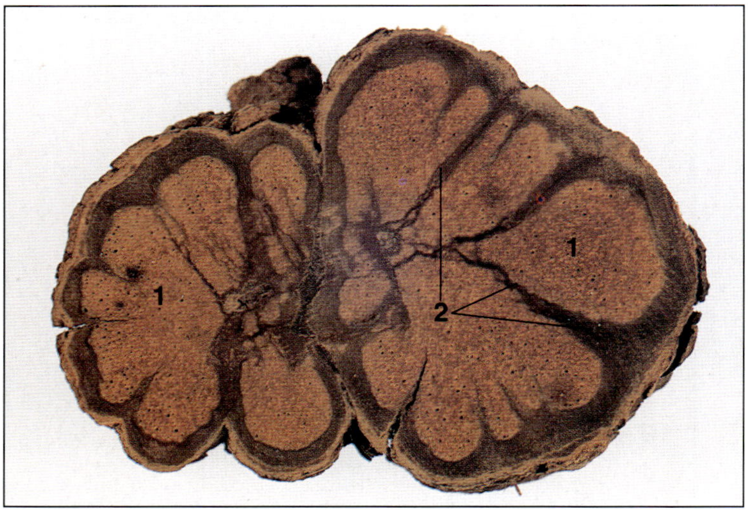

6.24 QS durch die holzige Sproßachse der dikotylen Liane *Bauhinia*. Wie bei vielen anderen Lianen wird auch die Sproßachse dieser Art anomal sekundär verdickt. Das ursprünglich regelmäßig aufgebaute Xylem wurde durch die Vermehrung des vaskulären Parenchyms in stark gelappte Einheiten aufgespalten (1). Phloemkeile (2) ziehen zwischen die Xylemlappen.

1	Gelapptes Xylem
2	Phloemkeile

6.25

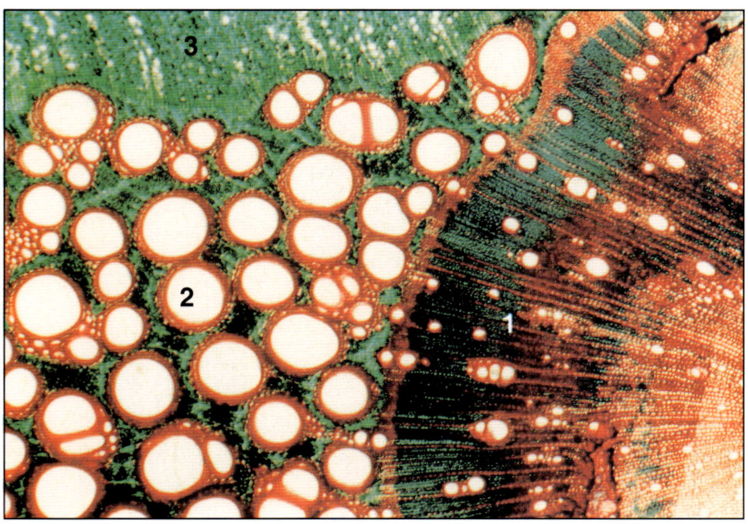

6.25 QS durch das sekundäre Xylem der jungen Sproßachse von *Bauhinia,* einer Dikotylen. Das zuerst gebildete sekundäre Xylem (1) zeichnet sich durch die regelmäßige radiale Anordnung seiner Elemente aus; das später gebildete Holz ist hingegen sehr unregelmäßig aufgebaut und enthält viele, sehr weitlumige Gefäße (2). Vaskuläre Parenchymkeile (3).

1	Sekundäres Xylem
2	Große Gefäße
3	Vaskuläre Parenchymkeile

6.26 QS durch die Sproßachse der Liane *Tinospora.* Das sekundäre Xylem der Achse ist durch die Wucherung der zwischen den trachealen Elementen liegenden parenchymatischen Holzstrahlen (1) tief gespalten. Wie auch bei anderen Lianen (vgl. **6.25**) enthält das Xylem dieser Art viele weitlumige Gefäße (2), die in ein sklerenchymatisches Grundgewebe eingebettet sind. (LM × 30.)

1 Parenchymatischer Holzstrahl
2 Große Gefäße

6.26

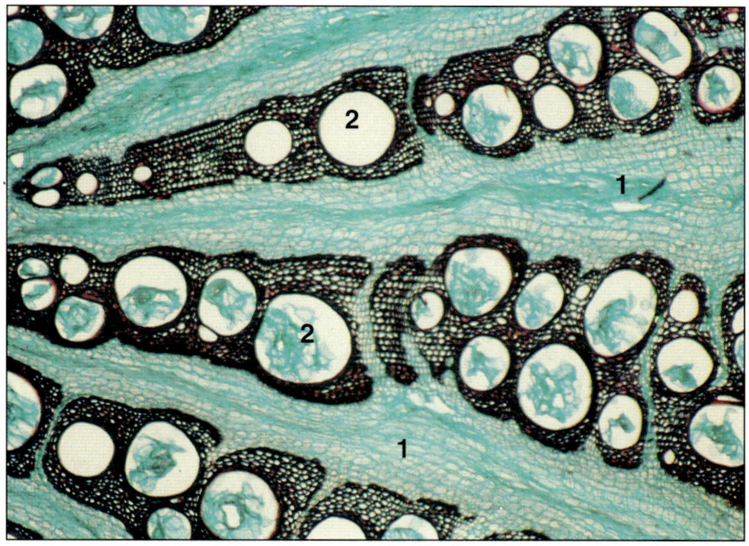

6.27

6.28

6.27 Stamm der Konifere *Sequoiadendron giganteum* (Riesenmammutbaum). Diese langlebigen Bäume können eine Höhe von fast 80 m erreichen und werden durch eine sehr dicke Schicht aus weichem Kork geschützt. Diese Schicht blättert recht unregelmäßig ab, so daß häufig mehrere Zuwachsschichten sichtbar sind.

6.28 Frisch geschälter Stamm von *Quercus suber* (Korkeiche). Die Korkschicht dieses dikotylen Baumes kann entfernt und als Handelskork wirtschaftlich genutzt werden (vgl. **3.13**). Zurück bleibt eine dünne Lage aus neuem Korkgewebe als Schutzschicht für das funktionstüchtige sekundäre Phloem. Es entwickelt sich allmählich eine neue mächtige Korkschicht, die nach etwa 10 Jahren erneut abgeerntet werden kann.

6.29

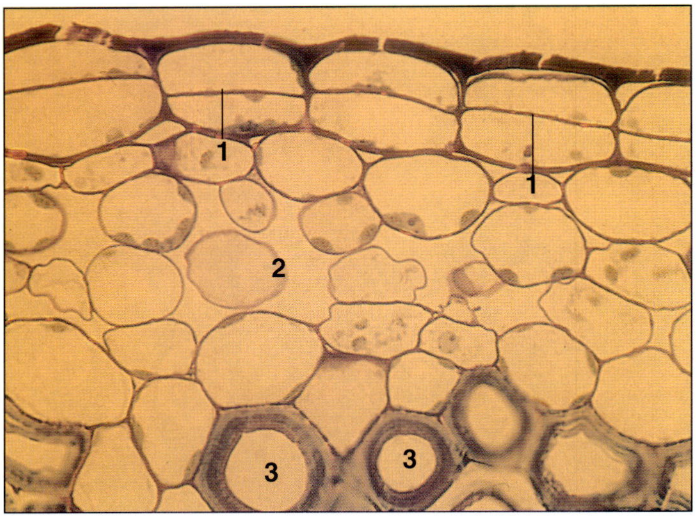

6.29 QS durch die Sproßachse der Dikotylen *Linum usitatissimum* (Flachs). Diese Ansicht veranschaulicht, daß das Korkgewebe dieser Pflanze aus der Epidermis hervorgeht. Zu erkennen sind dünne tangentiale Wände (1), welche die ursprünglich einschichtige Epidermis teilen. Rinde (2), Phloemfasern (3). (G-Os, LM × 300.)

1 Tangentiale Trennwände
2 Rinde
3 Phloemfasern

6.30

6.30 Hohler Stamm eines großen Exemplars der Dikotylen *Acer pseudoplatanus* (Bergahorn). Über den bloßgelegten Bereichen des Stammes und eines Seitenastes hat sich eine ausgedehnte Schutzschicht aus Periderm entwickelt.

6.31

6.31 Oberfläche des Stammes von *Cordyline australis.* Bei diesem großen Baum (vgl. **1.22**) handelt es sich um eine Monokotyle mit anomalem sekundärem Dickenwachstum; eine dicke Schutzschicht aus Kork dient als Abschlußgewebe.

6.32 Verteilung der Lenticellen in einem quer geschnittenen jungen Zweig der Dikotylen *Sambucus nigra* (Schwarzer Holunder). Im Zuge des sekundären Dickenwachstums wird die Epidermis durch ein Korkgewebe ersetzt, in dem zahlreiche Lenticellen auftreten. Mark (1), primäres Xylem (2), sekundäres Xylem (3). (LM × 8.)

1 Mark
2 Primäres Xylem
3 Sekundäres Xylem

6.32

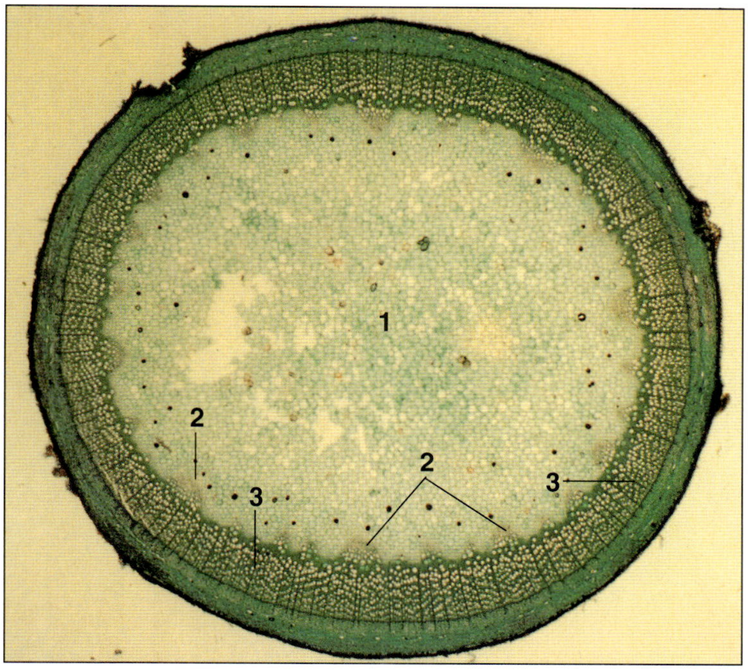

6.33

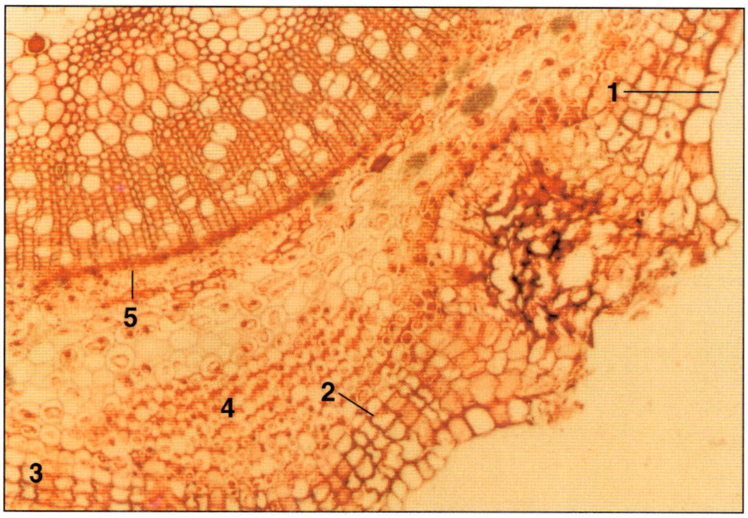

6.33 Lenticelle einer quer geschnittenen Sproßachse der Dikotylen *Sambucus nigra* (Schwarzer Holunder) im Detail. Das Vorhandensein der Epidermis (1) zeigt, daß das Korkcambium (2) in der Hypodermis angelegt wurde. Die Korkzellen (3) liegen radial auf einer Linie mit den Cambiuminitialen; nach innen hat sich eine einschichtige sekundäre Rinde differenziert. Kollenchym (4), Cambium (5). (LM × 85.)

1 Epidermis
2 Korkcambium
3 Korkzellen
4 Kollenchym
5 Cambium

6.34

6.34 Große Exemplare der Bambusart *Dendrocalamus giganteus*. Die Stämme dieser Monokotylen sind gleichförmig verdickt; dort, wo früher Blätter an den Sproßachsen saßen, sind nun horizontale Narben zu erkennen.

6.35

6.36

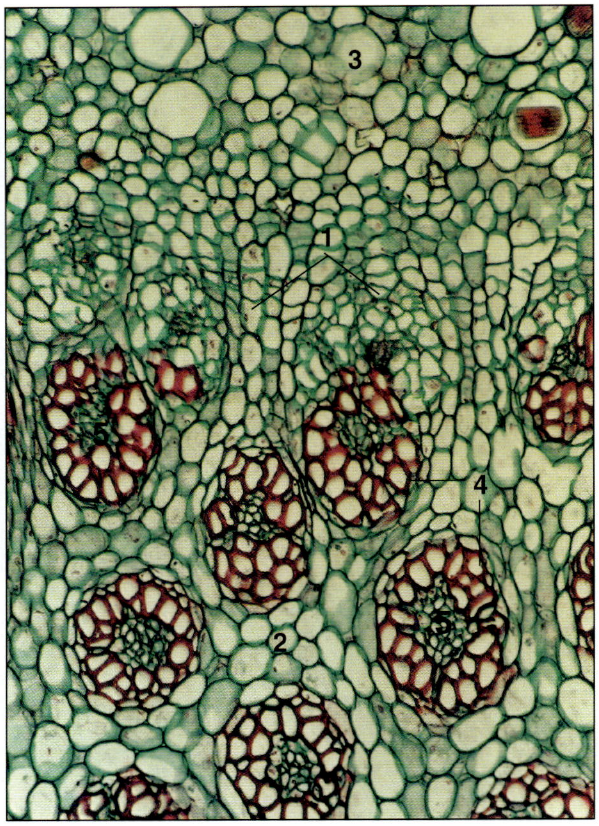

6.35 Großes Exemplar der baumartigen Monokotylen *Dracaena draco* (Drachenbaum). Die Zweigspitzen tragen dicht gedrängte, schwertförmige Blätter und Blütentrauben. Dieser mehrere hundert Jahre alte Baum ist auf den Kanarischen Inseln endemisch. Der starkverzweigte Stamm hat sich durch anomales sekundäres Dickenwachstum stark erweitert und ist an seiner Basis mehrere Meter breit (vgl. **6.36**).

6.36 QS durch die Sproßachse von *Dracaena* mit anomalem sekundärem Dickenwachstum. Das sekundäre Verdickungsmeristem (1) gibt zentripetal gesonderte leptozentrische Leitbündel ab, die in sekundäres Parenchym (2) eingebettet sind. Dieses Parenchym wird später verholzen. Rinde (3), Xylem (4) Phloem (5). (G-Os, LM × 145.)

1	Sekundäres Meristem	4	Xylem
2	Sekundäres Parenchym	5	Phloem
3	Rinde		

Kapitel 7

Die Wurzel

Einführung

Die Hauptfunktionen des Wurzelsystems liegen in der Verankerung der Pflanze im Boden (7.1 bis 7.3) und in der Aufnahme von Wasser und mineralischen Nährstoffen (1.12). Die Wurzel spielt außerdem eine Rolle in der Versorgung des Sproßsystems mit Cytokininen und Gibberellinen und dient häufig der Stärkespeicherung (1.14). Es kommt vor, daß sich Wurzeln zu perennierenden Knollen entwickeln oder andere abweichende Formen ausbilden, wie dies z. B. bei Zugwurzeln, Atemwurzeln (7.4, 7.5), Stelzwurzeln (1.26, 7.6), absorbierenden Luftwurzeln (4.34), Wurzelhaustorien (7.7), Wurzeldornen (7.8) und Wurzeln mit Stickstoff fixierenden Knöllchen (7.9, 7.10) zu beobachten ist. Aus Wurzeln können außerdem Adventivsprosse hervorgehen (3.21).

Bei vielen Dikotylen entwickelt sich aus der embryonalen Radicula (1.33) eine vertikal wachsende Pfahlwurzel, die zahlreiche Seitenwurzeln bildet. Die Radicula der Monokotylen verkümmert hingegen in der Regel recht bald; in diesem Fall entwickelt sich an der Basis der Radicula ein faseriges Wurzelsystem und Adventivwurzeln entspringen an der unteren Sproßachse (7.11). Wurzeln können mehrere Meter tief in den Boden eindringen und sehr ausgedehnte Systeme bilden: Das faserige Wurzelsystem einer einzelnen adulten Roggenpflanze *(Secale)* hat eine bis zu 40mal größere Oberfläche als das oberirdische Sproßsystem.

Bei Bäumen und Sträuchern dringen die der Absorption dienenden Wurzeln gewöhnlich nicht sehr tief in den Boden ein; die horizontale Ausdehnung des Wurzelsystems reicht aber im allgemeinen über den von der Krone überdachten Bereich hinaus (7.1). Unter natürlichen Bedingungen kommt es häufig zu lokalen Verwachsungen zwischen den Wurzeln eines Baumes (Pfropfung, 7.2, 7.12), und dieses Phänomen ist auch zwischen Wurzeln verschiedener Bäume der gleichen Art zu beobachten. Im Zuge dieser Pfropfung vereinigen sich die Cambien und die Leitgewebe der verschiedenen Wurzeln; auf diesem Wege können auch Krankheiten übertragen werden, sollte einer der Pfropfpartner infiziert sein.

Anatomie der Wurzel im primären Zustand

Bei Dikotylen wird der zentrale Bereich der Wurzel normalerweise von Xylem eingenommen: Dieses Xylem besteht gewöhnlich aus drei bis fünf Protoxylempolen, die um ein zentrales Metaxylem herum angeordnet sind (4.31, 7.13). Es gibt jedoch auch Wurzeln, die nur zwei (diarche Wurzeln) oder aber zahlreiche Xylempole (polyarche Wurzeln) aufweisen und statt des zentralen Xylems kann auch ein parenchymatisches Mark vorliegen (7.13). Die Wurzeln der Monokotylen sind polyarch mit einer großen Anzahl von Protoxylempolen (1.29, 3.4); bei manchen Palmen treten bis zu 100 Pole auf. Das Zentrum kann von einem parenchymatischen oder sklerenchymatischen Mark eingenommen sein (4.34, 3.4). Bei Pflanzen mit oberirdischen Stelzwurzeln ist das Mark häufig deutlich stärker entwickelt als in unterirdischen Wurzeln. In der jungen Wurzel einer Monokotylen liegt zwischen Xylem und Phloem ein parenchymatisches Gewebe, das in älteren polyarchen Wurzeln häufig sklerotisiert ist (3.4) und dadurch kaum vom Xylem zu unterscheiden ist.

Seitenwurzeln und Adventivwurzeln

Seitenwurzeln entstehen endogen (4.9) im parenchymatischen Perizykel, wo sie häufig etwa auf der Höhe der ältesten Wurzelhaare angelegt werden (4.27). Bei Dikotylen entwickelt sich eine Seitenwurzeln gegenüber einem Protoxylempol (4.9), so daß eine direkte Xylemverbindung zwischen Seiten- und Mutterwurzel besteht. Bei Monokotylen entstehen die Wurzelprimordien dagegen meist zwischen den Xylempolen.

An der Anlage einer Seitenwurzeln ist eine Gruppe von Perizykelzellen beteiligt, die re-embryonalisieren und sich in verschiedenen Ebenen teilen (7.14). Bei *Zea* (Mais) werden die verdickten und partiell verholzten Wände der Perizykelzellen dünner, ehe sich die Zellen teilen. Aus dieser Zellwucherung geht schließlich der gewölbte Vegetationspunkt der Seitenwurzel hervor, der durch weiteres Wachstum in die Rinde der Mutterwurzel vordringt (4.9). Das Primordium wird von der Endodermis der Mutterwurzel umhüllt, die dem Wachstum des Primordiums zunächst durch antikline Zellteilungen folgt, später aber zugrunde geht. Bevor die Seitenwurzel an der Oberfläche hervortritt, durchdringt sie die Rinde und die Epidermis der Mutterwurzel. An der Spitze der Seitenwurzel entsteht eine ausgeprägte Wurzelhaube und im Wurzelinnern wird die für die jeweilige Art charakteristische apikale Organisation etabliert (7.15). In der frühen Entwicklungsphase verfügt das Wurzelprimordium noch nicht über ein ruhendes Zentrum;

dieses entwickelt sich jedoch bald nach dem Austritt der jungen Seitenwurzel.

An der Sproßachse einer Pflanze finden sich oft Adventivwurzeln (**1.26, 3.18, 7.8, 7.11**), die häufig den Knoten der Achse entspringen (**4.18**). Die Adventivwurzeln entwickeln sich in der Regel endogen aus dem Strahlenparenchym oder dem vaskulären Parenchym. Adventivwurzeln können außerdem zusammen mit Adventivknospen an abgetrennten Blättern entstehen (**4.27, 7.16**).

Verschiedene tropische und subtropische Pflanzenarten weisen ein Stelzwurzelsystem aus Adventivwurzeln auf (**1.26, 7.6**). Bei dem treffend als Würgefeige bezeichneten Banyanbaum (*Ficus*, **7.12, 7.17**) entwickelt sich das Wurzelsystem aus Samen, die von Vögeln in die Krone eines Wirtsbaumes transportiert werden. Dort keimen die Samen aus und senden ihre Wurzeln den Stamm entlang nach unten; die Wurzeln verwachsen miteinander um den Stützstamm herum und erdrosseln diesen schließlich. Nachdem der tote Stamm verrottet ist, bleibt nur ein hohler Feigenbaum zurück (**7.17**). Bei manchen Baumfarnen verleihen Adventivwurzeln der Pflanze zusätzliche Standfestigkeit, indem sie den Stamm in Form eines dichten, verschlungen Mantels umhüllen (**7.18**).

Mykorrhiza und Wurzelknöllchen

Die Wurzelsysteme der meisten Pflanzen sind symbiotisch mit Pilzen assoziiert (Mykorrhiza, **7.19**). Der Pilz versorgt die Pflanze mit mineralischen Nährstoffen (vor allem Phosphor) und erhält als Gegenleistung von der Pflanze Zucker und andere organische Nährstoffe. Eine kleine Gruppe von Pflanzen *(Betula, Fagus, Pinus)* bildet Ektomykorrhizen aus, bei denen die Pilzhyphen die Wurzeln in einem dichten Mantel umschließen (**7.19**) und sich in den Interzellularen der Wurzelrinde verzweigen. Die Wurzeln der meisten Pflanzenarten weisen hingegen Endomykorrhizen auf: Der Pilz ist im Apoplasten der Wurzelrinde lokalisiert und kann durch die Wände der Rindenzellen dringen; die Protoplasten der Wurzelzellen bleiben jedoch immer durch das Plasmalemma gegen die Pilzhyphen abgegrenzt.

Die Wurzelknöllchen der Leguminosen (**7.9**) entstehen, wenn die Pflanzen mit dem Bakterium *Rhizobium* eine Symbiose eingehen; bei vielen nicht-leguminosen, Stickstoff fixierenden Pflanzen (z. B. *Alnus, Comptomia*) entwickeln sich die Wurzelknöllchen (**7.10**) in Assoziation mit dem Actinomyceten *Frankia*. Die einzelnen Knöllchen (**7.20**) eines zusammengesetzten Knöllchens (**7.10**) entsprechen modifizierten Wurzelspitzen, die manchmal zu normalen Wurzeln auswachsen (**4.29**). Das vesikuläre Stadium von *Frankia* (**7.21**) vermag in den Wurzelknöllchen den freien Stickstoff der Bodenatmosphäre zu fixieren und in Form von stickstoffhaltigen Verbindungen an die Pflanze abzugeben; der Mikroorganismus wird im Gegenzug mit Zuckern versorgt.

Sekundäres Dickenwachstum der Wurzel

Bei den meisten krautigen Dikotylen zeigen die Wurzeln ein gewisses Maß an sekundärem Wachstum (**1.25, 7.22**). Sehr ausgeprägt ist sekundäres Dickenwachstum bei holzigen Gymnospermen und Angiospermen (**7.1, 7.2, 7.17, 7.23** bis **7.25**) und findet sich auch bei der baumartigen Monokotylen *Dracaena*. In den Wurzeln der holzigen Gymnospermen und Angiospermen entwickelt sich das Cambium aus re-embryonalisierten Parenchymzellen. Die Wiederaufnahme der Teilungsaktivität ist zunächst in dem zwischen Metaphloem und Metaxylem liegenden Parenchym zu beobachten (**4.31, 7.25**) und breitet sich dann seitlich über die Protoxylempole hinweg zu den Zellen des Perizykels aus. Auf diese Weise umschließt das Cambium das Xylem vollständig (**1.25, 7.25**) und nimmt schließlich eine kreisförmige Gestalt an (**7.22** bis **7.25**). Im sekundären Xylem werden breite Holzstrahlen vor allem gegenüber den Protoxylempolen angelegt, während schmalere Strahlen ringsum gebildet werden (**7.23, 7.24**).

Das sekundäre Xylem der Angiospermenwurzeln enthält weitlumige Gefäße, die häufig zwischen kleineren trachealen Elementen eingestreut sind (**7.22, 7.24**). Da bei Gymnospermen keine Gefäße auftreten, erscheint das Xylem dieser Wurzeln gleichförmiger (**7.23**). Durch die Bildung von sekundärem Leitgewebe erweitert sich der zentrale Bereich der Wurzel und die äußeren Gewebe einschließlich der Endodermis werden in der Regel abgestoßen (**7.25**). Zuvor entsteht jedoch endogen in dem inzwischen mehrschichtigen Perizykelgewebe ein Phellogen, das nach außen Korkgewebe abgibt, welches den Leitzylinder als Schutzschicht umhüllt (**7.24**). Im Xylem sind nun auch Zuwachsringe zu erkennen (**7.25**). Bei einigen krautigen Dikotylen wird das Korkcambium in peripheren Gewebeschichten angelegt (**7.22**). Bei baumförmigen Pflanzenarten können im Zuge der radialen Ausdehnung der sich sekundär verdickenden Wurzeln (**7.1, 7.2**) enorme Drücke entstehen und sogar Steine aufgebrochen werden (**7.26**).

Bei *Daucus* (Möhre, **7.27**) und in anderen fleischigen Speicherwurzeln besteht das sekundäre Xylem und Phloem hauptsächlich aus Parenchym und zu einem geringeren Anteil aus leitenden Elementen. Bei *Ipomoea* wird das ursprüngliche Cambium durch zusätzliche Cambien ersetzt, die zunehmend tiefer im ausgedehnten Parenchym des sekundären Xylems angelegt werden (**7.28**). Bei *Beta* (**7.28**) entstehen zusätzliche Cambien hingegen außerhalb des ursprünglichen Cambiumrings.

7.1

7.2

7.1 Wurzelsystem der Dikotylen *Fraxinus excelsior* (Esche). Der an einem steilen, erodierten Hang wachsende Baum weist ein reich verzweigtes Flachwurzelsystem auf, das sich vom Stamm aus mehrere Meter weit seitlich ausdehnt.

7.2 Flachwurzelsystem der Dikotylen *Fagus sylvatica* (Rotbuche) im Detail. Es handelt sich bei diesem Exemplar um einen großen Baum, der an einem steilen Hang wachst. Die Baumwurzeln an der unteren Hangseite sind an vielen Stellen miteinander verwachsen (Wurzelpfropfung) und tragen auf diese Weise zur Stabilisierung des Stammes und der Baumkrone bei.

7.3 Brettwurzel eines großen Regenwaldbaumes. An der Stammbasis dieses nicht näher bestimmten Exemplars (aus Queensland, Australien) treten mehrere große Brettwurzeln auf, die mehrere Meter lang sind und in unmittelbarer Nähe des Stammes eine Höhe von etwa einem Meter haben. Brettwurzeln kommen bei etlichen Baumarten des Regenwaldes vor und können mehrere Meter hoch werden. Sie dienen der Stabilisierung der großen Stämme und Baumkronen. Außerdem wird angenommen, daß die zahlreiche Lenticellen aufweisenden Brettwurzeln einen wichtigen Beitrag zur Belüftung des unterirdischen Wurzelsystems leisten.

7.3

7.4

7.5

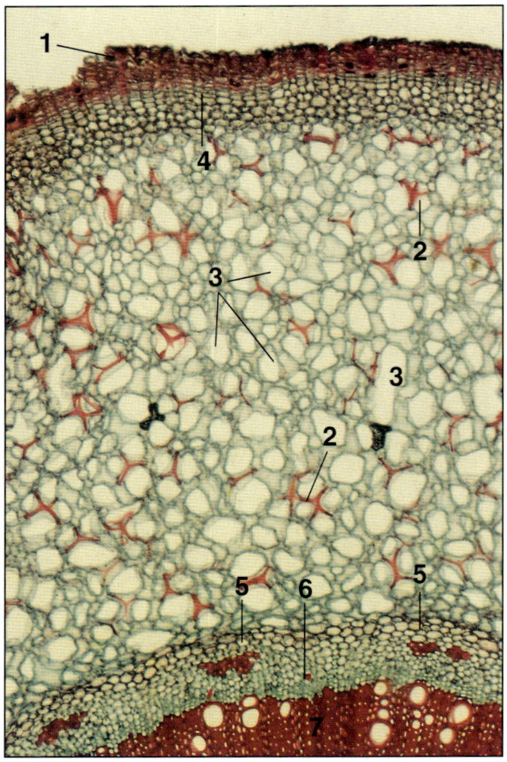

7.4 Atemwurzeln von *Avicennia nitida* (Mangrove), einer Dikotylen, die im salzhaltigen Wattenschlick angesiedelt ist. Die negativ gravitropen Atemwurzeln entspringen an langen, horizontalen Wurzeln, die, von der Stammbasis ausgehend, durch den sauerstoffarmen Schlamm wachsen. Die Atemwurzeln sind von einer schützenden Korkschicht umgeben. Diese ist jedoch von vielen Lenticellen durchbrochen, welche der Belüftung des horizontalen Wurzelsystems dienen.

7.5 QS durch eine kleine Atemwurzel der Dikotylen *Avicennia nitida* (Mangrove). Die negativ gravitrope Wurzel (vgl. 7.4) ist von einer Korkschicht (1) umgeben, die viele Lenticellen enthält. Zahlreiche, in der Rinde auftretende Sklereiden (2) festigen das Rindenparenchym, das von einem massiv entwickelten Interzellularsystem (3) durchzogen ist. Die Interzellularen vermitteln die Belüftung der untergetauchten horizontalen Wurzeln. Korkcambium (4), Endodermis (5), sekundäres Phloem (6), sekundäres Xylem (7). (LM × 70.)

1 Kork	5 Endodermis
2 Sklereiden der Rinde	6 Sekundäres Phloem
3 Interzellularen	7 Sekundäres Xylem
4 Korkcambium	

7.6

7.6 Im salzhaltigen Wattenschlick wachsende Exemplare der Dikotylen *Rhizophora mangle* (Mangrove). Die Pflanzen weisen ein dichtes Gewirr aus sproßbürtigen Stelzwurzeln auf, das der Verankerung des Baumes dient und den Transport von Wasser und Nährstoffen in den Stamm vermittelt. Obwohl die Adventivwurzeln eine Borke aufweisen, gewährleisten die zahlreichen Lenticellen die Belüftung der im sauerstoffarmen Schlamm wachsenden Wurzeln. Im Vordergrund sind zahlreiche Keimpflanzen, die schon in der noch an der Mutterpflanze festsitzenden Frucht ausgekeimt sind, in den Schlamm gefallen und haben mit dem Wachstum begonnen.

7.7

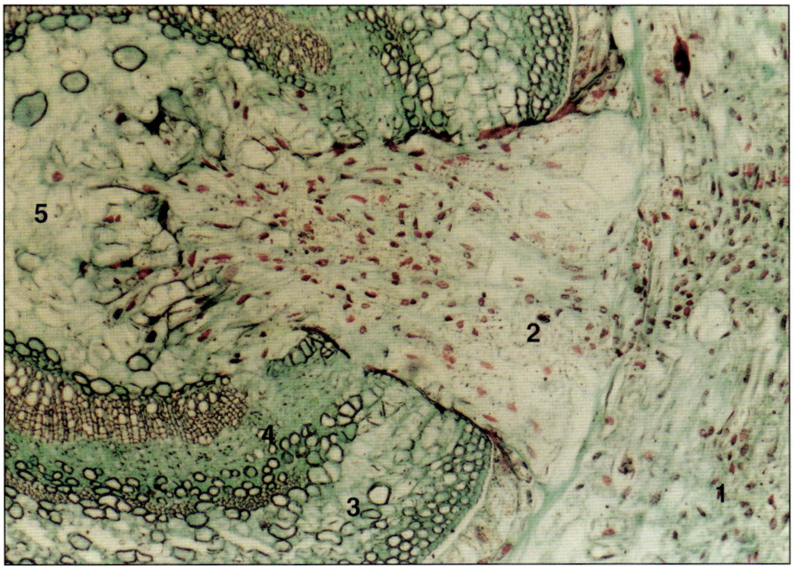

7.8

7.7 Haustorium der parasitären Dikotylen *Cuscuta* (Teufelszwirn). Die Pflanze ist blattlos, hat eine chlorophyllfreie Sproßachse (1) und verliert früh ihre Keimwurzel. Wenn der Parasit jedoch die Sproßachse eines Wirts entgegen dem Uhrzeigersinn umwindet, bildet er an jeder Berührungsstelle ein Haustorium (2) aus. Diese stark modifizierten Wurzeln dringen durch die Epidermis und die Rinde des Wirts (3) und zapfen das Leitgewebe (4) und das Mark (5) an, um Wasser und Nährstoffe aufzunehmen. (LM × 75.)

7.8 Lange Dornen am Stamm der Palme *Crysophila nana,* einer Monokotylen. Diese modifizierten Adventivwurzeln zeigen nur ein begrenztes Wachstum und ihre Apices werden samt den Wurzelhauben durch sklerenchymatische Spitzen ersetzt.

1 Sproßachse	4 Leitgewebe
2 Haustorium	5 Mark
3 Rinde	

7.9

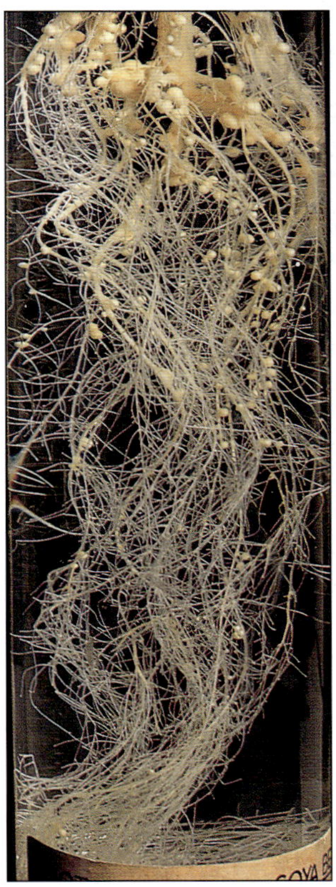

7.9 Wurzelsystem der Dikotylen *Glycine soja* (Sojabohne) mit Wurzelknöllchen. Die Pflanze wurde in einem flüssigen Nährmedium kultiviert, das weder Nitrat noch Ammoniumsalze enthielt. Da das in den Wurzelknöllchen angesiedelte symbiotische Bakterium *Rhizobium* fähig ist, freien Stickstoff zu fixieren, zeigt die Pflanze dennoch kräftiges Wachstum. Fast alle Leguminosen bilden Wurzelknöllchen aus, die nach ihrem Absterben nährstoffarme Böden verbessern.

7.10

7.10 Großes, zusammengesetztes Wurzelknöllchen der Dikotylen *Alnus glutinosa* (Erle). Dieses Wurzelknöllchen besteht aus zahlreichen, dicht gedrängten Einzelknöllchen, die mit dem symbiotischen Actinomyceten *Frankia* infiziert sind. Der Symbiont ist in der Lage, den freien Luftstickstoff der Bodenatmosphäre zu fixieren.

7.11

7.11 Adventivwurzeln an der Basis eines Palmenstammes. Dieses nicht näher bestimmte Exemplar wuchs in einem Regenwald in Queensland, Australien.

7.12

7.12 Wurzeln der Würgefeige *Ficus microcarpa,* die den Stamm eines Regenwaldbaumes umklammern. Die Samen der dikotylen Würgefeige gelangen im Kot von Vögeln in die Krone des Wirtsbaumes und keimen dort. Die Wurzeln der jungen Würgefeige wachsen am Wirtsstamm entlang nach unten und verwachsen an zahlreichen Berührungsstellen miteinander (Wurzelpfropfung). Wenn sich der Stamm im Zuge des sekundären Wachstums verbreitert, schneiden die umklammernden Wurzeln schließlich die Nährstoffversorgung ab, und die Wirtspflanze stirbt ab (vgl. **7.17**).

7.13

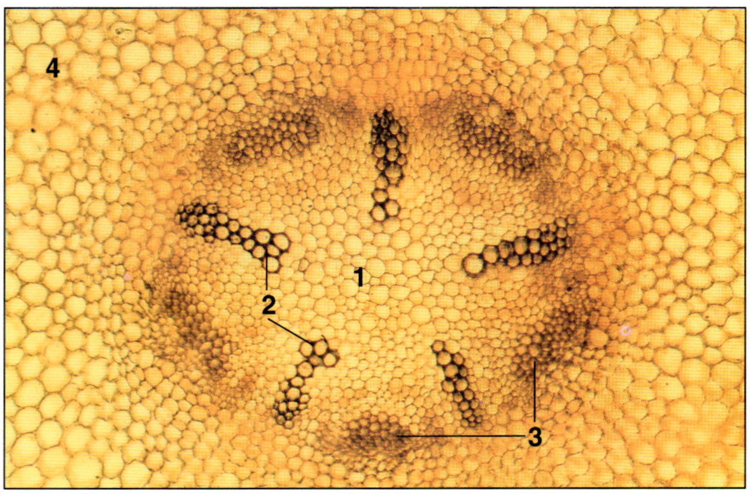

7.13 QS durch die primäre Wurzel der Dikotylen *Vicia faba* (Saubohne). Im Zentrum der Wurzel finden sich ein ausgedehntes parenchymatisches Mark (1), fünf Xylemstränge mit zentripetal gelegenem Metaxylem (2) und mit dem Xylem alternierende Phloemstränge (3). Die Endodermis ist noch nicht deutlich ausgebildet und auch ein Cambium ist nicht zu erkennen. Rinde (4). (LM × 85.)

1 Parenchymatisches Mark
2 Metaxylem
3 Phloem
4 Rinde

7.14 LS durch das Primordium einer Seitenwurzel der Dikotylen *Pisum sativum* (Erbse). Das Primordium ist durch Zellteilungen im re-embryonalisierten Perizykelparenchym der Mutterwurzel entstanden. Die cytoplasmareichen Primordiumzellen (1) ragen in die Rinde der Mutterwurzel (2) hinein. (G-Os, LM × 285.)

1 Wurzelprimordium
2 Wurzelrinde

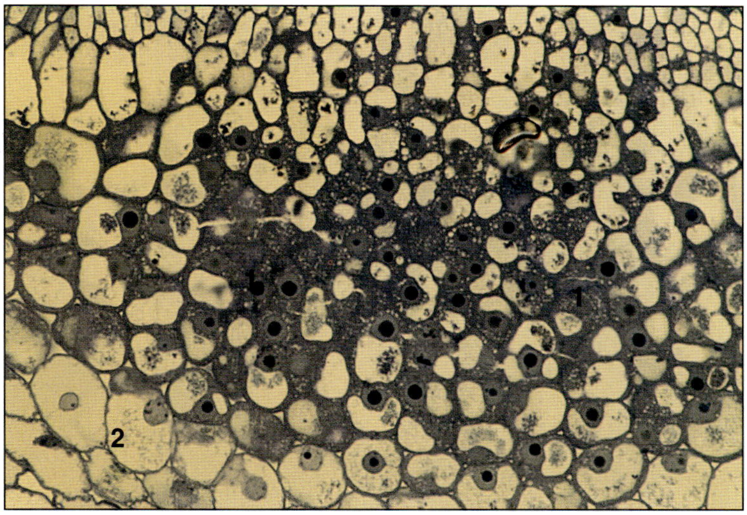

7.14

7.15 LS durch Seitenwurzelprimordien der Dikotylen *Salix* (Weide). Die Primordien sind gegenüber den Protoxylempolen im Perizykelparenchym der Mutterwurzel angelegt worden (vgl. **4.9**) und haben inzwischen die Rinde (1) durchdrungen. Die Spitzen der Seitenwurzeln verformen die normalerweise kreisförmige Epidermis (2). Der Leitzylinder (3) eines Wurzelprimordiums ist mit dem Leitsystem der Mutterwurzel verbunden. Apikalmeristem der Wurzel (4), Wurzelhaube (5). (LM × 200.)

1 Rinde
2 Epidermis
3 Leitzylinder
4 Apikalmeristem der Seitenwurzel
5 Wurzelhaube

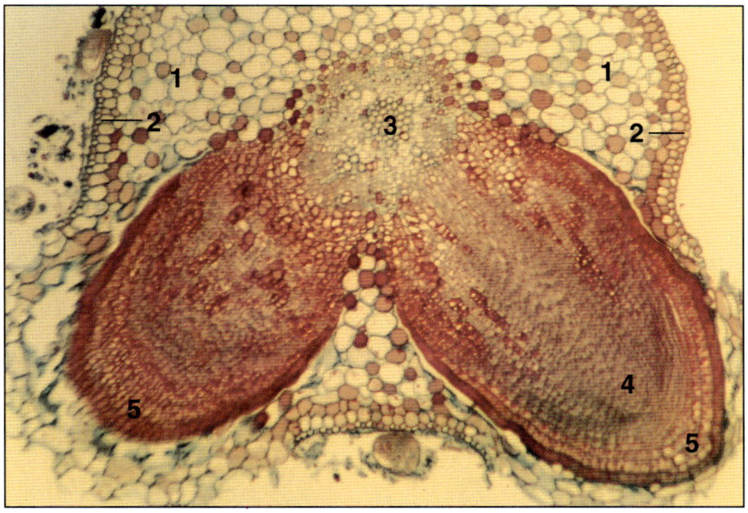

7.15

7.16 *De novo* Entstehung von Wurzeln und Knospen an Blattsegmenten der Monokotylen *Sansevieria trifasciata* (Bogenhanf). Das basale Ende jedes Blattsegmentes wurde in feuchten Kompost gesteckt und weist nun Adventivwurzeln auf. An drei Segmenten haben sich außerdem große, beblätterte Adventivknospen entwickelt, die über kurze Rhizome mit den Mutterblattsegmenten verbunden sind.

7.16

7.17

7.18

7.17 Hohler „Stamm" der Würgefeige *Ficus microcarpa*. Dieser Scheinstamm entspricht eigentlich den verwachsenen Wurzeln der zunächst epiphytischen Feige, die in der Krone eines Regenwaldbaumes keimt und ihre Wurzeln den Wirtsstamm entlang zum Boden schickt. Mittlerweile haben die umklammernden Wurzeln der Würgefeige das Leitsystem des Wirtsbaumes abgeschnitten und der Baumstamm ist abgestorben und verrottet. Seinen Platz nimmt nun der „Stamm" der Würgefeige ein.

7.18 QS durch einen alten Stamm von *Cyathea*, einem Baumfarn des Regenwaldes. Der Stamm weist einen dicken Mantel aus faserigen Adventivwurzeln (1) auf, die am Grund der Blattstiele (2) entspringen und diese umhüllen. Auch nachdem die Blattwedel verwelkt sind, bleiben die Blattstiele bestehen und umgeben einen komplexen, sklerenchymatischen vaskulären Kern (3). Der Farn weist jedoch kein sekundäres Dickenwachstum auf. Die Blattstiele und der Wurzelmantel tragen zur Standfestigkeit des Stammes bei, der mehrere Meter hoch werden kann und bis zu 4 Meter lange immergrüne Blattwedel trägt (vgl. 1.7).

1 Faserige Wurzeln	3 Vaskulärer Kern
2 Blattstiele	

7.19

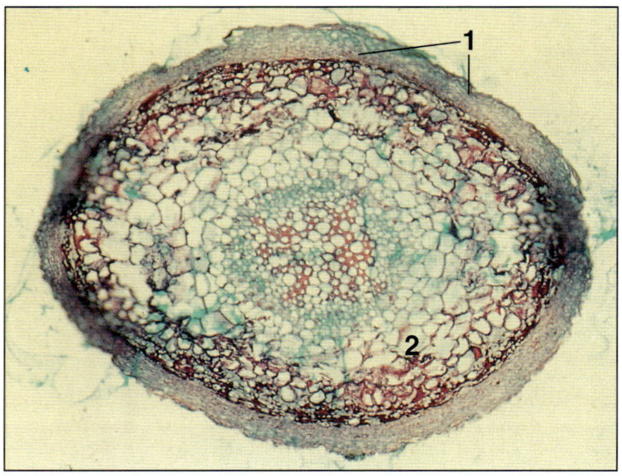

7.19 QS durch eine Rotbuchenwurzel (*Fagus sylvatica,* eine Dikotyle) mit Mykorrhiza. Das Mycel des Pilzsymbionten (1) umschließt die Wurzel mantelartig; die Hyphen strahlen in den umgebenden Boden aus, wo sie Phosphate absorbieren, die sie der Wurzel zuführen. Die Hyphen dringen außerdem durch die Epidermis in die Rinde ein (2), breiten sich dort aber nur im Apoplasten aus. (LM × 90.)

1 Pilzmycel	2 Wurzelrinde

7.20

7.21

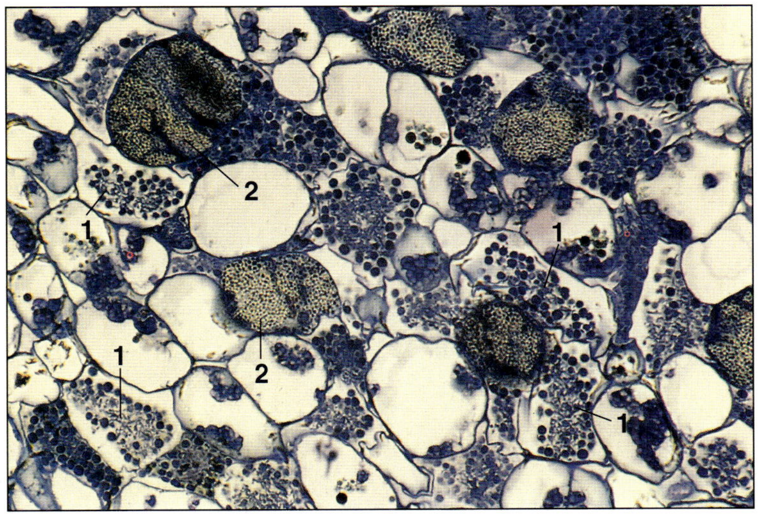

7.21 Rindengewebe eines Wurzelknöllchens von *Alnus glutinosa* (Erle). Das Gewebe ist mit dem symbiotischen Actinomyceten *Frankia* infiziert und enthält zahlreiche endophytische Stadien dieses Mikroorganismus. In vielen Rindenzellen (1) weist das zarte, hyphenartige Netzwerk aufgeblähte (Stickstoff fixierende) Versikel auf, während andere Zellen (2) Sporangien enthalten. (G-Os, LM × 285.)

1 Hyphenartige Fäden mit aufgeblähten Vesikeln
2 Sporangien enthaltende Wirtszelle

7.20 LS durch ein Wurzelknöllchen der Dikotylen *Alnus glutinosa* (Erle). Dieses einzelne Knöllchen war Teil eines sehr viel größeren zusammengesetzten Wurzelknöllchens (vgl. **7.10**) und entspricht einer angeschwollenen Seitenwurzel mit begrenztem Wachstum. Zu erkennen sind das Apikalmeristem (1), der Leitzylinder (2) und die Rinde (3). Der Symbiont *Frankia* ist in diesem Ausschnitt nicht sichtbar, aber die weiter basal und seitlich gelegenen Gewebebereiche wiesen frühe Infektionsstadien auf (vgl. **7.21**). (LM × 100.)

1 Apikalmeristem der Wurzel
2 Leitzylinder
3 Rinde

7.22 QS durch eine sich sekundär verdickende, fleischige Wurzel der Dikotylen *Ipomoea batatas* (Süßkartoffel). In der Mitte der Wurzel umhüllt das sekundäre Xylem mit seinen großen Gefäßen (1) das zentrale primäre Xylem (2). Im Zuge der weiteren Entwicklung wird das Cambium (3) reichlich Xylemparenchym bilden, was zur Entstehung einer Wurzelknolle führt. Das Korkcambium der Wurzel (4) wird in der Rinde angelegt. (LM × 75.)

1 Sekundäres Xylem	3 Cambium
2 Primäres Xylem	4 Korkcambium

7.22

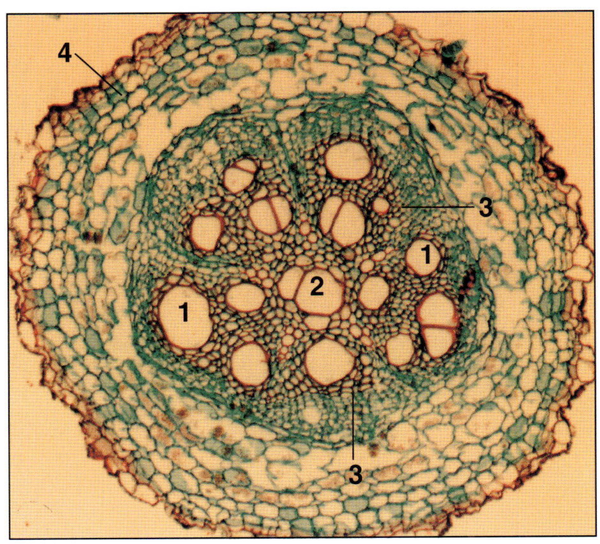

7.23

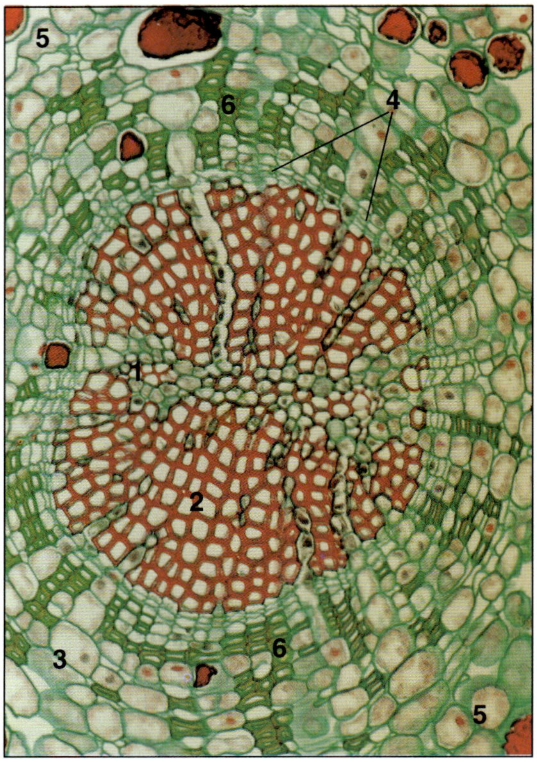

7.23 Frühes Stadium des sekundären Dickenwachstums einer quer geschnittenen, jungen Wurzel von *Ginkgo biloba,* einer Gymnospermen. Die schmaleren Protoxylemelemente (1) des diarchen primären Xylems heben sich recht deutlich von den breiteren, gleichförmigen Tracheiden des sekundären Xylems (2) ab. Sowohl das sekundäre Xylem als auch das sekundäre Phloem (3) weisen radial angeordnete Zellreihen auf, die eindeutig zu ihrem Ursprung im Cambium zurückzuverfolgen sind (4). Rinde (5), Phloemfasern (6). (LM × 130.)

1	Protoxylemelemente	4	Cambium
2	Sekundäres Xylem	5	Rinde
3	Sekundäres Phloem	6	Phloemfasern

7.24

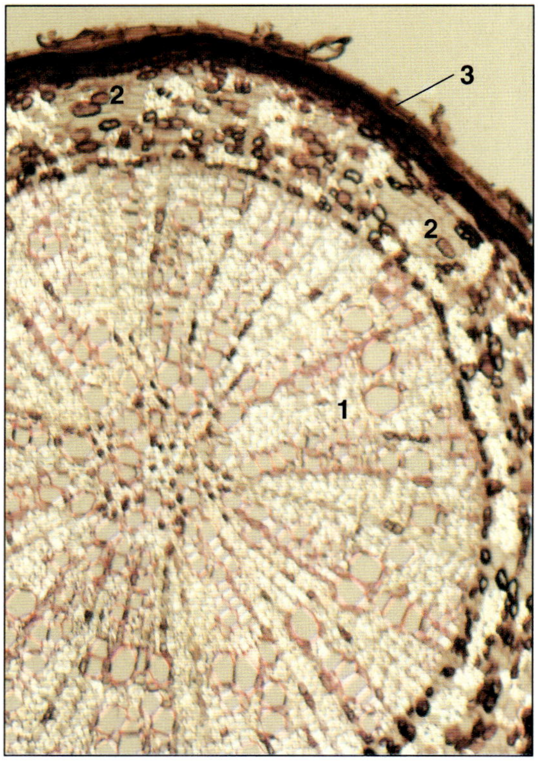

7.24 QS durch eine junge, sekundär verdickte Wurzel der Dikotylen *Tilia cordata* (Linde). Ein breiter Zylinder aus sekundärem Xylem (1, mit vielen weitlumigen Gefäßen) ist umgeben von einer schmalen, sekundären Phloemschicht (2), in der zahlreiche Fasern auftreten. Eine dicke Korkschicht (3) schließt die Wurzel nach außen ab. (Polarisations-LM × 75.)

1	Sekundäres Xylem	3	Kork
2	Sekundäres Phloem		

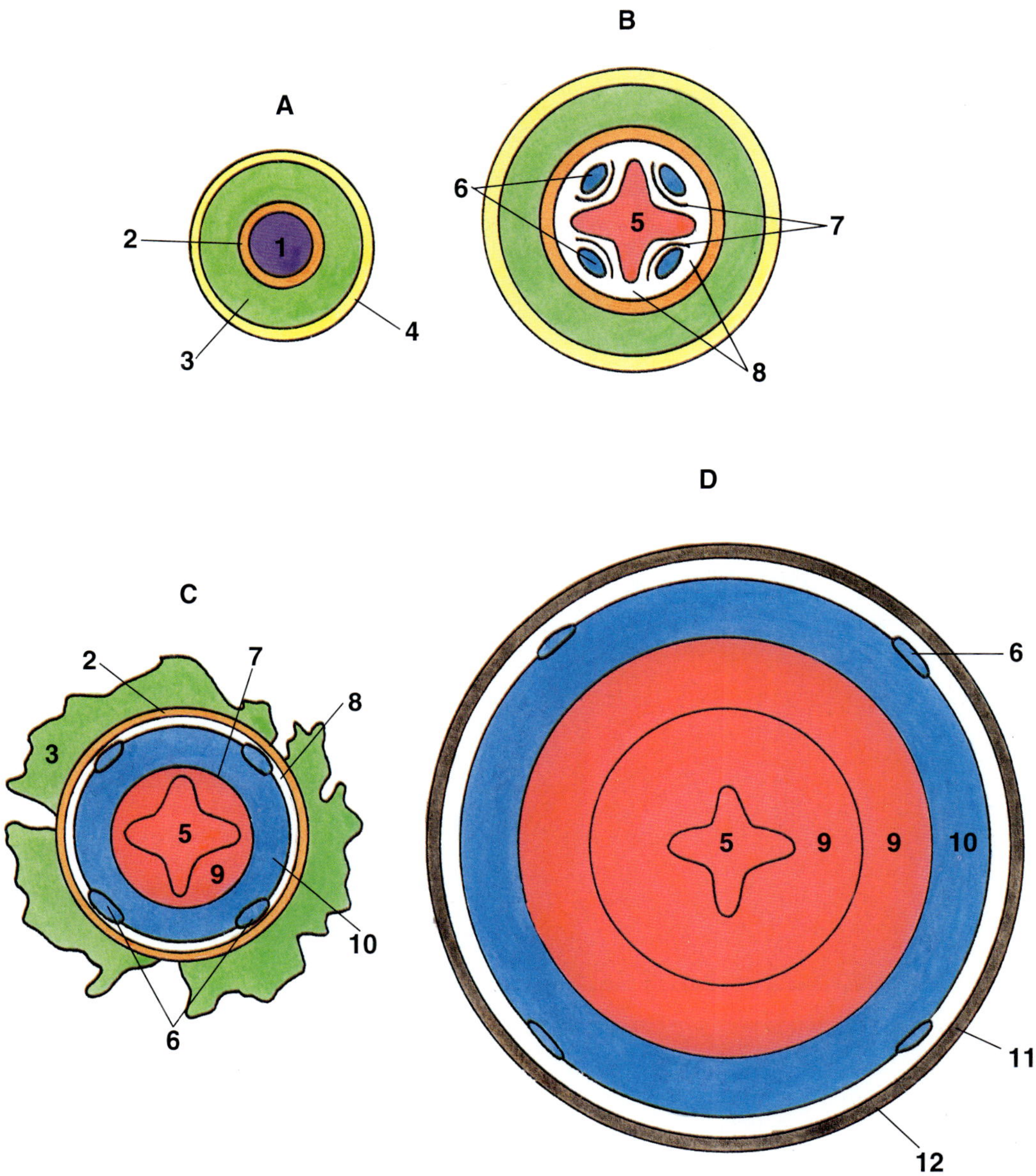

7.25 Schematischer QS durch die sich sekundär verdickende Wurzel einer holzigen Dikotylen in verschiedenen Entwicklungsstadien. **A** Direkt hinter dem Wurzelapex ist ein zentraler Procambiumzylinder (1) durch eine einschichtige Endodermis (2) gegen die Rinde (3) und die Epidermis (4) abgegrenzt. **B** Hinter der Wurzelhaarzone weist die ausdifferenzierte primäre Wurzel ein tetrarches Xylem (5) auf, das von den Phloemsträngen (6) durch schmale konkave Cambiumbögen (7) getrennt wird. **C** Das Cambium hat sich seitlich mit teilungsaktiven Perizykelbereichen (8) zu einem geschlossenen Cambiummantel verbunden, der das Xylem umgibt. Der Cambiummantel hat nach innen eine Schicht sekundäres Xylem (9) und nach außen sekundäres Phloem (10) abgegeben. Die primären Phloemstränge sind noch in der Peripherie des sekundären Phloems zu erkennen, während das primäre Xylem intakt im Zentrum der Wurzel vorliegt. Die Epidermis ist aufgerissen und die Rinde wird samt der Endodermis abgestoßen. **D** Die inzwischen stärker sekundär verdickte Wurzel weist im sekundären Xylem zwei Zuwachsringe auf; diese sind im sekundären Phloem nicht zu erkennen, obwohl die zerdrückten Überreste des primären Phloems noch sichtbar sind. Die äußeren Gewebe einschließlich der Endodermis wurden abgeschilfert, und im Perizykel ist ein Korkcambium (11) entstanden, das eine schützende Korkschicht (12) gebildet hat.

1	Procambium
2	Endodermis
3	Rinde
4	Epidermis
5	Tetrarches primäres Xylem
6	Primäre Phloemstränge
7	Cambium
8	Perizykel
9	Sekundäres Xylem
10	Sekundäres Phloem
11	Korkcambium
12	Korkschicht

7.26 

7.26 In den Spalten einer Felswand wachsende dünne Wurzeln der Dikotylen *Fraxinus excelsior* (Esche). Die Wurzeln haben sich von den großen, im darüberliegenden Erdreich liegenden Hauptwurzeln abgezweigt. Ihre Dilatation im Zuge des sekundären Dickenwachstums trägt zum weiteren Aufsprengen der exponierten Felswand bei.

7.27 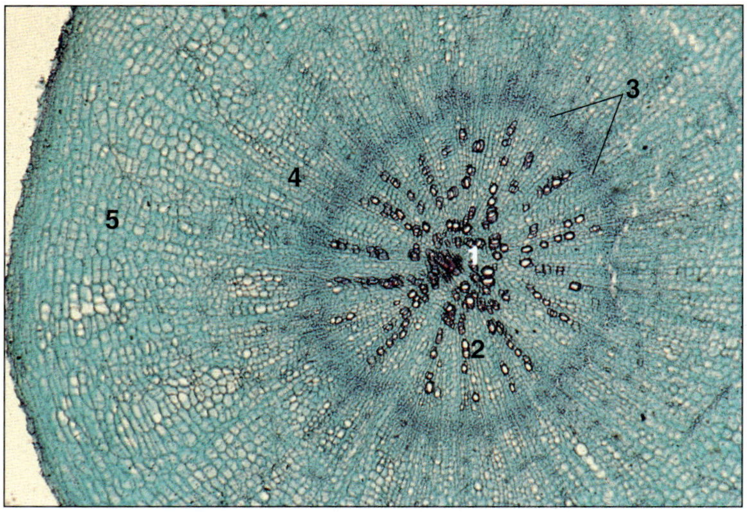

7.27 QS durch die fleischige Wurzel der Dikotylen *Daucus carota* (Möhre). Ein schmaler Kern aus primärem Xylem (1) wird von einem ausgedehnten, aber hauptsächlich parenchymatischen sekundären Xylem (2) umgeben, in dem einige wenige tracheale Elemente vorkommen. Das deutlich hervortretende Cambium (3) gibt außerdem zentripetal ein weitgehend parenchymatisches sekundäres Phloem (4) ab. Rinde (5). (LM × 30.)

1 Primäres Xylem
2 Sekundäres Xylem
3 Cambium
4 Sekundäres Phloem
5 Rinde

7.28 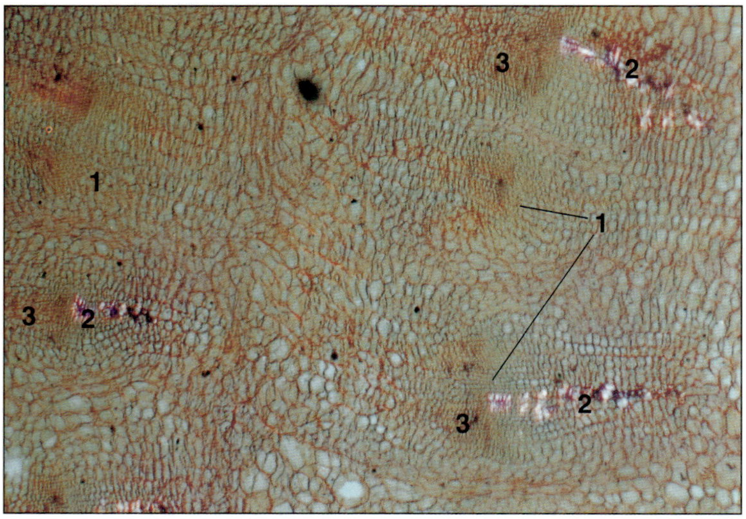

7.28 Ausschnitt aus einer quer geschnittenen fleischigen Wurzel der Dikotylen *Beta vulgaris* (Rote Rübe). Das Cambium bildet ein stark parenchymatisches sekundäres Xylem. Zusätzliche Cambien (1) werden außerhalb des ursprünglichen Cambiumrings angelegt und geben gesonderte Xylem- (2) und Phloemstränge (3) ab. (LM × 30.)

1 Zusätzliche Cambien
2 Xylemstränge
3 Phloemstränge

Kapitel 8

Sexuelle Fortpflanzung

Einführung

Die große Mehrheit der Farne ist isospor und produziert zahlreiche, haploide Sporen. Die Sporen entstehen durch Meiose in Sporangien, die an den Blättern der diploiden Pflanze (Sporophyt, **1.7**) sitzen. Die ausgestreuten Sporen entwickeln sich zu kleinen, aber freilebenden grünen Gametophyten (**8.1**), an denen später die Gameten gebildet werden. Durch Verschmelzung eines beweglichen Spermiums mit einer Eizelle entsteht ein diploider Embryo, welcher die neue Sporophytengeneration begründet, die sich bald unabhängig vom Gametophyten entwickelt.

Die Samenpflanzen sind heterospor und weisen keine freilebende Gametophytengeneration auf. Bei den Gymnospermen entwickelt sich innerhalb der nackten, weiblichen Samenanlage (**1.5**, **1.32**) aus einer einzelnen, haploiden Megaspore der Embryosack. Die Megaspore geht aus der Meiose der Megasporenmutterzelle hervor, die im diploiden Nucellus (Megasporangium) lokalisiert ist. Nur eine der vier gebildeten Sporen reift heran, die anderen drei verkümmern (**1.32**). Der Embryosack und der Nucellus werden vom Integument umschlossen und die drei Strukturen bilden zusammen die auf dem Sporophyten verbleibende Samenanlage (**1.5**, **1.32**). In dem vergrößerten Embryosack entwickelt sich aus der haploiden Megaspore durch mehrfache Teilung ein gametophytisches Gewebe, in dem sich schließlich nahe der Mikropyle ein oder mehrere Eizellen abgrenzen (**8.2**).

Nach der Bestäubung der Samenanlage durch eine Mikrospore wird die Eizelle von einer Spermazelle befruchtet und es entwickelt sich ein diploider Embryo. Aus dem modifizierten Integument der Samenanlage bildet sich die Testa des reifen Samens, während das den Embryo umgebende weibliche Gametophytengewebe reichlich Nährstoffreserven für den künftigen Keimling bereitstellt (**1.32**, **8.2**).

Im Gegensatz zu den freiliegenden Samenanlagen der Gymnospermen (**1.5**) sind die Samenanlagen der Angiospermen in einem Fruchtknoten eingeschlossen (**1.32**). Der innerhalb des Embryosacks lokalisierte weibliche Gametophyt ist im typischen Fall auf nur acht Zellen reduziert, von denen eine, nahe der Mikropyle gelegene Zelle die Eizelle darstellt (**1.32**). Anders als bei den Gymnospermen kommt es bei den Angiospermen zu einer doppelten Befruchtung: Eine der Spermazellen befruchtet die Eizelle, woraus der diploide Embryo hervorgeht (**1.33**), während die andere Spermazelle mit den zwei zentral gelegenen Polkernen verschmilzt. Das Ergebnis dieser Vereinigung ist ein triploides Nährgewebe (Endosperm, **1.32**), das anfänglich coenocytisch ist.

Allgemeiner Blütenaufbau

Die meisten Blüten enthalten sowohl männliche als auch weibliche Geschlechtsorgane (**1.1**, **1.31**); es gibt jedoch auch eingeschlechtige Blüten (**8.3**), die entweder beide auf derselben Pflanze vorkommen (**8.3**) oder auf verschiedene Individuen verteilt sind. An der Blüte von *Magnolia* (**1.31**) lassen sich die allgemeinen Merkmale der Dikotylenblüte veranschaulichen: Die obere Hälfte der gestreckten Blütenachse (Receptaculum) wird von einer großen Anzahl spiralig angeordneter, weiblicher Organe (Fruchtblätter) bedeckt, die in ihrer Gesamtheit das apokarpe Gynoeceum bilden. Unterhalb des Gynoeceums finden sich zahlreiche, spiralig angeordnete männliche Organe (das Androeceum bildende Staubblätter), die mit ihren kurzen Staubfäden an der Blütenachse inserieren. Die Staubblätter enden in großen, den Pollen (Mikrosporen) enthaltenden Antheren. An der Basis der Blütenachse stehen in der Regel neun große, kronblattartige Blütenhüllblätter.

Im Gegensatz zur Blüte von *Magnolia* weist die Blüte der Monokotylen *Lilium* (**1.1**) sechs Blütenhüllblätter auf, die in alternierenden Wirteln angeordnet sind. Die Blütenhülle umgibt sechs Staubblätter; das coenokarpe Gynoeceum besteht hingegen aus drei verwachsenen Fruchtblättern. Die drei Fächer des Fruchtknotens sind deutlich in der Frucht zu erkennen, welche sich nach dem Verwelken der Blüte bildet (**1.1**). Der Fruchtknoten von *Lilium* geht in einen langen, schlanken Griffel über, der an seiner Spitze die leicht angeschwollene Narbe trägt. Wie schon bei *Magnolia* gesehen, ist auch dieser Fruchtknoten oberständig, da er oberhalb der übrigen Blütenteile an der Blütenachse inseriert; bei anderen Blüten finden sich hingegen auch unterständige Fruchtknoten. (**8.4**). In der frühen Entwicklungsphase der meisten Blüten werden die Primordien der verschiedenen Blütenorgane in zentripetaler Reihenfolge angelegt, so daß zuerst die Blütenhülle und zuletzt das Gynoeceum entsteht.

Die Blütenhülle

Bei manchen Blüten sind die Blütenhüllblätter gleichartig gestaltet (**1.1**, **1.31**), während sich bei anderen die Blütenhülle aus den äußeren, den Kelch bildenden Sepalen und den inneren, die Krone bildenden Petalen zusammensetzt (8.6, 8.7). Außerdem gibt es Blüten (in der Regel windbestäubte) mit zurückgebildeter Blütenhülle (3.30, 8.8).

Der Kelch besteht aus mehreren Sepalen, die meist grün und blattähnlich sind (1.6, 5.7), deren Mesophyll jedoch nicht zu Palisaden- und Schwammparenchym differenziert ist. Neben ihrer Schutzfunktion als Hülle für die noch geschlossene Blüte können die Kelchblätter, wenn sie bunt gefärbt sind (8.6), auch bestäubende Tiere anlocken; bei *Taraxacum* dient der haarige Pappus (Kelch, 8.9) jeder Einzelblüte der Windausbreitung der zahlreichen, kleinen Früchte (8.10).

Bei den meisten Blüten besteht die Krone aus mehreren Petalen (8.11), deren variable Gestaltung zur Anlockung von bestäubenden Tieren beiträgt (5.7, 8.6, 8.7). Bei windbestäubten Blüten ist die Krone hingegen stark reduziert oder fehlt gänzlich (8.8). Tierbestäubte Blüten weisen häufig Nektarien auf (3.30, 8.6), deren zuckerhaltige Sekrete der Anlockung der Bestäuber dienen. Die Epidermiszellen von vielen, durch Bienen bestäubten Blüten enthalten UV-absorbierende Flavonoidpigmente, die für die Bienen sichtbar sind und den Weg zu den Nektarien weisen (8.12). Die leuchtende, Bestäuber anlockende Färbung der Kronblätter (8.6, 8.7) wird durch Betacyane und Anthocyane in den Epidermisvakuolen sowie Carotinoide in den Chromoplasten verursacht.

Kronblätter sind in der Regel kurzlebige Strukturen mit einer dünnen Cuticula, wenigen Stomata und einem nicht assimilierenden Mesophyll. Bei aktinomorphen (radiärsymmetrischen) Blüten sind alle Blätter der Blütenhülle etwa gleich groß und regelmäßig um die Blütenachse herum angeordnet (1.1, 8.6, 8.11, 8.12). Viele Blüten weisen jedoch eine bilaterale Symmetrie auf (Zygomorphie, 5.7, 8.7). Ähnlich den anderen Blütenorganen sind auch die Kronblätter häufig miteinander verwachsen (8.5, 8.13), obwohl die Zipfel der Kronblätter zuweilen frei bleiben (5.7).

Das Androeceum

Jedes Staubblatt endet in einem Staubbeutel (Anthere; 1.1, 1.31), der die Pollenkörner enthält (8.14, 8.16). Getragen wird die Anthere von einem Filament (Staubfaden), das entweder direkt an der Blütenachse oder an der Krone inseriert ist. Die Filamente der Staubblätter sind zuweilen unterschiedlich lang (8.15) und können sehr kurz sein (1.31); den Blüten der Orchideen fehlen sie gänzlich. Bei manchen Blüten verwachsen die Filamente zu einer das Gynoeceum umgebenden Röhre, und bei den *Compositae* verwachsen die Antheren miteinander (8.13). Ein im Filament verlaufendes Leitbündel (8.17) versorgt die Anthere mit Wasser und Nährstoffen. Eine Anthere besteht gewöhnlich aus zwei Theken (8.15), die sich wiederum jeweils aus zwei zylindrischen Pollensäcken zusammensetzen (8.13, 8.18). Reife Antheren reißen gewöhnlich längs auf, um den Pollen auszustreuen (8.14, 8.18), es kommt jedoch auch vor (z. B. bei *Rhododendron*, Besenheide), daß der Pollen über apikale Poren freigesetzt wird (8.16).

In der jungen Anthere (8.5) finden in den hypodermalen Zellschichten jedes Pollensacks perikline Zellteilungen statt, aus denen eine zentrale Masse sporogener Zellen und die sie umhüllenden parietalen Gewebe hervorgehen (8.13). Letztere differenzieren sich zu dem hypodermalen Endothecium, der parenchymatischen Zwischenschicht und dem Tapetum, welches das sporogene Gewebe umgibt (8.19). Die Endotheciumzellen entwickeln gewöhnlich zahlreiche leistenförmige Verdickungen in ihren antiklinen und inneren periklinen Wänden (8.20), die verholzt sein können. Die meisten Antheren reißen entlang einer speziellen, längs verlaufenden Zone epidermaler Zellen auf (Stomium, 8.18, 8.20). In diesem Bereich weisen die Wände der hypodermalen Endotheciumzellen keine sekundären Verdickungen auf. Bei einigen Pflanzenarten, wie z. B. *Phaseolus vulgaris* (Bohne), kommt es zu Selbstbestäubung in der ungeöffneten Blüte (Kleistogamie), wobei Pollenschläuche der *in situ* keimenden Pollenkörner durch die Antherenwand hindurchwachsen, um zur Narbe zu gelangen.

Das Tapetum spielt eine wichtige Rolle in der Ernährung des sich entwickelnden sporogenen Gewebes und besteht aus einer Schicht cytoplasmareicher Zellen (8.19), die in der Regel zwei- oder mehrkernig sind (8.21). Bei vielen Antheren bleiben diese Zellen erhalten; bei Arten mit einem invasiven (amöboiden) Tapetum lösen sich die Zellwände jedoch auf (8.22), und die Protoplasten vereinigen sich zu einem coenocytischen Periplasmodium, das die sich entwickelnden sporogenen Zellen unmittelbar umhüllt. In jeder Anthere führen die Pollenmutterzellen gewöhnlich synchrone meiotische Teilungen durch (8.21, 8.22).

Bei vielen Dikotylen sind die vier unreifen, haploiden Pollenkörner (Mikrosporen), die aus der Meiose der Pollenmutterzelle hervorgehen (Mikrosporogenese), in Form eines Tetraeders angeordnet (8.22), so daß ein Pollenkorn zu jedem der drei anderen Pollenkörner eine Kontaktfläche aufweist. Bei Monokotylen treten hingegen häufiger isobilaterale Segmentierungsmuster auf. Ein Pollenkorn ist zunächst einkernig (8.23), doch dann unterteilt die erste, sich oft noch in der Anthere vollziehende mitotische Teilung den reifenden Pollen in eine große vegetative und eine kleinere generative Zelle. Während die Pollenkörner bei *Drosera* in Tetraden vereinigt bleiben, trennen sich die Pollen der meisten Angiospermen, sobald sich die umgebende Kallosewand der Pollenmutterzelle auflöst. Bei vielen Orchideen und bei *Rhododendron* haften die Pollenkörner aneinander und bilden eine klebrige, als Pollinium bezeichnete Masse (**8.16**).

Die sehr komplexe äußere Wand eines reifen Pollenkorns (Exine, **8.23** bis **8.25**) besteht aus der inneren Nexine (einer gegen Verwesung sehr widerstandsfähigen Schicht aus Sporopollenin) und der äußeren, von Sporopollenin durchdrungenen Sexine, die aus miteinander verbundenen Stäbchen (Bacula) besteht. Die bei den verschiedenen Arten sehr unterschiedliche Musterung der Exine (**8.24, 8.25**) ist ein wichtiges taxonomisches Merkmal. Die innere, cellulosehaltige Wand des Pollenkorns wird als Intine bezeichnet.

Das Gynoeceum

Bei vielen Blüten (**8.11, 8.13, 8.14**) sind die Fruchtblätter miteinander verwachsen (Coenokarpie). Die Fruchtknoten dieser Blüten sind immer vereinigt, doch es kommt vor, daß die Griffel frei bleiben (**8.14**) oder die Narben gelappt sind (**8.26**). Während die meisten Blütenorgane in der Regel nur kurzlebig sind, wächst der die Samenanlagen enthaltende Fruchtknoten nach der Befruchtung weiter und entwickelt sich zur Frucht (**1.6, 8.27**).

Die Narbe dient als Empfängnisstelle für die Pollenkörner (**1.32, 8.11**); bei windbestäubten Blüten ist sie häufig federartig, wohingegen die Narben anderer Pflanzen eine papillöse oder Haare ausbildende Epidermis aufweisen (**8.26**). Die Mehrzahl der Fruchtblätter besitzt einen Griffel (**8.13** bis **8.15**), der jedoch bei manchen Arten sehr kurz ist (**1.31**). Bei coenokarpen Arten mit verwachsenen Griffeln findet sich normalerweise jeweils ein längs verlaufendes Hauptleitbündel pro Griffelelement (**8.13, 8.28**). Im Zentrum eines Griffels liegt das Transmissionsgewebe (**8.28**). Nach der Keimung des Pollens dringt der Pollenschlauch durch dieses, ihn mit Nährstoffen versorgende Gewebe (**8.30**) zum Fruchtknoten vor (**1.32**).

Die Samenanlagen sind an einer verdickten Region der Fruchtknotenwand inseriert, die als Placenta bezeichnet wird (**1.32**). Nach allgemeiner Auffassung ist das Fruchtblatt ein gefaltetes, umgewandeltes Blatt, dessen abaxiale Fläche nach außen weist; die Ränder des Fruchtblattes sind normalerweise miteinander verwachsen und im typischen Fall liegen im Innern eines Fruchtblattes (adaxial) zwei längs gestreckte Placenten nahe den verwachsenen Blatträndern (**8.31**). Bei coenokarpen Fruchtknoten tritt häufig die zentralwinkelständige Placentation auf, bei der die Ränder der Fruchtblätter im Zentrum des Fruchtknotens miteinander verwachsen sind (**1.6, 8.27**). Die Placenten können jedoch auch an den Außenwänden der Fruchtknoten (parietale Placentation) oder basal (**8.4**) lokalisiert sein. Eine marginale Placentation ist bei apokarpen Fruchtknoten verbreitet (**8.31**).

Jede Samenanlage ist an ihrer Basis (Chalaza) über den Funiculus mit der Placenta verbunden (**1.32, 8.32, 8.33**). Eine Samenanlage besitzt zwei (manchmal auch nur ein) dünne Integumente, welche den Nucellus umschließen. Nur am apikalen Ende der Samenanlage bleibt zwischen den Integumenten eine schmale kanalähnliche Öffnung, die Mikropyle, frei (**1.32**), welche die Oberfläche des Nucellus freilegt. Die Orientierung der Samenanlage relativ zum Funiculus ist variabel, doch häufig ist der Funiculus um 180° gekrümmt (anatrope Samenanlage, **1.32, 8.33**). Die Wände eines Fruchtknotens und die Placenten weisen gewöhnlich ein reich entwickeltes Leitsystem auf (**8.31**), von dem aus zahlreiche kleinere Leitbündel in die Samenanlagen ziehen (**8.33**), doch nur in den seltensten Fällen bis in den Nucellus reichen.

In der frühen Entwicklungsphase einer Samenanlage wird am mikropylaren Ende des Nucellus eine Megaspore abgegrenzt (Megasporangium, **8.34**), die sich meiotisch teilt. Bei dem sehr verbreiteten monosporen Typus *(Polygonum)* gehen aus der Meiose vier haploide, in einer vertikalen Reihe angeordnete Megasporen hervor, von denen sich nur die am tiefsten gelegene (der Chalaza nahe) Zelle weiterentwickelt, während die äußeren drei Megasporen zugrunde gehen (**8.35**). In dem expandierenden Nucellus vergrößert sich diese einzelne, funktionsfähige Megaspore stark und entwickelt sich zum Embryosack (**1.32, 8.33, 8.35**). Aus dem ursprünglich einzelnen, haploiden Kern entstehen durch Teilung (**8.35**) acht Kerne, die für den reifen Embryosack (Megagametophyt, **1.32**) charakteristisch sind.

Es gibt jedoch auch andere Teilungsmuster der Megasporenmutterzelle. Bei dem bisporen Typus bildet eines der aus der ersten meiotischen Teilung hervorgegangenen Derivate durch weitere Teilungen die acht Kerne des Embryosacks, während das andere verkümmert. Im Zuge der tetrasporen Entwicklung bleiben alle vier aus der Meiose der Megasporenmutterzelle (**8.34**) hervorgegangenen Kerne zusammen im Cytoplasma des Embryosacks eingeschlossen. Diese Kerne teilen sich dann mehrfach mitotisch, so daß der reife Embryosack oft mehr als acht Kerne enthält. In dem noch nicht ausgereiften Embryosack von *Lilium* (**8.36**) befindet sich ein haploider Kern am mikropylaren Pol, während die anderen drei Kerne am Chalaza-Pol zu einem triploiden Kern verschmelzen. Im Zuge der nachfolgenden Mitosen und der Umverteilung der Kerne werden drei haploide Kerne am mikropylaren Ende plaziert, ein haploider Kern landet gemeinsam mit dem triploiden Kern im Zentrum des Embryosacks und drei triploide Kerne gelangen an das der Chalaza zugewandte Ende.

Bei dem verbreiteten monosporen Typus werden die acht Kerne und das mit ihnen assoziierte Cytoplasma durch dünne Wände getrennt. Die acht Zellen sind auf unterschiedliche Bereiche des Embryosacks aufgeteilt (1.32): Die drei Antipoden befinden sich am Chalaza-Ende, während die Eizelle einschließlich der zwei sie flankierenden Synergiden am mikropylaren Ende liegen; der zentrale Bereich des Embryosacks enthält die Endospermmutterzelle mit den zwei Polkernen. Die Eizelle ist in der Regel größer als die Synergiden; der Zellkern und der Großteil des Cytoplasmas sind am zur Chalaza weisenden Ende der Eizelle lokalisiert, wo die Zellwand nur dürftig ausgebildet ist. In den Synergiden ist das Cytoplasma an den mikropylaren Zellpolen konzentriert, und ihre Wände können zu einem Wandlabyrinth umgewandelt sein (Filiformapparat), das dem der Transferzellen ähnelt (2.63). Offenbar leiten die Synergiden Nährstoffe vom Nucellus an die Eizelle weiter und können zu diesem Zweck der Absorption dienende Haustorien ausbilden, die sich bis in das Nucellusgewebe ausdehnen. Bei einigen Arten spielen die Synergiden auch bei der Befruchtung eine Rolle. Die Antipoden gehen gewöhnlich schon vor der Befruchtung der Eizelle zugrunde, sie können jedoch weiterbestehen und auch Haustorien entwickeln.

Befruchtung

Wenn ein kompatibles Pollenkorn auf eine Narbe gelangt (1.32), wächst der Pollenschlauch durch eine der Keimungsporen in der Pollenwand (8.25), wo die Exine nur schwach entwickelt ist, heraus. Das Cytoplasma und die Zellkerne wandern in den Pollenschlauch, der zunächst durch die Narbe dringt und dann durch das Transmissionsgewebe des Griffels nach unten wächst (8.30).

Der generative Kern des Pollenkorns kann schon in der Anthere durch Teilung zwei Spermazellkerne gebildet haben; es kommt jedoch auch vor, daß die Teilung erst im Pollenschlauch stattfindet (1.32). Die Kerne und das Cytoplasma sind immer im Spitzenabschnitt des wachsenden Pollenschlauchs konzentriert; hinter diesem Abschnitt ist der Schlauch stark vakuolisiert und häufig durch Kallosepfropfen abgegliedert. Der Pollenschlauch tritt gewöhnlich über die Mikropyle in den Embryosack ein (1.32), kann jedoch in seltenen Fällen direkt durch die Integumente dringen. Ist der Pollenschlauch in den Embryosack eingetreten, so bildet sich an der Spitze des Schlauchs eine Pore und es werden zwei Spermazellen freigesetzt. Einer der Spermakerne verschmilzt mit der Eizelle, während der andere die zentral gelegenen Polkerne befruchtet (1.32). Bei den meisten Blütenpflanzen wird das Cytoplasma, das die Spermakerne umgibt, nicht bei der Befruchtung weitergegeben, so daß die Vererbung von Chloroplasten und anderen Organellen nur über die weibliche Linie erfolgt.

Samenentwicklung

Einführung

Aus der Befruchtung der haploiden Eizelle durch eine haploide Spermazelle geht eine diploide Zygote hervor, die sich mehrfach teilt und auf hochorganisierte Weise zum Embryo entwickelt (1.33). Der reife Embryo durchläuft in der Regel eine Phase der Dormanz. In dieser Phase ist er von einer schützenden Samenschale (Testa) umgeben, die sich aus den Integumenten der vergrößerten Samenanlage entwickelt (1.33). Der Embryo selbst weist häufig reichlich Speicherstoffe auf (2.54); bei manchen Samen werden zusätzliche Nährstoffe in dem umfangreichen Endosperm gespeichert, das den Embryo umgibt. Bei den Caryophyllaceen bildet sich nur wenig Endosperm, doch entwickelt sich hier der Nucellus zu einem Nährgewebe (Perisperm).

Entwicklung des Embryos

Nachdem der Spermakern durch die wandfreie Zone der Eizelle eingedrungen ist, wird in diesem Bereich der Zygote neues Wandmaterial sezerniert. Danach teilt sich der Zygotenkern mitotisch, und die Zygote wird durch eine Querwand in eine Basalzelle und eine terminale Zelle unterteilt. Aus weiteren Querteilungen der Basalzelle geht der Suspensor hervor (1.33), der die Terminalzelle von der Mikropyle weg und in das sich im expandierenden Embryosack entwickelnde Endosperm hinein schiebt (1.33, 2.5, 8.37, 8.38). Bei Leguminosen besitzen die Suspensorzellen oft hochgradig polyploide, amöboide Zellkerne (8.39) und synthetisieren für die Embryoentwicklung wichtige Wachstumssubstanzen. Die terminale Zelle teilt sich in verschiedenen Ebenen und bildet so den kugelförmigen Proembryo (8.38), in dem sich bald eine äußere Schicht aus sich antiklin teilenden Protodermzellen herausbildet. Bei Dikotylen wandelt sich der heranwachsende kugelige Proembryo mit Beginn der Keimblattanlage zu einem herzförmigen Gebilde (1.33).

Der Embryo beginnt nun in die Länge zu wachsen, und es differenzieren sich das Procambium und die Grundgewebe (8.40). An dem der Mikropyle zugekehrten Pol des Embryos entwickelt sich die Wurzelanlage, an die sich weiter oben das Hypokotyl anschließt (8.41). In der Zwischenzeit hat sich am anderen Ende des Hypokotyls zwischen den Kotyledonen die gewölbte Plumula herausgebildet (8.41), die im reifen Samen entweder klein bleibt (8.41) oder sich vergrößert und bereits die ersten Laubblätter anlegt (4.1, 8.42, 8.43). Die Radicula des reifen Samens weist eine Wurzelhaube und einen Apex auf (8.44). Je nachdem, wie der Embryosack gestaltet ist, nimmt der Embryo entweder eine gerade oder gekrümmte Gestalt an (1.33, 8.41). Bei Samen mit Nährstoffreserven im Endosperm ist das Endosperm umfangreich, während die Kotyledonen dünn und blattähnlich sind. Ist das Endosperm der Samen hingegen zurückgebildet, so sind die Kotyledonen gewöhnlich sehr stark entwickelt (8.41, 8.42).

Die frühe Phase der Embryoentwicklung verläuft bei Dikotylen und Monokotylen gleich, außer daß bei letzteren nur eine einzige seitliche Kotyledone angelegt wird (1.21). Die Samen der Monokotylen sind in der Regel mit großen Nährstoffreserven im Endosperm ausgestattet und die Kotyledone fungiert offenbar als Verdauungsorgan. Bei Palmen wird die Kotyledone oft sehr groß und entwickelt sich zu einem Haustorium. Bei Gräsern ist das Endosperm vom eigentlichen Embryo durch das Scutellum abgegrenzt, das zuweilen als umgewandelte Kotyledone angesehen wird. In der frühen Keimphase ist die Plumula der Gräser durch eine zylindrische, blattähnliche Koleoptile geschützt, während die Radicula zunächst von der Koleorhiza umschlossen wird (8.45). Manche Angiospermen (Begonien, Orchideen) haben nur sehr kleine Samen mit morphologisch kaum differenzierten reifen Embryonen.

Endosperm

Bei der Mehrheit der Angiospermen kommen im Embryosack zwei haploide Polkerne vor, die mit einem der Spermakerne verschmelzen und so die erste triploide Endospermzelle bilden (1.32). Es gibt jedoch auch Arten mit mehreren Polkernen, und dementsprechend ist das aus ihnen hervorgehende Endosperm polyploid. Bei einigen wenigen Arten werden die Polkerne gar nicht befruchtet, und bei anderen hört der ursprüngliche Endospermkern schon sehr früh auf, sich zu teilen. In vielen Samen mit Endospermspeicherung (8.43) verkümmern Nucellus und inneres Integument und werden durch das Endosperm verdrängt, das sich während der Samenreife stark entwickelt.

Den ersten Teilungen des triploiden Endospermkerns folgt bei vielen Angiospermen zunächst keine Cytokinese, so daß sich ein coenocytisches nucleäres Endosperm entwickelt (2.5, 8.37). Später wird das Endosperm jedoch durch die Bildung von Zellwänden zwischen den freien Kernen in Zellen aufgeteilt (1.22, 8.32). Diese Zellwände ähneln denen mancher *in vitro* kultivierten Gewebe (2.62). Im Gegensatz zur normalen Zellplattenentwicklung sind am Wachstum dieser Wände offenbar weder Mikrotubuli noch Golgikörper beteiligt. Da die Zellwandbildung nach einem zufälligen Muster erfolgt, können manche der entstehenden Endospermzellen vielkernig sein. In der reifen Frucht der Kokospalme (*Cocos,* 8.46, 8.47) entspricht die wäßrige Milch den Überresten des coenocytischen Cytoplasmas, das weiße Fruchtfleisch ist hingegen das Ergebnis der freien Zellbildung.

Samenschale

Nach der Befruchtung entwickelt sich aus den Integumenten der Samenanlage (8.33) die Samenschale (Testa, 8.41, 8.48). Gewöhnlich enthält die Testa eine harte Schutzschicht, die sich entweder im äußeren Integument herausbildet (8.49, 8.50) oder aus dem inneren Integument hervorgeht. Bei den Leguminosen verkümmert das innere Integument schließlich, während sich die äußere Epidermis des verbliebenen Integuments zu einer Schicht aus palisadenförmig angeordneten Sklereiden differenziert (8.50). Im Bereich des Hilums treten zwei Sklereidschichten auf; die äußere der beiden Schichten entwickelt sich aus dem Gewebe des Funiculus (8.49). Außerdem bildet sich in diesem Bereich eine Gruppe von Tracheiden heraus (8.49), die vermutlich an der Aufnahme von Wasser während der Keimung beteiligt sind. Bei den Getreidepflanzen und anderen Gräsern ist das Korn (8.45, 8.51) kein Samen, sondern eine Frucht (Karyopse), da hier die dünne Wand des Fruchtknotens mit dem Integument einer einzelnen Samenanlage verwächst.

Die Frucht

Einführung

Nach der Befruchtung entwickelt sich der Fruchtknoten zu einer Frucht, welche die Samen umschließt und schützt (8.10, 8.27, 8.46, 8.48, 8.52). Manche Pflanzen, wie z. B. *Musa* und *Ananas,* bilden dagegen parthenokarpe Früchte ohne vorausgehende Befruchtung der Samenanlagen (6.1, 8.53). Es gibt eine große Vielfalt an Fruchtformen, deren Klassifizierung hier jedoch nicht näher behandelt werden soll. Die meisten Früchte werden als Einzelfrüchte bezeichnet, da sie sich von einem einzelnen Fruchtknoten ableiten, der apokarp (8.52) oder coenokarp (1.6, 8.27, 8.54) sein kann. Sammelfrüchte entwickeln sich aus Gruppen von freien Fruchtblättern einer einzigen Blüte (*Fragaria,* 8.55), während Fruchtstände aus mehreren Blüten hervorgehen (z. B. bei *Ananas,* 8.53).

Neben den unmittelbar von der Fruchtknotenwand abgeleiteten Geweben können auch angrenzende, akzessorische Gewebe Teil des Fruchtkörpers werden. Bei *Fragaria* (8.55) wird das Zentrum der Frucht von der angeschwollenen Blütenachse gebildet, während sich bei *Ananas* die Schuppenblätter des Blütenstandes und die Blütenachsen an der Fruchtbildung beteiligen (8.53). Die dicht gedrängten Blüten von *Banksia* (8.56) entwickeln sich zu holzigen Öffnungsfrüchten, welche in die angeschwollene, sekundär verdickte Blütenstandsachse eingebettet sind (8.57). Bei Früchten, die sich aus unterständigen Fruchtknoten entwickeln (8.27), verwächst die Fruchtknotenwand mit einer peripheren Gewebeschicht der Blütenachse oder der Blütenhülle. Das Fruchtfleisch von *Malus* (Apfel) entspricht einem angeschwollenen Blütenbecher, während sich das Kerngehäuse aus dem Fruchtknoten entwickelt (**8.58**).

Die Veränderungen, die eine Frucht während ihrer Reifung erfährt, vollziehen sich in den verschiedenen Pflanzen auf recht unterschiedliche Weise. Bei Gräsern enthält der Fruchtknoten nur einen einzigen Samen (**8.51**), der im reifen Zustand relativ klein ist. Die in der Fruchtknotenwand während des Reifeprozesses zu beobachtenden Veränderungen beruhen vor allem auf Streckungswachstum und Sklerotisierung. In fleischigen Früchten oder Früchten mit großen Samen (**8.53, 8.58**) geht das Wachstum hingegen mit aktiver Zellteilung einher und bei *Persea* (**8.48**) treten Teilungen während der gesamten Wachstumsphase auf. Bei großen und schweren Früchten können die ursprünglich zarten Blütenstiele verholzen (**8.58, 8.59**) sowie weitere Leitgewebe differenzieren, um den erhöhten Bedarf der heranwachsenden Frucht an Wasser und Nährstoffen zu decken.

Fruchtwand

Das Perikarp fleischiger Früchte ist häufig 3schichtig und besteht aus dem die Außenhaut bildenden Exokarp, dem Mesokarp, das sich zum Fruchtfleisch differenziert, und dem Endokarp mit seinen den Samen umgebenden Steinzellen (**8.59**). Häufig tragen jedoch auch akzessorische Gewebe zur Bildung des Fruchtfleisches bei (Apfel, **8.58**).

Die cuticulaüberzogene äußere Epidermis der Fruchtknotenwand bleibt normalerweise auch in der Frucht bestehen (**8.60, 8.61**), jedoch verlieren die Stomata in der Regel ihre Funktionstüchtigkeit. Bei manchen Früchten entwickelt sich zuweilen ein Korkgewebe, und die fleckige Erscheinung mancher Apfelsorten beruht auf solch einer lokal begrenzten Bildung von Kork. Die innere, an die Fruchtfächer grenzende Epidermis einer Frucht (**8.59**) stammt von der inneren Epidermis und dem benachbarten Grundgewebe der Fruchtknotenwand ab. Bei vielen fleischigen Früchten übernimmt diese innere Epidermis sekretorische Funktionen; bei den Früchten von *Citrus* entwickelt sich das Fruchtfleisch aus wuchernden Saftemergenzen, die in die Fächer der Fruchtblätter hineinwachsen (**8.61**).

Das Grundgewebe der Fruchtknotenwand kann sich auf ganz unterschiedliche Weise entwickeln. Sind die Fruchtwände im Zustand der Reife trocken, so bildet sich viel Sklerenchym (**8.62, 8.63**). Bei wei-

(Fortsetzung siehe S. 173)

8.1
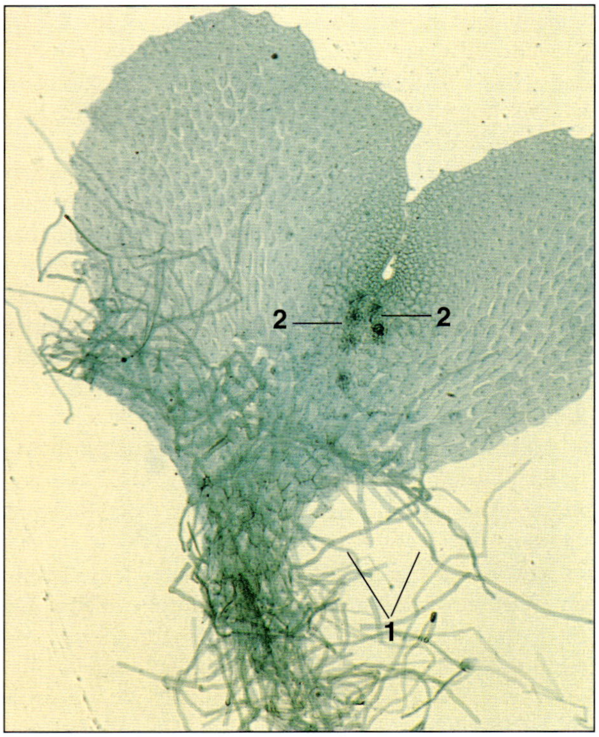

8.1 Aufsicht auf die Unterseite eines Farnprothalliums. Wenn die haploiden Sporen aus den Sporangien der Farnwedel freigesetzt werden (vgl. 1.7), keimen sie und entwickeln sich zu kleinen, dorsiventral abgeflachten Gametophyten, die mit zahlreichen Rhizoiden (1) am Boden befestigt sind. Die weiblichen Geschlechtsorgane (Archegonien, 2) entstehen nahe der Einkerbung und die Eizellen werden durch begeißelte Spermien befruchtet; das Ergebnis ist eine diploide Zygote, aus der sich ein Embryo entwickelt, der rapide zu einer jungen Farnpflanze (Sporophyt) heranwächst. Diese ist bald unabhängig von dem kurzlebigen Gametophyten. (LM × 30.)

1 Rhizoide	2 Weibliche Geschlechtsorgane (Archegonien)

8.2 Zwei große Archegonien in einer längs geschnittenen Samenanlage der Cycadee *Zamia*. Bei Samenpflanzen wird das Megasporangium (Nucellus, 1) von sterilen Integumenten umhüllt; die gesamte Struktur entspricht der Samenanlage (vgl. **1.5**). Der weibliche Gametophyt (2) entwickelt sich *in situ* aus einer haploiden Megaspore (vgl. **1.32**). An seinem der Mikropyle zugewandten Ende bilden sich mehrere rudimentäre weibliche Geschlechtsorgane, die jeweils im wesentlichen aus einer einzelnen, großen, in das weibliche Gametophytengewebe eingebetteten Eizelle (3) bestehen. Die Befruchtung erfolgt durch vielgeißelige Spermien. (LM × 25.)

1 Nucellus	3 Eizelle
2 Weiblicher Gametophyt	

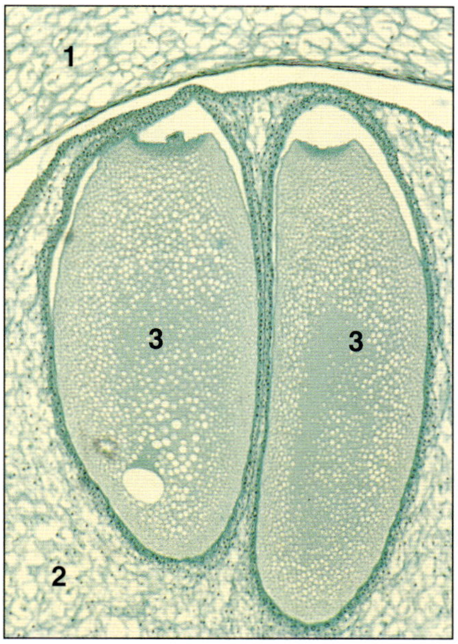

8.2

8.3

8.3 Eingeschlechtige Blüten der Dikotylen *Begonia sempervirens*. Beide Geschlechter kommen auf der selben Pflanze vor: Die monosymmetrische (zygomorphe) männliche Blüte weist zwei große und zwei kleine Blütenhüllblätter sowie eine zentral stehende Gruppe gelber Staubblätter (1) auf. In der radiärsymmetrischen (aktinomorphen) weiblichen Blüte umgeben mindestens fünf Blütenhüllblätter einen unterständigen Fruchtknoten, an dessen Ende eingerollte Narben stehen (2).

1 Staubblätter	2 Narben

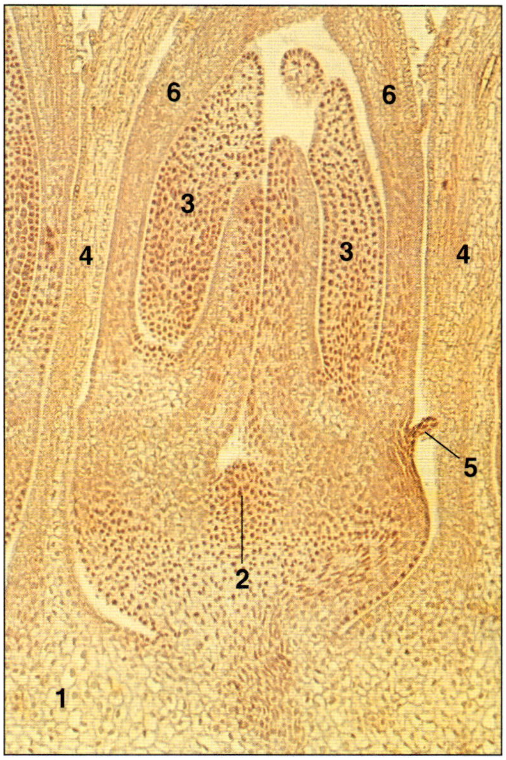

8.4

8.4 LS durch eine unreife Einzelblüte der Dikotylen *Helianthus* (Sonnenblume). Die zahlreichen Einzelblüten sitzen dicht gedrängt auf dem Köpfchen (1) und bilden zusammen den großen Blütenkopf der Sonnenblume. Die Einzelblüte weist einen zentralen unterständigen Fruchtknoten auf, in dem eine einzelne basale Samenanlage (2) steht. Antheren (3), Braktee (4), Kelchblatt (5), Kronblatt (6). (LM × 70.)

1 Köpfchenboden	4 Braktee
2 Basale Samenanlage	5 Kelchblatt
3 Anthere	6 Kronblatt

8.5

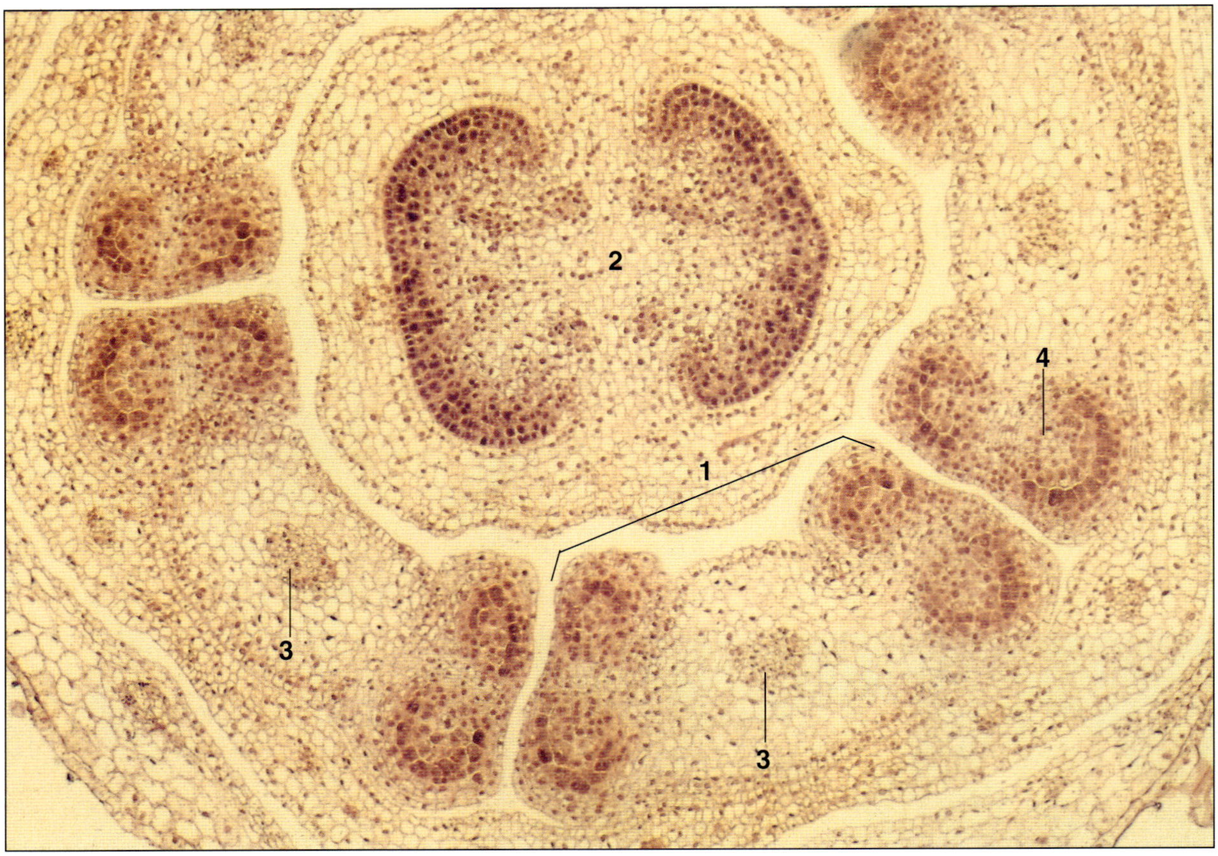

8.5 QS durch die radiäre Blütenknospe von *Solanum tuberosum* (Kartoffel). Die Blüte dieser Dikotylen weist fünf Antheren (1) und einen zweifächerigen, oberständigen Fruchtknoten (2) auf. Leitbündel des Konnektivs (3), Pollensack (4). (LM × 110.)

1	Anthere	3	Leitbündel
2	Oberständiger Fruchtknoten	4	Pollensack

8.6

8.6 Aktinomorphe Blüten der Dikotylen *Aquilegia* (Akelei). Jede Blüte besteht aus fünf orangeroten kronblattartigen Kelchblättern (1), die mit den fünf gelben Kronblättern (2) alternieren. Die Kronblätter enden mit orangeroten, Nektar sezernierenden Spornen (3). Im Zentrum jeder Blüte stehen zahlreiche Staubblätter und drei freie Fruchtblätter. Die Blüten werden von Hummeln besucht, die mit ihren langen Zungen Nektar und Pollen aufnehmen.

1	Kronblattartige Kelchblätter	3	Nektar sezernierende Sporne
2	Kronblätter		

8.7

8.7 Zygomorphe Blüte der Dikotylen *Cytisus scoparius* (Besenginster). Die Kronblätter der noch geschlossenen Blütenknospe sind nicht vom röhrenförmigen Kelch (1) umhüllt, doch das große aufgerichtete Kronblatt (Fahne, 2) umgibt die seitlichen Flügel (3) und das Paar abaxialer, zum Schiffchen verwachsener Kronblätter (4). Die Staubblätter und ein einzelnes Fruchtblatt sind vom Schiffchen eingeschlossen, werden jedoch durch große, die Blüte aufsuchende Bienen freigelegt.

1 Kelch	3 Flügel
2 Fahne	4 Schiffchen

8.8

8.8 Männliche und weibliche Blütenstände der Dikotylen *Alnus glutinosa* (Erle). Das männliche Kätzchen (1) trägt zahlreiche Büschel aus jeweils drei Einzelblüten; die Büschel stehen an kurzen, an der Infloreszenzachse entspringenden Armen. Jede Einzelblüte ist auf zwei zurückgebildete Blütenhüllblätter und vier Staubblätter mit frei exponierten Antheren reduziert. Auch die noch ungeöffneten weiblichen Kätzchen (2) tragen Büschel aus jeweils drei Einzelblüten; jede der Einzelblüten weist einen aus zwei Fruchtblättern bestehenden Fruchtknoten mit zwei langen, gebogenen Griffeln auf. Bestäubt werden die Blüten durch den Wind.

8.9

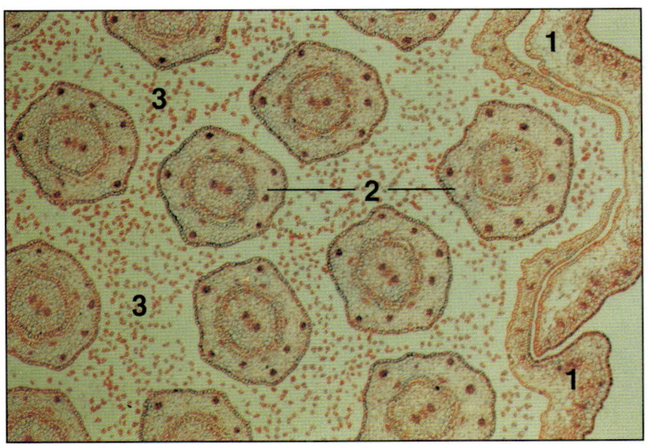

8.9 QS durch ein unreifes Köpfchen der Dikotylen *Taraxacum officinale* (Löwenzahn). Zahlreiche Einzelblüten (vgl. **8.4**) sind von großen, laubartigen Brakteen (1) umgeben, die an den Rändern des Köpfchens stehen. Jede Einzelblüte weist eine Kronröhre (2) auf; die zahlreichen, außen liegenden Haare (3) entsprechen dem Kelch. (LM × 25.)

1 Laubartige Brakteen	3 Kelch (Pappus)
2 Krone	

8.10

8.10 Zahlreiche Früchte tragendes Blütenköpfchen der Dikotylen *Taraxacum officinale* (Löwenzahn). Jede der durch den Wind ausgebreiteten Früchte weist einen terminalen, fallschirmartigen Pappus auf, der aus dem Kelch gebildet wird (vgl. **8.9**). Obwohl die Blüten durch viele Nektar sammelnde Insekten bestäubt werden, kommt es nur selten zur Befruchtung. Statt dessen entwickelt sich eine diploide Eizelle apomiktisch zum Embryo der einsamigen Frucht.

8.11

8.11 Große, radiärsymmetrische Blüte der Dikotylen *Papaver* (Mohn). Auf den adaxialen Oberflächen der vier zerknitterten Kronblätter (1) hat sich blauschwarzer ausgestreuter Pollen angesammelt. Das reiche Angebot an Pollen aus den sehr zahlreichen Antheren (2) lockt Insekten an, die sich auf der scheibenförmig verbreiterten Narbe (3) niederlassen; dies führt zur Fremdbestäubung der Blüte.

1 Kronblätter	3 Scheibenförmige Narbe
2 Antheren	

8.12A

8.12B

8.12 Blüten der Dikotylen *Ranunculus* (Butterblume) bei normaler **(A)** und UV-Belichtung **(B)**. **A** Zu erkennen sind fünf radiärsymmetrisch angeordnete Kronblätter (1), viele Staubblätter (2) und zahlreiche freie, oberständige Fruchtblätter (3). **B** Bei UV-Belichtung werden die Wegweiser zum Nektar (Saftmale) auf der adaxialen Oberfläche der Kronblätter sichtbar; diese Saftmale werden von Bienen und Schwebfliegen wahrgenommen und dienen offenbar dazu, die Insekten zu den Nektarien an der Basis der Kronblätter zu führen. Auf den Kronblättern sammelt sich der ausgestreute Pollen, der dann an den Insekten haften bleibt. *(Copyright von T. Norman Tait.)*

1 Kronblätter
2 Staubblätter
3 Fruchtblätter

8.13 QS durch ein unreifes Blütenköpfchen der Dikotylen *Helianthus* (Sonnenblume). Jede Einzelblüte (vgl. **8.4**) wird von einer Braktee (1) getragen und zeigt eine röhrenförmige Krone, fünf Antheren (2) und einen Griffel, der mit einer zweigespaltenen Narbe (3) endet. Die Kelchblätter und der unterständige Fruchtknoten liegen unterhalb dieser Schnittebene (LM × 75.)

1 Braktee
2 Antheren
3 Zweigespaltene Narbe

8.13

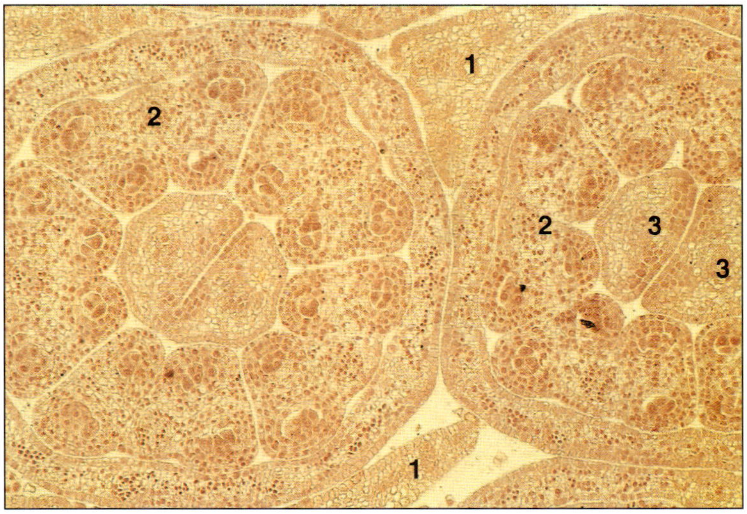

8.14

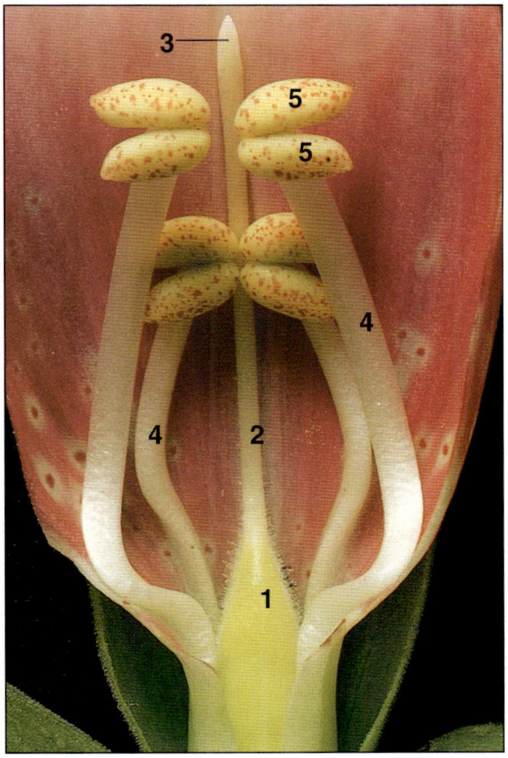

8.15

8.14 Nahaufnahme der Geschlechtssorgane einer Blüte der Monokotylen *Crocus*. Die Antheren (1) sind längs aufgesprungen und präsentieren zahllose Pollenkörner; der lange Griffel (2) teilt sich an seinem Ende in drei großflächige Narben (3). Diese Blüten werden von Bienen und Schmetterlingen aufgesucht, die mit ihren langen Zungen den an der Basis der Blütenhülle sezernierten Nektar aufnehmen und dabei den Pollen abstreifen.

1 Anthere
2 Griffel
3 Narbe

8.15 Nahaufnahme der Blüte von *Digitalis purpurea* (Fingerhut), einer Dikotylen. Die zygomorphe Kronröhre (vgl. **5.7**) wurde längs aufgeschnitten, um den oberständigen Fruchtknoten (1) zu zeigen, der in einen langen Griffel (2) übergeht, an dessen Ende sich die Narbe (3) befindet. Die Blüte weist vier Staubblätter auf, deren Filamente (4, zwei kurze und zwei lange) mit der Kronröhre verwachsen sind. Jedes Filament trägt eine zweigelappte Anthere (5). Die Bestäubung erfolgt durch Hummeln, welche die Blüte wegen des an der Basis des Fruchtknotens sezernierten Nektars aufsuchen.

1 Fruchtknoten
2 Griffel
3 Narbe
4 Filamente
5 Antheren

8.16

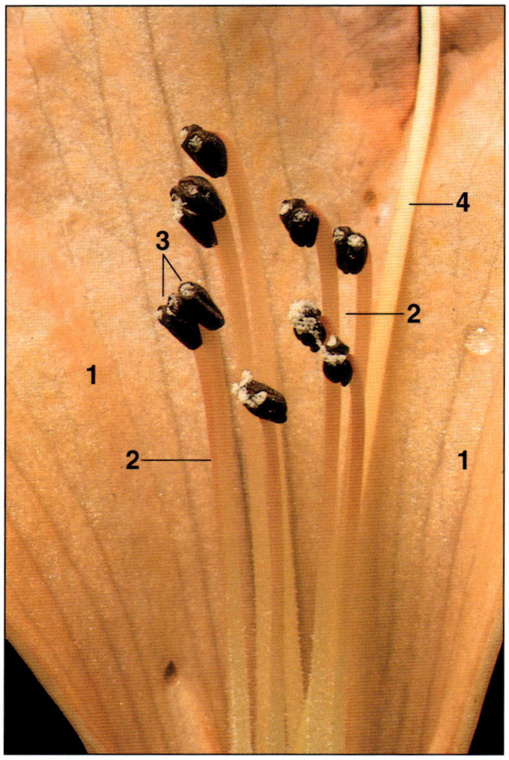

8.16 Nahaufnahme einer Blüte der Dikotylen *Rhododendron*. Die Kronröhre (1) wurde längs aufgeschnitten, um die zehn Staubblätter mit unterschiedlich langen Filamenten (2) zu zeigen. An den Spitzen der zweigelappten Antheren befinden sich Poren (3), über welche die Pollenkörner freigesetzt werden. Die aneinander klebenden Pollentetraden bilden eine weiße Pollenmasse, die an den Hummeln haftet, welche die Blüte wegen des an der Kronenbasis sezernierten Nektars aufsuchen. Griffel (4).

1	Kronröhre	3	Terminale Poren
2	Filamente	4	Griffel

8.17

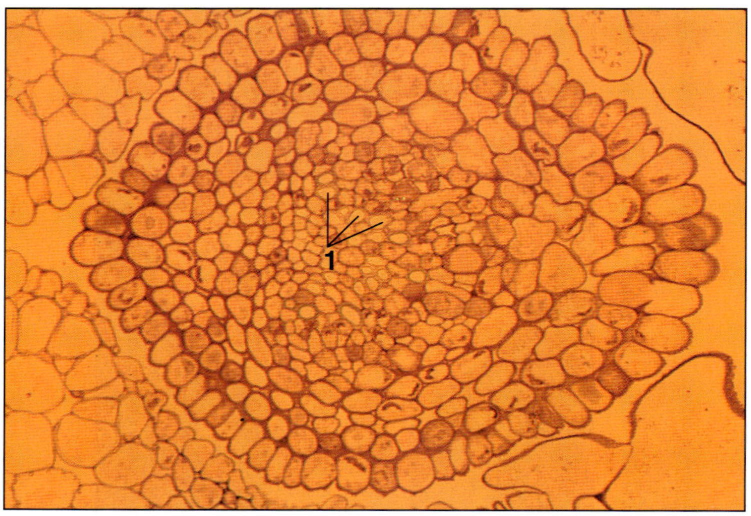

8.17 QS durch das Filament einer unreifen Anthere von *Sinapis,* einer Dikotylen. Das Filament weist einen zentralen Leitstrang auf, der Nährstoffe zu den heranreifenden Pollen transportiert. Tracheale Elemente (1). (G-Os, LM × 290.)

1	Tracheale Elemente

8.18

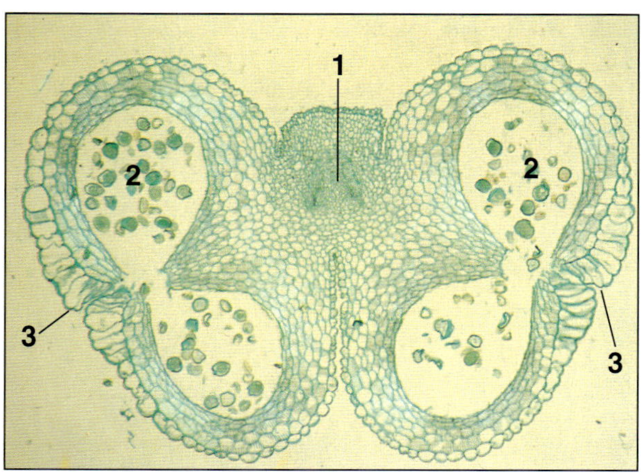

8.18 QS durch eine aufgesprungene Anthere der Monokotylen *Lilium* (Lilie). Die zwei Theken der Anthere sind durch das Konnektiv miteinander verbunden; in dem Konnektiv verläuft ein Leitbündel (1). Die Wand zwischen den beiden Pollensäcken ist aufgerissen und die Pollenkörner (2) wurden durch das Aufreißen der Antherenwände entlang der Stomien (3) freigesetzt. Die Wände der hypodermalen Zellen weisen (außer im Bereich der Stomien) komplizierte Verdickungen auf (vgl. **8.20**). (Polarisations-LM × 25.)

1	Leitbündel	3	Stomien
2	Pollenkörner		

8.19 QS durch einen unreifen Pollensack in der Blütenknospe der Dikotylen *Solanum tuberosum* (Kartoffel). Jede Theka einer Anthere (vgl. **8.5**) besteht aus zwei Pollensäcken, deren Hypodermis durch perikline Teilungen ein vakuolisiertes parietales Gewebe (1) und mehrere Schichten dunkel färbbarer Tapetumzellen (2) gebildet hat. Aus den zentral gelegenen sporogenen Zellen (3) gehen nach der Meiose die haploiden Pollenkörner hervor. (Phasen-LM × 205.)

1 Parietales Gewebe
2 Tapetum
3 Sporogene Zellen

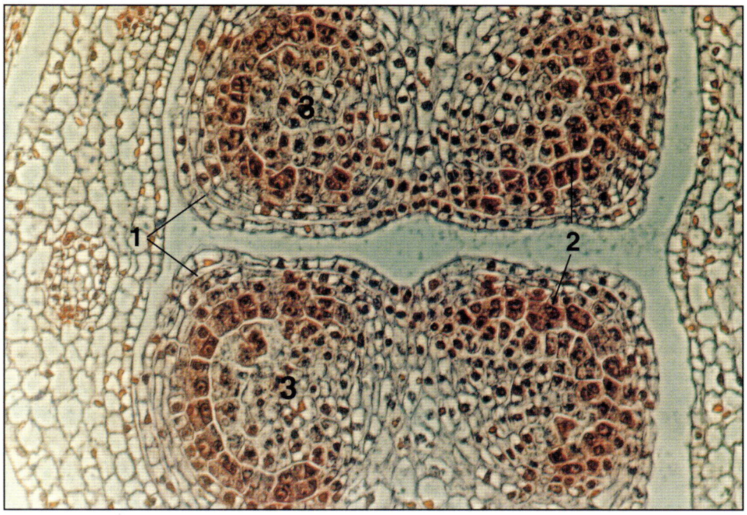

8.19

8.20 Quer geschnittene Antherenwand der Monokotylen *Lilium* (Lilie) im Detail. Es handelt sich hierbei um eine reife Anthere (vgl. **8.18**). Zu erkennen sind die großen, aber unverdickten Epidermiszellen des Stomiums (1), die sich deutlich von den hypodermalen Zellen abheben, deren Wände antikline, cellulosehaltige Verdickungsleisten (2) aufweisen. Pollenkörner (3). (Polarisations-LM × 75.)

1 Stomium
2 Hypodermale Zellen
3 Pollenkörner

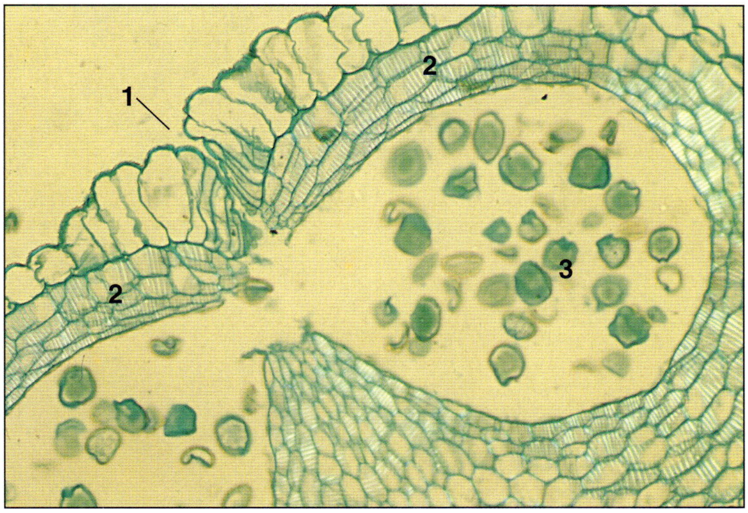

8.20

8.21 Pollenmutterzellen in einer quer geschnittenen Anthere der Monokotylen *Lilium* (Lilie). Die großen Kerne der Zellen befinden sich in der frühen Prophase der ersten meiotischen Teilung; die Chromosomen sind als fadenartige Strukturen zu erkennen, die gegen das Cytoplasma (1) durch die Kernhülle (2) abgegrenzt sind. Zellkerne des Tapetums (3). (Phasen-LM × 500.)

1 Cytoplasma
2 Kernhülle
3 Zellkerne des Tapetums

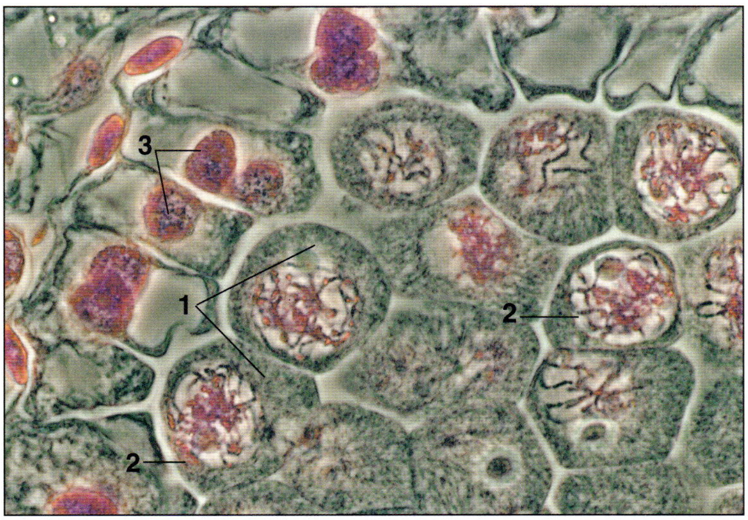

8.21

8.22

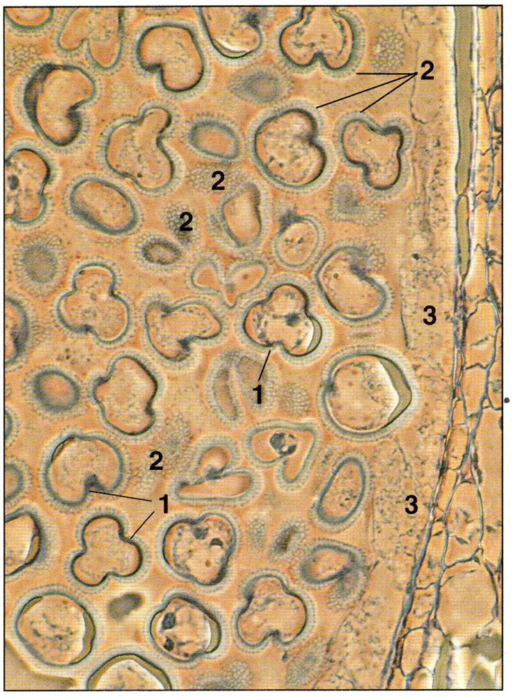

8.23

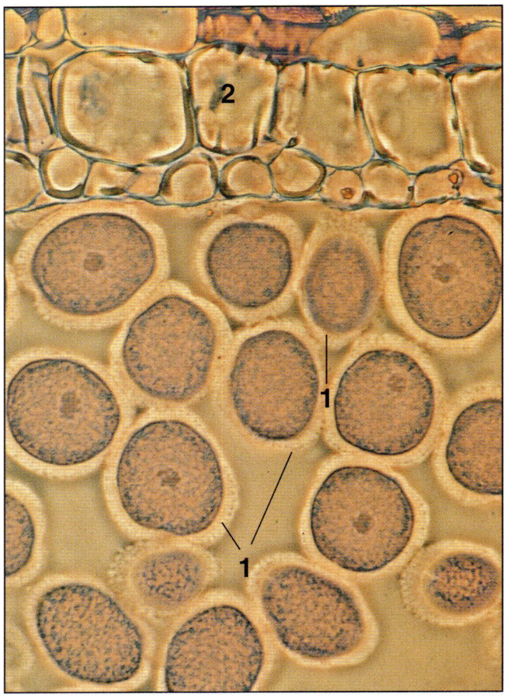

8.22 Schnitt durch eine Anthere der Dikotylen *Sinapis.* Nach abgeschlossener Meiose durchlaufen die Pollenkörner der Anthere nun die Cytokinese. Die Wandbildung in den Pollenmutterzellen verläuft simultan, indem sich zentripetal Wandfurchen (1) bilden und die vier Pollenkörner voneinander trennen. Gemusterte Exine (2), verkümmerte Überreste des Tapetums (3). (G-Os, Phasen-LM × 460.)

1 Wandfurchen
2 Gemusterte Exine
3 Tapetum

8.23 Pollenkörner in einer Anthere der Dikotylen *Sinapis.* Die Pollen haben sich fast aus den Tetraden gelöst (vgl. **8.22**) und sind deutlich größer geworden; jedes Pollenkorn wird von einer dicken, gemusterten Exine (1) umgeben. Faserige Antherenwand (2). (G-Os, Phasen-LM × 460.)

1 Gemusterte Exine
2 Antherenwand

8.24

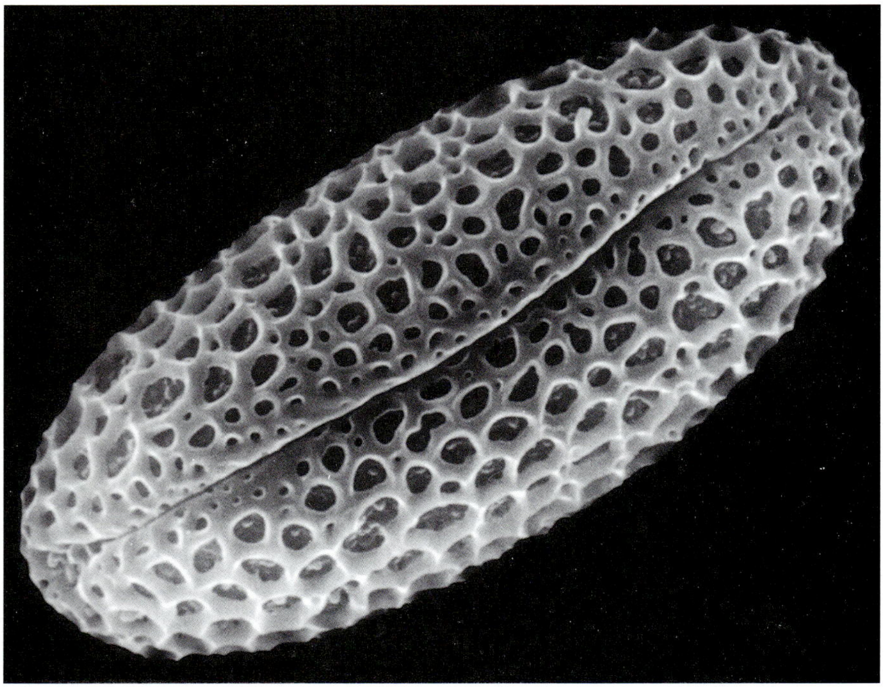

8.24 Reifes Pollenkorn der Dikotylen *Salix* (Weide). Das Pollenkorn hat eine netzförmige Exine und weist drei längs orientierte Spalten (Colpen) auf, von denen hier eine zu erkennen ist. Die Pollen werden durch Insekten ausgebreitet; während der Pollenkeimung tritt der Pollenschlauch durch eine der Colpen aus dem Korn heraus. (REM × 6400.) *(Copyright von Dr. James H. Dickson.)*

8.25

8.25 Reifes Pollenkorn der Dikotylen *Malva* (Malve). Die Exine ist grob mit großen Stacheln verziert. Die Pollen werden durch Insekten ausgebreitet und während der Pollenkeimung tritt der Pollenschlauch durch eine der zahlreichen Keimporen aus. (REM × 2700.) *(Copyright von Dr. James H. Dickson.)*

8.26A

8.26B

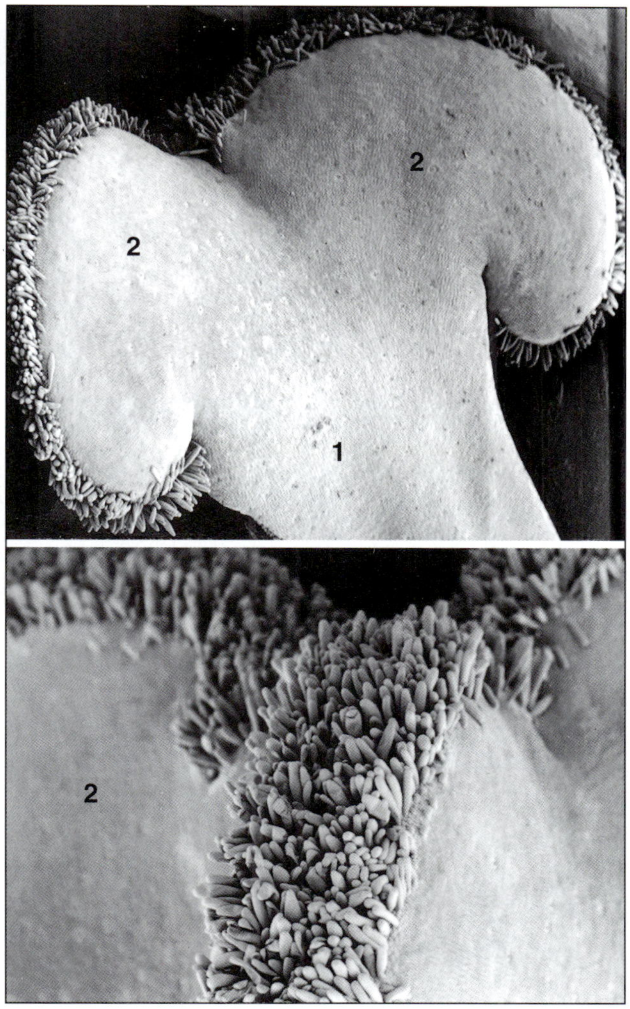

1 Griffel
2 Narbenlappen

8.26 Oberflächendetail der Narbe von *Tulipa* (Tulpe), einer Monokotylen. **A** Der Griffel (1) geht in eine 3gelappte Narbe (2) über, die den 3gefächerten Bau des Fruchtknotens widerspiegelt. Die Oberflächen der Narbenlappen **(B)** sind mit dicht gedrängten, kurzen Drüsenhaaren versehen, in denen sich die Pollenkörner verfangen. (REM, **A** × 18, **B** × 36.)

8.27 QS und LS durch die Frucht der Monokotylen *Narcissus* (Narzisse). **A** Im Querschnitt ist zu erkennen, daß der Fruchtknoten 3fächerig ist und eine zentralwinkelständige Placentation der Samen (1) aufweist. **B** Die unterständige Frucht liegt an der Basis der verwelkten Kronröhre (2). Braktee (3).

1 Samen
2 Kronröhre
3 Braktee

8.27

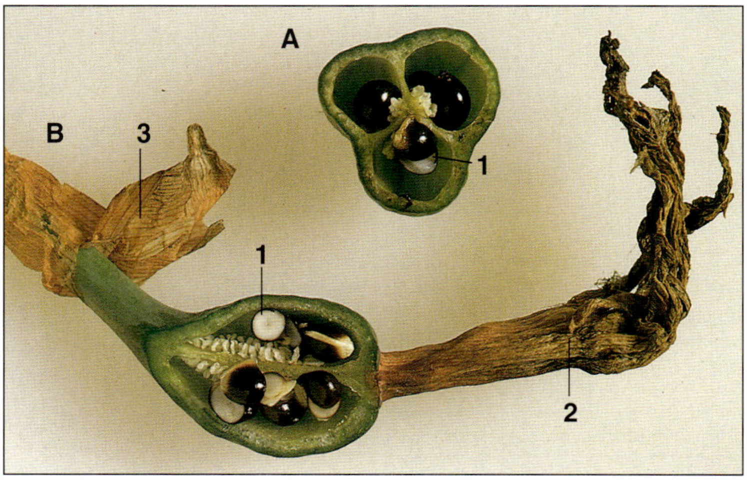

8.28

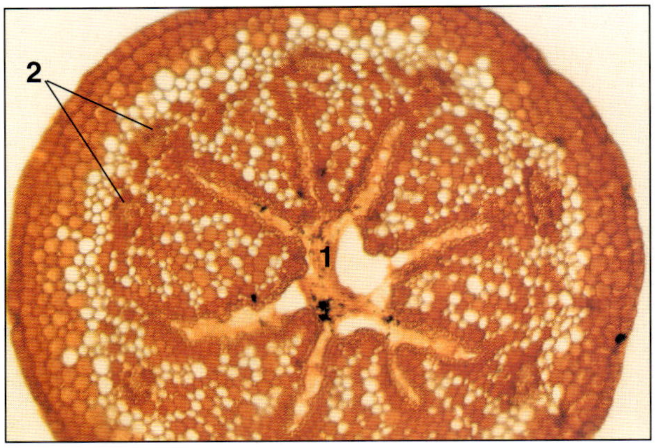

8.29

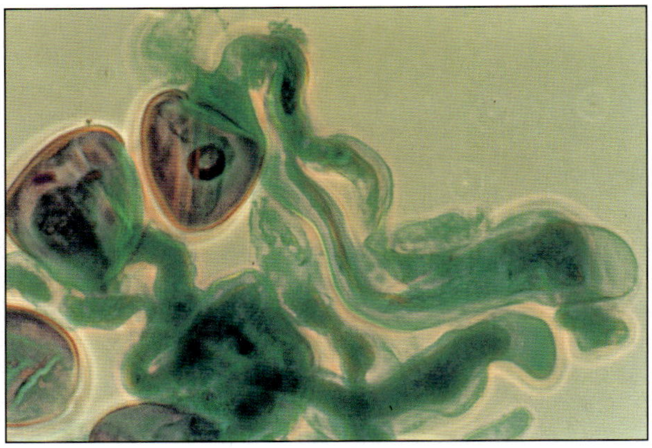

8.28 QS durch den Griffel der Dikotylen *Rhododendron*. Der zentrale Kanal und die ausstrahlenden Arme werden von Epithelzellen gesäumt, die Schleim (1) in die Lumina sezernieren; durch den Griffel wachsende Pollenschläuche ernähren sich von diesem Sekret (vgl. **8.29**). In der Wand des Griffels treten mehrere längs verlaufende Leitbündel (2) auf. (LM × 65.)

1 Schleim	2 Leitbündel

8.29 Keimende Pollen der Monokotylen *Narcissus* (Narzisse) im Detail. Die Pollenkörner sind *in vitro* auf Agar (plus 7 % Saccharose) gekeimt und sind zu gut entwickelten, gewundenen Pollenschläuchen ausgewachsen; außerdem sind mehrere Zellkerne zu erkennen. (Phasen-LM × 370.)

8.30

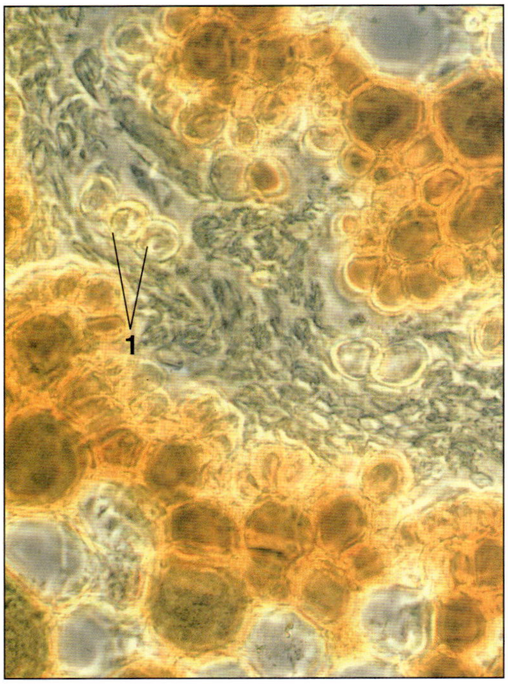

8.31

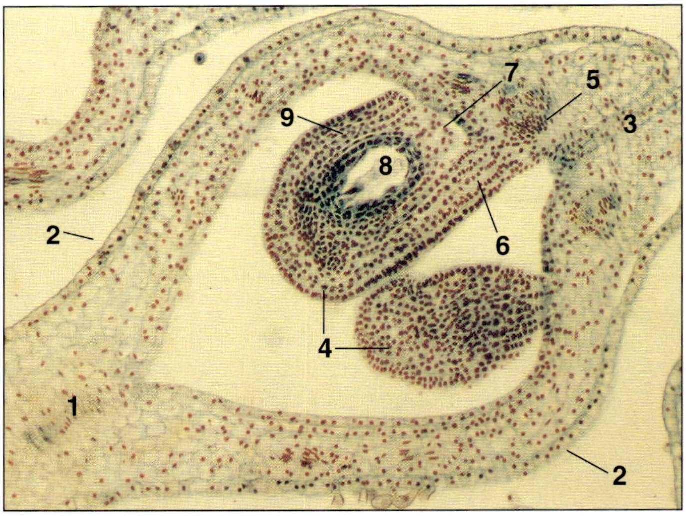

8.30 Pollenschläuche in einem quer geschnittenen Griffel der Dikotylen *Rhododendron*. Im verschleimten Inneren des Griffels (vgl. **8.28**) sind mehrere quer geschnittene Pollenschläuche (1) zu erkennen. (Phasen-LM × 460.)

1 Pollenschläuche

8.31 QS durch ein Fruchtblatt der Dikotylen *Caltha palustris* (Sumpfdotterblume). In diesem Schnitt ist der blattartige Aufbau des Fruchtblattes zu erkennen: die Rückennaht (1) entspricht einer Mittelrippe, und das Blatt hat sich gefaltet, so daß die abaxiale Oberfläche (2) nach außen weist. Die beiden Blattränder sind an der Bauchnaht (3) miteinander verwachsen. Die anatropen Samenanlagen (4) sind mit der Placenta (5) über den kurzen Funiculus (6) verbunden. Mikropyle (7), Embryosack (8), Integumente (9). (LM × 75.)

1 Rückennaht	6 Funiculus
2 Abaxiale Oberfläche	7 Mikropyle
3 Bauchnaht	8 Embryosack
4 Samenanlage	9 Integumente
5 Placenta	

8.32

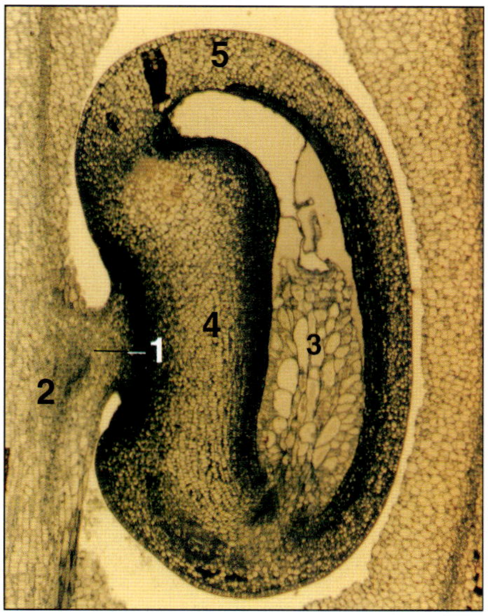

8.33

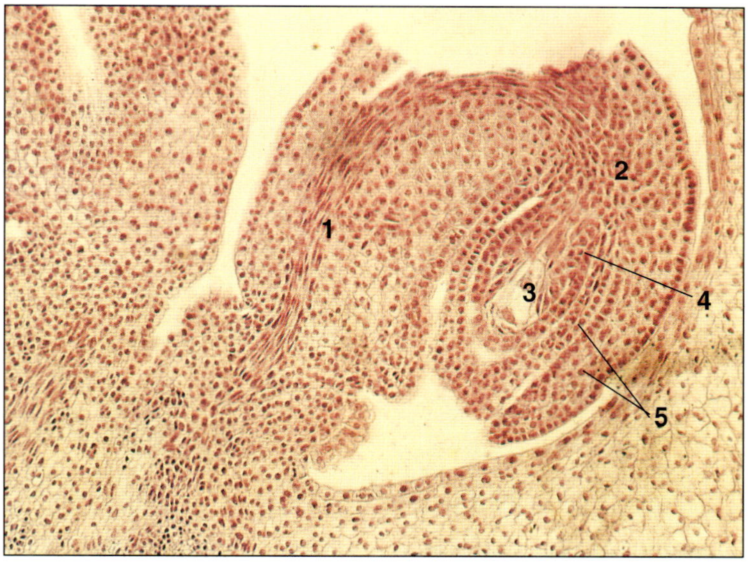

8.32 LS durch eine befruchtete Samenanlage der Dikotylen *Phaseolus vulgaris* (Bohne). Die Samenanlage ist über einen kurzen Funiculus (1) mit der Placenta (2) verbunden. Der Embryo ist in diesem Schnitt nicht zu sehen; zu erkennen ist jedoch das zelluläre Endosperm (3) innerhalb des Embryosacks. Nucellus (4), Integument (5). (G-Os, LM × 75.)

1 Funiculus
2 Placenta
3 Zelluläres Endosperm
4 Nucellus
5 Integument

8.33 LS durch die anatropen Samenanlagen der Monokotylen *Iris*. Die median geschnittene Samenanlage entspringt an der zentralen Achse eines 3fächerigen Fruchtknotens (vgl. **8.27**). Der Funiculus weist ein Leitbündel (1) auf und erstreckt sich von der Placenta bis zur Chalaza (2) an der Basis des Embryosacks (3). Nucellus (4), Integumente (5). (LM × 125.)

1 Leitbündel	4 Nucellus
2 Chalaza	5 Integumente
3 Embryosack	

8.34 LS durch das Primordium einer Samenanlage von *Lilium* (Lilie), einer Monokotylen. An dem zur Mikropyle weisenden Pol des Nucellus (1) hat sich eine einzelne hypodermale Zelle vergrößert; ihr Kern (2) ist im Begriff, in die Meiose einzutreten. Integument (3), Placenta (4). (LM × 330.)

1 Nucellus
2 Hypodermaler Zellkern
3 Integument
4 Placenta

8.34

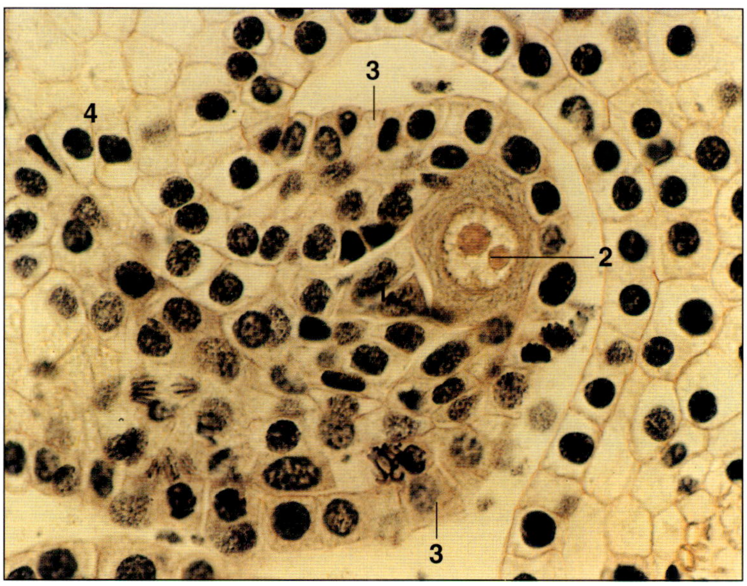

8.35

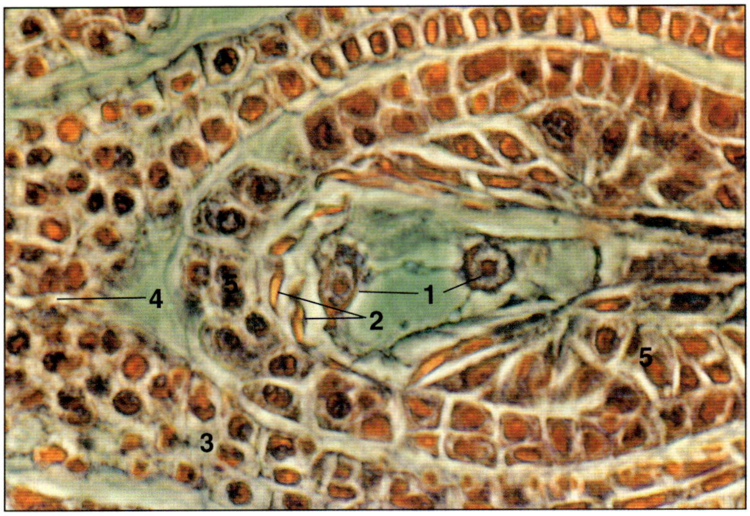

8.35 LS durch eine noch nicht ausgereifte Samenanlage der Monokotylen *Iris.* Der Embryosack enthält zwei intakte Zellkerne (1); die übrigen verkümmerten Kerne (2) entsprechen nicht funktionstüchtigen Megasporen sowie Nucellus-zellen, die vom sich vergrößernden Embryosack zerdrückt wurden. Integument (3), Mikropyle (4), Nucellus (5). (LM × 530.)

1 Intakte Zellkerne
2 Verkümmerte Zellkerne
3 Integument
4 Mikropyle
5 Nucellus

8.36

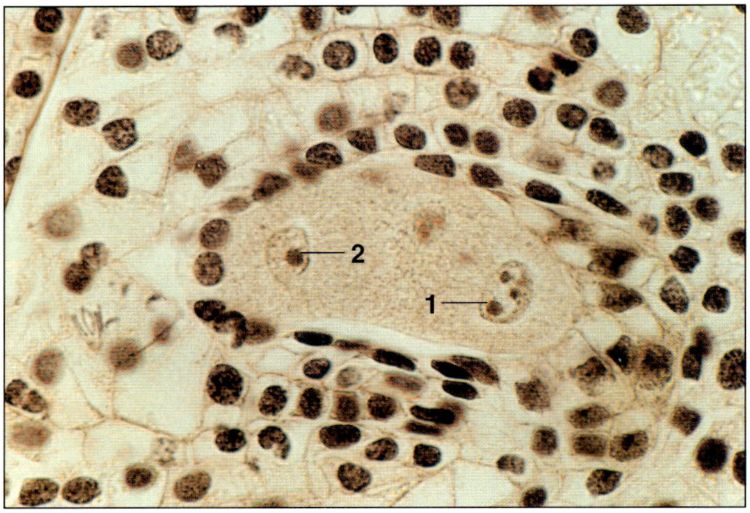

8.36 LS durch einen unreifen Embryosack der Monokotylen *Lilium* (Lilie). Aus der meiotischen Teilung der Megasporenmutterzelle (vgl. **8.34**) sind vier Kerne hervorgegangen; es haben sich jedoch keine Zellwände gebildet. Drei der Kerne sind an dem zur Chalaza weisenden Ende des Embryosacks zu einem triploiden Kern verschmolzen (1), während ein haploider Kern (2) am anderen Pol verbleibt. Aus diesem Kern entwickeln sich anschließend die Eizelle, zwei Synergiden und ein Polkern; aus dem triploiden Kern gehen dagegen die Kerne der drei Antipoden und ein Polkern hervor. (LM × 330.)

1 Triploider Kern
2 Haploider Kern

8.37

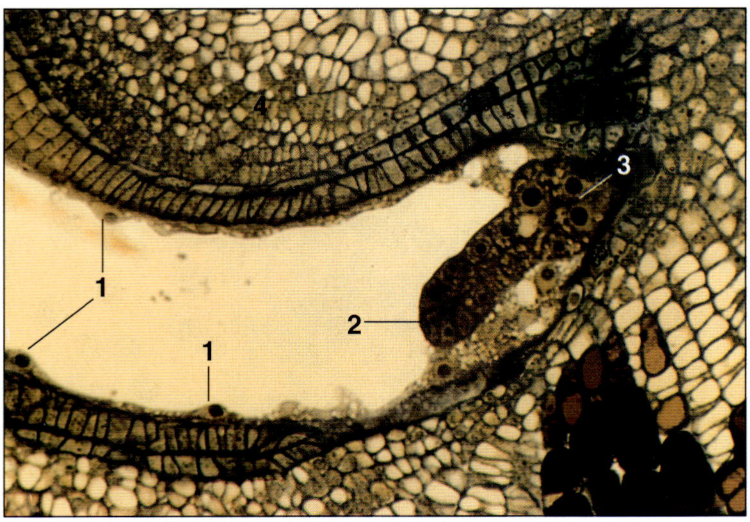

8.37 LS durch einen sehr jungen Embryo der Dikotylen *Phaseolus vulgaris* (Bohne). Der Embryo befindet sich am mikropylaren Pol des großen Embryosacks (vgl. **8.32**); die Wände des Embryosacks werden von den Kernen (1) des coenocytischen Endosperms gesäumt. An dem zur Chalaza weisenden Ende des Proembryos liegt der eigentliche Embryo (2), während der zylindrische Suspensor (3) an seinem mikropylaren Ende zu finden ist. Nucellus (4). (G-Os, LM × 330.)

1 Kerne des Endosperms
2 Eigentlicher Embryo
3 Suspensor
4 Nucellus

8.38

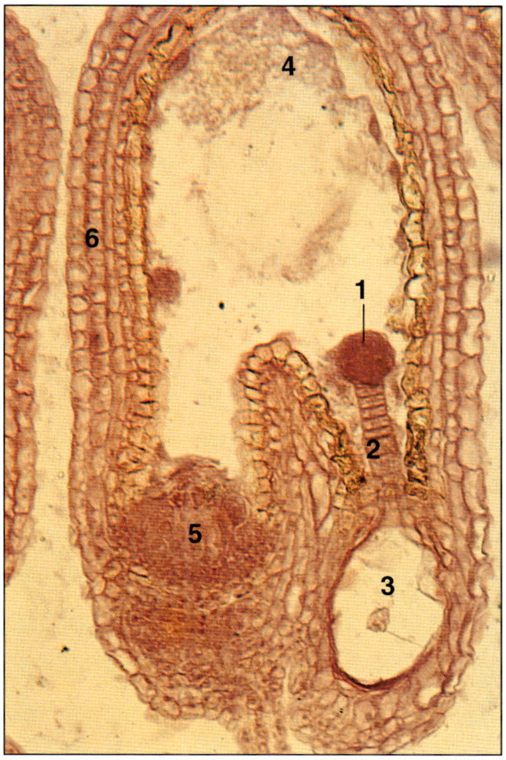

8.39

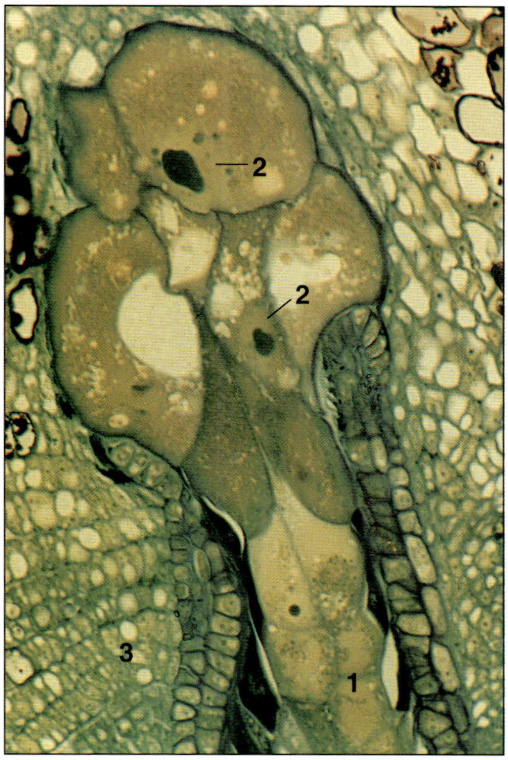

8.38 Unreifer Samen der Dikotylen *Capsella bursa-pastoris* (Hirtentäschelkraut). Der längs geschnittene Samen weist einen kugelförmigen Proembryo (1) auf, der von einem filamentösen Suspensor (2) getragen wird. Der Suspensor endet am mikropylaren Ende des Embryosacks (vgl. **1.33**) mit einer angeschwollenen Basalzelle (3). Coenocytisches Endosperm (4), hypertrophiertes Nährgewebe des Nucellus (5), Testa (6). (LM × 125.)

1	Proembryo	4	Coenocytisches Endosperm
2	Filamentöser Suspensor	5	Nucellusgewebe
3	Basalzelle	6	Testa

8.39 Der Mikropyle zugewandter Pol des Embryos von *Phaseolus vulgaris* (Bohne), einer Dikotylen. In den Kernen der Basalzellen des Suspensors (1) wird die DNA mehrfach ohne nachfolgende Mitosen repliziert, so daß sehr große, polytäne Kerne (2) entstehen. Nucellus (3). (G-Os, LM × 330.)

1	Suspensor	3	Nucellus
2	Polytäne Kerne		

8.40 Unreifer Samen der Dikotylen *Phaseolus vulgaris* (Bohne). Der Schnitt führt quer durch das Hypokotyl des Embryos, in dem sich bereits Mark (1), Leitgewebe (2) und Rinde (3) differenziert haben. Die periphere Endospermschicht (4) hat sich von der Wand des Embryosacks gelöst. (G-Os, LM × 85.)

1	Mark
2	Leitgewebe
3	Rinde
4	Endospermschicht

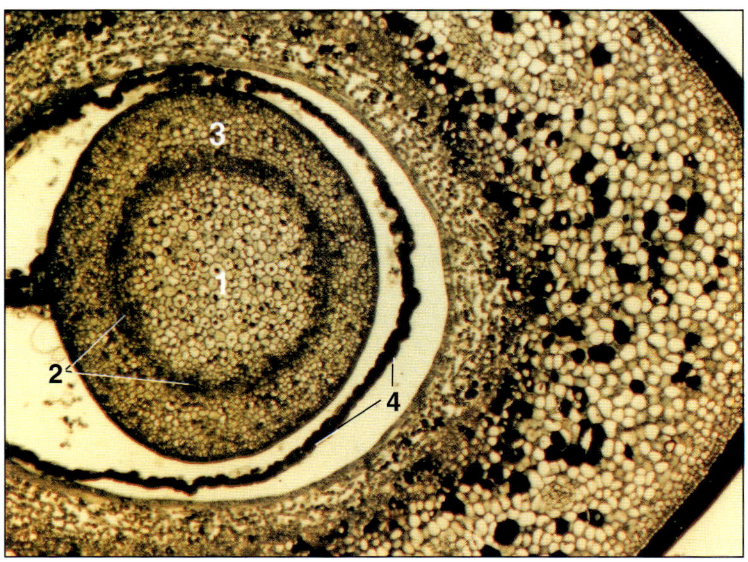

8.40

8.41

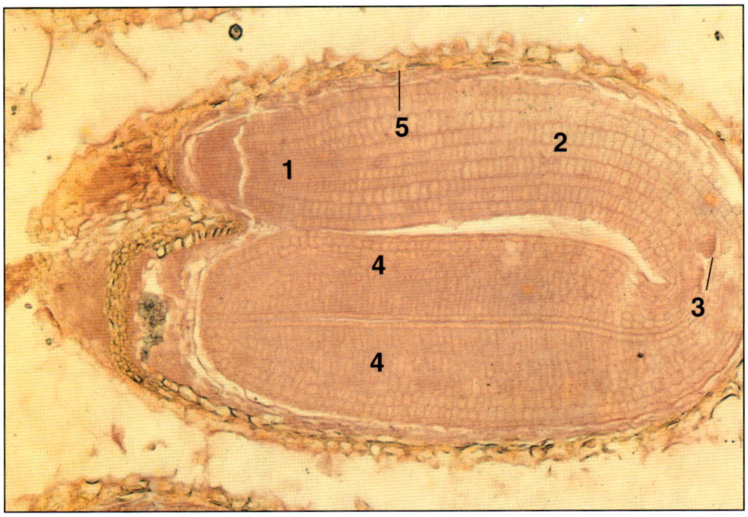

8.41 LS durch einen reifen Samen der Dikotylen *Capsella bursa-pastoris* (Hirtentäschelkraut). Der Embryo füllt den Embryosack vollständig aus und das gesamte Endosperm wurde resorbiert (vgl. **1.33**). An die breite, zylindrische Radicula (1, mit zur Mikropyle weisendem Apex) schließt das Hypokotyl an (2), das mit einer kleinen Plumula (3) endet. Zu beiden Seiten der Plumula entspringt jeweils eine angeschwollene Kotyledone (4), die parallel zur Radicula-Hypokotyl-Achse liegt. Aufgrund der gebogenen Form des Embryosacks (vgl. **8.38**) hat auch der Embryo eine gekrümmte Gestalt. Testa (5). (LM × 100.)

1 Radicula
2 Hypokotyl
3 Plumula
4 Kotyledone
5 Testa

8.42

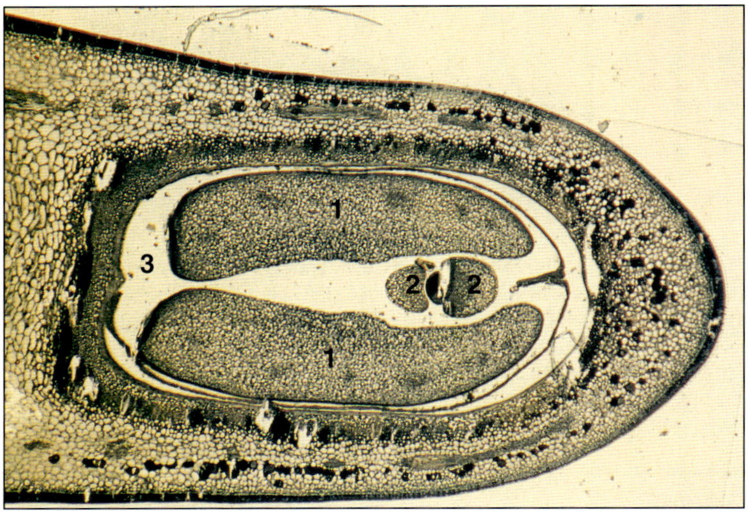

8.42 Noch nicht ausgereifter Samen der Dikotylen *Phaseolus vulgaris* (Bohne). Der schräg geschnittene Embryo weist ein Kotyledonenpaar (1) auf und auch die Primordien des ersten Laubblattpaares (2) sind schon vom Sproßapex angelegt worden (vgl. **4.1**). Embryosack (3). (G-Os, LM × 30.)

1 Kotyledonen
2 Laubblätter
3 Embryosack

8.43

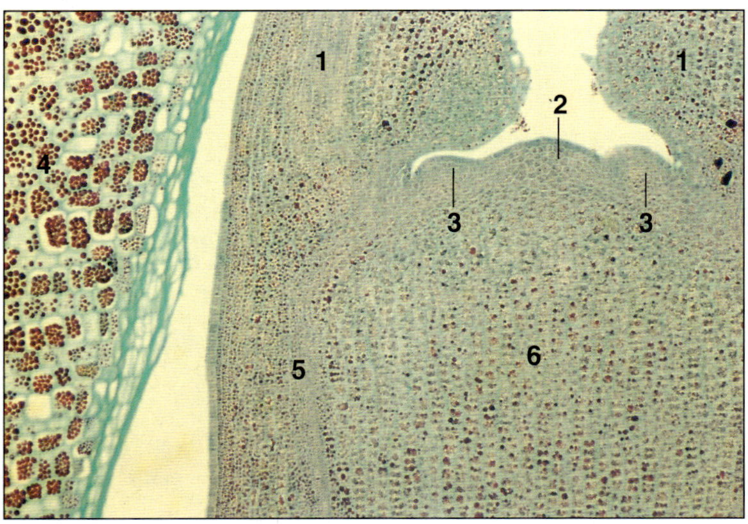

8.43 LS durch die reife Plumula im Samen der Dikotylen *Ricinus communis* (Wunderbaum). Zu erkennen sind ein Kotyledonenpaar (1), das den Sproßapex (2) flankiert, und die ersten Blattprimordien (3). Der Samen enthält einen reichen Vorrat an Endosperm (4), um den keimenden Embryo zu versorgen. Procambium (5), Mark (6). (LM × 70.)

1 Kotyledonen
2 Sproßapex
3 Laubblattprimordien
4 Endosperm
5 Procambium
6 Mark

8.44 LS durch die reife Radicula im Samen der Dikotylen *Ricinus communis* (Wunderbaum). Wurzelhaube (1), Apikalmeristem (2), Procambium (3), Endosperm (4). (LM × 80.)

1	Wurzelhaube
2	Apikalmeristem
3	Procambium
4	Endosperm

8.44

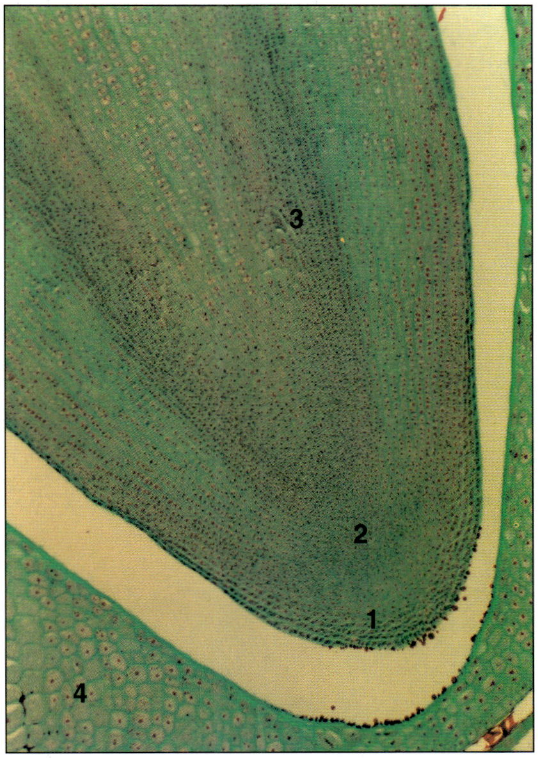

8.45

8.46

8.46 Fruchtstände der Monokotylen *Cocos nucifera* (Kokospalme). Diese großen Monokotylen wachsen häufig an den tropischen Stränden Asiens und Polynesiens; sie tragen Büschel großer, einsamiger Früchte, die im reifen Zustand zu Boden fallen und mit der Meeresströmung über große Distanzen ausgebreitet werden (vgl. **8.47**).

8.45 Keimendes Korn der Monokotylen *Zea mays* (Mais). Der Keimling weist eine lange, dicht mit Wurzelhaaren (1) besetzte Radicula auf, an deren Basis die Überreste der Koleorhiza (2) zu erkennen sind. Die Koleorhiza umschließt die Wurzel vor der Keimung, während die Koleoptile (3) die Plumula umhüllt und schützt. Adventivwurzel (4). *(Copyright von T. Norman Tait.)*

1	Wurzelhaare	3	Koleoptile
2	Koleorhiza	4	Adventivwurzel

8.47

8.47 Frucht von *Cocos nucifera* (Kokospalme). Diese Frucht wurde viele Kilometer von den Standorten der nächsten Kokospalmen entfernt an einer Insel angeschwemmt. Das ursprünglich glatte Exokarp (vgl. **8.46**) der Frucht ist verrottet und hat das dicke, faserige Mesokarp freigelegt, welches das harte Endokarp umschließt (Kokonußschale). Der einzelne Same der Frucht hat eine dünne, braune Testa (in dieser Abbildung nicht zu erkennen), die innen von einer Schicht zellulären Endosperms gesäumt ist. Dieses inzwischen verweste Gewebe bildet normalerweise das eßbare, weiße Fleisch der Kokosnuß. In das Fleisch ist ein kleiner Embryo eingebettet, der in dieser Abbildung jedoch nicht zu sehen ist.

8.48

8.48 LS durch die Frucht der Dikotylen *Persea americana* (Avocado). Die Frucht entwickelt sich aus einem oberständigen, 1fächrigen Fruchtknoten mit einer einzelnen hängenden Samenanlage, die zu einem großen, zentral gelegenen Samen (1) heranreift. Die eßbare parenchymatische Fruchtwand (2) besteht bis zu 30 % aus Ölen, die zunächst in Ölbehältern akkumulieren. Wenn die Frucht ausgereift ist, bildet sich das Gewebe zurück und das Fruchtfleisch bekommt eine butterige Konsistenz.

1 Samen	2 Parenchymatische Fruchtwand

8.49

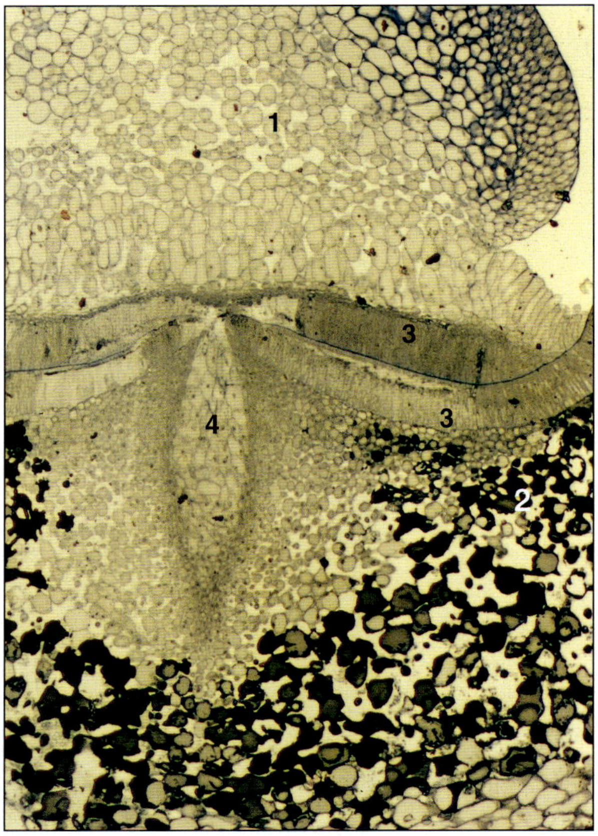

8.49 QS durch das Hilum eines noch nicht ausgereiften Samens der Dikotylen *Phaseolus vulgaris* (Bohne). Der Funiculus (1) geht in die Testa (2) über; an der Verbindungsstelle sind zwei Schichten säulenförmiger Epidermiszellen zu erkennen (3), die sich später zu Makrosklereiden differenzieren (vgl. **8.50**). Anschließend entwikkelt sich in der Mitte des Hilums aus einer linsenförmigen Zellgruppe (4) ein kompaktes Bündel Tracheiden. (G-Os, LM × 80.)

1 Funiculus	3 Epidermiszellen
2 Testa	4 Künftige Tracheiden

8.50

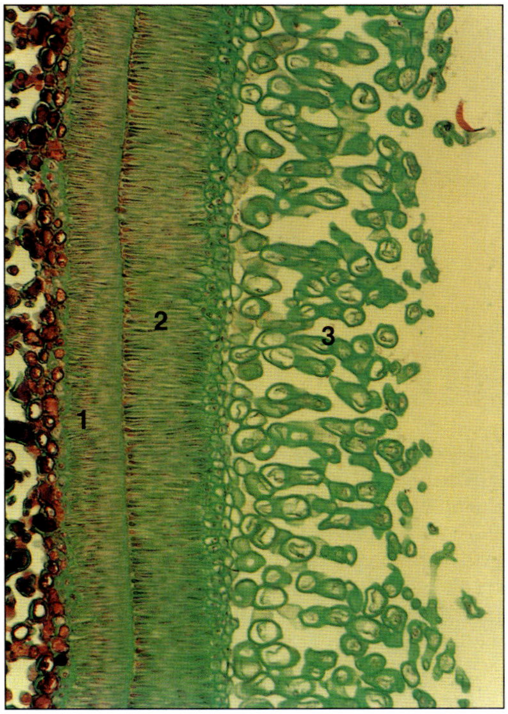

8.51

8.51 Maiskolben von *Zea mays*, einer Monokotylen. Mehrere Monate nach der Befruchtung ist aus einer zahlreiche weibliche Blüten tragenden Infloreszenzachse dieser Kolben herangereift. Der Kolben wird von Brakteen umhüllt (teilweise abgezogen), welche die dicht stehenden, angeschwollenen Maiskörner (Früchte) bedecken. Eine vertrocknete Quaste stellt die Überreste der baumelnden, fädigen Griffel der einzelnen Blüten dar. Die bis zu 25 cm langen Griffel können bis zu zwei Wochen lang bestäubt werden.

1 Innere Makrosklereiden
2 Äußere Makrosklereiden
3 Schwammgewebe

8.50 LS durch das Hilum eines reifen Samens der Dikotylen *Phaseolus vulgaris* (Bohne). Zu erkennen sind zwei Schichten Makrosklereiden (vgl. 8.49); die innere Schicht (1) leitet sich von der Epidermis des Integuments ab und die äußere (2) entwickelt sich aus der Epidermis des Funiculus; das Schwammgewebe (3) ist hypodermalen Ursprungs. (LM × 110.)

8.52

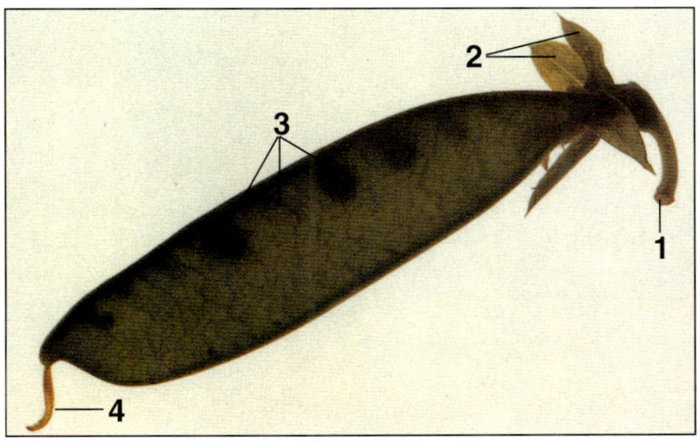

8.52 Junge Hülse der Dikotylen *Pisum sativum* (Erbse). Bei den Leguminosen entwickelt sich die Frucht aus einem oberständigen, apokarpen Fruchtknoten. Zu erkennen sind der Blütenstiel (1), grüne Kelchblätter (2), eine angeschwollene Frucht, in der sich eine Reihe marginal stehender Samen schwach abzeichnet (3) und die vertrockneten Überreste des Griffels (4).

1 Blütenstiel
2 Grüne Kelchblätter
3 Marginal stehende Samen
4 Vertrockneter Griffel

8.53

1 Infloreszenzachse
2 Einzelfrüchte
3 Blattkrone

8.53 Fruchtstand der Monokotylen *Ananas comosus* (Ananas). Im Längsschnitt durch die fleischige Infloreszenzachse (1) sind zahlreiche angeschwollene, miteinander verwachsene Einzelfrüchte zu erkennen, die an der Achse entspringen. Jede Einzelfrucht entwickelt sich ohne Befruchtung aus einem unterständigen Fruchtknoten. In der Außenansicht sind die zahlreichen, spiralig angeordneten Einzelfrüchte (2) sichtbar. Nach der Blütenbildung wächst der Infloreszenzapex erneut vegetativ weiter; die Blattkrone (3) wird zur vegetativen Vermehrung dieser Nutzpflanze genutzt.

8.54

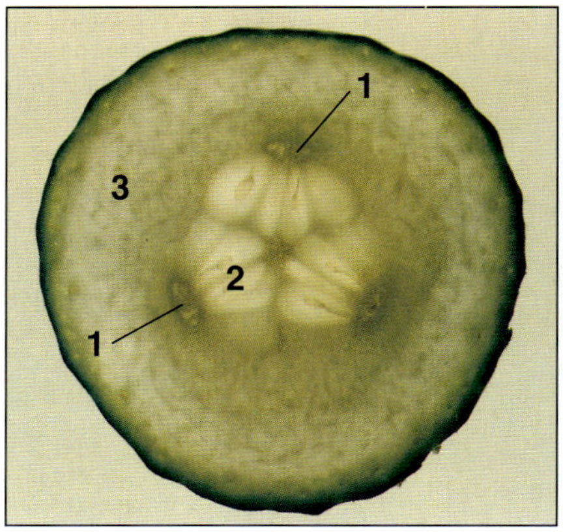

8.55

8.54 QS durch die Frucht der Dikotylen *Cucurbita* (Gurke). Die Frucht entwickelt sich aus einem unterständigen coenokarpen Fruchtknoten, der sich aus drei verwachsenen Fruchtblättern zusammensetzt und parietale Placenten (1) aufweist. Zahlreiche Samen (2) sind in das schwammige parenchymatische Endokarp eingebettet; dieses ist vom festeren Fruchtfleisch des Mesokarps (3) umgeben, in dem ein Ring bikollateraler Leitbündel auftritt (vgl. 6.11). Das Epikarp bildet die grüne Haut der Frucht.

1	Parietale Placenten	3	Mesokarp
2	Samen		

8.55 Sammelfrucht der Dikotylen *Fragaria vesca* (Erdbeere). Die Frucht entwickelt sich aus den zahlreichen freien Fruchtblättern einer einzelnen Blüte; jedes der oberständigen Fruchtblätter enthält eine einzelne Samenanlage. Die daraus entstehenden Schließfrüchtchen (Kerne, 1) sind in die hypertrophierte Blütenachse (2) eingebettet und so zu einer saftigen Sammelfrucht verbunden. Weiße, längs verlaufende Leitstränge (3) zweigen in jede Einzelfrucht ab, um diese zu versorgen. Kelch (4).

1	Einzelfrüchte (Kerne)	3	Leitstränge
2	Blütenachse	4	Kelch

8.56

8.57

8.56 Dicht gedrängte Blüten einer Infloreszenz der Dikotylen *Banksia*. Die Blüten dieser in Australasien beheimateten Gattung werden von Vögeln bestäubt; anschließend werden die Samenanlagen in die holzig verdickte Infloreszenzachse eingebettet, und es entsteht ein zapfenartiges Gebilde (vgl. 8.57).

8.57 Zapfenartiger Fruchtstand der Dikotylen *Banksia*. Diese holzige Gattung bildet dicht gedrängte sklerotisierte Früchte, welche in die sekundär verdickte Infloreszenzachse eingebettet sind. Die Früchte springen – gewöhnlich nach einem Buschfeuer – entlang einer horizontalen Naht auf, um die Samen freizusetzen.

8.58 Fleischige Frucht der Dikotylen *Malus sylvestris* (Apfel). Das Gehäuse des Apfels (verstärkt durch harte Sklereiden) entwickelt sich aus einem unterständigen coenokarpen Fruchtknoten mit zentralwinkelständiger Placentation. Das parenchymatische Fruchtfleisch entspricht der stark vergrößerten Blütenröhre, welche den Fruchtknoten umgab. In der quer geschnittenen Frucht weisen vier der fünf Fruchtknotenfächer Samen (1) auf. Im inneren Bereich des Fruchtfleischs verlaufen ringförmig angeordnete Leitbündel (2), welche der Versorgung der fünf Kelch- und fünf Kronblätter dienten. Im Längsschnitt sind der Blütenstiel (3) und die vertrockneten Überreste (4) von Kelch, Staubblättern und Griffeln zu erkennen.

1 Samen	3 Blütenstiel
2 Leitbündel	4 Überreste von Kelch, Staubblättern, Griffeln

8.58

8.59 LS durch die Frucht der Dikotylen *Prunus* (Pfirsich). Die Frucht entwickelt sich aus einem 1fächerigen, oberständigen Fruchtknoten. Das steinige innere Endokarp (1) umschließt einen einzelnen Samen. Das ausgedehnte Mesokarp (2) ist fleischig und saftig und wird von einer dünnen Haut (Epikarp, 3) umgeben. Blütenstiel (4).

1 Steiniges Endokarp
2 Fleischiges Mesokarp
3 Epikarp (Haut)
4 Blütenstiel

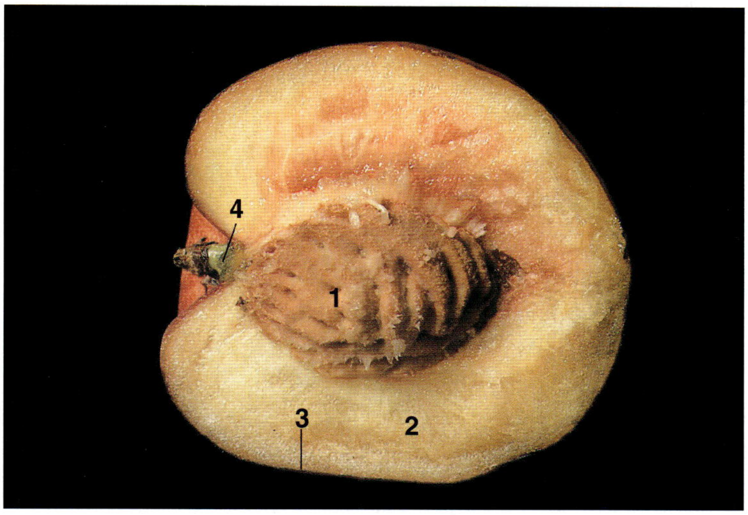

8.59

8.60 LS durch eine junge Frucht der Dikotylen *Phaseolus vulgaris* (Bohne). Die äußere Epidermis der Hülse weist zahlreiche Trichome auf und ist von einer Cuticula überzogen; die innere Oberfläche der Hülse (1) besitzt dagegen weder Haare noch eine Cuticula. Leitstrang (2), unreifer Samen (3), zelluläres Endosperm (4). (G-Os, LM × 80.)

1 Innere Oberfläche der Hülse
2 Leitstrang
3 Unreifer Samen
4 Zelluläres Endosperm

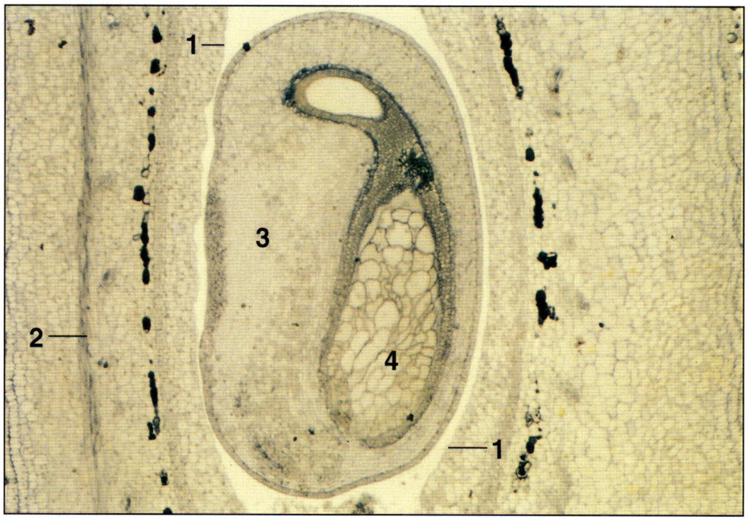

8.60

8.61

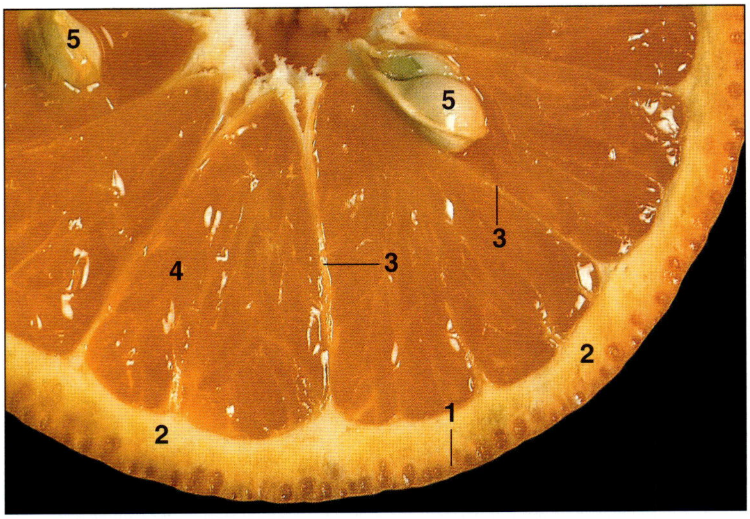

8.61 QS durch die Frucht der Dikotylen *Citrus sinensis* (Apfelsine). Die Frucht entwickelt sich aus einem oberständigen Fruchtknoten aus zehn verwachsenen Fruchtblättern und mit zentralwinkelständiger Placentation. Die Schale der Frucht besteht aus dem orangefarbenen, ledrigen Exokarp (1, mit zahlreichen Öldrüsen) und dem weißen, aërenchymatischen Mesokarp (2). Zum Endokarp gehören eine dünne, innen an das Mesokarp grenzende Schicht sowie die radialen Scheidewände (3) zwischen den Fruchtfächern. In die Fächer hineinwachsende Endokarpemergenzen entwickeln sich zu Saftschläuchen (4), welche die Fächer vollständig ausfüllen. Samen (5).

1 Exokarp mit Öldrüsen
2 Mesokarp
3 Radiale Trennwände (Endokarp)
4 Saftemergenz
5 Samen

8.62

8.62 Hängende Früchte der Dikotylen *Eucalyptus calophylla*. Die Früchte der in Australasien beheimateten Gattung sind holzige Kapseln, die an der Spitze aufspringen, um die Samen auszustreuen. Die Frucht entwickelt sich aus einem unterständigen coenokarpen Fruchtknoten, der mit der ihn umgebenden Blütenachse verwachsen ist.

8.63

8.63 Reifende Früchte der Dikotylen *Papaver* (Mohn). Die holzige Kapsel entwickelt sich aus einem oberständigen, coenokarpen Fruchtknoten. Ist die Frucht ausgereift, so biegen sich die Narbenlappen aus ihrer ursprünglichen Position (vgl. **8.11**) nach oben. Dadurch wird ein zuvor von den Narben bedeckter Porenring in der Kapselwand freigelegt (in dieser Abbildung nicht zu erkennen). Wenn sich die Kapsel im Wind bewegt, werden die kleinen Samen nach und nach durch die Poren ausgestreut.

8.64 Unreife Schließfrucht der Dikotylen *Acer pseudoplatanus* (Bergahorn). Die Frucht entwickelt sich aus einem oberständigen Fruchtknoten, der aus zwei verwachsenen Fruchtblättern besteht. Die Wände des Fruchtknotens bilden zwei große Flügel, die jeweils einen einzelnen Samen umschließen. Wenn die Frucht ausgereift ist, löst sie sich vom Baum ab und fällt aufgrund der Flügel rotierend zu Boden. Dort spaltet sie sich in zwei, jeweils einen einzelnen Samen enthaltende Teilschließfrüchte. Blütenstiel (1), vertrockneter Überrest des Griffels (2), Lage des Samens im Perikarp (3).

1 Blütenstiel
2 Überrest des Griffels
3 Lage der Samen

8.64

8.65 Aufgesprungene Frucht der Monokotylen *Iris*. Die Frucht entwickelt sich aus einem unterständigen, 3fächerigen Fruchtknoten. Wenn sie ausgereift ist, spaltet sich die nun trockene Frucht in drei Fruchtklappen auf, um die roten Samen freizusetzen. *(Copyright von T. Norman Tait.)*

8.65

8.66 Öffnungsfrucht der Dikotylen *Epilobium hirsutum* (Weidenröschen). Der 4fächerige, unterständige Fruchtknoten weist zentralwinkelständige Plazenten auf, an denen jeweils zahlreiche Samenanlagen stehen. Die reife Frucht spaltet sich von oben nach unten in vier Fruchtklappen auf; die mit Flughaaren ausgestatteten Samen werden vom Wind ausgebreitet. *(Copyright von T. Norman Tait.)*

8.66

8.67

8.68

8.67 Aufgesprungene Hülsen der Dikotylen *Cytisus scoparius* (Besenginster). Die alten Hülsen sind längs entlang den beiden Nähten aufgesprungen. Beim Aufspringen der trockenen Hülsen werden die Samen durch die Torsionsbewegung der Hülsenhälften weggeschleudert.

8.68 Viviparer Keimling der Dikotylen *Rhizophora* (Mangrove). Der Embryo keimt bereits in der noch mit der Mutterpflanze verbundenen Frucht (1, mit bleibendem Kelch). Die langgestreckte Achse des Keimlings setzt sich aus der Radicula und dem Hypokotyl (2) zusammen; die Plumula ist jedoch noch in der Frucht verborgen. Die Keimlinge erreichen eine Länge von 30–50 cm, bevor sie abfallen und sich im Schlick festwurzeln (vgl. **8.69**). *(Copyright von T. Norman Tait.)*

1 Frucht	2 Radicula-Hypokotyl-Achse

8.69

8.69 Neu angelegte Kolonie der Dikotylen *Rhizophora* (Mangrove). Die viviparen Keimlinge (vgl. **8.68**) wurzeln im Wattenschlick oder im flachen Gewässer und bilden neue Kolonien. Im Vordergrund sind zahlreiche Keimlinge zu erkennen. *(Copyright von T. Norman Tait.)*

chen Früchten (8.48, 8.53 bis 8.55, 8.58) wird das Grundgewebe stark vakuolisiert und besteht hauptsächlich aus Parenchym, das von Leitsträngen durchzogen ist, die mit dem Blütenstiel in Verbindung stehen. Das Parenchym erfährt im Zuge der Fruchtreifung häufig Veränderungen; so ist das weicher werdende Fruchtfleisch von Persea (8.48) das Ergebnis der Auflösung der Mittellamellen und des Zellwandabbaus in diesem Gewebe.

Freisetzung des Samens aus trockenen Früchten
Bei Pflanzen, deren Früchte nicht durch Tiere ausgebreitet werden (**8.57, 8.62, 8.63**), dienen die Früchte vor allem dem Schutz des Samens. Reife, trockene Schließfrüchte haben häufig dünne Wände, welche der keimende Embryo leicht durchdringen kann (**8.64**). Dagegen besitzen Öffnungsfrüchte oft dicke Wände und brechen auf, um die Samen freizusetzen (**8.57, 8.62, 8.63, 8.65, 8.66**). Die Hülsen der Leguminosen (**8.52**) springen längs sowohl entlang der Bauchnaht der Fruchtblattränder als auch entlang dem Mittelnerv auf (**8.67**). Bei vielen Leguminosen weist das Exokarp eine einzelne Schicht aus Fasern auf, deren Längsachsen etwa senkrecht zur Längsachse der Hülse orientiert sind, während die Fasern des Endokarps parallel zur Hülsenachse verlaufen. Wenn das Perikarp austrocknet, ziehen sich Exo- und Endokarp in verschiedenen Richtungen zusammen und die Hülse springt auf (**8.67**). Bei manchen Früchten zeigt die Öffnungszone keine Beziehung zu den Fruchtblattnähten oder Leitbündeln; statt dessen kann sich die Frucht an Poren öffnen (**8.63**).

Futterfrüchte und Samenausbreitung
Bei Öffnungsfrüchten erfolgt die Freisetzung und Ausbreitung der Samen, solange die Frucht noch mit der Pflanze verbunden ist. Fleischige Früchte sind im allgemeinen wichtige Lockmittel, die gerne von Tieren gefressen werden; die eingeschlossenen Samen werden häufig durch ein sklerenchymatisches Endokarp (**8.59**) oder durch eine dickwandige oder verschleimte Samenschale (**1.6**) gegen die Zerstörung im Kauapparat bzw. in den Verdauungssäften der Tiere geschützt. Später werden die Samen dann mit dem Kot der Tiere ausgebreitet. Kleine, fleischige und häufig duftlose Früchte (**8.55**) werden hauptsächlich von Vögeln gefressen, die über ein gutes Farbsehvermögen, aber nur einen schlecht ausgebildeten Geruchssinn verfügen. Größere, duftende Früchte (**8.58**) werden hingegen meistens von den mit einem guten Geruchssinn ausgestatteten Säugern gefressen. Fleischige Früchte fallen außerdem oft zu Boden, wo sie entweder gefressen werden oder verrotten und ihre Samen freisetzen.

Passive Ausbreitung von Früchten und Samen
Viele Früchte entwickeln Widerhaken oder weisen klebrige Oberflächen auf, mit denen sie an vorbeistreifenden Tieren hängen bleiben und so passiv verbreitet werden. Häufig werden Früchte und Samen auch durch den Wind ausgebreitet (**8.64, 8.66**), doch legen sie in diesem Fall selten große Distanzen zurück. Berechnungen zufolge wird selbst bei den kleinen, leichten Früchten von *Taraxacum* (**8.10**) nur etwa ein Prozent der Früchte weiter als 10 Kilometer ausgebreitet. Viele Pflanzenarten haben Explosionsfrüchte (**8.67**) und schleudern ihre herausgestoßenen Samen z. T. mehrere Meter weit. Deutlich seltener kommt die Ausbreitung durch Wasser vor; als Beispiel seien die großen Früchte von *Cocos* (Kokospalme, **8.46, 8.47**) und *Lodicea* genannt, die mit der Meeresströmung ausgebreitet werden und deren eingeschlossene Samen durch ein dickes, sklerenchymatisches Endokarp geschützt sind. Die Frucht der Mangrove *Rhizophora* weist einen einzelnen Samen auf, der *in situ* keimt, solange die Frucht noch am Baum befestigt ist. Die Radicula des Keimlings wächst durch die Frucht nach außen und erreicht innerhalb der nächsten Monate eine Länge von bis zu 50 cm (**8.68**). Schließlich fallen die Keimlinge in das Wasser oder den Schlamm hinab und entwickeln sich zu weiteren Mangrovekolonien (**7.6, 8.69**).

Weiterführende Literatur

Bell, A.D. (1991) *An Illustrated Guide to Flowering Plant Morphology.* Oxford University Press, Oxford, 341 S.

Burgess, J. (1985) *An Introduction to Plant Cell Development.* Cambridge University Press, Cambridge, 239 S.

Endress, P.K. (1994) *Diversity and Evolutionary Botany of Tropical Flowers.* Cambridge University Press, Cambridge, 511 S.

Esau, K. (1977) *Anatomy of Seed Plants.* John Wiley & Sons, New York, 550 S.

Eschrich, W. (1995) *Funktionelle Pflanzenanatomie.* Springer, Berlin, 393 S.

Fahn, A. (1990) *Plant anatomy.* 4th edn., Pergamon Press, Oxford, 588 S.

Foster, A.S. and Gifford, E.M. (1974) *Comparative Morphology of Vascular Plants,* 2nd edn., W.H. Freeman & Co, San Francisco, 751 S.

Heywood, V.H. (ed.) (1993) *Flowering Plants of the World.* BT Batsford, London, 335 S.

Hickey, M. and King, C.J. (1981) *100 Families of Flowering Plants.* Cambridge University Press, Cambridge, 567 S.

Ingrouille, M. (1992) *Diversity and Evolution of Land Plants.* Chapman & Hall, London, 340 S.

Lyndon, R.F. (1990) *Plant Development: The Cellular Basis.* Unwin Hyman, London, 342 S.

Mauseth, J.D. (1988) *Plant Anatomy.* Benjamin/Cummings Publishing Company, Menlo Park, California, 560 S.

Mauseth, J.D. (1995) *Botany – An Introduction to Plant Biology.* 2nd edn., Saunders College Press, Philadelphia.

Nultsch, W. (2001) *Allgemeine Botanik.* 11. Aufl., Thieme, Stuttgart, ca. 700 S.

Raghavan, V. (1986) *Embryogenesis in Angiosperms.* Cambridge University Press, Cambridge, 303 S.

Rudall, P. (1992) *Anatomy of Flowering Plants.* 2nd edn., Cambridge University Press, Cambridge, 110 S.

Sporne, K.F. (1974) *The Morphology of Angiosperms.* Hutchinson & Co, London, 207 S.

Sporne, K.F. (1974) *The Morphology of Gymnosperms.* 2nd edn., Hutchinson & Co, London, 216 S.

Strasburger: *Lehrbuch der Botanik für Hochschulen,* 34. Aufl. (1998). Neubearb. von P. Sitte, H. Ziegler, F. Ehrendorfer, A. Bresinsky. Spektrum Akademischer Verlag, Heidelberg, 1024 S.

Taiz, L. and Zeiger, E. (1991) *Plant Physiology.* Benjamin/Cummings Publishing Company, Menlo Park, California, 559 S.

Weberling, F. (1989) *Morphology of Flowers and Inflorescences.* Cambridge University Press, Cambridge, 405 S.

Glossar

Abaxiale Fläche Vom Sproßapex bzw. von der Sproßachse abgewandte Fläche eines Blatt- bzw. Knospenprimordiums (vgl. adaxial). Untere Seite eines bifazialen Blattes.

Abschlußgewebe Gewebe, das die Pflanze außen überzieht; Epidermis oder Periderm.

Abszissionsschicht Zellschicht, deren Auflösung zum Abwurf des Blattes (bzw. der Blüte, Frucht) führt.

Abszissionszone Am Blatt-, Blüten- oder Fruchtfall beteiligte Region, die an der Basis des jeweiligen Organs lokalisiert ist und aus einer Trennschicht (Abszissionsschicht) sowie einer die Narbe schützenden Korkschicht besteht.

Adaxiale Fläche Zum Sproßapex bzw. zur Sproßachse gewandte Fläche eines Blattes bzw. einer Knospe.

Adventivbildungen Pflanzliche Organe, die an ungewöhnlichen Stellen entstehen: Knospen, die an Wurzeln oder Blättern entstehen; Wurzeln, die Blättern oder Sproßachsen entspringen.

Aërenchym Parenchymatisches Gewebe mit sehr großen Interzellularen.

Aerober Organismus Organismus, der molekularen Sauerstoff zur Atmung benötigt.

Akropetale Differenzierung Von der Basis eines Organs Richtung Apex fortschreitende Entwicklung.

Aktinomorphe Blüte Eine regelmäßig aufgebaute, radiärsymmetrische Blüte (vgl. zygomorph).

Akzessorisches Gewebe Gewebe einer Blüte oder Infloreszenz, das gemeinsam mit dem Fruchtknoten an der Fruchtbildung beteiligt sein kann.

Alge Zur großen Gruppen der gefäßlosen Pflanzen gehörender Organismus, der einen Thallus bildet und größtenteils im Wasser lebt.

Amyloplast Eine farblose Plastide, in deren Stroma große Mengen Stärke gespeichert werden.

Anaphase Mitosestadium, in dem die Schwesterchromatiden zu den entgegengesetzten Polen der Mitosespindel wandern.

Androeceum Gesamtheit der Staubblätter einer Blüte.

Angiospermen Bedecktsamer; Samenpflanzen, deren Samenanlage(n) in einem Fruchtknoten am Grunde des Fruchtblattes liegt; Pollen wird auf die Narbe des Fruchtblattes übertragen.

Anthere Pollentragender Bereich eines Staubblattes.

Antiklin Senkrecht zur Oberfläche eines Organs oder Kanals; betrifft insbesondere die Orientierung neu gebildeter Zellwände.

Antipode Eine von gewöhnlich drei Zellen, die an dem der Chalaza zugewandten Ende des Embryosacks lokalisiert sind.

Apoplast Der nicht protoplasmatische Teil einer Pflanze; bestehend aus Zellwänden, den Lumina toter Zellen und den Interzellularen.

Armpalisadenparenchymzelle Mesophyllzelle mit Primärwandfalten, die in den Protoplasten vorspringen.

Atemwurzel Pneumatophore; negativ gravitrope Wurzel, die oben aus dem Substrat herausragt; wird von sumpfbewohnenden Bäumen ausgebildet und dient der Belüftung des unterirdischen Wurzelsystems.

Axiales Parenchym Längsorientierte Parenchymzellen des sekundären Leitgewebes (Holzparenchym); (vgl. Strahlenparenchym).

Basalmeristem Restmeristem an der Basis der Blätter vieler, besonders perennierender Monokotylen, von dem über einen längeren Zeitraum neues Blattgewebe gebildet wird.

Beiknospe Zusätzlich zur Hauptachselknospe angelegte Knospe.

Bifaziales Laubblatt Dorsiventrales Blatt mit Palisadenparenchym auf der Blattoberseite (adaxial) und Schwammparenchym auf der Unterseite (vgl. unifaziales Laubblatt).

Bikollaterales Leitbündel Leitbündelstrang des Sprosses, dessen Xylem nach außen und nach innen an Phloemgewebe grenzt (vgl. kollaterales Leitbündel).

Bispore Entwicklung Von den zwei in der ersten meiotischen Teilung der Megasporenmutterzelle gebildeten Derivaten geht eines zugrunde, während das andere mit der zweiten meiotischen Teilung fortfährt; beide aus der zweiten Teilung hervorgegangenen haploiden Kerne bilden durch weitere mitotische Teilungen den reifen Embryosack (vgl. mono- und tetraspore Entwicklung).

Blatt Organ, das am Sproßapex in Form eines lateralen Höcker angelegt wird und im typischen Fall in der Blattachsel eine Knospe trägt; Hauptphotosyntheseorgan der Pflanze. Die Leitsysteme von Sproßachse und Blatt stehen miteinander in Verbindung.

Blattachsel Winkel zwischen der Sproßachse und der adaxialen Blattansatzstelle.

Blättchen Bei einem zusammengesetzten Blatt sitzen eine Reihe von Blättchen (= Fiederblättchen) an der Blattspindel; diese tragen jedoch keine Knospen.

Blattscheide Der Blattgrund umfaßt den Stengel scheidenartig; typisch für viele Monokotyle.

Blattspreite Lamina; flächig verbreiterter Teil des Blattes.

Blattstiel Petiolus; schmaler Stiel, der bei vielen Pflanzenarten die Blattspreite mit der Sproßachse verbindet.

Blütenachse Endabschnitt eines Blütenstiels, an dem die Blütenelemente inserieren.

Blütenhülle Perianth; Gesamtheit der sterilen, äußeren Blütenelemente (häufig in äußere Kelchblätter und innere Kronblätter differenziert).

Borke Das gesamte, außerhalb des jüngsten (innersten) Korkcambiums gelegene Gewebe: sämtliche Periderme mit allen dazwischenliegenden primären Rindengeweben und nicht mehr funktionstüchtigen Phloemgeweben.

Bryophyten Gefäßlose Landpflanzen mit – im Gegensatz zu den Gefäßpflanzen – dominierender Gametophytengeneration; Hornmoose, Lebermoose, Laubmoose.

Bündelscheide Schicht oder Schichten von parenchymatischen oder sklerenchymatischen Zellen, die das Leitbündel eines Blattes umgeben.

Calyptrogen Die Wurzelhaube bildende Meristemschicht des Wurzelapex von Gräsern und verschiedenen anderen Pflanzen.

Cambium Lateralmeristem, welches das sekundäre Xylem und das sekundäre Phloem hervorbringt; das Korkcambium bildet Korkgewebe.

Caspary-Streifen Geschlossene, impermeable Schicht aus Lignin und Suberin, die in den primären Radial- und Querwänden (antiklinen Wänden) der Wurzelendodermis und der Endodermis mancher Sproßachsen lokalisiert ist.

Cellulose Polysaccharid aus Glucosemolekülen, die zu langen, unverzweigten, aus bis zu 15 000 Monomeren bestehenden Ketten verknüpft sind. Die Ketten lagern sich durch Bildung seitlicher Wasserstoffbrücken zu Mikrofibrillen zusammen, die mehrere Mikrometer lang und 2–8 Nanometer dick sein können.

Chalaza Region der Samenanlage, wo der basale Bereich des Nucellus in den Funiculus übergeht.

Chimäre Eine aus mehreren Genotypen zusammengesetzte Pflanze (bzw. Organ); z. B. ein Sproßapex, bei dem eine Mutation in einer Initiale dazu führt, daß die von dieser Initiale abgeleiteten Gewebe nicht mehr zur Bildung funktionstüchtiger Chloroplasten fähig sind und die Blätter eine panaschierte Zeichnung haben.

Chitin Polymer aus einem modifizierten Zuckermolekül; wichtigste Gerüstsubstanz in der Zellwand von Pilzen; ist außerdem im Exoskelett der Insekten und Krebse zu finden.

Chloroplast Photosynthese betreibende Plastide. Die sehr ausgedehnten, chlorophyllhaltigen inneren Membranen sind in der Regel zu einem komplexen System aus gestapelten Membranzisternen angeordnet; die zahlreichen, als Grana bezeichneten Membranstapel werden durch ungestapelte Stromamembranen miteinander verbunden. Das umgebende Stroma enthält die Enzyme zur Fixierung von Kohlenstoff.

Chromatide Eine der beiden (durch das Centromer zusammengehaltenen) Chromosomenhälften, die in der frühen Phase der Mitose bzw. in der Meiose sichtbar sind.

Chromatin siehe Eu- und Heterochromatin.

Chromosom Bauelement des Zellkerns mit linear angeordneten Genen. Im Interphasekern sind die Chromosomen normalerweise aufgelockert und lichtmikroskopisch nicht aufzulösen, während der Kernteilung kondensieren sie jedoch zu sichtbaren, fädigen Strukturen.

Coated Vesicle Kleines cytoplasmatisches Vesikel, das mit dem Protein Clathrin umgeben ist und sich offenbar vom Plasmalemma abschnürt.

Coenoblast Große, mehr- bis vielkernige Zelle, die gewöhnlich durch Mitose ohne anschließende Cytokinese entsteht.

Corpus Innere Region des Sproßapex der Angiospermen; wird von der Tunica umhüllt. Die Zellen des Corpus teilen sich in verschiedenen Ebenen, während sich die Tunicazellen ausschließlich antiklin teilen.

Crista (pl. Cristae) Tubuläre Einstülpungen der inneren Mitochondrienmembran in das Stroma.

Cuticula Fettsäurehaltige Schicht, welche die äußere Epidermis des Sprosses überzieht und teilweise imprägniert. Bei xerophytischen Pflanzen ist die Cuticula besonders dick und auffällig und schränkt dank ihrer wasserabweisenden Eigenschaften den Wasserverlust stark ein.

Cycadeen Primitive Gruppe der Gymnospermen mit zapfenartigen Blütenständen und großen palmenähnlichen Blättern (z. B. *Cycas*); auf Tropen und Subtropen beschränkt.

Cytokinese Im Anschluß an die Kernteilung stattfindende Teilung einer Zelle in zwei Tochterzellen durch Bildung einer Zellwand.

Cytoplasma Gesamtheit der lebenden, von der Zellwand umgebenen Komponenten, mit Ausnahme des Zellkerns und der Vakuolen.

Cytosol Die flüssige Phase der Zelle, in welcher die cytoplasmatischen Organellen suspendiert sind.

Desmotubulus Dünner Tubulus, der den Plasmodesmenkanal durchzieht und an beiden Enden mit dem Endoplasmatischen Reticulum der benachbarten Protoplasten verbunden ist.

Diarch Wurzeln mit zwei, im Querschnitt zu erkennenden Protoxylempolen.

Dichotomie Teilung eines Apikalmeristems in zwei gewöhnlich gleich große Bereiche. Außerdem Blattnervatur mit in gleich große Äste gegabelten Hauptnerven.

Dicotyledonae Eine der beiden Angiospermenklassen; der Embryo der Dikotylen weist zwei Kotyledonen auf (vgl. Monocotyledonae).

Dictyosom Zellorganelle (auch Golgikörper genannt); besteht aus einem Stapel scheibenförmiger, membranumgrenzter Zisternen. Von dem Dictyosom schnüren sich Vesikel, gelegentlich auch ganze Zisternen ab, die Kohlenhydrate und Glykoproteine zum Plasmalemma transportieren, wo sie ihren Inhalt in die Zellwand ausleeren.

Differenzierung Biochemische und strukturelle Änderungen, die in einer Zelle (bzw. einem Gewebe, Organ oder einer gesamten Pflanze) im Laufe ihres Wachstums und ihrer Wandlung von der unreifen (unspezialisierten) zur reifen (spezialisierten) Form auftreten.

Diffuses sekundäres Wachstum Bei bestimmten Palmen und anderen Monokotylen können sich die basalen Regionen der Stämme durch diffuse Teilungen im parenchymatischen Grundgewebe und in den parenchymatischen Leitbündelscheiden verdicken.

Distal Vom Ort der Befestigung oder vom Entstehungsort entfernt bzw. abgewandt.

Doppelte Befruchtung Verschmelzung eines männlichen Gameten mit der Eizelle (unter Bildung einer diploiden Zygote) und gleichzeitige Verschmelzung der zweiten Spermazelle mit dem (diploiden) Polkern (unter Bildung des ersten triploiden Endospermkerns). Für die Angiospermen charakteristisch.

Druckholz Bei Gymnospermen ist das Holz, das sich auf der Unterseite der Äste bildet, dicht und stark verholzt (vgl. Zugholz).

Einfache Frucht Frucht, die sich aus einem einzelnen (apokarpen oder coenokarpen) Fruchtknoten einer Einzelblüte entwickelt.

Eizelle Haploide weibliche Zelle, die durch eine Spermazelle befruchtet wird; das Ergebnis der Befruchtung ist eine diploide Zygote.

Ektomykorrhiza Assoziation eines Pilzes mit den Wurzeln bestimmter Baumarten (Kiefern, Buchen, Birken). Die Hyphen des Pilzes umschließen die Wurzeln mantelartig und bilden außerdem ein Geflecht zwischen den äußeren Wurzelrindenzellen.

Embryo Die junge Pflanze im Samen.

Embryosack Weiblicher Gametophyt der Angiospermen; ist vom Nucellus der Samenanlage umgeben. Der Embryosack weist gewöhnlich acht haploide Kerne auf: Am mikropylaren Pol finden sich die Eizelle sowie zwei Synergiden; an dem der Chalaza zugewandten Ende liegen drei Antipoden und in der Mitte des Embryosacks befindet sich eine zweikernige zentrale Zelle.

Emergenz Auswuchs von Organen, an dessen Bildung außer der Epidermis auch tiefere Gewebeschichten beteiligt sind.

Endarch Primäres Xylem der Sproßachse mit innen liegendem (zur Achsenmitte weisenden) Protoxylem und außen liegendem Metaxylem.

Endodermis Zellschicht, die das Leitsystem von Wurzeln und einigen Sproßachsen umgibt. Jede Endodermiszelle zeichnet sich zunächst durch das Auftreten eines aus Lignin und Suberin bestehenden Caspary-Streifens in ihren antiklinen Wänden aus; später können noch weitere Verdickungsschichten angelagert werden. Die undurchlässige Einlagerung verhindert, daß Wasser und Ionen auf apoplastischem Wege über die Endodermis hinweg zum Leitsystem gelangen, so daß der Transport ausschließlich über den Symplasten möglich ist.

Endokarp Innerste, häufig sklerotisierte Schicht der Fruchtwand.

Endomykorrhiza Symbiotische Assoziation eines Pilzes mit den Wurzeln zahlreicher Pflanzenarten. Das Mycel des Pilzes bildet in der Wurzel ein dichtes Geflecht, und die Hyphen dringen häufig in die Wurzelzellen ein, wo sie vesikuläre oder verzweigte Strukturen ausbilden.

Endoplasmatisches Reticulum (ER) Ein Zisternen bildendes oder tubuläres, weitverzweigtes Hohlraumsystem, das von einer einfachen Membran gegen das Cytoplasma abgegrenzt ist; steht sowohl mit der äußeren Kernhülle als auch mit den Desmotubuli in Verbindung. Das rauhe Endoplasmatische Reticulum (rER) ist von Ribosomen besetzt und spielt bei der Proteinsynthese eine Rolle, das weniger umfangreiche glatte ER (sER) ist hingegen am Lipidstoffwechsel beteiligt.

Endosperm Gewöhnlich triploides Nährgewebe; ist bei Angiospermen das Ergebnis der Verschmelzung einer Spermazelle mit der zentral gelegenen Zelle des Embryosacks (Polkerne). Das Endosperm trägt zur Ernährung des sich entwickelnden Embryos bei und ist bei Monokotylen und einigen Dikotylen häufig auch noch im reifen Samen als Nährstoffspeicher vorhanden.

Endothecium Hypodermale Schicht der Antherenwand mit Wandverdickungen, die bei der Öffnung der reifen Anthere eine wichtige Rolle spielen.

Epidermis Äußerste Schicht des primären Sprosses und der jungen Wurzel. Es handelt sich normalerweise um eine einzellige Schicht, die sich jedoch in seltenen Fällen durch perikline Teilungen zu einer multiplen Epidermis entwickelt (z. B. bei den Blättern von *Ficus* oder dem Velamen radicum der Luftwurzeln epiphytischer Orchideen).

Epiphyt Pflanze, die in einer geeigneten Nische auf einer anderen Pflanze wächst, aber nicht auf dieser parasitiert oder eine symbiotische Assoziation mit dieser eingeht. Besonders in den Tropen sind viele Baumstämme mit verschiedenen epiphytischen Angiospermen, Farnen oder Moosen überzogen.

Etioplast Plastide, die für Gewebe charakteristisch ist, die potentiell grün sind, deren Entwicklung sich jedoch im Dunkeln vollzog. Nach Belichtung stapeln sich die inneren Membranen der Plastide rasch zu Grana, und es entsteht ein grüner Chloroplast.

Euchromatin Chromatin (DNA und Histone), das im Licht- und Elektronenmikroskop als schwach färbbare Regionen des Interphasekerns sichtbar ist (vgl. Heterochromatin).

Exarch Primäres Xylem der Sproßachse, in dem sich das Protoxylem zur Peripherie des Organs und das Metaxylem zur Mitte hin differenziert; exarches Xylem findet sich in den Wurzeln der Samenpflanzen.

Exine Äußere Schicht eines Pollenkorns oder einer Spore; aufgrund ihres Gehaltes an Sporopollenin ist die Exine sehr widerstandsfähig gegen Zersetzung (vgl. Intine).

Exodermis Bei einigen Wurzeln wird eine äußere Schicht des Rindengewebes impermeabel, da Lignin und Suberin in den Zellwänden abgelagert wird.

Exokarp Äußere Schicht einer Fruchtwand (= Epikarp).

Farne Ausdauernde, hauptsächlich krautige Gefäßpflanzen, die keine Samen ausbilden. Die dominierende Sporophytengeneration trägt Sporangien, in denen haploide Sporen gebildet werden. Aus den Sporen entwickeln sich kleine, freilebende, autotrophe Gametophyten.

Faser Langgestreckte, gewöhnlich spitz zulaufende Sklerenchymzelle mit dicken, in der Regel verholzten Sekundärwänden. Im reifen Zustand sind Fasern meist tot.

Faszikuläres Cambium Cambium, das in den Procambiumsträngen der Sprosse von Dikotylen und Gymnospermen angelegt wird; liegt zwischen Xylem und Phloem.

Filiformapparat Im Embryosack mancher Angiospermenarten bilden die Synergiden dort, wo sie in Kontakt mit der Eizelle und dem Nucellus stehen, labyrinthartige Transferwände aus.

Fixierung Abtötung und Haltbarmachung von zellulären Strukturen biologischer Gewebe, damit das Präparat unter dem Mikroskop in möglichst naturgetreuer Form untersucht werden kann.

Flankenmeristem Bei manchen Angiospermen sind die Zellen des Sproßapex unterschiedlich stark färbbar. In diesen Fällen wird das dunkler färbbare Randgewebe als Flankenmeristem bezeichnet.

Flechten Symbiotische Vereinigung von Algen und Pilzen, die in einem Verband leben.

Freie Zellbildung Nicht immer ist in einer Pflanze die Mitose unmittelbar von der Cytokinese gefolgt; in diesen Fällen entwickelt sich ein coenocytisches Cytoplasma. Wände können nachträglich gebildet werden (wie z. B. im Endosperm der Angiospermen), doch sind diese Wände gewunden, und die Zellbildung erscheint zufällig.

Frucht Gibt es nur bei Angiospermen; Gebilde, das sich aus dem vergrößerten Fruchtknoten entwickelt und die Samen enthält. Bei einigen Arten werden neben dem Fruchtknoten noch weitere Teile der Blüte in die Frucht inkorporiert, z. B. bei Äpfeln, Erdbeeren und der Ananas.

Fruchtblatt Teil des Gynoeceums, das entweder frei steht oder mit anderen Fruchtblättern verwachsen ist; der Fruchtknoten des Fruchtblattes trägt die Samenanlagen.

Fruchtknoten Ovarium; basaler Teil eines Fruchtblattes, der ein bis viele Samenanlagen birgt. Nach der Befruchtung vergrößert sich der Fruchtknoten und entwickelt sich zur Frucht.

Fruchtstand Entsteht aus den Fruchtknoten mehrerer bis vieler Einzelblüten; z. B. Ananas (vgl. Sammelfrucht).

Füllgewebe Lockeres Korkgewebe unterhalb der Lenticellen mit vielen Interzellularen (im Gegensatz zum undurchlässigen Kork in anderen Regionen), die der Belüftung der weiter innen im pflanzlichen Organ liegenden, lebenden Gewebe dienen.

Funiculus Stiel, der die Samenanlage mit der Placenta des Fruchtknotens verbindet.

Fusiforminitiale Langgestreckte, spitz zulaufende Zelle des Cambiums, von der die axialen Elemente der sekundären Leitgewebe abstammen (vgl. Strahleninitiale).

Gametophyt Haploide Generation im Lebenszyklus; bei Bryophyten ist der Gametophyt die dominante Generation (vgl. Sporophyt).

Gefäß Langes, perforiertes tracheales Element, das sich aus einer Längsreihe von Zellen durch Auflösung ihrer Endwände entwickelt (vgl. Perforationsplatte). Die Ablagerung von Sekundärwänden erfolgt nach unterschiedlichen Mustern (vgl. tracheales Element).

Gefrierbruchpräparat Gewebe, das, um die Bildung von Eiskristallen zu vermeiden, schockgefroren und im Anschluß im Hochvakuum aufgebrochen wurde. Die Bruchfläche wird zunächst mit Platin und anschließend mit einer stabilisierenden Kohlenstoffschicht bedampft. Der resultierende Aufdampfabdruck (Replica) der Bruchfläche wird im Elektronenmikroskop betrachtet.

Geleitzelle Spezialisierte Parenchymzelle, die über zahlreiche Plasmodesmen mit einem Siebröhrenglied assoziiert ist; Geleitzelle und Siebröhrenglied stammen von einer gemeinsamen Mutterzelle ab. Offenbar regulieren die dicht cytoplasmatischen Geleitzellen die Funktionen der kernlosen Siebröhren.
Generationswechsel Bei allen Landpflanzen hat die diploide Sporophytengeneration eine andere Gestalt als der haploide Gametophyt (heteromorpher Generationswechsel). Bei Gefäßpflanzen dominiert die Sporophytengeneration, während bei Bryophyten der Gametophyt dominiert.
Generative Zelle Die Zelle des Pollenkorns, die sich in zwei männliche Gameten teilt.
Gewebe Gruppe von Zellen, die eine funktionelle Einheit bilden; einfache Gewebe bestehen aus gleichartigen Zellen, während komplexe Gewebe sich aus unterschiedlichen Zelltypen zusammensetzen.
Glyoxysom Von einer einfachen Membran umgrenzte Organelle des Glyoxalat-Stoffwechsels; die Organellen sind während der Keimung von Lipidspeicher enthaltenden Samen besonders reichlich vorhanden.
Golgikörper Andere Bezeichnung für Dictyosom.
Granum (pl. **Grana**) Stapel scheibenförmiger Zisternen, die jeweils von einer einfachen Membran umgrenzt sind. Diese Membranen enthalten die Chlorophylle und die Carotinoide.
Griffel Stylus; zwischen Narbe und Fruchtknoten liegender Abschnitt des Fruchtblattes.
Grundgewebe Alle Gewebe außer den Leit- und Abschlußgeweben.
Gymnospermen Samenpflanzen, deren Samenanlagen nicht im Innern eines Fruchtknotens liegen, wie z. B. bei **Pinus, Ginkgo** und **Cycas** (vgl. Angiospermen).
Gynoeceum Gesamtheit aller Fruchtblätter einer Blüte.

Hadrozentrisches Leitbündel Konzentrisches Leitbündel mit Innenxylem, das vollständig von Phloem umgeben wird.
Halophyt Pflanze, die in einer salzhaltigen Umgebung wächst; weist häufig eine sukkulente Wuchsform auf.
Haploid Pflanze mit einfachem Chromosomensatz (vgl. diploid); Zustand, der für die gametophytische Phase des Lebenszyklus normal ist.
Hartholz Holz dikotyler Bäume (vgl. Weichholz), das neben trachealen Elementen auch zahlreiche dickwandige Fasern enthält.
Harzkanal Langes, von Epithelzellen ausgekleidetes Röhrensystem; die Epithelzellen sezernieren den vor allem bei Koniferen verbreiteten, klebrigen Harz.
Haustorium Auswuchs, der als Penetrations- und Saugorgan dient; kommt z. B. bei parasitären Angiospermen vor, die mit Hilfe von zu Haustorien umgewandelten Wurzeln den Wirtspflanzen Nährstoffe entziehen.
Hemicellulose Sammelbegriff für Polysaccharide der Zellwand, die aus mehreren verschiedenen Monosacchariden bestehen, welche auf unterschiedliche Weise miteinander kombiniert sind. Hemicellulosen lagern sich nicht zu Mikrofibrillen zusammen (vgl. Cellulose).
Heterochromatin Chromatin (DNA und Histone), das im Licht- und Elektronenmikroskop als dunkel färbbare Regionen des Interphasekerns sichtbar ist (vgl. Euchromatin).
Heterospor Bezeichnung für alle Samenpflanzen und einige gefäßlose Pflanzen *(Selaginella),* die sowohl Mega- als auch Mikrosporen produzieren (vgl. isospor).
Hilum Nabel; Abbruchstelle des Funiculus am Samen. Bildungszentrum eines Stärkekorns, um welches sukzessive weitere Stärkeschichten abgelagert werden.
Holz Sekundäres Xylem von baumartigen Dikotylen und von Gymnospermen.
Hyphe Zellfaden oder Filament eines Pilzes.
Hypodermis Unterhalb der Epidermis gelegene Zellschicht(en), die sich histologisch von anderen Grundgeweben unterscheidet.
Hypokotyl Teil des Embryos oder Keimlings, der zwischen Wurzel und Kotyledonenknoten liegt.
Integument Die äußerste(n), sterile(n) Hülle(n) der Samenanlage von Samenpflanzen; umschließt den Nucellus fast vollständig und läßt nur die Mikropyle frei.
Interkostalfeld Kleinste, vollständig von Blattnerven umgebene Region der Blattspreite (besonders bei Dikotylen).
Internodium Stengelabschnitt zwischen zwei aufeinanderfolgenden Blättern (vgl. Knoten).
Interphasekern Zellkern während des Zeitraums zwischen zwei Mitosen oder Meiosen; in dieser Phase sind die Chromosomen aufgelockert und nicht sichtbar.
Interzellularen Lufträume, die zwischen aneinandergrenzenden Zellen durch Auflösung der Mittellamelle oder einer dazwischenliegenden Zelle entstehen.
Intine Cellulosehaltige Innenwand eines Pollenkorns oder einer Spore (vgl. Exine).
Intrusives Wachstum Streckung einer Zelle, bei dem sich die Zellspitzen durch Spitzenwachstum zwischen die Mittellamellen benachbarter Zellen schieben.
Isospor Bezeichnung für Pflanzen, die nur eine Sorte von Sporen bilden; d. h. alle von einer Pflanze produzierten Sporen sind hinsichtlich Größe und Gestalt gleichförmig; bei Moosen und den meisten Farnen (vgl. heterospor).

Kallose Amorphes Polysaccharid, das besonders in den Wänden der Siebelemente des Phloems vorkommt. Rapide Kallosebildung ist außerdem in verletzten Siebröhren zu beobachten, wo sie der Verstopfung der Siebporen dient. Kallose wird auch in wachsenden Pollenschläuchen gebildet.
Kallus Ungeordnete, zunächst vorwiegend parenchymatische Gewebemasse, die Wundflächen an Pflanzenorganen überwallt und so die Pflanze vor Infektionen schützt. Im Kallusgewebe kann sich eine schützende Korkschicht herausbilden; es können auch neue Vegetationspunkte (meristematische Bereiche) entstehen, aus denen Adventivwurzeln oder -sprosse hervorgehen.
Kelchblatt Sepalum; äußeres Element der Blütenhülle; unterscheidet sich in seiner Gestalt von den Kronblättern.
Kernholz Dunkler gefärbtes, zentral im Baum gelegenes Holz; in den durch Harze und Thyllen verstopften trachealen Elementen des Kernholzes findet kein Wassertransport statt, und die Parenchymzellen sind abgestorben.
Kernhülle Doppelmembran, die das Karyoplasma umschließt. Die Kernhülle ist von zahlreichen Poren durchbrochen; die äußere Membran steht mit dem ER in Verbindung.
Kernpore Pore in der Kernhülle, an deren Rand die äußere und innere Membran der Kernhülle miteinander verbunden sind.
Kinetochor Spezialisierte Region des Chromosoms, an der die beiden Chromatiden miteinander verbunden sind und an der ein Teil der Spindelfasern der Mitosespindel ansetzt.
Kleistogamie Selbstbestäubung in einer geschlossenen Blütenknospe.
Knollen Stark verdickte Erdsprosse oder Wurzeln, die der Überdauerung einer perennierenden Pflanze dienen.
Knoten Nodium; derjenige Teil der Sproßachse, an dem ein oder mehrere Blätter ansitzen (vgl. Internodium).

Kohlenhydrat Allgemeine Bezeichnung für organische Verbindungen, die aus Kohlenstoff, Wasserstoff und Sauerstoff bestehen und die allgemeine chemische Formel $C_nH_{2n}O_n$ haben.

Koleoptile Scheide, die in der Grasfrucht („Graskorn") den embryonalen Sproß umhüllt. Während der Keimung schützt die Koleoptile den sich streckenden Sproß.

Koleorhiza Scheide, welche die Radicula der Gras- und einiger anderer Monokotylenembryonen umhüllt.

Kollaterales Leitbündel Gewebestrang mit radial hintereinander liegendem Xylem und Phloem; das Phloem weist in der Regel nach außen zur Epidermis.

Kollenchym Lebendes Festigungsgewebe aus langgestreckten Zellen mit lokal verdickten, unverholzten Wänden.

Koniferen Zur größten Abteilung der Gymnospermen gehörende Nadelbäume mit zapfenförmigen Blütenständen. Besonders verbreitet sind Kiefern, Fichten und Lärchen.

Kork Schützendes Abschlußgewebe aus im reifen Zustand toten, radial angeordneten Zellen, deren suberinisierte Wände impermeabel sind. Das Korkgewebe ersetzt bei vielen holzigen Sproßachsen und Wurzeln die Epidermis; es wird vom Korkcambium (Phellogen) gebildet, das zentrifugal Zellen abgliedert.

Korkcambium In holzigen Sproßachsen und Wurzeln angelegtes Lateralmeristem, das durch perikline Teilungen zentrifugal Kork (Phellem) bildet und gelegentlich zentripetal parenchymatisches Gewebe (Phelloderm) abgliedert.

Kotyledone Das zuerst gebildete (Keim-)Blatt des Embryos; Monokotyle weisen nur eine, Dikotyle hingegen zwei Kotyledonen auf. Bei vielen Pflanzen sind die Kotyledonen zu Speicherorganen umgewandelt und entwickeln sich im Verlauf der Keimung nicht zu normalen Laubblättern.

Kranzanatomie Für C4-Pflanzen charakteristische konzentrische Anordnung der Mesophyllzellen um die Leitbündelscheiden eines Blattes.

Kronblatt Petalum; innerer Teil der Blütenhülle, der sich in seiner Gestalt von einem Kelchblatt unterscheidet.

Laubabwerfende Pflanzen Bäume und Sträucher, die am Ende einer Wachstumsperiode ihre Blätter abwerfen.

Laubmoos Kleiner, belaubter Bryophyt (vgl. Lebermoos); im Gegensatz zu den Gefäßpflanzen ist bei den Laubmoosen der Gametophyt die dominante Generation.

Lebermoos Kleiner Bryophyt (vgl. Laubmoos); im Gegensatz zu den Gefäßpflanzen entspricht bei den Bryophyten die meist thallöse grüne Pflanze der dominanten Gametophytengeneration.

Leitbündel Gewebestrang aus primärem Xylem und Phloem (plus Cambium bei Dikotylen), der längs durch den Sproß zieht.

Leitgewebe Oberbegriff, der sowohl das Xylem als auch das Phloem einschließt.

Lenticelle In der Borke lokalisierte Pore, die, im Gegensatz zu dem angrenzenden, kompakten Korkgewebe, aus abgerundeten Zellen und Interzellularen besteht; ermöglicht die Diffusion von Sauerstoff in die Pflanze hinein.

Leptozentrisches Leitbündel Konzentrisches Leitbündel mit Innenphloem, das vollständig von Xylem umgeben ist.

Leukoplast Farblose Plastide, die nur wenig Stärke enthält und z. B. in der Epidermis auftritt.

Liane Kletterpflanze mit langer, holziger Sproßachse; kommt vor allem in tropischen Wäldern vor.

Lignin Polymere Substanz aus verschiedenen Phenolen, welche in die Cellulosewände der sklerenchymatischen und trachealen Elemente eingelagert ist. Lignin verleiht den Zellen eine höhere Festigkeit und macht die Wände für Wasser undurchlässig.

Ligula Häutiges Anhängsel an der Basis der adaxialen Blattspreite von Gräsern.

Lipide Fette und fettähnliche Verbindungen, die in organischen Lösungsmitteln, nicht aber in Wasser löslich sind.

Luftembolie Zusammenbruch der Wassersäule innerhalb eines Gefäßes oder einer Tracheide durch Bildung einer Luftblase; führt zum Verlust der Wasserleitfähigkeit des Gefäßes bzw. der Tracheide.

Lumen Zentraler Kanal oder Raum in toten Sklerenchym- oder trachealen Elementen, der zuvor vom Protoplasten eingenommen wurde.

Mark Grundgewebe (gewöhnlich parenchymatisch) im Zentrum von Sproßachsen und manchen Wurzeln.

Megasporangium Sporangium, in dem jede diploide Megasporenmutterzelle durch meiotische Teilung vier haploide Megasporen bildet (vgl. Mikrosprangium).

Megaspore Große, haploide Spore der Samenpflanzen und einiger Farne, aus der sich der weibliche Gametophyt bzw. Embryosack entwickelt.

Meiose Aufeinanderfolge von zwei speziellen Kernteilungen (Reifeteilungen) einer diploiden Zelle, die vier haploide Zellen zum Ergebnis haben.

Meristem Gewebe, aus dem durch Wachstum und Teilung in organisierter Weise neue Zellen hervorgehen; z. B. Sproß- und Wurzelapex, Cambium und Korkcambium.

Mesokarp Mittlere, häufig fleischige Schicht der Fruchtwand.

Mesophyll Photosynthese betreibendes Parenchym eines Blattes; häufig in zylindrische Palisadenparenchymzellen und unregelmäßig gestaltete Schwammparenchymzellen gegliedert.

Metabolismus Stoffwechsel; Prozesse, in denen aus Nährstoffen Bestandteile des Protoplasten und der Zellwand synthetisiert werden, bzw. Prozesse, in denen Protoplasten- und Zellwandbestandteile zu einfacheren Verbindungen abgebaut werden.

Metaphase Mitosestadium, in dem sich die Kinetochore aller Chromosomen in der Mitte (Äquatorialplatte) der Mitosespindel anordnen.

Metaphloem Zuletzt gebildeter Teil des primären Phloems, der sich erst nach Beendigung des Streckungswachstums differenziert.

Metaxylem Zuletzt gebildeter Teil des primären Xylems, der sich erst nach Beendigung des Streckungswachstums differenziert; die trachealen Elemente des Metaxylems sind in der Regel leiterförmig, netzartig oder getüpfelt.

Microbody Von einer einfachen Membran umgrenzte Zellorganelle, die verschiedene, nicht hydrolytische Enzyme enthält (vgl. Glyoxysom und Peroxysom).

Mikrofibrille Mehrere Cellulosemoleküle lagern sich durch Wasserstoffbrückenbildung zu einer Fibrille zusammen, die mehrere Mikrometer lang sein kann; Mikrofibrillen bilden das Gerüst der Zellwand.

Mikrofilament Filamentöse Proteinstruktur des Cytoskeletts (Aktinfilamente) mancher Pflanzenzellen; die Mikrofilamente sind mit einer Dicke von etwa 7 Nanometer dünner als die Mikrotubuli.

Mikrometer (µm) Längenmaß, das einem Tausendstel (1/1000) eines Millimeters entspricht.

Mikropyle Kleine Öffnung, die am Apex der Samenanlage von den Integumenten freigelassen wird und durch die der Pollenschlauch in der Regel in den Embryosack eindringt.

Mikrosporangium Sporangium, in dem zahlreiche Mikrosporen entstehen (vgl. Megasporangium).

Mikrospore Haploide Spore, aus der sich der männliche Gametophyt entwickelt; Pollenkorn der Samenpflanzen.

Mikrotubulus Hohles, aus Proteinen aufgebautes Röhrchen von ca. 25 Nanometer Durchmesser (vgl. Mikrofilament). Mikrotubuli sind die Hauptkomponente des pflanzlichen Cytoskeletts; sie sind im peripheren Cytoplasma von nicht teilungsaktiven Zellen lokalisiert und bilden in teilungsaktiven Zellen die Spindelfasern der sich teilenden Zellkerne.
Milchröhre Sekretorische Zelle bzw. System aus miteinander verbundenen Zellgliedern, die milchigen, flüssigen Latex enthalten.
Mitochondrion (pl. Mitochondrien) Zellorganelle, die von einer Doppelmembran umgeben ist; die innere Membran ist schlauchförmig (Tubuli) oder scheibenförmig (Cristae) eingestülpt; Ort der aeroben Atmung.
Mitose Teilung eines diploiden Zellkerns in zwei diploide Tochterkerne.
Mitosespindel Früh in der Mitose gebildete fibrilläre Struktur, deren lichtmikroskopisch sichtbare „Fasern" aus gebündelten Mikrotubuli bestehen. Die Mitosespindel spielt bei der Trennung der beiden Chromatiden eines jeden Chromosoms und der Aufteilung der Chromatiden auf die verschiedenen Tochterkerne eine Rolle.
Mittellamelle Wandschicht aus hauptsächlich pektinösen Substanzen, die sich von der Zellplatte ableitet; die Mittellamelle kittet die Primärwände benachbarter Zellen aneinander.
Mittelrippe Bei vielen einfachen Blättern verläuft über die gesamte Länge des Blattes eine einzige ausgeprägte Rippe, die aus einem oder mehreren großen Leitbündeln samt Leitbündelscheide besteht.
Monocotyledonae Eine der beiden Angiospermenklassen; der Embryo der Monokotylen weist eine einzige Kotyledone auf (vgl. Dicotyledonae). Weitere charakteristische Merkmale der Monokotylen sind z. B. 3zählige Blüten, gewöhnlich fehlendes sekundäres Dickenwachstum, zerstreute Anordnung der Leitbündel im Sproß, u. a.
Monospore Entwicklung Typisches Entwicklungsmuster des Embryosacks einer Angiospermen, nach dem sich nur eine der vier haploiden, aus der Meiose der Megasporenmutterzelle hervorgegangenen Zellen weiterentwickelt, während die anderen drei zugrunde gehen.
Morphologie Äußere Gestalt und Entwicklung einer Pflanze. [Lehre vom äußeren Bau und von der Entwicklung der äußeren Gestalt einer Pflanze, Anm. d. Übersetzerin]
Multiple Epidermis Mehrschichtiges Gewebe, das durch perikline und antikline Teilungen aus dem Protoderm hervorgeht; nur die äußerste Schicht der multiplen Epidermis entwickelt sich zu einer typischen Epidermis.
Mykorrhiza Symbiose zwischen Bodenpilzen und den Wurzeln vieler Pflanzen.

Narbe Stigma; am apikalen Ende des Griffels gelegene Zone des Fruchtblattes, an der Pollenkörner aufgenommen werden und auskeimen.
Nebenzellen Bei einigen Pflanzen treten diese Zellen in unmittelbarer Nachbarschaft zu den Schließzellen der Stomata auf; unterscheiden sich morphologisch von anderen Epidermiszellen.
Nektar Von einer Nektardrüse ausgeschiedene Flüssigkeit, die reich an Zuckern und anderen organischen Verbindungen ist.
Nektarium Vielzellige, Nektar sezernierende Drüse; man findet sie in den Blüten vieler Pflanzen (florale Nektarien), sie treten jedoch auch an der vegetativen Pflanze auf (extraflorale Nektarien).
Nervatur Anordnung der Blattnerven in der Blattspreite.
Nexine Innere Schicht der Exine der Pollenkornwand.
Nucellus Innerer, den Embryosack umgebender Bereich der Samenanlage; wird als dem Megasporangium homolog angesehen.
Nucleolus Elektronendichtes, meist kugeliges Körperchen im Interphasekern; der Nucleolus setzt sich aus RNA und Protein zusammen und ist der Ort der Ribosomenbildung.

Oberständiger Fruchtknoten Fruchtknoten, der oberhalb der Ansatzstelle der anderen Blütenorgane an der Blütenachse inseriert.
Öffnungsfrucht Frucht, die im reifen Zustand aufspringt und die Samen freisetzt.
Öhrchen Zwei seitliche Auswüchse, die bei Gräsern an der Übergangsstelle von Blattspreite und Blattscheide sitzen.
Organelle Im Cytoplasma gelegenes Körperchen, das bestimmte Funktionen hat.
Osteosklereide Langgestreckte Sklereide mit vergrößerten Enden.

P-Proteine In Siebröhren auftretende Proteine, die bei Gewebeverletzung die Siebplatte verstopfen.
Palisadenparenchym Parenchymatisches Gewebe aus zylindrischen Zellen, deren Längsachsen senkrecht zur Epidermis ausgerichtet sind. Die kompakte, photosynthetisch aktive Gewebeschicht liegt auf der adaxialen Seite eines bifazialen Laubblattes.
Panaschiertes Blatt Blatt mit grün-weiß (bzw. grün-hellgrün) gescheckter Zeichnung der Blattspreite; entwickelt sich häufig aus einem panaschierten Sproßapex.
Parenchymzelle Stark vakuolisierte Zelle, die meist nur von einer gleichförmig dünnen Primärwand umgeben ist. Ausgedehnte Gewebe aus Parenchymzellen sind im Mark, in der Rinde und im Mesophyll der Pflanze zu finden.
Parthenokarpie Entwicklung einer Frucht ohne vorausgegangene Befruchtung der Samenanlagen.
Perennierende Pflanze Pflanze, deren vegetative Organe viele Jahre überdauern.
Perforationsplatte Endwand eines Gefäßes; entweder ein einzelnes, großes Loch (einfache Perforationsplatte) gewöhnlich in einer quer stehenden Endwand, oder mehrere Poren in einer schräg orientierten Endwand (zusammengesetzte Perforationsplatte).
Perianth siehe Blütenhülle.
Periderm Sekundäres Abschlußgewebe (Teil der Borke), das die Epidermis ersetzt; besteht aus Phellem, Phellogen und Phelloderm.
Perikarp Synonym für Fruchtwand.
Periklin Bezeichnet Bildung einer Zellwand parallel zur Oberfläche eines Organs (vgl. antiklin).
Perinuklearraum Binnenraum zwischen den beiden Membranen der Kernhülle.
Periplasmodium Coenocytische Masse, die durch Fusion von Tapetumprotoplasten entsteht und in manchen Antheren die heranreifenden Pollenkörner umgibt.
Perisperm Aus dem Nucellus hervorgegangenes Nährgewebe der Samen mancher Dikotylenfamilien.
Perizykel Meist parenchymatische Zellschicht einer Wurzel, die zwischen der Endodermis und dem Leitgewebe liegt.
Peroxysom Von einer einfachen Membran umgrenzter Microbody, der in unmittelbarer Nachbarschaft zu einem Chloroplasten auftritt; ist am mit der Photorespiration assoziierten Glycolatstoffwechsel beteiligt.
Petalum siehe Kronblatt.
Petiolus siehe Blattstiel.
Pfahlwurzel Hauptwurzel vieler Dikotylen, die sich direkt aus der ausdauernden Radicula entwickelt.

Phellem Totes äußeres Gewebe (Kork) des Periderms; das Phellem ist aufgrund der Suberineinlagerungen in die Wände der Korkzellen impermeabel. Das Korkgewebe wird vom Phellogen gebildet.

Phelloderm Parenchymatisches Gewebe, das bei einigen Pflanzen vom Phellogen nach innen (zentripetal) abgegeben wird.

Phellogen Lateralmeristem (Korkcambium), das durch regelmäßige perikline Teilungen nach außen Phellem abgibt; bei einigen Pflanzen bildet das Phellogen zusätzlich nach innen Phelloderm.

Phloem Gewebe für den Stofftransport; besteht aus den leitenden Siebelementen sowie verschiedenartigen Parenchym- und Sklerenchymzellen.

Phragmosom Cytoplasmatische Platte, in welcher sich der Zellkern einer vakuolisierten Zelle während der Kernteilung befindet. Die Platte reicht bis zu den Zellwänden und gibt die Ebene vor, in der sich die Zellplatte entwickelt.

Phyllokladien Blattartig abgeflachte Kurztriebe, welche die assimilatorischen Funktionen eines Blattes übernehmen (vgl. Platykladien).

Phyllotaxis Anordnung der Blätter an der Sproßachse.

Pilz Ein pflanzenähnlicher, sporentragender Organismus ohne Plastiden und Chlorophyll. Pilze ernähren sich heterotroph und leben entweder als Parasiten oder als Saprophyten.

Placenta Bereich des Fruchtknotens, an dem die Samenanlagen stehen.

Plasmalemma Plasmamembran; einfache Membran, welche den Protoplasten gegen die außen liegende Zellwand abgrenzt. Die Plasmalemmae benachbarter Zellen stehen über die Plasmodesmen miteinander in Verbindung.

Plasmodesmos (pl. Plasmodesmen) Cytoplasmastrang, der durch eine Pore in der Zellwand zieht und benachbarte Protoplasten miteinander verbindet. Der Cytoplasmastrang ist vom Plasmalemma umgeben und enthält einen axialen Desmotubulus, der an beiden Enden mit dem ER der Protoplasten in Verbindung steht.

Plastide Oberbegriff für eine Gruppe vielgestaltiger, von einer Doppelmembran umgrenzter Zellorganellen, die sich von einer Proplastide ableiten; häufig vorkommende Vertreter dieser Gruppe sind die Chloroplasten und die Amyloplasten.

Plastoglobulus (pl. Plastoglobuli) Kleines, elektronendichtes Lipidvesikel im Stroma von Chloroplasten und anderen Plastiden.

Platykladien Blattähnliche Flachsprosse.

Plumula Sproßknospe; oberhalb der Kotyledonen liegender Abschnitt des Embryos, der den jungen Sproß des Keimlings bildet.

Polkern In der Samenanlage der Angiospermen einer von den (meist) zwei Kernen der zentral im Embryosack liegenden Zelle.

Pollenkorn Mikrospore der Samenpflanze.

Pollenschlauch Bei der Keimung wächst das Pollenkorn zu einem Schlauch aus, in dem die männlichen Gameten zum Embryosack transportiert werden.

Polyarch Die Wurzeln der Monkotylen weisen zahlreiche Protoxylempole auf und werden deshalb als polyarch bezeichnet.

Polyploid Bezeichnung für eine Pflanze oder Zelle, die ein Vielfaches des normalen diploiden Chromosomensatzes aufweist; so hat z. B. eine tetraploide Zelle einen vierfachen Chromosomensatz.

Polysaccharid Kohlenhydrat aus vielen Monosaccharidunter-einheiten, die zu einer Kette verknüpft sind; z. B. Cellulose und Stärke.

Polysom Ribosomenkomplex, der an der Proteinsynthese beteiligt ist.

Primäres Dickenwachstum Frühe Phase in der Entwicklung von Palmen und bestimmten anderen Pflanzen; in dieser Phase erreicht der Stamm den für die adulte Pflanze charakteristischen Durchmesser, der auch während des weiteren Längenwachstums des Stammes unverändert bleibt.

Primäres Tüpfelfeld Sehr dünner, von zahlreichen Plasmodesmen durchzogener Bereich der Primärwand; werden später Sekundärwandschichten auf die Primärwand aufgelagert, so werden in den Bereichen der primären Tüpfelfelder Tüpfelkanäle angelegt.

Primäres Verdickungsmeristem Subapikales Meristem bei Pflanzen mit stark primär verdickten Sproßachsen; aufgrund von Zellteilungen in der gesamten künftigen Rinde, im Procambium und im Mark kommt es zu einem rapiden radialen Wachstum (z. B. bei Cycadeen und Monokotylen).

Primärwand Wandschicht, die vom Protoplasten bis zum Ende des Streckungswachstums gebildet wird; die Cellulose-Mikrofibrillen liegen meist in Streutextur vor und sind weniger zahlreich als in der Sekundärwand.

Procambium Sich unmittelbar vom Apikalmeristem ableitendes meristematisches Gewebe, aus dem die primären Leitgewebe der Pflanze hervorgehen. Bei Gymnospermen und Dikotylen bildet das Procambium außerdem das faszikuläre Cambium.

Proembryo Der Embryo vor der Organ- und Gewebedifferenzierung.

Prolamellarkörper Sternförmiger Komplex aus Vorstufen von Thylakoidmembranen; kommt in Etioplasten vor. Nach Belichtung werden die Thylakoidvorstufen des Prolamellarkörpers in Grana- und Stromathylakoide umgewandelt.

Prophase Frühes Stadium der Kernteilung; gekennzeichnet durch sichtbar werdende Chromosomen, Auflösung der Kernhülle und Entstehung des Spindelapparates.

Proplastide Kleine und undifferenzierte Plastide, die im meristematischen Gewebe vorkommt; Vorstufe aller anderen Plastidentypen.

Protein Großes, komplexes Molekül, das aus verschiedenen Aminosäuren besteht.

Protoderm Meristematisches Gewebe, aus dem die Epidermis hervorgeht.

Protophloem Das erste, sich aus dem Procambium differenzierende Phloem; besteht in der Regel ausschließlich aus Siebelementen. Diese Siebelemente sind kurzlebig und werden in dem sich entwickelnden Sproß meist zerdrückt (vgl. Metaphloem).

Protoplast Protoplasma einer einzelnen Zelle, umgeben von der Zellwand.

Protoxylem Das erste, sich aus dem Procambium differenzierende Xylem; besteht in der Regel aus ringförmig oder spiralig verdickten trachealen Elementen (vgl. Metaxylem).

Proximal Nahe dem Ort der Befestigung bzw. der Entstehung (vgl. distal).

Pulvinus Gelenkartige Verdickung des Blattstiels (oder des Fiederblattstiels), in der ein zentraler Leitstrang von einem sehr ausgedehnten Parenchym umgeben ist. Turgorverlust in diesem Gewebe verursacht das Absinken des Blattes.

Radicula Im Samen die embryonale, basal an das Hypokotyl anschließende Wurzel; Keimwurzel (vgl. Plumula).

Receptaculum vgl. Blütenachse.

Re-embryonalisierung Cytologische und biochemische Veränderungen, welche die Teilung totipotenter Parenchymzellen und deren Rückwandlung zu kleinen, dicht cytoplasmatischen Meristemzellen begleiten. Diese Veränderungen treten häufig auf, wenn eine Pflanze verwundet wird oder auch im Zuge der Bildung von Adventivorganen *in vivo* und *in vitro*.

Rhizom Unterirdisch wachsende, langgestreckte, horizontale Sproßachse; bei Monokotylen ein verbreitetes Überdauerungsorgan.
Rhizosphäre Bereich des Bodens in unmittelbarer Umgebung der Wurzel.
Rhytidom vgl. Borke.
Ribosom Kleine Zellorganelle aus RNA und Protein; Ort der Proteinsynthese. Ribosomen können sich zu Polysomen zusammenlagern.
Ringporiges Holz Sekundäres Xylem, bei dem die Gefäße des Frühholzes deutlich größer und zahlreicher sind als die des Spätholzes; aufgrund dieses Bildungsmusters ist das Holz im Querschnitt in deutlich sichtbare Ringe gegliedert.
Rippenmeristem Subterminale, axiale Region mancher Sproßapices; die Derivate des Rippenmeristems teilen sich hauptsächlich quer zur Längsachse des jungen Sprosses und bilden das Mark.
Rosette Sproß mit gestauchten Internodien, aber vollständig ausgebreiteten Blättern. Außerdem Bezeichnung für Cellulose synthetisierende Enzyme der Plasmamembran.
Ruhendes Zentrum Distaler Bereich des Wurzelapex, in dem keine oder – im Vergleich zu den benachbarten Meristemzellen – nur sehr selten Zellteilungen stattfinden.

Samen Gebilde, das sich aus der befruchteten Samenanlage entwickelt; enthält den Embryo und Nahrungsreserven, die der Versorgung des Keimlings während der frühen Wachstumsphase dienen.
Samenanlage Bei Samenpflanzen ist der weibliche Gametophyt (Embryosack) vom Nucellus und ein oder zwei Integumenten umhüllt; gemeinsam mit dem Funiculus stellen diese Strukturen die Samenanlage dar, die sich später zum Samen entwickelt.
Sammelfrucht Frucht, die sich aus mehreren oder vielen Fruchtblättern einer einzelnen Blüte entwickelt; z. B. Erdbeere.
Schizogenie Auseinanderweichen von Zellen entlang der Mittellamelle und daraus resultierende Bildung von Interzellularen.
Schließfrucht Frucht, die im reifen Zustand nicht aufreißt oder sich öffnet, um die Samen freizusetzen (vgl. Öffnungsfrucht).
Schließzellen Paarweise auftretende, spezialisierter Epidermiszellen des Sprosses, welche die Spalte des Spaltöffnungsapparates umgeben. Turgoränderungen in den Schließzellen bewirken das Öffnen und Schließen der Spalte.
Schuppenblatt Nicht den Laubblättern zuzuordnende Blattorgane, die häufig ruhende Knospen umhüllen (Knospenschuppen) oder an Erdsprossen auftreten.
Schwammparenchym Sehr unregelmäßig gestaltete, grüne Mesophyllzellen, zwischen denen große Interzellularen liegen; tritt bei bifazialen Laubblättern abaxial auf (vgl. Palisadenparenchym).
Scutellum Stark umgewandelte Kotyledone der Gräser; resorbiert Nährstoffe aus dem Endosperm und leitet diese an den keimenden Embryo weiter.
Seitenwurzel Wurzel, die aus einer anderen Wurzel hervorgeht (vgl. Adventivwurzel).
Sekundäres Dickenwachstum Kommt bei Gymnospermen, den meisten Dikotylen und einigen anomalen Monokotylen vor. Erweiterung der Achsen von Wurzeln und Sproßachsen durch die vom Cambium (bzw. sekundärem Verdickungsmeristem) ausgehende Bildung sekundärer Leitgewebe; die Epidermis wird im Zuge des sekundären Dickenwachstums meist durch den vom Korkcambium gebildeten Kork ersetzt.
Sekundäres Verdickungsmeristem Bei einigen baumartigen Monokotylen (z. B. *Dracaena, Cordyline*) tritt eine anomale Form des sekundären Dickenwachstums auf; dieses geht von einem Meristem aus, das in der äußeren Rinde angelegt wird und nach innen (zentripetal) einzelne Leitbündel sowie Parenchym abgliedert.
Sekundärwand Vom Protoplasten nach Beendigung des Streckungswachstums gebildete Wand mit dicht gepackten Cellulose-Mikrofibrillen, die in den einzelnen Wandschichten jeweils in Paralleltextur vorliegen (vgl. Primärwand). Sekundärwände sind häufig verholzt, z. B. bei Sklerenchymzellen und trachealen Elementen.
Sepalum (pl. Sepalen) siehe Kelchblätter.
Septierte Faser Faser mit dünnen Querwänden, die nach der Verdickung der Längswände gebildet wird.
Sexine Äußere Schicht der Exine (Ektexine) eines Pollenkorns (vgl. Nexine).
Siebfeld Modifizierte primäre Tüpfelfelder in Seiten- und schrägstehenden Querwänden von Siebzellen und Siebröhren; die Plasmodesmen sind zu schmalen Siebporen umgewandelt, über die vermutlich der laterale Stofftransport verläuft.
Siebplatte Quer oder leicht schräg stehende Endwand eines Siebröhrengliedes; besteht entweder aus einem einzelnen großporigen Siebfeld oder ist aus mehreren Siebfeldern zusammengesetzt (vgl. Siebfeld).
Siebpore Loch in einem Siebfeld bzw. einer Siebplatte; vermittelt die cytoplasmatische Verbindung zwischen Siebelementen. In die Wandbereiche, die eine Siebpore umgeben, ist gewöhnlich Kallose eingelagert.
Siebröhre Längsreihe aus mehreren bis vielen kernlosen Siebröhrengliedern, die über die Siebplatten (ehemalige Querwände) miteinander verbunden sind. Siebröhren kommen ausschließlich bei Angiospermen vor (vgl. Siebzelle).
Siebzelle Dem Stofftransport dienendes, kernloses Siebelement der Gymnospermen und niederen Gefäßpflanzen; mit Siebfeldern in allen Wänden.
Sklereide Sklerenchymzelle mit dicken, verholzten Zellwänden und zahlreichen Tüpfeln; variable Gestalt, doch meist deutlich kürzer als Faserzellen.
Sklerenchym Festigungsgewebe, dessen Zellen im reifen Zustand gewöhnlich tot sind und dicke, verholzte Sekundärwände besitzen; Fasern und Sklereiden.
Sporangium Gebilde, in dem Sporen gebildet werden; bei den meisten Farnen sind alle Sporen gleich groß; bei Samenpflanzen werden hingegen in Mega- und Mikrosporangien unterschiedlich große Sporen gebildet.
Sporen Haploide Zellen, die in einem Sporangium durch meiotische Teilung einer diploiden Sporenmutterzelle gebildet werden. Aus jeder keimenden Spore entwickelt sich ein Gametophyt.
Sporophyt Diploide Phase im Entwicklungszyklus; bei Gefäßpflanzen ist der Sporophyt die dominante Generation (vgl. Gametophyt).
Sporopollenin Wandsubstanz, aus der die Exine der Pollenkörner besteht; besteht aus zyklischen Alkoholen und ist sehr widerstandsfähig gegen mikrobiellen Abbau.
Sproß Nicht zum Wurzelsystem gehörender, meist oberirdischer Teil der Pflanze; besteht aus der Sproßachse und deren Anhangsorganen, den photosynthetisch aktiven Laubblättern (vgl. Wurzel).
Stamen siehe Staubblatt.
Stärke Wichtigster Reservestoff der Pflanzen. Polysaccharid aus mehreren hundert Hexoseeinheiten; ist wasserunlöslich und wird im Stroma verschiedener Plastiden angehäuft.
Stärkescheide In vielen primären Dikotylensproßachsen bildet die innerste Schicht des Rindenparenchyms eine Scheide, deren Zellen reichhaltige Stärkeablagerungen aufweisen.

Staubblatt Stamen; männliches Blütenorgan; besteht aus der endständigen, pollentragenden Anthere und dem basalen, sterilen Filament.
Steinzelle Kleine, dickwandige und etwa isodiametrische Sklereide.
Stelzwurzel Adventivwurzel, die oberhalb der Erdoberfläche an der Sproßachse entspringt und der Verankerung der Pflanze dient.
Stigma siehe Narbe.
Stipeln Nebenblätter; Auswüchse des Blattgrundes; bei Dikotylen gelegentlich groß und mit Leitsystem.
Stoma (pl. Stomata) Spaltöffnungsapparat; Komplex aus zwei spezialisierten Schließzellen mit dazwischenliegendem Spalt in der Sproßepidermis. Änderungen der Turgeszenz der Schließzellen bewirken die Öffnung bzw. das Schließen des Spaltes; die Turgeszenz der Schließzellen kontrolliert somit den Gasaustausch mit der Außenatmosphäre.
Strahlen Bänder aus Parenchymzellen, die sich in radialer Richtung über das sekundäre Leitgewebe erstrecken. Gebildet werden die Strahlen von Initialen des Cambiums. Strahlen sind hinsichtlich ihrer Höhe und Breite variabel.
Strahleninitialen Gedrungene, semikubische Zellen des Cambiums, welche die parenchymatischen Strahlenzellen des sekundären Leitgewebes bilden.
Stroma Grundsubstanz der Plastiden.
Stylus siehe Griffel.
Suberin Fettsäurehaltige, hydrophobe Ablagerung in den Wänden der Korkzellen; liegt in den verdickten Wänden der Wurzelendodermis und -exodermis mit Lignin assoziiert vor.
Sukkulente Pflanze mit fleischigen Blättern und Sproßachsen, die viele große, wasserspeichernde Parenchymzellen enthalten.
Suspensor Vielzellige, meist fadenförmige Struktur, die mit einem Ende nahe der Mikropyle der Samenanlage verankert ist und mit dem anderen Ende mit dem Radicula-Pol des Embryos verbunden ist; durch die Verlängerung des Suspensors wird der wachsende Embryo in das Endosperm geschoben.
Symbiose Zusammenleben von zwei artverschiedenen Organismen zu beiderseitigem Nutzen (z. B. Flechten, Stickstoff fixierende Wurzelknöllchen).
Symplast Gesamtheit der Protoplasten des Pflanzenkörpers, die alle über Plasmodesmen miteinander in Verbindung stehen (vgl. Apoplast).
Synergiden Im Embryosack der Angiospermen die zwei dicht neben der Eizelle gelegenen Zellen, die offenbar eine wesentliche Rolle bei der Weiterleitung der männlichen Gameten zur Eizelle und zu den Polkernen spielen.

Tapetum Nährgewebe, dessen Zellen den Pollensack säumen; das Gewebe wird während der Pollenreifung resorbiert.
Telophase Letztes Stadium der Mitose, bei dem sich an den Polen der Mitosespindel die beiden Tochterkerne neu organisieren.
Testa Samenschale; entwickelt sich aus den umgewandelten Integumenten der Samenanlage.
Tetrasporer Embryosack Embryosack, der sich entwickelt, wenn alle vier haploiden, aus der Meiose der Megasporenmutterzelle hervorgegangenen Kerne überleben und zur Bildung des reifen Embryosacks beitragen.
Thallus Blattloser, dorsiventral abgeflachter Gametophyt vieler Lebermoose.
Thylakoide Photosynthesepigmente enthaltende, interne Membranen eines Chloroplasten, die zu Grana gestapelt sind oder als Stromathylakoide vorliegen.
Thylle Auswuchs einer Parenchymzelle des Xylems, der durch einen Tüpfel in das Lumen eines trachealen Elementes (gewöhnlich eines Gefäßes) eindringt, dort größer wird und dadurch das Lumen des Gefäßes verstopft.
Tonoplast Einfache Membran, welche die Vakuole umgibt.
Totipotent Differenzierte Pflanzenzellen bzw. -gewebe (z. B. Parenchym), die das gesamte Genmaterial des Embryos beibehalten. Verwundung oder hormonelle Einflüsse können in solchen Zellen eine Re-embryonalisierung auslösen, so daß die Zellen wieder teilungsfähig werden und Adventivorgane oder Embryonen bilden können.
Torus Zu einer bikonvexen Scheibe verdickter, zentraler Bereich der Primärwand eines Koniferen-Hoftüpfels.
Tracheales Element Sammelbegriff für die Gefäße und Tracheiden des Xylems. Diese toten, wasserleitenden Elemente weisen verschiedenartig ausgebildete Sekundärwandverdickungen auf (Ring-, Schrauben-, Leiter-, Netz- oder Tüpfelelemente).
Tracheide Langgestrecktes tracheales Element ohne perforierte Endwände mit verschiedenartig gemusterten Sekundärwandablagerungen (vgl. tracheales Element).
Transferzelle Übergangszellen; Zelle, die durch labyrinthartige Einstülpungen der Zellwand die Oberfläche des Plasmalemmas stark vergrößert. Transferzellen spielen beim Kurzstrecken-Massentransport von gelösten Substanzen eine wichtige Rolle.
Transfusionstracheiden Spezialisiertes Xylem der Koniferen aus kurzen, nicht spindelförmigen Tracheiden.
Translokation Stofftransport; Langstreckentransport von Zukkern und anderen organischen Verbindungen im gesamten Leitsystem der Pflanze; der Transport wird von den Siebelementen des Phloems vermittelt.
Transmissionsgewebe Spezialisierte Bereiche des Griffelgewebes, die der Pollenschlauch auf seinem Weg zum Fruchtknoten durchwächst.
Trichom Auswuchs einer Epidermiszelle; kann ein- oder mehrzellig sein und häufig Drüsenfunktion haben.
Tunica Äußerste Schicht oder Schichten des Sproßapex einer Angiospermen, die durch ausschließlich antikline Zellteilungen gekennzeichnet ist (vgl. Corpus).
Tüpfel Bereich der Zellwand, in dem die Primärwand nicht von Sekundärwandablagerungen bedeckt ist. Die Wandaussparung kann entweder überall den gleichen Durchmesser haben (einfacher Tüpfel) oder der Tüpfel ist an seinen äußeren Rändern behöft.

Unifaziales Blatt Blatt mit beidseitigem (ad- und abaxialem) Palisadenparenchym (vgl. bifazial).
Unterständiger Fruchtknoten Fruchtknoten, der unterhalb der anderen, am Blütenboden inserierenden Blütenelemente liegt.

Vakuole Vom Tonoplasten umgrenzte Zellorganelle, die den wäßrigen Zellsaft enthält. Im Zuge der Zelldifferenzierung fließen die zahlreichen, kleinen Vakuolen der Meristemzelle zusammen und dehnen sich zu einer großen Zentralvakuole aus.
Vegetative Zelle Bei Angiospermen die größere der beiden Zellen des jungen Pollenkorns.
Velamen radicum Wasserabsorbierende, multiple Epidermis der Wurzeln epiphytischer Tropenorchideen und einiger Araceen.

Weichholz Holz der Koniferen, das in der Regel keine dickwandigen, verholzten Fasern enthält; ist deswegen leichter zu sägen als die meisten Harthölzer.
Wurzel Im typischen Fall unterirdisches Organ einer Pflanze, das mit dem Sproß in Verbindung steht. Die wichtigsten Aufgaben der Wurzel bestehen in der Aufnahme von Wasser und Mineralien, der Verankerung der Pflanze im Boden und der Speicherung von Nährstoffen.

Wurzeldruck Wasserdruck im Xylem; beruht auf dem aktiven Transport von Mineralsalzen über die Endodermis in den Leitzylinder der Wurzel und dem daraus resultierenden Wassereinstrom aus der Rinde.
Wurzelhaar Einfacher, zylindrischer Auswuchs einer Epidermiszelle (Rhizodermiszelle) der jungen Wurzel; erstreckt sich seitlich zwischen die angrenzenden Bodenpartikel und vergrößert die absorptionsfähige Oberfläche der Wurzel.
Wurzelhaube Den Wurzelapex umhüllende Zellhaube.
Wurzelschleim Die Sekretzellen der Wurzelhaube einer wachsenden Wurzel sezernieren Schleim, der als Gleitmittel für die zwischen die Bodenpartikel vordringende Wurzel dient und möglicherweise wichtig für die Ernährung nützlicher Bodenmikroorganismen ist.

Xeromorph Für Xerophyten charakteristische morphologische Merkmale.
Xerophyt An trockene Standorte angepaßte Pflanze mit verschiedenen xeromorphen Merkmalen, wie z. B. behaarte und eingerollte Blätter, dicke Cuticula, eingesenkte Stomata oder zu Dornen reduzierte Blätter und sukkulente, Photosynthese betreibende Sproßachsen.
Xylem Komplexes Gewebe, das sich aus wasserleitenden trachealen Elementen, Sklerenchym und Parenchym zusammensetzt.

Zellkern Nucleus; große Zellorganelle, die von einer Doppelmembran umgrenzt ist und die Chromosomen, den Nucleolus und das Kernplasma enthält. In der Regel weist jede Zelle nur einen einzigen Zellkern auf, es gibt jedoch auch coenocytische Zellen.
Zellplatte Struktur, die von fusionierenden Golgivesikeln gebildet wird und im Anschluß an die Mitose die beiden Tochterkerne trennt, indem sie zentrifugal nach außen wächst und die Mutterzelle in zwei Tochterzellen unterteilt. Die Zellplatte enthält pektinöse Substanzen zum Aufbau der Mittellamelle; nach der Bildung der Mittellamelle werden zu beiden Seiten der Mittellamelle die Primärwände aufgelagert.
Zellwand Der Protoplast einer Pflanzenzelle ist gewöhnlich von einer recht starren Primärwand umgeben, die sich aus einem fibrillären Cellulosegerüst zusammensetzt, das mit amorphen Polysacchariden und Proteinen verknüpft ist. An der Innenseite der Primärwand kann eine Sekundärwand angelagert werden, die in der Regel einen höheren Anteil an Cellulose aufweist und häufig verholzt ist.
Zentralmutterzellen Endzone im Corpus des Sproßapex, von der sich das darunterliegende apikale Gewebe ableitet.
Zentrifugales Wachstum Vom Zentrum aus zur Peripherie hinführende Entwicklung, z. B. beim Wachstum der Zellplatte oder bei der Differenzierung des primären Xylems im Sproß.
Zentripetales Wachstum Von der Peripherie zum Zentrum führende Entwicklung, z. B. bei der Differenzierung des primären Xylems in der Wurzel.
Zerstreutporiges Holz Sekundäres Xylem der Dikotylen, bei dem die Gefäße recht gleichmäßig über einen Jahresring verteilt sind.
Zisternen Abgeflachte, von einer einfachen Membran umgrenzte Kompartimente, z. B. Zisternen des Endoplasmatischen Reticulums oder des Golgiapparates.
Zugholz Entsteht auf der Oberseite von Ästen baumartiger Dikotylen; zeichnet sich durch das Vorkommen zahlreicher Fasern mit unverholzten, stark hydratisierten Wänden aus (vgl. Druckholz).
Zugwurzel Durch die Kontraktion dieser Wurzeln wird der Sproß auf der korrekten Höhe relativ zur Bodenoberfläche gehalten; Zugwurzeln finden sich häufig an Rhizomen und unterirdischen Sproßachsen.
Zuwachsring Sekundäre Xylem- oder Phloemschicht, die in einer quer geschnittenen holzigen Sproßachse oder Wurzel zu erkennen ist.
Zwiebelknolle Gestauchte, vertikal orientierte, geschwollene unterirdische Sproßachse, die als Speicher- und Überdauerungsorgan der Pflanze dient.
Zygomorphe Blüte Bilateralsymmetrische Blüte.
Zygote Diploide Zelle, die durch Verschmelzung der haploiden Eizelle mit einem männlichen Gameten entsteht; die sich anschließenden Teilungen der Zygote führen zur Bildung des Proembryos.

Sachwortverzeichnis